安徽省高等学校"十一五"省级规划教材

现代教育技术

XIANDAI JIAOYU JISHU

王友社 于春燕 徐志红 王继东 马 良 编著

安徽大学出版社

图书在版编目(CIP)数据

现代教育技术/王友社等编著.—2版.—合肥:安徽大学出版社,2006.8(2018.7重印)
ISBN 978—7—81052—933—4

Ⅰ.①现… Ⅱ.①王… Ⅲ.①教育技术学 Ⅳ.①G40—057

中国版本图书馆 CIP 数据核字(2006)第 095891 号

现代教育技术

王友社 于春燕 徐志红 王继东 马良 **编著**

出版发行	安徽大学出版社	**印 刷**	合肥远东印务有限责任公司
	(合肥市肥西路 3 号 邮编 230039)	**开 本**	787×1092 1/16
联系电话	编辑室 0551—65108348	**印 张**	20.25
	发行部 0551—65107716	**字 数**	487 千
E-mail	ahdxchps@mail.hf.ah.cn	**版 次**	2006 年 8 月第 2 版
责任编辑	钟 蕾	**印 次**	2018 年 7 月第 7 次印刷
封面设计	孟献辉		

ISBN 978—7—81052—933—4 **定价 45.00 元**

如有影响阅读的印装质量问题,请与出版社发行部联系调换

序　言

　　教育技术是提高教学力的倍增器,它在深化教育改革、推动教育现代化的进程中,充分发挥着自身的技术优势和理论优势,在找寻信息化教学和开放教育的平台等方面起到了不可替代的作用。因此,掌握教育技术的基本理论与实践是非常必要的,高等师范院校的学生和在职中小学教师,是未来教育岗位的中坚力量,他们的教育技术素养如何,与我国未来教育的质量和水平,以及教育改革和教育信息化的成败息息相关。因此,加强高等师范院校在校生教育技术素养的培养,加强高等师范院校《现代教育技术》公共课的课程建设非常重要。

　　在这样一个大背景下,撰写本书非常有意义,这本教材从理论和实践两个层面上回答了教师应该具备的教育技术素养问题,在内容设计上具有独到之处,理论深入浅出,针对性和实践可操作性强,便于学习和推广,比较适合非教育技术专业的学生和在职中小学教师进行教育技术基本理论和实践的学习,对他们教学设计能力和教育技术整体素养的提高具有重要的意义。

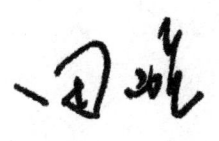

2004 年 9 月

前　言

随着信息时代的到来,21世纪的教育正面临着前所未有的挑战。如何改革传统的教育模式和教学方法,使得教育适应信息时代的要求,培养具有创新能力、合作能力和信息素养的新世纪人才,如何实现全面教育和终生教育,已经成为许多国家共同关注的焦点。

现代教育技术是一门交叉学科,其根本目标是提高教学效果、实现教育最优化,它既注重现代科学技术特别是信息技术在教育中的应用,又注重运用现代教育思想和理念指导教学实践,为解决以上问题提供了理论和技术支持。教育技术已受到越来越多的关注。教育技术作为深化教育改革的突破口和制高点已逐渐成为人们的共识,并且与素质教育、教育信息化、创新人才培养等重大问题紧密相关。教育技术的实践范围极为广泛,如各种媒体和技术在教学中的应用、教学方法的改革和研究、信息技术与课程整合、多媒体网络教学等等。

随着教师专业化进程的推进,现代教育技术已经成为教师必备的专业技能之一,教育技术课程也已逐步成为高校师范类专业的必修课程之一。然而,目前许多教育技术公共课教材内容比较陈旧,重理论而轻实践,不能适应实际教学的需要。

本书定位为本(专)科院校的教育技术公共课程教材,由多年从事一线教学的教师编写,体系结构清晰、案例详尽实用、图表丰富、语言简练、涵盖了教育技术领域的新近发展和研究成果,适合非教育技术专业的师范类学生和在职中小学教师学习,也可供教育技术专业的学生和教师参考。

全书分为概论、教学媒体、教学设计、课件制作、网络教学和微格教学六个部分,共八章。第 4~6 章为课件制作部分,其余每个部分为一章。教学媒体、教学设计和课件制作为本书的重点,网络教学是本书的特色。概论部分概要介绍了现代教育技术的基础概念、理论基础及教育信息化的有关内容;媒体部分介绍了常用现代媒体的功能和使用;教学设计部分系统而详实地介绍了以"教"为主、以"学"为主和"双主"教学系统设计的过程与策略;课件制作部分先介绍有关理论,再介绍用 Authorware7.0 和Flash8.0 制作课件的思路和方法,设计新颖案例精彩;网络教学部分介绍了网络学习的概念和发展情况,紧跟时代步伐;微格教学部分介绍了微格教学的系统组成及实施评价,实用具体。

为方便读者的学习,在结构上,每章开头都给出了本章内容结构图和学习目标,每章结尾都有相应的思考练习或上机实验,参考资料和文献均按章节顺序列出;在具体内容的编写中,则尽可能以直观的图、表等形式表现,并给出可操作的步骤和方法。此外,教材中的案例和配套教学课件均可从 http://learn.chzu.edu.cn/wskc/jyjs.htm 或安徽大学出版社网站下载。

本书第二章和第八章由王友社编写,第一章和第三章由于春燕编写,第四章和第六章由徐志红编写,第五章由马良、王继东编写,第七章由王继东编写。全书由王友社和于春燕统稿。李景奇、沈渊、王向如、马骏、胡晓静等老师也参与了资料收集和部分案例的制作。

本教材于 2007 年被评为"安徽省十一五规划教材",我们将始终跟踪教育技术领域的动态,每 2 至 3 年再版修订一次,以保持内容的时新。

本书编写中,合肥工业大学孙家启教授给予了悉心的帮助和指导,中国人民解放军炮兵学院田屹教授为本书欣然作序,在此向两位老师谨致衷心的感谢!编写过程中我们参考了许多著作、论文和教育教学网站,本书再版时得到了许多使用本教材教师的宝贵意见,在此对有关作者和教师一并表示诚挚的谢意!

由于作者水平的限制,疏漏和不妥之处难免,恳请广大读者提出宝贵建议和修改意见,来信请发至 yuchy@chzu.edu.cn。

编　者

2008 年 7 月

目　录

第一章　概　论 ……………………………………………………（1）

第一节　现代教育技术的概念及发展 ……………………（3）

一、现代教育技术的定义 …………………………………（3）

二、现代教育技术与信息技术 ……………………………（4）

三、现代教育技术的发展 …………………………………（5）

四、教育技术在我国的发展 ………………………………（9）

五、现代教育技术的发展趋势 ……………………………（10）

第二节　现代教育技术的理论基础 ………………………（11）

一、现代学习理论 …………………………………………（11）

二、现代教学理论 …………………………………………（14）

三、现代传播理论 …………………………………………（15）

四、系统论 …………………………………………………（17）

第三节　现代教育技术与教育信息化 ……………………（18）

一、教育信息化 ……………………………………………（18）

二、信息时代的教学 ………………………………………（21）

三、信息时代的教师 ………………………………………（24）

思考与练习 …………………………………………………（27）

第二章　教学媒体 …………………………………………（29）

第一节　教学媒体概述 ……………………………………（31）

一、教学媒体的发展 ………………………………………（31）

二、教学媒体的特性 ………………………………………（31）

三、教学媒体的功能 ………………………………………………………… (32)

四、教学媒体的分类 ………………………………………………………… (33)

第二节 常用的教学媒体 ……………………………………………………… (34)

一、传声器 …………………………………………………………………… (34)

二、扬声器 …………………………………………………………………… (37)

三、功放 ……………………………………………………………………… (39)

四、视频展示台 ……………………………………………………………… (41)

五、多媒体投影机 …………………………………………………………… (43)

六、电子白板 ………………………………………………………………… (46)

七、电视 ……………………………………………………………………… (48)

八、数码照相机 ……………………………………………………………… (52)

九、数码摄像机 ……………………………………………………………… (56)

第三节 多媒体教学系统 ……………………………………………………… (61)

一、多媒体教学系统的类型 ………………………………………………… (61)

二、多媒体教学的优点与存在的问题 ……………………………………… (65)

三、多媒体教学的发展趋势 ………………………………………………… (66)

第四节 教学媒体的选择 ……………………………………………………… (67)

一、媒体选择的依据 ………………………………………………………… (68)

二、媒体选择的误区和正确认识 …………………………………………… (69)

思考与练习 …………………………………………………………………… (70)

实验部分 ……………………………………………………………………… (70)

第三章 教学系统设计 ………………………………………………………… (71)

第一节 概述 …………………………………………………………………… (73)

一、教学系统设计的概念和特征 …………………………………………… (73)

二、教学系统设计的应用范围和层次 ……………………………………… (75)

三、教学系统设计过程的模式及其理论基础 ……………………………… (76)

第二节 以"教"为主的教学系统设计 ……………………………………… (78)

一、教学系统的前期分析 …………………………………………………… (79)

二、学习目标的阐明与测试题的编写 ……………………………………… (84)

三、教学策略的设计 ………………………………………………………… (92)

四、编制教学方案 …………………………………………………………… (101)

五、教学评价 ………………………………………………………………… (103)

六、以"教"为主的教学设计案例 ………………………………………… (108)

第三节 以"学"为主的教学系统设计 ……………………………………… (109)

一、以"学"为主的 ID 理论研究现状 ···················· (109)

二、以"学"为主的 ID 方法与步骤 ···················· (112)

三、自主学习策略的设计 ···························· (115)

四、协作式教学策略的设计 ·························· (122)

五、以"学"为主的教学设计实例 ···················· (124)

第四节 "主导－主体"的教学系统设计 ···················· (128)

一、"主导－主体"ID 模式的提出 ···················· (128)

二、"主导－主体"ID 模式的方法和步骤 ·············· (129)

三、"主导－主体"ID 模式的特点 ···················· (131)

思考与练习 ·· (132)

第四章 课件制作 ·· (133)

第一节 课件的概念与分类 ······························ (135)

一、课件的概念和作用 ······························ (135)

二、课件的分类 ···································· (136)

三、积件 ·· (137)

四、群件 ·· (138)

第二节 课件制作的流程与方法 ·························· (140)

一、内容选题 ······································ (141)

二、课件设计 ······································ (141)

三、稿本制作 ······································ (145)

四、脚本制作 ······································ (146)

五、采集制作多媒体课件素材 ························ (147)

六、用多媒体创作工具集成课件 ······················ (153)

七、测试 ·· (154)

八、出版发行 ······································ (154)

第三节 课件评价 ···································· (154)

一、评价的类型 ···································· (155)

二、评价指标体系的设计 ···························· (155)

三、课件评价标准 ·································· (156)

思考与练习 ·· (157)

第五章 用 Authorware 制作课件 ························ (159)

第一节 Authorware 简介 ······························ (161)

第二节 Authorware 的工作界面 ························ (162)

现代教育技术

一、菜单与工具栏 ……………………………………………………… (162)

二、图标栏 …………………………………………………………… (164)

三、设计窗口 ………………………………………………………… (165)

第三节 创建 Authorware 文件 …………………………………………… (165)

一、创建文件 ………………………………………………………… (165)

二、加入文本 ………………………………………………………… (167)

三、加入图形图像 …………………………………………………… (171)

四、加入声音 ………………………………………………………… (175)

五、加入动画 ………………………………………………………… (177)

六、加入视频 ………………………………………………………… (182)

七、交互控制 ………………………………………………………… (184)

八、框架与导航 ……………………………………………………… (192)

九、课件的打包与发布 ……………………………………………… (195)

第四节 Authorware 课件实例 …………………………………………… (197)

一、综合实例 1：望庐山瀑布 ……………………………………… (197)

一、综合实例 2：少儿英语 ABC …………………………………… (200)

第五节 知识对象的使用 ………………………………………………… (203)

一、知识对象的工作过程 …………………………………………… (204)

二、利用知识对象创建程序 ………………………………………… (204)

思考与练习 ………………………………………………………………… (208)

实验部分 …………………………………………………………………… (209)

第六章 用 Flash 制作课件 ………………………………………… (215)

第一节 Flash 8 简介 …………………………………………………… (217)

一、Flash 动画技术的特点 ………………………………………… (217)

二、Flash 动画原理及相关概念 …………………………………… (217)

三、Action Script 简介 …………………………………………… (221)

四、Flash 工作界面 ………………………………………………… (225)

第二节 用 Flash 制作课件 …………………………………………… (229)

一、补间动作动画"自由落体运动" ………………………………… (230)

二、补间形状动画"同底等高三角形面积相等课件" ……………… (235)

三、逐帧动画"燃烧的酒精灯" ……………………………………… (237)

四、引导动画"能量守恒定律" ……………………………………… (238)

五、遮罩动画"探照灯文字" ………………………………………… (241)

六、语文课件"游褒禅山记" ………………………………………… (243)

4

七、数学课件"正弦曲线" ……………………………………… (251)

八、翻页动画"电子书" ……………………………………… (254)

第三节 Flash 与其他工具的结合应用 ………………………… (258)

一、在 Authorware 中插入 Flash 动画 ……………………… (258)

二、在 PowerPoint 中插入 Flash 动画 ……………………… (258)

三、在网页中加入 Flash 动画 ………………………………… (259)

思考与练习 …………………………………………………… (260)

实验部分 ……………………………………………………… (261)

第七章 网络教学 …………………………………………… (267)

第一节 概述 …………………………………………………… (269)

一、网络教学的基本含义 ……………………………………… (269)

二、网络教学的特点 …………………………………………… (269)

三、网络教学的基本模式 ……………………………………… (270)

四、网络教学系统的结构 ……………………………………… (272)

五、网络教学的现状与未来 …………………………………… (276)

第二节 网络课程 ……………………………………………… (276)

一、网络教学资源 ……………………………………………… (277)

二、什么是网络课程 …………………………………………… (278)

三、网络课程的结构设计 ……………………………………… (278)

四、网络课程的教学设计 ……………………………………… (280)

五、网络课程的评价 …………………………………………… (281)

第二节 网络教学的标准 ……………………………………… (283)

一、美国的网络教育技术标准化研究 ………………………… (283)

二、欧洲的网络教育技术标准化研究 ………………………… (284)

三、有关国际组织的网络教育技术标准化研究 ……………… (284)

四、我国的网络教育技术标准化研究 ………………………… (285)

五、XML 在网络教育信息标准化中的应用 ………………… (287)

思考与练习 …………………………………………………… (290)

第八章 微格教学 …………………………………………… (291)

第一节 微格教学概述 ………………………………………… (293)

一、微格教学的产生与发展 …………………………………… (293)

二、微格教学的特点 …………………………………………… (293)

三、微格教学的过程 …………………………………………… (294)

第二节　教学技能概述 ……………………………………………………（297）

第三节　微格教案的设计与编写 …………………………………………（300）

　　一、微格教学设计的一般方法 …………………………………………（300）

　　二、微格教案的编写 ……………………………………………………（301）

　　三、教案举例 ……………………………………………………………（302）

第四节　微格教学评价 ……………………………………………………（304）

第五节　微格教学系统 ……………………………………………………（307）

　　一、系统组成及功能 ……………………………………………………（307）

　　二、信息技术环境下的微格教学系统 …………………………………（308）

思考与练习 …………………………………………………………………（310）

第一章

概　论

【本章学习目标】

◆ 掌握现代教育技术的概念和内涵
◆ 了解现代教育技术的理论基础
◆ 理解现代教育技术与教育信息化之间的关系

【章前语】

当今世界，科技为先。科学技术的进步带动了整个人类文明向前发展。当前信息技术飞速发展，知识经济已见端倪，人类文明已由工业化社会进入到信息化社会。信息社会的教育面临着严峻的挑战。世界各国试图在信息社会中让教育走在前列，以便在国际竞争中立于不败之地。如何对教育进行改革，使得教育能有效地促进社会经济文化的发展，是世界各国关注的焦点。现代教育技术作为教育理论和信息技术双重领域的实践学科，为教学改革提供了方法和途径，成为当代教育改革的制高点。本章主要介绍现代教育技术的概念、理论基础、研究内容以及与教育现代化的关系。

【本章内容结构】

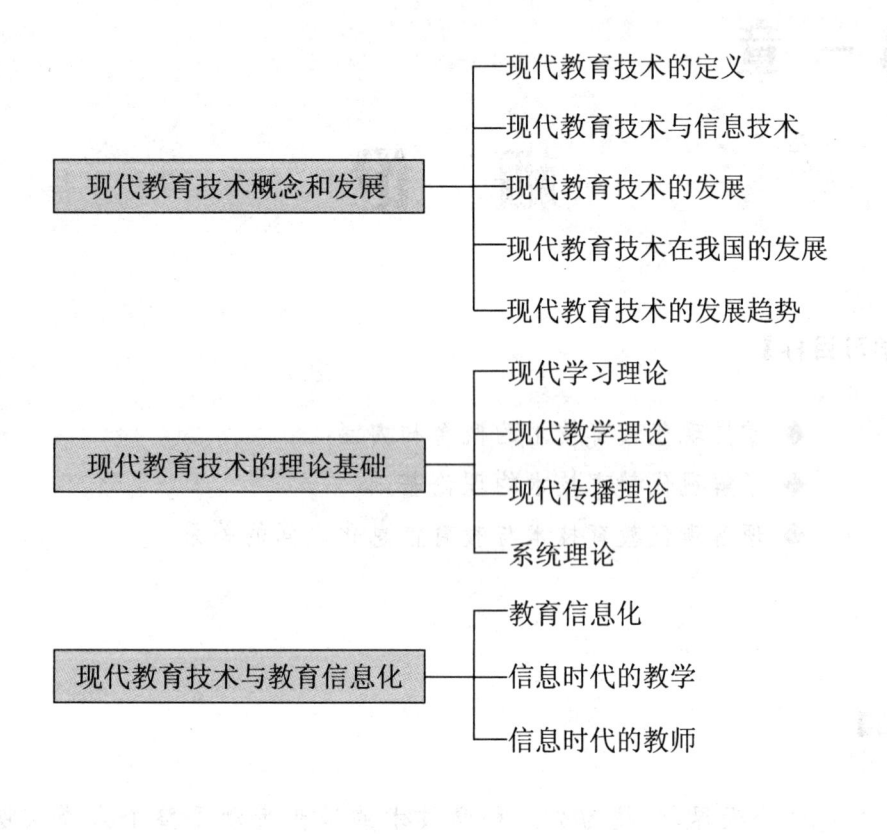

第一章 概论

第一节 现代教育技术的概念及发展

现代教育技术是中国的电化教育理论和美国的教育技术理论相互影响、相互渗透的产物。该定义的发表改变了教育技术单纯地以研究教学媒体为主要领域的观念,使得教育技术渗透到整个教育教学系统中来。现代教育技术在教育教学中的应用更加广泛,对改革传统的教学模式、更新教育观念起到了积极的促进作用。

一、现代教育技术的定义

也有学者将教育技术定义为:"教育技术是通过对与指定目标合适一致的技术过程和资源进行合理的创设、利用和管理,从而促进学习,改善绩效的研究与合乎规范的实践。"

现代教育技术就是运用现代教育理论和信息技术,对教与学的过程和资源进行设计、开发、运用、管理和评价,以实现教学最优化的理论和实践。现代教育理论主要包括现代学习理论、现代教学理论和教育传播理论等。信息技术包括计算机技术、现代通信和控制技术,在教学中主要体现为现代教育媒体的开发和应用技术。

1.现代教育技术的三个要素

组成现代教育技术的三个要素为:现代教育媒体、媒传教学法和教学设计。

①教育教学中应用的现代化技术手段,即现代教育媒体。现代教育媒体是现代教育技术的物质基础。

②运用现代教育媒体进行教育教学活动的方法,即媒传教学法。媒传教学法是现代教育技术的运用方法。

③优化教育教学过程的系统方法,即教学设计。教学设计是对两者的统筹安排计划,是对整个教学系统的总体设计和规划。

2.现代教育技术的五个范畴

现代教育技术包含设计、开发、运用、管理和评价五个范畴,它们既是工作过程,也是工作方法,具体含义如图 1-1 所示。

(1)设计

设计是详细说明学习条件的过程,其目的是为了生成策略或产品。这里的设计既包括微观水平的设计,又包括宏观水平的设计。宏观层次的设计如教学系统的设计,微观层次的设计如某一课、某一单元的设计或者微观的信息设计。

(2)开发

开发是指针对学习资源和学习过程,按照事先设计好的方案予以实施,将其转化为物理形式的过程。由于技术是开发范畴的驱动力量,从技术发展的历史过程来划分,可将开发范畴分为印刷技术、视听技术、基于计算机的技术和整合技术四个子领域。

（3）运用

运用是通过教与学的过程和资源来促进学习者学习活动的过程。运用范畴包括四个子领域：媒体的利用、革新推广、实施和制度化、政策和法规。

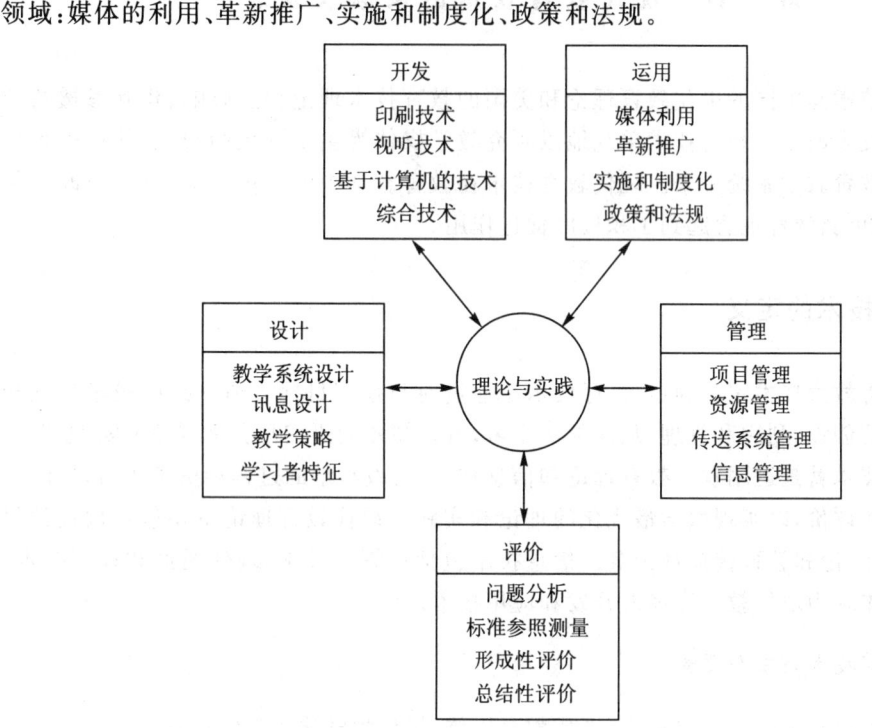

图1-1　现代教育技术的五个范畴

（4）管理

管理指的是通过计划、组织、协调和监督来控制教学。管理范畴分项目管理、资源管理、传送系统管理和信息管理四个子领域。

（5）评价

评价是对一个事物的价值的确定。在教育技术领域中，它是对计划、产品、项目、过程、目标或课程的质量、有效性或价值的正式确定。评价范畴包括问题分析、标准参照测量、形成性评价和总结性评价。

教育技术的五个范畴，既相互独立又相互渗透，其中设计、开发、运用是教育技术研究中相对独立的内容或阶段，前者的输出是后者的输入，后者的输入是前者的输出。管理和评价贯穿于上述内容和阶段之中。

二、现代教育技术与信息技术

1. 信息技术

信息技术主要是指利用电子计算机和现代通信、控制技术实现获取信息、传递信息、存储信息、处理信息、显示信息、分配信息等功能的相关技术。通俗地说，凡是能够扩展人们信息功能的技术都是信息技术，主要包括：扩展人的感觉（视觉、听觉、触觉、嗅觉、味觉等）器官,实现采集信息功能的感测技术;扩展人们的神经系统,实现交换信息功能的通信技术;扩展人们的思维器官,实现存储、分析、加工、处理信息功能的计算机技术;扩展人们的施效器官,实现施用信息功能的控制技术。

信息技术的核心是技术对信息处理方式的作用。目前我们还很难尽述信息技术对人类信息处理方式所产生的全面影响,但从下面的变化中可窥一斑。

①信息传递时速加快。

②信息的传播范围可大可小。

③信息传播的双向性和交互性增强。

④同一信息可出现在不同的地点,供多人共享。

⑤同一信息可采用多种格式保存。

信息技术是当代世界范围内新技术革命的核心,是人类进行高效率、高效益、高速度社会活动的理论、方法与技术,是管理现代化的一个重要标志。

2.信息技术与教育技术的关系

从历史上看,教育技术与新科技在教育中的影响和运用密切相关。例如,始于20世纪30年代的视听教育技术就是围绕着当时新兴的电影、幻灯等技术的教育运用发展起来的;20世纪中叶兴起的计算机辅助教学则是个人计算机在教学中的应用等。

信息技术不等于现代教育技术,将信息技术直接引入到教育中,并不会带来教育的根本改革,也不会引起教学方式的变革。长期以来,信息技术一直作为教学的辅助手段存在,其中最明显的例子就是CAI(计算机辅助教学)。计算机辅助教学虽然对教学起到了推动作用,但并未改变传统的学习模式。因此要把现代教育理论和信息技术结合起来,积极推动信息技术与课程的整合,使信息技术不再是一种教学辅助手段,而是一种学习的基本能力。

信息技术的发展极大地丰富和深化了教育技术的研究和实践内容,二者的结合将日益紧密。现代教育技术不仅仅运行于教育学、心理学之下的学科实践,同时还是运行于信息技术影响下的技术实践。计算机技术、卫星通信技术、音视频技术、网络技术等多种科学技术的新近发展都在教育中得以体现。未来,能够用于促进和支持人类学习的新科技,都将是教育技术研究与关注的重要对象。

三、现代教育技术的发展

教育是一种伴随人类产生而产生的古老的社会现象。一有人类,就有了教育后代的活动,同时也就有了促进教育活动的教育技术。在漫长的教育发展进程中,人们并没有系统地研究教育技术,直到20世纪60年代,教育技术才逐渐形成独立的学科体系——教育技术学。

教育技术是人类在教育活动中所采用的一切技术手段的总称。现代人们所说的教育技术不仅仅是指语言、体态、书籍等传统的教育技术,更主要是指现代科学技术,特别是现代信息技术运用于教育中所引起的教育的变革。目前,教育界普遍认为,教育技术产生于19世纪末20世纪初。教育技术的产生和发展,经历了如表1-1所示的几个阶段。在教育技术发展的过程中,美国的教育学家和心理学家起着领跑者的作用,许多理论和研究均来自他们。

表 1-1　教育技术的发展阶段

阶　　段	时　　间	媒体介入教育教学	引入教育理论	名　　称	理论主流
萌芽阶段	19世纪末	幻灯	夸美纽斯《大教学论》、直观教学理论	直观教育	"视听教育"主流
起步阶段	20世纪20年代	无声电影、播音	《学校中的视觉教育》	视觉教育播音教育	
初期发展阶段	20世纪30～40年代	有声电影、录音、电视	戴尔的"经验之塔"理论	视听教育、电化教育	
迅速发展阶段	20世纪50～60年代	闭路电视、程序教学机、电子计算机	新行为主义、信息理论	教育传播学、教育工艺学、电化教育、教育技术学	"计算机辅助教育"主流和"教育传播"主流
系统发展阶段	20世纪70～80年代	微型计算机、卫星电视、激光视盘	系统论、信息论、控制论	电化教育、教育技术、现代教育技术	
网络发展阶段	20世纪90年代以后	多媒体系统、计算机网络	建构主义学习理论	现代教育技术	

　　回顾 20 世纪教育技术的发展,由三大主流形成了现代教育技术,即视听教育、程序教学(计算机辅助教学)、传播学(教育传播学)。不同的主流具有不同的历史背景,受不同的哲学思想和学科影响,具有不同的特点,但它们又彼此互相融合与交叉。如图 1-2 所示。

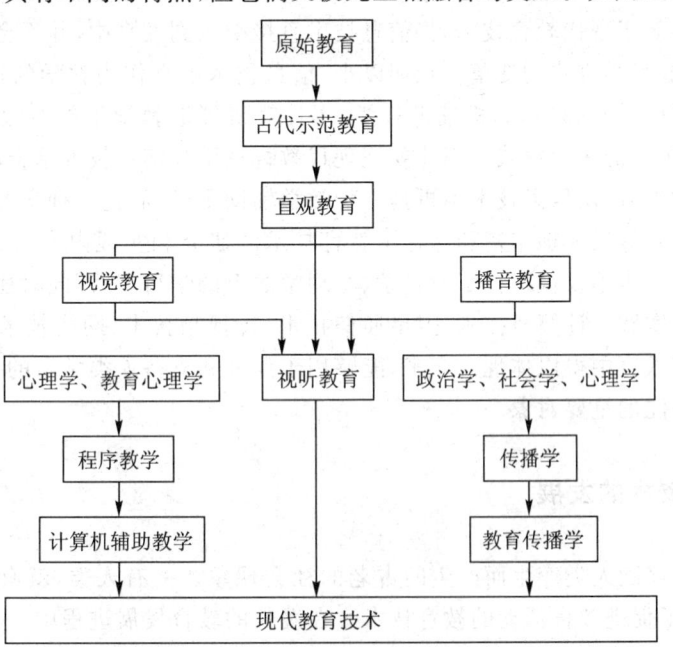

图 1-2　现代教育技术的发展

1."视听教育"主流

　　19 世纪末至 20 世纪 70 年代初为视听教育主流阶段,美国在此期间内将各种视听教育媒体相继应用于教学,成立了一些教育技术学术组织,并出版了一些刊物,开展了对视听教育理论的研究。

（1）视听教育的发展

19世纪末，幻灯被用于教学，拉开了电子视觉媒体用于教学的序幕。1920年，无声电影在美国用于教学，一些电影公司向学校提供电影片和幻灯片，有的学校开始自制教学影片。与此同时，有关教育技术的学术团体也相继成立。如1932年，美国的教育技术组织"全国教育协会视觉教学部"（National Education Association Department Of Visual Instruction，AECT的前身）在加利福尼亚成立，并发行刊物《教育银幕》（Educational Screen）。部分高校将视觉教育作为正式课程。1928年第一本专门介绍视觉教育的书籍《学校中的视觉教学》（Visual Instruction in the Public Schools）问世了。这段时期被当时的学者们称为视觉教育时期。

20世纪30至40年代，有声电影问世并被应用于教学，有声幻灯机、钢丝或磁带录音机、黑白电视也相继在教学中被使用，教学媒体的应用也从单一的视觉教育和播音教育发展为视听教育。1947年，"全国教育协会视觉教学部"改名为"全国教育协会视听教学部"（National Education Association Department Of Audio-Visual Instruction，NEA-DAVI）。直至1970年，该组织一直是宣传、介绍、研究各种新媒体如何在教育中发挥作用的规模最大的学术团体。1971年5月，该组织脱离全国教育协会而成为一个独立协会，改名为"美国教育传播与技术协会"（Association for Educational Communication and Technology，AECT）。

（2）视听教学理论的研究

20世纪20年代到50年代，一些教育家从教学论观点出发，对在教学中如何综合运用众多媒体进行了理论研究，提出了视听教学的理论，其中比较系统和成熟的是戴尔（Edgar Dale）的"经验之塔"理论。

"美国教育协会视觉教学部"主席戴尔于1946年编写《视听教学法》（Audio-Visual Methods in Teaching）一书，提出"经验之塔"（Cone of Experience）理论，该理论在《视听教学法》1954年和1969年版中更加完善。"经验之塔"将人们获得知识和技能的经验与视听教学媒体按抽象程度分为3大类10个层次，归纳总结出学习活动从具体到抽象的逐步发展过程，如图1-3所示。

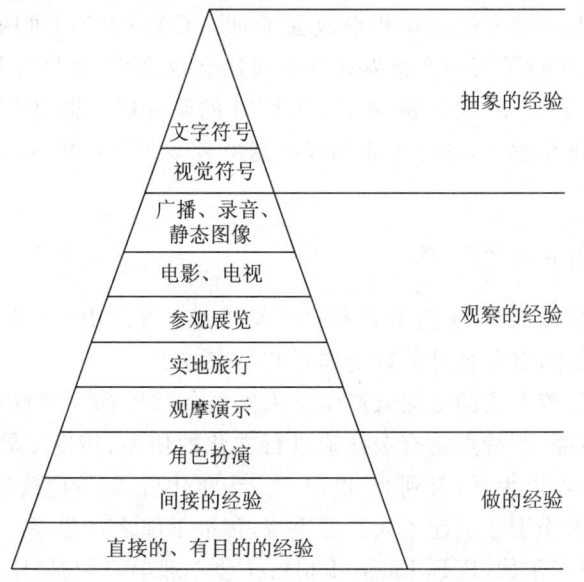

图1-3 戴尔的"经验之塔"

戴尔用经验之塔说明了视听教学的基本理论:为了保证学习的效果,应该从尽可能低的层次上选择教学媒体;为了提高学习效率,应该从尽可能高的层次上着眼;采用的媒体越多样化,所发展的概念就越丰富、越牢固。

韦杰(W. Wager)进一步补充和发展了戴尔的"经验之塔"理论。他认为,教学应分为认知和情感两大领域。对于认知领域,"经验之塔"较低层的具体经验更适合于年幼的、阅历少的儿童,塔的较高层的抽象经验更适合于年长的、阅历较多的学生。但在情感领域,年龄与媒体的关系则应倒置过来,即年幼儿童更容易从其所尊敬的人的言语劝说中改变态度,而年长的学生更容易从直接的经验中改变态度。

戴尔的"经验之塔"理论从 20 世纪 40 年代开始在全世界广为流传。1946 年,我国学者杜维涛译《视听教学法之理论》,将"经验之塔"理论介绍到中国。20 世纪 80 年代,国内电教界又再次翻译介绍戴尔的"经验之塔"理论,该理论对我国教育技术的发展和应用产生了重大影响,成为中国电化教育的理论基础之一。

2."程序教学—计算机辅助教学"主流

20 世纪教育技术的另一主流起始于 1924 年普莱西(S. L. Pressey)设计的第一台自动教学机器。但由于当时程序教学的理论基础不够,使程序教学机器一直处于缓慢的实验阶段。

1958 年,斯金纳发表了《教学机器——由关于学习的实验研究得到能为自我教学创造最优条件的机器》一文,将操作条件反射和积极强化的理论用于教学机器和程序设计,提出了学习材料程序化的思路,后来发展成为不用教学机器,只依靠将材料编成适合于学习的程序材料的"程序教学"。程序教学是一种个别化的自动教学方式,由于经常用机器来进行,故也称为机器教学。斯金纳也因其对程序教学理论所作出的杰出贡献,被誉为"程序教学之父"。

1946 年,电子计算机的诞生,成为人类继铁器(农业革命)、蒸汽机和电力(工业革命)之后的划时代革命(信息革命)。美国的 IBM 公司最早将计算机用于教学,于 1958 年开发出教小学生算术的计算机辅助教学(CAI)系统。20 世纪 50 年代末到 70 年代,是计算机辅助教学的研究实验时期,一些发达国家相继成立了研究 CAI 的专门机构。自 1971 年国际信息处理联合会(IFIP)举行了第一次世界计算机应用会议之后,世界性和地区性的各种 CAI 学术会议层出不穷。到了 20 世纪 80 年代,对 CAI 的研究成为世界性热潮。20 世纪 90 年代后,由于计算机的迅猛发展,各行各业都拥有越来越多的计算机,CAI 已发展到学校教学开发应用时期。

3."传播学—教育传播学"主流

"传播学——教育传播学"主流有着不同于前两支主流的历史背景,它从人类信息传播的角度来研究教学媒体,有着自己的理论体系和研究方法。

早在远古时期,随着人类的进化就产生了人类的传播活动。教育从一开始就与传播密切相关。教育就是传播,其特点是有选择地进行文化的传递、传播。只是人们对日常的听、说、读、写等传播活动习以为常,直到 20 世纪二三十年代后,随着电磁媒体大量涌现、信息激增,传播对社会的巨大作用才引起了人们的重视,传播学随之兴起。

社会学家拉扎斯菲尔德(P. E. Lazursfeld)、社会心理学家勒温(K. Lewin)、政治学家拉斯威尔(H. D. Lasswell)、实验心理学家霍夫兰(C. I. Hovland)和传播学家宣伟伯(W.

Schramm)五位奠基人在 20 世纪四五十年代创立了传播学。1988 年,著名传播学家宣伟伯和余也鲁发表《传媒、教育、现代化——教育传播的理论与实践》一文,提出了教育传播学的理论。新兴的教育传播学试图建立关于人类教育活动规律的科学理论,从信息传播的角度揭示教育的本质,其研究对象是整个教育传播的过程。我国的南国农教授对教育传播学作了一个明确的定义:"教育传播学是综合运用传播学和教育学的过程,以实现教学和教育的最优化。"教育传播学从系统、信息的角度将教育技术推进到新的理论高度。

从教育技术的发展历史可以看出,教育技术的发展过程,就是其理论基础不断完善的过程,并通过不同时期研究的对象、运用的概念和学科名称更替而表现出来。

四、教育技术在我国的发展

20 世纪 20 年代,幻灯教学开始在我国应用,揭开了我国教育技术发展的序幕。由于幻灯、电影、广播等教学媒体都和电有密切关系,所以最初的教育技术被我国教育学者称为"电化教育",并一直沿用到 20 世纪 90 年代。90 年代后,许多电教机构纷纷易名,如电教中心改名为教育技术中心等。但由于"电化教育"的名称具有中国特色,因此今天仍有部分和教育技术相连的机构和刊物采用"电化教育"的名称。以时间顺序为线索,从基本历程、学习理论的发展、技术的发展等视角看教育技术的发展,可分为以下几段。

①1919 年～1936 年。1919 年幻灯、电影、无线电广播开始在教育中应用。1936 年,开始使用"电化教育"名称。

②20 世纪 20～40 年代。我国部分地区开始创办电化教育专业。1932 年,南京成立"中国教育电影协会";1936 年,南京教育部成立电影教育委员会和播音教育委员会。1945 年,苏州国立教育学院成立电化教育系。

③20 世纪 50～60 年代。在此期间,电化教育得到了初步发展。1949 年 11 月文化部科技普及局成立了电化教育处,负责领导全国的教育技术工作。1949 年,北京人民广播电台和上海人民广播电台举办俄语讲座,后又改为俄语广播学校。每年参加学习的学员达 5000人,到 1960 年,累计招生 19 万多人。1960 年起,上海、北京、沈阳、哈尔滨、广州等地相继并办电视大学。

④1978 年～20 世纪 90 年代。电化教育重新起步,并迅速发展。全国各地纷纷建立各种电教机构,开展电化教学。1978 年,教育部成立了电化教育局和中央电教馆,负责全国的电教管理工作和业务工作。到 1985 年底,全国已有 2253 个县(区)建立了电教机构,占全国区县的 95% 左右,全国 800 多所高等院校以及许多中小学都先后建立了电教中心与电教室。1978 年,中国广播电视大学成立,到 90 年代初已经成为世界上最大的远距离学校。1983 年,北京师范大学等三大单位创建了教育技术本科专业,1990 年三个首批教育技术硕士点成立,1993 年首个教育技术博士点在北京师范大学成立。1986 年,中国教育电视台(CETV)创建。截至 1997 年底,我国已经建立教育电视台、收转台 940 多座,卫星电视地面接收站 1 万多座,放像点 6.6 万多个。

⑤20 世纪 90 年代以后至今。此期间,以计算机网络为核心的信息技术广泛应用于教育领域,促使电化教育向现代教育技术过渡。建构主义理论悄然兴起,教育信息化快速发展。教育专业发展迅速,到 2005 年,有 180 多所高校开设教育技术本科专业,硕士点 70 多

个,博士点 6 个,已形成专科、本科、硕士、博士的多层次人才培养体系。在此期间,国内教育技术领域展开了大规模的学术讨论,探讨"电化教育"与"教育技术"的内涵与关系,是否将"电化教育"易名为"教育技术"等。大多数学者认为,两者内涵基本相同,但"教育技术"的名称比"电化教育"的名称更能反映其研究和应用的领域,并且有利于与国际学术接轨和交流。

随着信息技术的发展,教育技术也有了新的发展和内涵,其理论和方法越来越被广大教师接受和使用,在信息时代的教学改革中发挥了主要的作用。现代教育技术以现代教育思想和理论为指导,研究和探讨以多媒体和网络技术为主要表现形式的信息环境下的教学新模式和方法,为培养适应新世纪的创新人才提供了有效途径。

五、现代教育技术的发展趋势

随着现代科学技术的发展和教育信息化建设步伐的加快,教育技术也将不断发展,其发展趋势主要体现在以下几个方面。

1.教育技术的交叉学科特点将日益突出

教育技术是涉及教育、心理、信息技术等学科的一个交叉学科。教育技术需要技术,尤其是信息技术的支持。作为交叉学科,教育技术融合了多种思想和理论,它的理论基础包括教学理论、学习理论、传播学、系统理论等。在教育技术领域内,上述理论相互融合,以促进人的发展为目标而各尽其力。现在,教育技术研究不仅关注个别化学习,还对学生之间如何协同与合作进行系统的研究。此外,教育技术交叉学科的特性决定了其研究和实践主体的多元化。教育、心理、教学设计、计算机技术、媒体理论等不同背景的专家和学者共同研究和实践,开放式的讨论与合作研究已成为教育技术学科的重要特色。

2.教育技术将日益重视实践性和支持性研究

教育技术作为理论和实践并重的交叉学科,需要理论指导实践,在实践中进行理论研究。目前,教育技术研究最前沿的两个领域是信息技术与课程整合和网络教育,所有这些乃至终身教育体系的建立都强调对学习者学习的支持,即探讨如何促进学习,人们将会越来越重视包括教师培训、教学资源建设、学习支持等的教育技术实践支持领域的研究。

3.教育技术将日益关注技术环境下的学习心理研究

随着教育技术的发展,技术所支持的学习环境将真正体现出开放、共享、交互、协作等特点,因此,适应性学习和协作学习环境的创建将成为人们关注的重点。教育技术将更加关注技术环境下的学习心理研究,深入研究技术环境下人的学习行为特征、心理过程特征、影响学习者心理的因素、学习者内部情感等非智力因素,注重社会交互在学习中的作用。

4.教育技术的手段将日益网络化、智能化、虚拟化

教育技术网络化的主要标志就是 Internet 应用的迅速发展。在信息社会中,Internet是进行知识获取和信息交流的强有力工具,它将改变人们的学习、工作和生活方式。基于Internet 的远程教育目前正在发挥着越来越重要的作用。

第一章　概论

人工智能是一门研究运用计算机模拟和延伸人脑功能的综合性学科。与一般的信息处理技术相比,人工智能技术在求解策略和处理手段上都有其独特的风格。人工智能的一些成果,以及智能计算机辅助教育系统目前已在教育教学领域中得到应用。

虚拟现实是继多媒体广泛应用后出现的更高层次的计算机接口技术,其根本目标就是使人们通过视、听、触等方式得到真实体验和交互,它可以有效地被用在教学、展示、设计等方面。虚拟现实技术支持下的学习环境将成为人们思维和创造的助手,以及对已有概念进行深化和获取新概念的有力工具。

随着教育信息技术的发展,教育技术网络化、智能化、虚拟化的程度将日益提高,并将对教学手段、教学方法和教学模式产生深远影响。

第二节　现代教育技术的理论基础

现代教育技术是一门交叉综合学科,它引进应用了许多学科的研究成果,从而形成了自己独特的理论体系。它的这些理论基础主要有现代学习理论、现代教学理论、现代传播理论和系统论等。

一、现代学习理论

学习者是学习过程的主体,任何教育技术的目的都是为了促进学习者的学习,因此研究人类学习过程内在规律的学习理论,在教育技术的发展过程中起了关键性的指导作用,是现代教育技术最重要的理论基础。从 20 世纪 50 年代末至今,学习理论经历了行为主义、认知主义、建构主义和人本主义等不同发展阶段,各种学习理论的差异在于对学习本质的不同理解。

1. 行为主义学习理论

行为主义学习理论可以用"刺激—反应—强化"来概括,这种理论认为学习的起因在于对外部刺激的反应,而不关心刺激引起的内部心理过程,认为学习与内部心理过程无关。根据这种观点,人类的学习过程归结为被动地接受外界刺激的过程,教师的任务只是向学习者传授知识,学习者的任务则是接受和消化。行为主义学习理论的代表人物主要有桑代克(E. L. Thorndike)、华生(J. B. Watson)和斯金纳。

(1)桑代克的试误说

桑代克用生物学方法研究动物的心理,并将动物实验的结论用于人类的学习,认为人类和动物的学习都只是刺激和反应间形成的联结,即随着错误反应不断减少,正确反应不断增加,形成固定的"刺激—反应"之间的联结。

(2)华生的刺激—反应说

华生根据对动物心理和婴儿心理的研究修正了桑代克的理论,认为一切心理问题和学习的基础都可归结为外部刺激(S)与人的反应(R)之间的联系。

(3)斯金纳的程序教学法

心理学家斯金纳发展了桑代克和华生的观点,提出了"刺激—反应—强化"的强化理论。斯金纳认为行为之所以发生变化,是由于强化的作用。如果一个行为发生后,接着呈现一个强化刺激,行为的强度就会增加,而大量的强化只有通过机械装置才能提供。这就是斯金纳设计教学机器、提倡程序教学的主要出发点。

行为主义只强调外部刺激而完全忽视学习者的内部心理过程,否定了人的主观能动作用和大脑对行为的支配和调节作用,将学习者置于由环境摆布的状态,这一切都使行为主义在理论上显得苍白无力,对于较复杂认知过程的解释显得无能为力。

2.认知主义学习理论

由于行为主义的观点无法解释复杂的学习问题,随之就出现了认知主义。

认知主义学习理论认为,人的认识不是由外界刺激直接给予的,而是外界刺激和认知主体内部心理过程相互作用的结果。根据这种观点,学习过程被解释为每个学习者根据自己的态度、需要、兴趣、爱好,并利用过去的知识与经验对当前的外界刺激(例如教学内容)做出的主动的、有选择的信息加工过程。教师的任务不是简单地向学习者灌输知识,而是首先要设法激发学习者的学习兴趣和学习动机,然后再将当前的教学内容与学习者原有的认知结构(过去的知识和经验)有机地联系起来。学习者不再是外界刺激的被动接受器,而是主动对外界刺激提供的信息进行选择性加工的主体。

认知主义学习理论注重知识的结构性和概括性,重视认知结构的作用。以此为指导的教学设计重视知识的确定性和普遍性,关注分析和抽象。20世纪60年代之后,认知理论的观点逐渐被人们接受。

3.建构主义学习理论

建构主义学习理论源自关于儿童认知发展的理论,是认知主义学习理论的分支。建构主义理论的内容很丰富,其核心可用一句话概括:"以学生为中心,强调学生对知识的主动探索、主动发现和对所学知识意义的主动建构。"

（1）建构主义学习理论关于学习的含义

建构主义认为,学习是在一定的情境即社会文化背景下,借助他人的帮助即通过人际间的协作、交流,利用必要的信息等活动而实现的意义建构过程,因此建构主义学习理论认为,"情境"、"协作"、"交流"和"意义建构"是学习环境中的四大要素或四大属性。

①情境。学习环境中的情境必须有利于学生对所学内容的意义建构。教学设计不仅要考虑教学目标分析,还要考虑创设学习情境,并把情境创设看做是教学设计的最重要内容之一。

②协作。协作贯穿于整个学习活动过程中。协作对学习资料的搜集与分析、假设的提出与验证、学习成果的评价直至意义的最终建构均有重要作用。

③交流。交流是协作过程中不可缺少的环节,是达到意义建构的重要手段之一。协作学习的过程就是交流的过程,在此过程中,每个学习者的想法(思维成果)都为整个学习群体所共享。

④意义建构。意义建构是整个学习过程的最终目标。所要建构的意义是指:事物的性质、规律以及事物之间的内在联系。

第一章 概论

由上述"学习"的含义可知,学习的质量是学习者建构意义能力的函数,而不是学习者重现教师思维过程能力的函数。换句话说,获得知识的多少取决于学习者根据自身经验去建构有关知识的意义的能力,而不取决于学习者记忆和背诵教师讲授内容的能力。

(2)师生角色的定位及其作用

建构主义强调,学习者并不是"空着脑袋"进入学习情境中的。应当引导学习者从原有的知识经验中生长出新的知识经验。教学不是知识的传递,而是知识的处理和转换。建构主义提倡在教师指导下的、以学习者为中心的学习,也就是说,既强调学习者的认知主体作用,又不忽视教师的指导作用.

基于此,在建构主义学习方式下教师和学生的角色与传统教学都有所不同。

①教师的角色是学生建构知识的忠实支持者。教师的作用从传递知识的权威转变为学生建构知识的积极帮助者和引导者,成为学生学习的高级伙伴或合作者。教师应该重视学生对各种现象的理解、倾听他们的想法、思考想法的由来,并以此为据引导学生丰富或调整自己的看法。

教师应当激发学生的学习兴趣,引发和保持学生的学习动机。教师必须创设一种良好的学习环境,并提示新旧知识之间联系的线索。在这种环境中,教师应尽可能组织学生通过实验、独立探究、协作合作等方式进行学习,并对学生的学习给予指导,以促成意义建构。教师应该给学生提供复杂的真实问题,同时必须认识到复杂问题有多种答案,激励学生对问题解决的多重观点,这正与创造性的教学活动宗旨紧密吻合。

教师应认识到教学目标包括认知目标和情感目标。教师必须提供学生元认知工具和心理测量工具,培养学生评判性的认知加工策略,以及自己建构知识和理解的心理模式。从而使教学中外部控制逐步减少,使学生的自我控制逐步增加。

②学生的角色是教学活动的积极参与者和知识的积极建构者。建构主义要求学生面对认知复杂的真实世界的情境,并在复杂的真实情境中完成任务,因而,学生需要采取一种新的学习风格、新的认知加工策略,形成"自己是知识与理解的建构者"的心理模式。建构主义教学比传统教学要求学生承担更多的管理自己学习的机会;教师应当注意使机会永远处于"学生的最近发展区",并为学生提供一定的辅导。

学生是信息加工的主体,是意义的主动建构者,而不是外部刺激的被动接受者和被灌输的对象。学生要用探索法和发现法去建构知识的意义;主动去搜集和分析有关的信息资料,对所学的问题提出各种假设并努力加以验证;要善于把当前学习内容尽量与已有的知识经验联系起来,并对这种联系加以认真思考。"联系"与"思考"是意义构建的关键,它最好的效果是与协商过程相结合。协商有"自我协商"与"相互协商"(也叫"内部协商"与"社会协商")两种,自我协商是指自己和自己争辩什么是正确的,相互协商则指学习小组成员间的讨论与辩论。

4.人本主义学习理论

人本主义学习理论认为:教育是一个终身的过程,其目的是发展自我实现的个体,即发展能快乐地过有意义生活的个体。人本主义教育首先考虑的是:发展感情方面的能力,形成情感需求,充分表达美,增强自我导向和控制能力。人本主义教育者的本质特征是对感情的理解、尊重和接受。

计算机网络化的发展,使得多媒体教学真正实现了个别化教学、程序教学。计算机网络为人们的学习创设了广阔而自由的学习环境,提供了丰富的学习资源,使得教学从传统的密集型课堂教学走向了个别化、分散化、社会化和家庭化教学,不但突破了传统的教学形式,还拓展了教学时空的维度,为分组学习、合作学习、发现学习、探究学习提供了基础。学生自己选择学习方向,参与发现自己的学习资源,阐述自己的问题,决定自己的行动,自己承担选择的后果。这样学生就会有责任地参与到学习中,容易全身心地投入到创造性学习中去,并对自己的学习结果做出评价。这基本上实现了人本主义所主张的"学生自主学习、自我实现、自我评价",在自主学习中教师的主要任务是允许学生自己学习,满足学生的好奇心和求知欲,建立一种开放平等的教学环境,实现教学手段和目的相一致。

二、现代教学理论

现代教学理论是研究教学客观规律的科学,它指明了教育的发展方向,为现代教育技术的应用提供了强有力的理论支持。教学理论的研究范围包括教学过程、教师与学生、课程与教材、教学方法和策略、教学环境以及教学评价和管理等。

1. 赞可夫的发展教学理论

赞可夫发展教学理论认为:以最好的教学效果来促进学生的一般发展;只有当教学走在发展前面的时候,才会有好的教学效果,教学要有一定的难度。他认为教学应遵循以下原则:

①以高速度、高难度进行教学的原则。
②使学生理解学习过程,使全体学生包括后进学生都能发展的原则。
③理论知识起主导作用的原则。

2. 布鲁纳的发现教学理论

布鲁纳(J. S. Brunner)的"结构—发现"教学理论认为学习一门学科最重要的是掌握它的基本结构。要取得好的学习效果,必须采取发现法,采用启发和反馈的原则来促进教学。

3. 巴班斯基的教学最优化理论

教学最优化理论是前苏联教育家巴班斯基提出来的。它是指根据培养目标和具体的教学任务,考虑学生、教师和教学条件的实际,按教学规律设计最好的教学方案,获得人力物力消耗最低、效益最高的结果。这个结果反映在学生身上就是全班每个人都能获得最合理的教育和发展。这个理论的核心是要综合地解决教育和个性一般发展的任务,包括发展创造性才能。其关键在于处理好时间、精力耗费和教育效果的关系,也就是要低消耗高产出。

4. 奥苏贝尔的先行组织者理论

"先行组织者"简称组织者,是指在呈现新学习材料之前的一种引导性材料,这种材料的作用是在学生"已经知道的"和"需要知道的"知识之间架设起桥梁,帮助学生更好地掌握新知识。奥苏伯尔根据学习材料和学习者已有知识之间关系的不同,把学习分为机械学习和意义学习。意义学习是指在新知识与学习者已有认知结构中的知识之间建立一种实质性的联系。奥苏伯尔认为,学生在课堂教学中的学习应以有意义的接受学习为主,他认为学习就是建立新知识与学习者认知结构之间联系的过程。新知识与已有知识之间可以构成三种关系:上位关系、下位关系和并列结合关系。已有的知识对新知识的获得和保持的影响因素有三方面:一是原有知识对新知识的可利用性,二是新旧知识之间的可辨别性,三是原有知识的稳定性。

不同流派的现代学习理论各有侧重,在教与学的不同方面有着积极的理论指导作用。同时,由于历史发展等原因,各理论间既有相同观点又有对立之处。因此,我们应博采众家之长,综合应用各种理论指导我们的教学实践。

三、现代传播理论

教育也是一种传播活动,是教育者与学习者之间的信息交流活动。教育传播的发展为现代教育技术的研究提供了新的思路。现代传播理论主要体现在传播模式之中。

1.拉斯威尔的"5W"理论

美国政治学家拉斯威尔,提出了表述一般传播过程中的五个基本要素"5W"的直线性传播模式,如表 1-2 所示。其中每个"W"都类同于教学过程中的一个相应要素,这些要素自然也成为研究教学过程、解决教学问题的教学设计所关心、分析和考虑的重要因素。

表 1-2　拉斯威尔的"5W"模式

传播过程	Who 谁 →	Says What 说什么 →	In Which channel 通过什么渠道 →	To Whom 对谁 →	With What Effect 产生什么效果
教学过程	教师或其他信息源	教学内容	教学媒体	教学对象（学生）	教学效果

2.香农—韦弗的反馈理论

在早期的传播理论中,传播是单向的,受者只能被动地接收信息。香农(Claude Shannon)和韦弗(Warren Weaver)认为,受者即信宿不仅接受信息、解释信息,还对传播信息做出反应,传播是一种双向互动过程,借助反馈机制使传播过程能够不断循环进行。尽管以后人们又开发了许多传播模式,但是香农—韦弗模式让我们能确定并分析传播过程的各个重要阶段和传播要素,因而非常有用。香农—韦弗模式如图 1-4 所示。

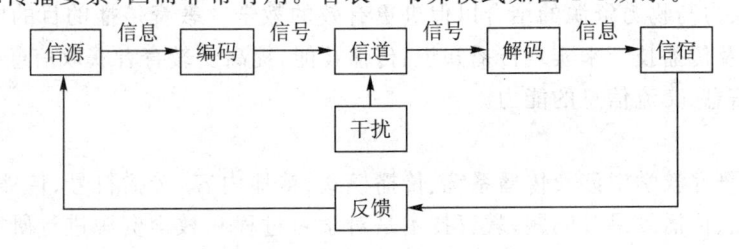

图 1-4　香农的反馈理论

教学传播过程是通过教师和学生的双向传播行为来实现的,因此,在设计教学过程中要重视反馈信息,对教和学两个方面做出分析和安排。

3.贝罗的"SMCR"理论

贝罗模式是香农—韦弗模式在社会学方面的一个发展,该模式把传播过程各要素的特征描写得很明确。贝罗(David. K. Berlo)认为,传播过程包括四个基本要素:信源、信息、通道和接收者。传播的效果,不是由其中的任何一个要素所决定,而是由四个要素及其关系共同决定的。贝罗的"SMCR"模型,如图1-5所示。

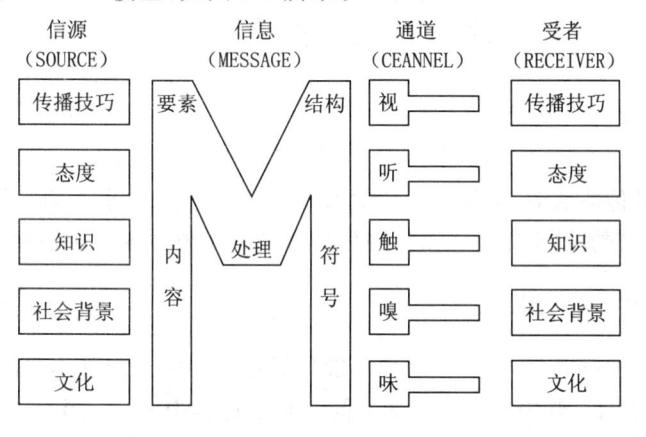

图1-5 贝罗的"SMCR"模型

从上述模型可以看出:不论哪种模式的传播过程,通常都包括五个基本要素:传播者、信息、媒体、接受者和效果。影响信源和接收者的因素是相同的,都是传播技巧、态度、知识、社会和文化背景;影响信息的因素是内容、要素、处理、结构、符号等;而影响通道的因素是信息的内容、符号及处理等。

现代学习理论揭示了人类学习的内在规律,现代教学理论指出教学活动的本质和方法,而现代传播理论则揭示出教学活动中各个因素及其相互关系。它们奠定了现代教育技术的理论基础,促进了现代教育技术的发展。

4.教育传播与教育技术的关系

(1)目的

教育传播学与教育技术学的总体目标都在于为教育服务,即为促进和改善人类学习的质量而服务。教育技术的核心思想是系统方法:按照具体目标,根据对人类学习和传播的研究,以及利用人力与物力资源的结合以促进更有效的教学。教育传播的目的则在于借助各种传播手段以及传播技巧来实现传播知识、传播技能,提高受教育者获取信息、分析信息、吸收信息,利用信息、交流信息的能力。

(2)对象

教育传播研究教学中涉及传播系统、传播模式、传播内容、传播符号、传播通道、传者与受者、传播环境、传播效果等问题;教育技术是对学习过程和教学资源进行研究。与教育传播相对应,其中的学习过程各要素(教学者、学习内容、学习媒体、学习者)对应于传播过程的要素(传者、信息、媒介、受者);而教学资源(包括信息、人员设备、学习环境等)也与传播各子系统相应。

（3）实践领域

从媒体的角度来看，教育技术经历视觉教育、视听教育、视听传播的发展轨迹，即借助视听媒体辅助和传播教学的模式以及其他资源以促进学习。我国的教育技术早期主要研究视听媒体传播的应用，发展视听传播的功效正是教育技术的主要实践领域。

（4）方法

教育传播着重于对信息传递的方法处理。通过视听媒体传播的编码解码、媒体环境的选择、媒体传播技巧的实施来达到传播知识的效果。在教育传播活动前，传者作为先行组织者，要为受者设计相关的学习内容、学习途径、学习难度；在传播中，要通过媒体传播信息的延伸功能将教学知识有效地传递给受众；在传播活动后期，及时对受众的反馈信息及疑难问题进行分析，设计补救措施和解决办法。与此相似，教育技术运用系统方法为指导，统筹分析教育、教学中的各个要素及环境之间的联系，进行课程开发与教学设计，建立相关的策略方案来解决教育、教学中的问题，试行解决的方案并对试行结果进行修改，从而使教学过程顺利进行，达到最佳的教学效果。

（5）手段

教育传播的主要手段是利用媒体来传播知识，并注重教学过程中的双向性交流。在知识传播中，媒体的应用占有很大的一席之地，起到了重要的中介人作用。媒体作为人体器官的延伸，将蕴含在其中的信息赋予人类感官。而在现代教育技术中，一个重要的教学手段就是运用先进的媒介进行教学活动。在现代教育思想方法的指导下，借助于种类众多、功能强大的现代教育媒体，不仅老师能方便顺利地进行教学，甚至学生也可以成为自我传播知识的主体。媒体技术的发展已经成为现代教育前进的强大动力。

四、系统论

系统科学理论包括系统论、信息论、控制论，是一门新兴的科学方法理论，是探讨一切科学领域的普遍性的科学方法。现代教育技术就是利用其中有关教育的部分来探讨如何使教学有效、迅速地达到优化。

（1）教育信息论

研究教学过程中教育信息如何传递、变换和反馈，把有关教育、教学的信息、情报、指令、数据和信号所包含的内容，运用现代教育技术传递给学习者，需要采用信息论的观点、方法结合各种工具去处理，以臻最优化。

（2）教育控制论

教育控制论是研究如何采用各种手段对教育教学过程进行控制的理论。教育系统中多运用信息反馈来控制和调节系统的行为，以达到检查、提高教育质量的目的。如计算机辅助教学，就是通过计算机的反馈、强化、重复、控制与调整教学信息，从而达到预定的教学目标。

（3）教育系统论

系统论是现代教育技术的基础，教育系统论把教育视为一个系统，组成系统的要素是教师、学生、媒体等。教育系统论就是采用系统分析方法，即从系统的观点出发，坚持在整体与部分之间、系统与外部环境之间的相互联系、相互作用、相互制约等关系中去考察、研究系统,以求得教学问题的最优化处理。

第三节 现代教育技术与教育信息化

21世纪是信息社会,国家的综合国力和国际竞争力越来越取决于教育发展、科技进步和知识创新,教育在经济和社会发展中将呈现出越来越突出的作用。然而21世纪教育正面临一系列的挑战,这些挑战主要来自于科学技术的迅猛发展、因人口增长而引起的教育要求、国际竞争和各种社会问题等方面。传统的教育已经越来越不适应社会的发展,教育的根本出路在于改革,而教育改革的重要途径之一是教育信息化。教育信息化是教育面向信息社会的要求和必然结果。

一、教育信息化

教育信息化的概念是在20世纪90年代伴随着信息高速公路的兴建而提出来的,指在教育领域全面深入地运用现代化信息技术来促进教育改革和教育发展的过程,其结果必然是形成一种全新的教育形态——信息化教育。信息和教育资源建设是信息化的核心,教育信息化强调以人为本,教育信息化首先是人的信息化,因此师资培训是教育信息化的当务之急。

1.教育信息化的内容和基本特征

可以从内容和基本特征两方面对教育信息化加以理解。

(1)教育信息化的内容

教育信息化是一个过程,是以信息化促进教育现代化的一个过程。它的主要内容就是要完善教育信息环境、建设和使用教育资源以及培养创新人才。

①教育信息环境的完善。教育信息环境主要包括信息网络系统、学校的校园网、CAI教室、网络教室、用于教和学的各种支援系统、用于各种教育资源和教育设施管理的管理信息系统。

②教育资源的建设和使用。教育资源是用于教育信息化的各种信息资源。教育过程主要是通过各种教育资源的应用予以展开和控制的。对各种教育信息资源的生成、分析、处理、传递和利用,应根据教育信息的特点和教育过程的要求展开。

③人才的培养。教育信息化的根本目的是推进素质教育,实现对创新人才的培养。面向信息社会的跨世纪人才应具备的一项基本素质是信息能力。它是每一个人进入信息社会的通行证。教育信息化应将对每一位学生,乃至对全体国民的信息能力的培养作为一项必要的内容。目前,在我国各级各类学校中广泛开展的信息技术教育,是实现教育信息化的重要步骤和重要内容。

(2)教育信息化的基本特点

从技术上看,教育信息化的基本特点是数字化、网络化、智能化和多媒化。从教育层面上看,教育信息化是一个追求信息化教育的过程。信息化教育具有以下显著特点:

①教材多媒化。教材多媒化就是利用多媒体,特别是超媒体技术,建立结构化、动态化、形象化表示的教学内容。

②资源全球化。利用网络,特别是Internet,可以使全世界的教育资源连成一个信息海洋,供广大教育用户共享。网上的教育资源有许多类型,包括教育网站、电子书刊、虚拟图书馆、虚拟软件库、新闻组等。

③教学个性化。利用人工智能技术构建的智能导师系统能够根据学生的不同个性特点和需求进行教学和提供帮助。超媒体形式的课件也可以基本实现教学个性化。

④学习自主化。由于以学生为主体的教育思想日益得到认同,利用信息技术支持自主学习成为必然的发展趋向。

⑤活动合作化。信息技术在支持合作学习方面可以起重要作用,其形式包括通过计算机合作学习(网上合作学习)、在计算机面前合作学习(如小组作业)、与计算机合作学习(计算机扮演学生同伴角色)等。

⑥管理自动化。利用计算机管理教学过程的系统叫做CMI系统,包括计算机化测试与评分、学习问题诊断、学习任务分配等功能。

⑦环境虚拟化。多媒体网络使教学活动可以在很大程度上不受物理时空的限制,目前已涌现出一系列虚拟化的教学环境,如虚拟教室、虚拟实验室、虚拟校园、虚拟学社、虚拟图书馆等。未来信息化学校的发展方向是虚拟教育与现实教育结合,校内教育与校外教育贯通。因此建有校园网的学校应充分开发网络的虚拟教育功能。如图1-6所示的是由华东师范大学祝智庭教授提出的信息化学校的教育功能模式。

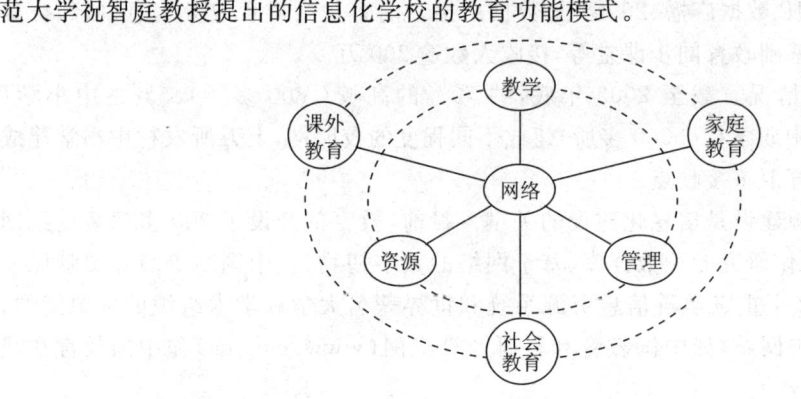

图1-6　信息化学校的教育功能模式

2.教育信息化与现代教育技术

教育信息化指在教育领域全面深入地运用现代信息技术来促进教育改革和教育发展的过程。而现代教育技术是运用现代教育理论和信息技术,对教与学的过程和资源进行设计、开发、运用、管理和评价,以实现教学最优化的理论和实践。可见,教育信息化与现代教育技术都充分运用了信息技术,两者的目标都是为了促进教育发展和教学改革。

教育信息化促进了教育的全面化、终身化、个性化、多元化及全球化,使得教育思想、教育理念和教育模式发生变革,教育的着眼点由侧重新知识的学习,转向注重培养学生获取新知识的学习能力、解决实际问题的能力和创造性等。教师可运用计算机来管理教学、辅助教学,从而大大提高教师的工作效率。此外,丰富的计算机信息网和信息资料库,使教师不再受到学校或地方图书馆的限制。信息技术极大地拓展了教育的时空界限,空前地提高了人们学习的兴趣、效率和能动性。

教育信息化使得教学模式变革成为必然。现代教育技术则为教学模式的变革提供理论指导和技术支持,使之适应信息化发展的需求。现代教育技术将教育技术理论与现代信息技术有效地结合起来,必将极大地提高教学效果,促进教育改革和发展,从而推进教育信息化的进程。

3.我国教育信息化建设现状

我国以教育信息化带动教育现代化,实现我国教育的跨越式发展。

(1)我国教育信息化建设的现状

中国教育卫星宽带多媒体传输平台 CEBsat 与 CERNET 高速连接,初步形成"天地合一"的现代远程教育网络。

①中国教育和科研计算机网 CERNET。目前,CERNET 主干网传输速率达到 2.5～5Gbps,地区网传输速率达到 155M～2.5Gbps,拥有 10 个地区中心,38 个省节点,覆盖全国 31 个省、市,200 多座城市,联网的大学、教育机构和科研单位超过 1300 个,用户超过 1800 万人。拥有多条国际和地区性信道,与美国、加拿大、英国、德国、日本和香港特区等地联网。

②中国教育卫星宽带多媒体传输平台(CEBsat)。CEBsat 已覆盖全国及周边国家和地区,采用 C 波段模拟和 Ku 波段数字信号并播的方式,可提供 8 套数字电视节目、8 套数字音频广播、8 套 VBI－IP 数据广播、25 套 IP 数据广播。内容包括教育政务信息、西部扶贫信息、电大远程教育、基础教育同步课堂等,接收人数逾 200 万。

③学校网络建设情况。截至 2002 年底,约 70% 的高校(800 多所)、5% 的中小学(26000 多所)、32% 的中职学校(5600 多所)建成不同程度的校园网,上万所农村中小学建成计算机教室或远程教育卫星接收点。

④资源建设。资源建设是信息化建设的关键。目前,教育部开设了 300 多门新世纪网络课程,建立了网上合作研究专业数据库、基于网络的数字博物馆、中国高等教育文献保障系统(CALIS)以及 12 个重点学科信息资源系统和世界著名大学和学术组织的资源镜像,建设了综合性教育门户网站,如中国教育和科研计算机网(www. edu. cn)和中国教育在线(www. cer. net)。

⑤标准的研究与制定。构建了"现代远程教育标准体系"CELTS,推出 40 余项标准,10 项进入国家标准审定程序。2002 年 12 月,"全国信息技术标准化技术委员会教育技术分技术委员会"(CELTS)成立,积极参与国际标准化活动,研制标准测试平台并建立测评中心,推广标准应用。

⑥教育政务信息化。初步实现教育部与所有省、自治区、直辖市教育厅(教委),计划单列市教委,新疆生产建设兵团教委,部属各高等学校的网上信息交换(网上办公)。建设完成教育视频会议系统,可召开全国性教育工作会议。

⑦信息化人才的培养。截至 2002 年底,92.15% 的普通高中(1.26 万所)、65.32% 的大中城市初中(1.13 万所)和 10.32% 的小学(4.42 万所)开设了信息技术课程。开展信息技术教育实验的实验区有 91 个,实验学校有 1000 所。约 400 所本科学校开设了 10 多种、1000 多个信息技术相关专业,绝大多数高校已开设计算机课程。批准成立了 35 所示范性

软件学院,2002年招收本科生12000人,第二学位3100人,工程硕士2900人。

⑧重大应用与示范。主要有网络联合办学示范、高等学校现代远程教育试点、示范性软件学院、全国普通高校招生网上录取系统、高校网上合作研究中心平台建设、现代远程教育扶贫示范、西部中小学校园网建设等。

(2)目前面临的问题

目前,我国教育信息化建设仍面临一些问题。如各校间尚未完全实现互连互通,基础设施建设尚不能适应网络教育的需求,资源利用率有待提高,标准化程度较低,信息化人才培养不适应发展需求,重硬件、轻软件、重建设、轻应用,区域发展不平衡,教育信息化应用与服务水平仍有待提高等。

二、信息时代的教学

1.信息时代对教育的挑战

信息时代,教育正面临严峻的挑战,主要体现在以下方面:

(1)信息时代需要大量的高科技人才和技术劳动人员

高科技迅速发展,促使产业结构变化,社会劳动逐渐智力化,需要教育为新的技术密集型、知识密集型的产业培养更多的高科技人才和掌握熟练新技术的劳动大军。教育应从精英教育转向大众教育,注重职业教育。

(2)信息时代呼唤创新人才

信息时代是一个瞬息万变、纵横交错的时代。高科技的迅速发展正在促进学科的分化与综合,因此要求教育的专业和课程更新和改造,同时知识爆炸,使知识老化的速度加快,教育更重要的任务是开发学生的智力,培养他们掌握进一步获取知识的能力,培养具有应变能力和创造能力的创新人才。教育应从应试教育转向素质和创新教育。

(3)信息时代需要多样化、终身化教育

人口增长直接影响到对教育的需求,旧的正规教育观念和模式已经不能满足人们受教育的要求,因此需要改变办学的观念和模式。扩大教育时空,建立终生教育的观念和多样化的办学模式。教育应从学校教育转向终身教育。

2.信息时代的人才观

21世纪的教育应该培养什么样的学生是一个重大的研究课题,还需要深入地探讨。从国内外多方面的研究来看,新世纪的学生不仅要具有健康的生理和心理素质;诚实、正直、负责、自尊、自我节制的品德素质,有效地听、说、读、写、算的基本能力等方面的素质,还要具备以下三种能力:

(1)创新能力

创新能力是对新知识的学习、探索与再更新,对新原理、新方法、新专利和新产品的发明和创造的能力。在知识经济时代,国家创新能力,包括知识创新和技术创新能力,是决定一个国家在国际竞争和世界格局中的地位的重要因素。江泽民主席也指出:创新是一个民族进步的灵魂,是国家兴旺发达的不竭动力;如果不能创新,不去创新,一个民族就难以发展起来,难以屹立于世界民族之林。

（2）合作能力

新世纪是高度发达的信息社会,同时也将是一个高度联合与协作的时代。为了适应未来社会的发展和需要,信息时代的人才必须具备与他人合作的能力。合作能力的培养对人一生的发展和事业的成功具有重要的意义,教育应注重培养。

（3）信息能力

据联合国教科文组织的统计,人类近 30 年来所积累的科学知识占有史以来积累的科学知识总量的 90%,而在此之前的几千年中所积累的科学知识仅占 10%。可见,信息和知识以爆炸的形式增长,新世纪的人才必须具备信息的有效获取和处理能力。目前,美国、日本、新加坡等许多国家都在积极为培养国民的信息能力研究对策。

3. 现代教育观

信息化社会的知识呈指数级增长,极大地冲击了传统的教育模式,新的教育观点应运而生。

（1）素质教育观

素质教育是以提高人的四大素质（包括思想道德素质、文化科学素质、劳动技能素质、身体心理素质）为宗旨的教育,其核心是全面发展、全体发展。它的内涵是面向全体学生,全面提高学生的基本素质,培养学生的创新精神和实践能力。

素质教育彻底改变了以传授知识为主的旧模式,强调从小培养学生自主学习的能力和自我评价的能力,更加注重对其学习兴趣和良好行为习惯与情感态度的培养,以及对他们健康个性的培养和创造潜能的开发,由此将以往紧张单调的学校生活转化为轻松和谐、丰富多彩的校园文化。

（2）终身教育观

信息时代的知识更新迅速,竞争日益激烈,要求人们终身不断地学习,由此提出了终身教育观。终身教育将学校教育向两端延伸:一方面向下延伸,如早期教育乃至婴儿教育和胎教;另一方面向上延伸,如继续教育、成人教育直至风靡世界的老年教育。

新世纪的教育将是立体的、多元化的教育,如图 1-7 所示。

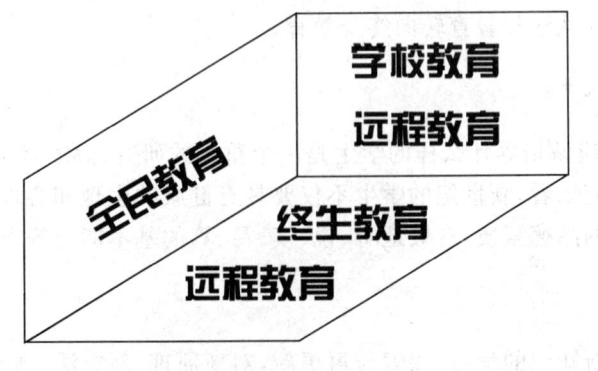

图 1-7　教育系统的结构

（3）创新教育观

"创新"是指能为人类社会的文明与进步创造出有价值的、前所未有的全新物质产品或精神产品。所谓创新教育就是以培养人的创新精神和实践能力为基本价值取向,以培养创造型人才为主要目标的教育。在信息化社会,急需培养具备信息素养的创新人才。"创新人才"是指具有创新精神的创造型人才,也就是具有创新意识、创造性思维和创新能力的人才,其核心是创造性思维。

创新教育的提出体现了知识经济崛起的现代社会对创新性人才的呼唤。它不仅仅是对教育方法的改革和教育内容的更新,也是对教育功能的重新定位,是带有全面性、结构性的教育革新和教育发展的价值追求。

(4)双主体教育观

主体性教育是素质教育思想的核心,因为人的发展既不能由父母包办,也不能由教师代替,人的发展从根本上说是主体性的发展。

教育是教师和学生双方作用的过程,其核心关系是教与学的关系,因此教师和学生都是主体,教育中的这种"双主体性"决定了教师要担负教的责任,学生要担负学的责任,只有双方的主体作用都得到充分发挥,教育才能收到最佳效果。

(5)情商为主教育观

美国哈佛大学心理学教授丹尼尔·戈尔曼(Daniel Goleman)提出了"情商"(EQ)的概念,认为"情商"是个体重要的生存能力,是一种发掘情感潜能、运用情感能力影响生活各个层面和人生未来的关键的品质因素。戈尔曼认为,在人成功的要素中智力因素是重要的,但更为重要的是情感因素,"情商"大致可以概括为五个方面的内容:

①情绪控制力。
②自我认识能力,即对自己的感知力。
③自我激励(自我发展)能力。
④认知他人的能力。
⑤人际交往的能力。

(6)四大支柱教育观

四大支柱教育观是1996年联合国"国际21世纪教育委员会"提出的。这四大支柱是:

①学会认知(learning to know)。学习是为了掌握认知的手段,而不是掌握经过分类的系统化知识。作为手段,它应使每个人学会了解自己周围的世界,发展自己的专业能力和交往能力。

②学会做事(learning to do)。教育不仅要教会学生某种技能,更重要的是培养学生的个人能力。交往能力、协作能力、管理能力、判断力、凝聚力和创新等能力显得越来越重要。

③学会共同生活(learning to live together)。教育的使命是教学生懂得人类的多样性,同时还要教他们认识地球上所有人之间具有相似性,又是相互依存的。

④学会发展(learning to be)。教育应当促进每个人的全面发展,即身心、智力、敏感性、审美意识、个人责任感、精神价值等方面的发展。

这四种能力并不是并列的、平等的,其中"学会共同生活"(合作)是一种基础能力,其余三种能力则是学会共同生活所不可缺少的基本因素。

4.现代教育技术对教学改革的支持

现代教育技术作为教育科学群体中的一门新兴学科,信息技术的发展极大地丰富和深化了教育技术的研究和实践内容。以信息技术为特征的现代教育技术为教学改革提供了有力的理论和技术支持。

（1）树立了新的教育观念

现代教育技术的发展淡化了学校的概念，随着网络教学、远程教育的发展，学校教育越来越虚拟化、开放化和社会化。同时，教育技术的发展逐步树立了大教育观，即全民、全时空的终身教育观。

（2）改革教育模式

教育规划技术可对一国或一地区的教育发展做出规划，如解决教育与社会总需求的不协调时，社会对教育的要求、存在的差距等。在解决教育与社会在人才质量指标体系上的矛盾及教育内容落后与科技发展的矛盾时，应用教育技术学中的课程开发的理论与技术对教育目标进行设计，对专业设置与课程体系进行开发，可以得到解决问题的方案。

（3）提供了新的教学模式和方法

教育技术对优化"以教为主"的教学模式起了很大的作用。随着多媒体技术、网络技术的发展，现代教育技术又发展了新的教学模式，如"以学为主"的教学模式、"教师主导—学生主体"的教学模式。在新的教学模式下，强调采用发现式、探究式教学法，要求教师充分利用各种媒体，尤其是多媒体和网络来创设启发、引导式的学习情境，发挥学生学习的主动性，引导学生积极主动地学习。

（4）优化教学实践

教育技术对教学资源、教学传播模式和手段、教学过程进行设计、开发、实施、评价和管理，将最大程度地优化教学。

三、信息时代的教师

信息时代对人的各种素质特别是信息素质有了更高的要求，从而对肩负着培养人任务的教师提出了更严格的专业要求。教师职业日益专业化，教师也应具备基本的信息素养。

1. 教师的专业化

从职业社会学来看，许多职业在20世纪进入了"专业"的行列。教师职业也开始向专业化方向发展。教师职业是一个形成中的专业，但与其他专业如医学、法律、工程相比，略显薄弱，因此处在专业和半专业的中间状态。

（1）教师专业化是社会发展的必然

社会职业只有专业化才有社会地位，才能受到社会的尊重。教师如果没有社会地位，教师职业就不被社会尊重，那么这个社会的教育大厦就会倒塌，社会也就不会进步。

教育教学活动是一个难度较大的、比较复杂的专门培养人的职业，它不仅要求从业者具有较一般人更丰富厚实的一般知识和学科知识，而且更需要从业者掌握一般社会成员不需要或不必系统了解的教育教学知识、技能和教育教学规律。教师不仅是知识的传递者，而且是道德的引导者，思想的启迪者，心灵世界的开拓者，情感、意志、信念的塑造者；教师不仅需要知道传授什么知识，而且需要知道怎样传授知识。教师职业有自己的理想追求，有自身的理论武装，有自觉的职业规范和高度成熟的技能、技巧，具有不可替代的独立特征。因此教师专业化是社会发展的必然,是世界教育发展的潮流。

（2）教师专业化的基本含义

教师专业化就是指教师职业具有自己独特的职业要求和职业条件,有专门的培养制度和管理制度。教师专业化的基本含义是:

第一,教师专业既包括学科专业性,也包括教育专业性,国家对教师任职既有规定的学历标准,也有必要的教育知识、教育能力和职业道德的要求。

第二,国家有教师教育的专门机构、专门教育内容和措施。

第三,国家有对教师资格和教师教育机构的认定制度和管理制度。

第四,教师专业发展是一个持续不断的过程;教师专业化也是一个发展的概念,既是一种状态,又是一个不断深化的过程。

教师职业的专门化既是一种认识,更是一个奋斗过程,既是一种职业资格的认定,更是一个终身学习、不断更新的自觉追求。

2.教师的角色与作用

传统的教育中,教师的基本作用是向学生传递一定学科的专业知识。信息技术的广泛应用,使学生可以自主地通过各种途径,以各种方式进行学习。在这种情况下,教师的角色和作用就要相应地转变。

（1）从知识的传递者转变为学习的组织者和协调者

对于给定的学科内容,学生可以通过多种途径,不仅可以通过老师,还可以通过Internet、光盘,也可以通过小组讨论、调查访问等多种途径学习。教师不再只是讲授,而应对学生的多种学习活动进行指导、计划、组织和协调。

（2）促进学习网络的形成

为了对学习活动进行有效地指导、计划、组织和协调,教师必须把握对应于各种学习课题的学习途径、学习资源。为此,教师应广泛地收集各种分散的学习资源、学习信息,注意加强与不同学校、不同教育部门的联系与交流,并逐渐形成一种支援学生学习的网络系统。

（3）对学生信息能力进行培养

学生在利用多种途径进行自主地学习时,信息能力是十分重要的。教师应注重对学生信息能力的培养。

3.中小学教师教育技术能力标准

根据我国国情和对中小学的实际调研情况,并借鉴美、英等国的经验,我国于2004年制订了具有中国特色的"4(14)N"教育技术能力标准体系。其中"4"表示有4个能力素质维度;"14"表示有14个一级指标;"N"表示有N个概要绩效指标(对于教学人员、管理人员、技术人员这三类子标准,N依次为41、46、44)。

4个能力素质维度是:应用教育技术的意识与态度(包括信息需求意识、信息应用与创新意识、对信息的敏感性与洞察力以及对信息的兴趣与态度等);教育技术的知识与技能(包括教育技术的基本理论与方法、基本操作技能、信息的检索加工与表达、信息安全与评价等);教育技术的应用与创新(包括教学设计、教学实践、信息技术与课程整合、自主学习与协作学习等);应用教育技术的社会责任(包括信息利用及传播有关的道德、法律、人文关怀等）。以教学人员的教育技术能力子标准为例，其体系结构与基本内容如图 1-8 所示。

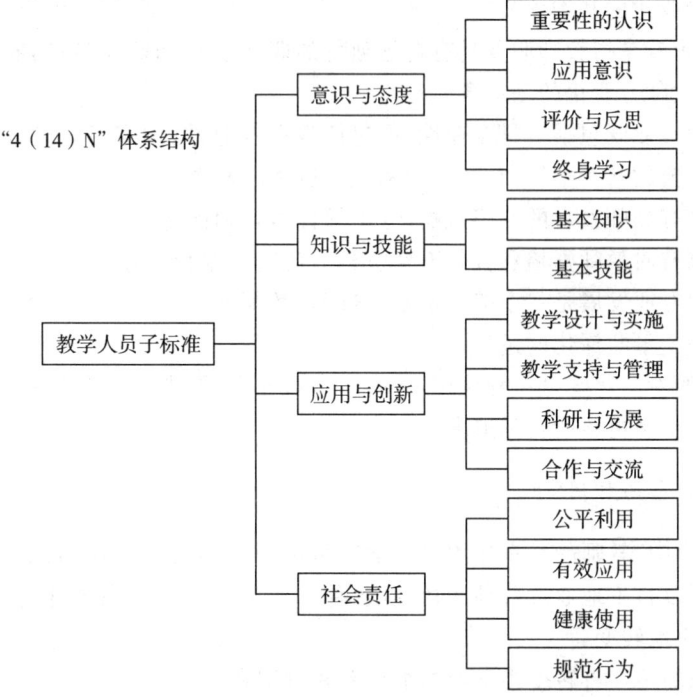

图 1-8　教育技术子标准能力体系结构

4.教师信息素养的培养

教师信息素养是教师整体素养的重要组成部分，是教师个体根据社会信息环境及其发展要求所应具备的信息品质、信息知识与信息能力。在信息技术与课程整合环境下，教师信息素养应包括以下几个方面：

（1）基本信息素养

即传统的信息基础知识和计算机基本技能。教师必须了解信息技术的基本理论、知识和方法，了解现代信息技术的发展与学科课程整合的基本知识，掌握计算机的基本操作，并能熟练应用计算机处理学生考试成绩、编写测验试题等。

（2）多媒体素养

教师应能根据学科特点和教育对象，围绕教学目标和授课内容正确选择使用媒体。此外，教师还应当掌握计算机教学的基本过程，尽量学会使用 PowerPoint、Authorware 和 Flash 等应用软件制作多媒体教学课件。

（3）网络素养

教师应能够利用网络搜索数据、传输文件，开展网络交互式教学，如利用电子邮件进行交流，利用电子公告牌或自己制作的网站发布观点等。同时必须具备尊重知识产权和遵守网络道德的素养。

（4）课程整合素养

教师要努力推进信息技术与学科课程的整合，应具备把信息技术和不同媒体优化组合、将信息技术有机融入学科教学过程的能力和素养，真正发挥信息技术的作用，从而提高教学质量。

5.教师学习教育技术的意义

教师是教育关系中不可或缺的、最活跃的要素，是教学过程的设计者和组织者，是学生心灵的塑造者，是教育改革的实践者和教育任务的完成者。

信息时代的教师职责不再只是传统的"传道授业解惑"，更重要的是培养时代所需要的创新人才。教育技术是现代合格教师必备的职业素质。

教师学习教育技术有以下意义：

①教师学习教育技术将利于自身角色的转变。即由过去家长式的传播知识的角色转变为教学的设计者、帮助者、品德的示范者，从而为培养创新人才做贡献。

②教育技术的发展和应用，要求并促使教师更新教育观念，树立新的教育观和新的人才观。

③教育技术的理论和实践的不断发展，要求教师也要不断更新自己的知识，努力提高信息素养，才能紧跟时代步伐，顺应不断发展的教育要求。

④教师不仅需要知道传授什么知识，而且需要知道怎样传授知识。教师只有掌握教育技术的理论、方法、手段和技巧，才能成为一名专业化的教师。

【思考与练习】

1.现代教育技术的定义是什么？它在教育中有何作用？

2.现代教育技术是如何发展的？

3.教育技术的视觉教育、视听教育、教育技术阶段各自有哪些特点？

4.现代教育技术的理论基础有哪些？它们对现代教育技术有何指导意义？

5.什么是教育信息化？它与现代教育技术有何关系？

6.信息时代的教师应该具备哪些基本素质？

7.教育技术作为一门交叉学科，你认为在该课程的学习过程中应该注意哪些问题？

【参考资料】

1.教育技术学[M].何克抗,李文光.北京:北京师范大学出版社,2002.

2.教育技术教程[M].黎加厚.上海:华东师范大学出版社,2002.

3.教育信息化的特征、现状及发展趋势[N].黄荣怀.中国计算机报,2001.[4].

4.现代教育技术[M].张京,徐渊,赵延延.杭州:浙江大学出版社,2003.8.

5.教育技术[M].顾明远等.北京:高等教育出版社,1999.

6.教育传播学[M].南国农,李运林.北京:高等教育出版社,2006.

7.教育技术学导论[M].尹俊华,戴正南.北京:高等教育出版社,2002.

8.教育学[M].刘楚明,王守恒.南京:河海大学出版社,2002.

9.现代教育技术——理论与应用[M].张剑平.北京:高等教育出版社,2003.

10.教育技术发展轨迹探讨[J].傅纲善.电化教育研究.2005(9):22—26.

第二章

教 学 媒 体

【本章学习目标】

◆ 知道媒体的概念、教学媒体的发展和特性。

◆ 能正确使用传声器、扬声器、功放。

◆ 熟悉视频展台、投影机的性能和基本操作。

◆ 了解卫星教育电视系统组成。

◆ 了解数码相机、数码摄像机的工作原理并能将数码相机、数码摄像机与外设连接。

◆ 知道演示型多媒体教学系统的组成,能正确选用教学媒体和应用多媒体进行教学。

【章前语】

　　教学媒体是教学信息的载体,同时又是教学系统的组成要素之一。教学媒体的正确使用是实现教学最优化的重要条件。跨入 21 世纪,教学媒体日新月异,掌握现代教学媒体的使用方法,了解其发展势态十分必要。本章介绍了各种常用教学媒体的特性及应用方法。

【本章内容结构】

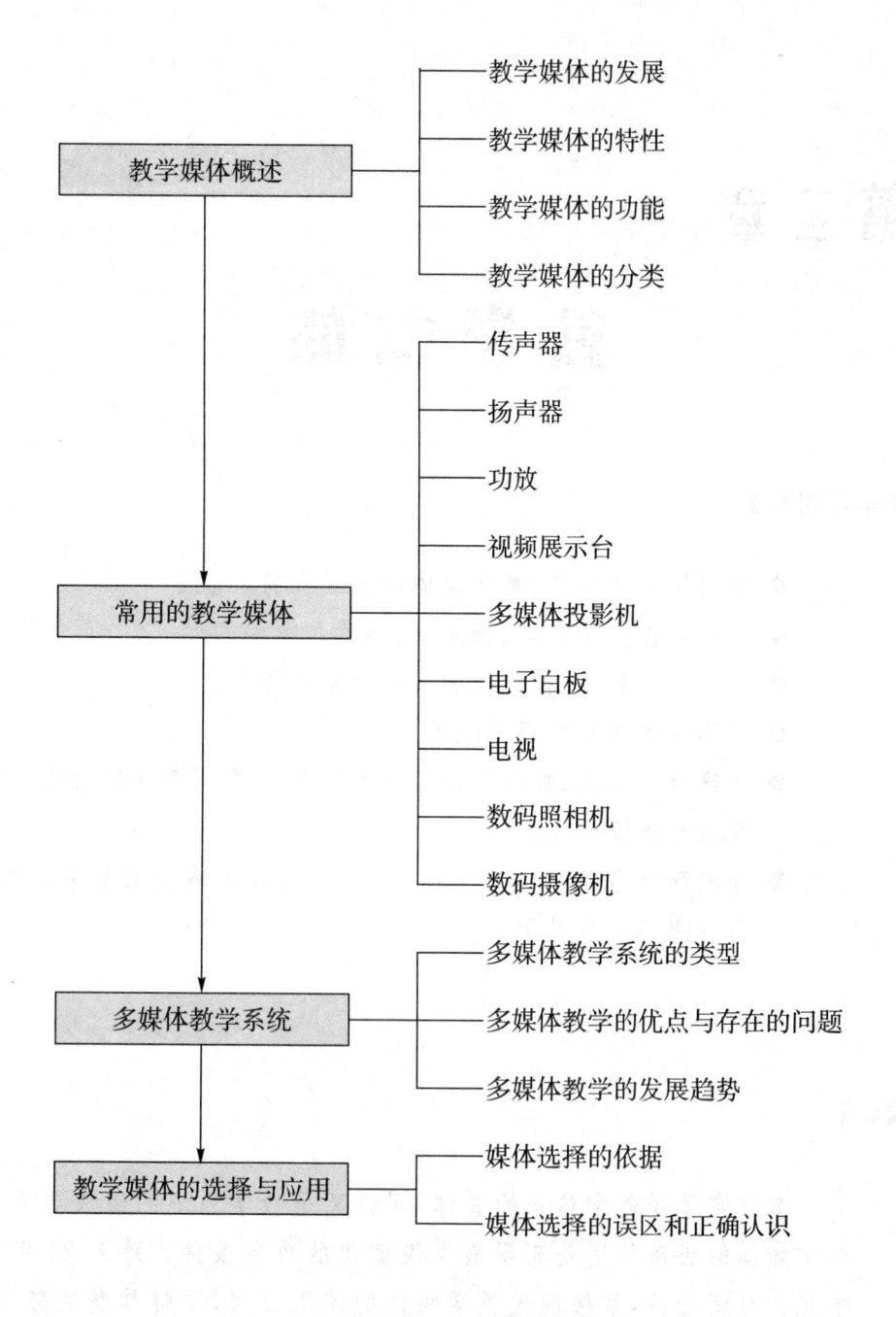

第一节 教学媒体概述

媒体是英文 media 的译名,指信息的载体和传递信息的工具。教学媒体则是指在教学活动中传递教育信息的载体和中介。教学媒体有广义和狭义之分:狭义的专指幻灯、投影、电影、电视、录像、计算机等现代化教学工具和黑板、教科书、图片等传统教学工具,广义的教学媒体还包括讲授、参观、实验和讨论在内。教学媒体还包括硬件和软件两种形态,硬件指各种能呈现教学信息的机器,包括幻灯机、投影机、电视机、电影机、摄像机、放像机、VCD、DVD、录音机、语言实验室、计算机、视频展示台、多媒体投影机、电子白板等;软件指承载教育信息的载体,包括幻灯片、投影片、录音带、视盘、多媒体课件、网络教学资源等。

一、教学媒体的发展

媒体的发展与人类文化、科技发展是密切相关的,它伴随着教学活动的历史进程而展开。在这一发展进程中,教学媒体呈现由实物直观到文字抽象再到抽象直观的基本走向。因此,据教学发展的历史线索,我们可以把教学媒体的发展大致划分为以下四个阶段:

第一阶段——从 17 世纪中叶至 19 世纪末,这一阶段的特点是:强调"感觉是一切知识的源泉",注重图片、模型、书本、黑板、粉笔等媒体的结合。

第二阶段——从 19 世纪末至 20 世纪 70 年代初,在这一阶段,许多工业实用技术成果,如幻灯、投影、照相、电影引入了教育领域,对教育产生了重大影响。

第三阶段——20 世纪 70 年代至 80 年代,录音、幻灯、投影在教学中的应用仍较为普遍,虽然微型计算机应用于辅助教学,但到 20 世纪 80 年代末,其教学效果并不明显,这一阶段,迅速发展的电视教学(VCD、DVD 及卫星教育电视)为教育注入新的活力。

第四阶段——20 世纪 90 年代至今,称为"信息技术阶段"。随着现代科学技术的发展,特别是计算机、多媒体和网络通信技术在教育中的应用,教育止步入信息技术发展阶段。在这一阶段,幻灯、投影及早期的影像技术已逐步被现代信息技术所替代。多媒体技术的出现,使得电子视音频技术(声像技术)、计算技术、通信技术(包括卫星通信技术和网络通信术)这三大信息处理技术融为一体,使得教育由此进入了一个多媒体化、网络化、信息化的时代。

二、教学媒体的特性

加拿大传播学者马歇尔·麦克卢汉(Marshall Mcluhan)认为媒体只是人的器官延伸。例如:笔是手的延伸,印刷品是人眼的延伸,无线电广播是人耳的延伸,电视则是人耳和眼睛的同时延伸,传声器是嘴巴的延伸,面对面的交流是五官的延伸,计算机则是大脑的延伸等。每一种新媒体的出现都是一种延伸,而每一项新的延伸,都会使人的各种感官的平衡产生变化。这说明不同的教学媒体对学习者的感官刺激是不同的,每种媒体都具有其固有的特性。正确了解它们的特性,有助于人们在教育实践中扬长避短,充分发挥其作用。

媒体主要有以下共同特性：

1.固定性

指媒体可以记录和储存信息，以供需要时再现。信息本身是抽象的，但可以用具体的符号来表征抽象的信息。如印刷媒体是将文字符号固定在书本上；电子媒体是将语言、文字、图像转换成声、光、电、磁信号，固定在磁带或光盘上。媒体的这一特性使得过去的优秀教育理论、知识财富和丰富的教育经验得以保存，需要时通过媒体再现给学生。

2.散播性

指教学媒体可以将各种符号形态的信息送到一定距离以外，使信息在扩大了的范围内再现。为此，麦克卢汉曾比喻说，信息的迅速传播已使地球极大地缩小，我们生活的地球已变成"地球村"。

3.重复性

教学媒体可以重复使用，如果保存得好，多次使用后其呈现信息的质量仍稳定不变。此外，教学媒体还可以制成复制品，在不同的地点使用。

4.组合性

指若干种媒体可以组合使用，可把不同功能的媒体结合起来，组成多种媒体系统。如声画同步幻灯、交互视频系统、多媒体组合教学系统等。

5.工具性

指媒体与人相比处于从属地位，即使功能先进的现代化媒体，也是由人创造，受人支配的。媒体只能扩展或代替教师的部分功能，且还需要教师和设计人员精心编制相应的教材，即使具有人工智能的多媒体计算机系统也不可能完全替代教师。

6.能动性

媒体在特定的时空条件下，可以离开人的活动独立起作用。比如，优秀的录像教材或计算机教学课件能替代教师上课。精心编制的教学媒体一般都比较符合教学设计原理，采用的是最佳教学方案，尤其是由经验丰富的教师参与设计、编制的教学媒体，教学效果会更好。

三、教学媒体的功能

选择适合的教学媒体进行课堂辅助教学，或者把教学媒体直接作为教学的主要手段时，会起到很好的教学效果，主要表现在以下几个方面。

1.有利于教学标准化

不同的教师在讲授相同的学科内容时，常常选取不同的媒体素材，使用不同的教学方法，课堂教学的组织也往往因人而异。使用教学媒体进行教学时，由于需要精心的教学设计,内容要规范、标准,这对于规范教学,进而实现标准化教学是非常有益的。

2.生动、有趣的教学有利于激发学生的学习兴趣

教学媒体中具有引起学习者注意的因素,例如生动活泼的画面、优美的音乐等,这些都会激发学生的学习兴趣和学习动机,促使学生积极思考。

3.有利于提高教学质量和教学效率

大部分教学媒体可以在较短的时间内,向学习者呈现和传递较多的信息量,并调动学习者的各种感官,使学习者容易接受和理解。特别是使用精心设计的教学媒体软件进行教学,可以收到更好的教学效果,这对于提高教学质量和教学效率的作用是勿庸置疑的。

4.有利于实施个别化学习

个别化教学媒体如多媒体计算机的使用,可以为学生的个别化学习提供方便条件,学习者可以自己决定学习内容、进度、时间和地点。当学习者直接通过教学媒体进行学习时,教师就有更多的机会对学生进行个别化的指导,这更符合因材施教的原则。

5.有利于探索和实现不同教学模式的教学

在当今信息时代,多媒体技术、网络技术和虚拟仿真技术的应用,为信息的传递提供了高效、快速和多元的通道。教师根据不同的学习理论探究新的教学模式,可为学习者创设不同的学习条件和情境。例如建构主义学习理论认为,媒体可以创建教学所需要的学习情境,通过环境与学习者的交互作用,促使学习者主动地进行意义建构。

四、教学媒体的分类

随着媒体技术的迅速发展,各类教学媒体在学校得到了广泛应用。根据媒体呈现信息对人体感官的作用,可将媒体分为视觉媒体、听觉媒体、视听媒体和多媒体四类。

1.视觉媒体

视觉媒体指发出的信息主要作用于人的视觉器官的媒体。如教科书、黑板、挂图、标本、模型、幻灯、投影仪和视频展示台等。由于挂图、标本、模型等媒体使用方便,呈现的信息直观,有很高的性价比,因而深受师生的欢迎,无论是当前还是今后都应是教师首选的教学媒体;而幻灯、投影仪因制作麻烦、显示画面小、亮度低等问题,已逐渐被视频展示台和多媒体投影机系统所取代。

2.听觉媒体

听觉媒体指发出的信息主要作用于人的听觉器官的媒体。如传声器、音箱、功放、广播和录音机等。20世纪80年代初,磁带录音机在教育领域才被普遍应用。目前,在我国农村及偏远地区,教师师资力量匮乏,在教授音乐、英语等课程时使用录音教学弥补了这个缺陷。以计算机技术为基础的数字录音机媒体,近十年来发展迅猛。1996年语言复读机进入中国市场,它具有磁带放音/录音/慢放、电脑语言复读功能,以其小巧玲珑、记录快捷、复读不用搜索等优点,很快成为学生学习外语的好帮手。21世纪以来,数字录音机也先后应用到教学中,主要有磁盘录音机、存储卡录音机,计算机声卡上也设有"MIC"端口或"LINE IN"端口传送音频信息。

3.视听媒体

视听媒体指发出的信息主要作用于人的视觉器官和听觉器官的媒体。如电影、电视、录像机、VCD、DVD、视盘和多媒体投影机等。随着多媒体教学的普及,原先在电教室、学术报告厅中安装的电视机、录像机、VCD、DVD等教学媒体均已被多媒体系统所替代。

4.多媒体

多媒体指发出的信息能作用于多种感官且具有人机交互功能的媒体。如多媒体计算机、网络型多媒体教室、多媒体语言实验室等。由于计算机技术迅速发展,计算机不仅具有数据处理和存储功能,还具有视频播放、图形图像处理等功能。

媒体的分类方法较多,例如按物理性能可将媒体分为光学媒体、电声媒体、电视媒体和多媒体计算机等。但无论何种分类,都很难划分得十分准确,因为如此众多的媒体,特别是近几年出现的现代媒体,由于其技术上的综合性、功能上的多样性,无论按哪种方法分类,都可能形成与其他类的交叉。例如,电视媒体既是现代媒体,又是视听媒体、电子媒体。

本章主要介绍在学校教学中常用的传声器、音箱、功放、视频展示台、多媒体投影机、电子白板、卫星教育电视、数字录音媒体、数码照相机和数码摄像机等教学媒体。

第二节　常用的教学媒体

一、传声器

传声器俗称话筒或麦克风,是一种将声波信号(机械能)转换为电信号(电能)的能量转换器件。是多媒体系统中最常用的媒体。

1.传声器的分类及工作原理

传声器的种类很多,按照构造不同,可分为动圈式、电容式、压电式、半导体式等多种;按照使用方式不同,可分为有线式和无线式两种;按接收声波的方向性,可分为无方向性和有方向性两种。在教学中广为应用的是动圈式传声器和电容式传声器。

(1)动圈式传声器

动圈式传声器由音圈、永久磁铁、振膜等几部分组成,其结构如图2-1所示。当声波作用于振膜时,膜片带动音圈在磁场中作切割磁力线的运动,从而在音圈两端输出随声波而变化的声频感应电压。

动圈式传声器具有结构牢固、性能稳定和使用简便(不需要另加直流电压)等特点,频响与语言的频率范围接近,适宜于拾取语言信号。

(2)电容式传声器

电容式传声器构成的原理是将一很薄的金属膜片和金属板平行相隔放置(间隔$20\sim$ $50\mu m$)作为极板,以空气为介质,构成一个电容器,如图2-2所示。当声波作用于振膜时,膜片的振动使之与金属板所组成的电容的电容量发生变化,从而导致输出电压产生变化。

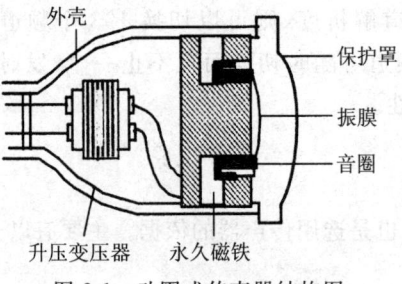

图2-1　动圈式传声器结构图

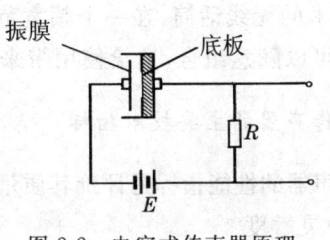

图2-2　电容式传声器原理

电容式传声器具有体小质轻、灵敏度高、动态范围大、频响平直、瞬态响应好等特点,但比较娇气,经不起强烈振动。高质量的电容式传声器制造工艺复杂、成本高,多用于高保真录音与扩音。

(3)驻极体传声器

驻极体传声器的工作原理和电容式传声器相同,所不同的是采用一种聚四氟乙烯材料作为振动膜片。这种材料经特殊电处理后,表面永久地驻有极化电荷,从而取代了电容传声器的极板,故这种传声器名为驻极体电容传声器。驻极体话筒由声电转换和阻抗变换两部分组成。声电转换的关键元件是驻极体振动膜。它是一片极薄的塑料膜片,在其中一面蒸发上一层纯金薄膜,然后再经过高压电场驻极后,两面分别驻有异性电荷。膜片的蒸金面向外,与金属外壳相连通;膜片的另一面与金属极板之间用薄的绝缘衬圈隔离开。这样,蒸金膜与金属极板之间就形成一个电容。当驻极体膜片遇到声波振动时,引起电容两端的电场发生变化,从而产生了随声波变化的交变电压。驻极体话筒结构简单、电声性能好、价格低廉,应用非常广泛。

(4)无线传声器

近年来,无线传声器在教学中得到了普及和广泛使用。无线传声器使用方便,教师在教室使用它时可来回走动授课,易和学生交流,充分展现教师的风采。

无线传声器的发展经历了三个阶段。

①简易调频发射与接收阶段。当时,人们为了摆脱话筒线缆的羁绊,想到了类似于调频广播的发射接收原理,通过话筒的换能原理及音频(调制(放大(发射过程,然后通过调频收音机或专用接收机(特殊频点)接收并放音。可以想见,其音质、稳定性、抗干扰能力等均不能满足实际使用的需要。

②石英振荡的调频发射与接收阶段。由于采用电子电路产生的RC或LC振荡,其振荡频率的稳定性受到环境的影响很大,一般只能在二、三百兆赫以下,这样的频段极易受到其他信号的干扰,此时便出现了采用石英振荡体的发射与接收电路。石英晶体的振荡频率非常稳定,由它组成的无线话筒发射与接收器,工作性能稳定,同时,其工作频率可在V段(30MHz～250MHz),U段(200MHz～1000MHz)内,受外界信号干扰小,总体性能较好。

由于石英晶体的振荡频率不可调,因此,一套无线传声器的接收和发射频率是固定的,且要求一一对应。假如在某地刚好在这一频点上存在干扰,该无线传声器就无法使用了。

③采用 PLL 接收的阶段。PLL 是"频率相位锁定环路"的英文字头缩写,在无线话筒的发射接收中,采用频率合成的方式,可以在一个频带内满意地接收信号。在此频带内还可以任意切换工作频道。理论上,在一个 24MHz 的频带内,如果以 1MHz 作为频道解析度,则可以切换 25 个频道;如果以 125kHz 作为频道解析度,则可以切换 193 个频道。采用 PLL 技术的无线话筒,在一个频宽范围内,接收频道可随时切换而且不止一个,发射机与接收机也可以随意组合,这给使用带来很大的灵活性。

2.传声器的主要技术指标

传声器的性能指标是评价其质量的客观参数,也是选用传声器的依据。主要有以下几项:

（1）灵敏度

灵敏度是指传声器在一定强度的声音作用下输出电信号的大小。灵敏度高,表示传声器的声/电转换效率高,对微弱的声音信号反应灵敏。技术上常用在 0.1Pa(1μBar)声压作用下传声器能输出多高的电压来表示灵敏度。如某传声器的灵敏度为 1mV/μBar,即表示该传声器在 1μBar 声压作用下输出的信号电压为 1mV。习惯上也常用分贝来表示传声器的灵敏度。

（2）频率特性

在不同频率的声波作用下,传声器的灵敏度也是不同的。一般以中音频的灵敏度为基准,把灵敏度下降为某一规定值的频率范围叫做传声器的频率特性。频率特性范围宽,表示该传声器对较宽频带的声音都有较高的灵敏度,扩音效果就好。理想的传声器频率特性应为 20Hz～20MHz。

（3）方向性

方向性表示传声器的灵敏度随声波入射方向而变化的特性。方向性包括心形指向性、强指向、双指向性等,如图 2-3 所示。

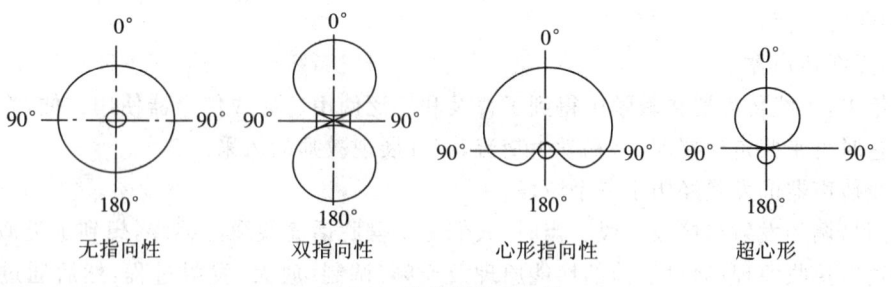

图 2-3　传声器的方向性

单方向性表示只对某一方向来的声波反应灵敏,而对其他方向来的声波则基本无反应或输出;无方向性则表示对各个方向来的相同声压的声波都能有近似相同的输出。

3.传声器的使用和注意事项

（1）根据使用目的选择不同的传声器

①传送语言时可选择单向动圈式传声器;如用于各种会议的扩声、公用场合的播音等。

②进行录音时,可据录音的内容及距离的远近选用不同的传声器;如要录制语言且距离较近,可选用动圈式传声器。如要录制音域较宽的器乐曲且距离较远,可选用灵敏度较高的电容式传声器。录制频率较低的乐器也可用动圈式传声器。距离的远近一般是以 1m 为界,远距离录音(1m 以上)时尽可能选用灵敏度高的传声器,以保证录音效果。

③录制声乐演员的演唱时可根据演员的唱法选择传声器。如通俗唱法者可选用动圈式传声器,美声唱法者可选用单向电容传声器,民族歌手可选用电容式传声器。

(2)在不同的环境条件下,选用不同的传声器

①在演出舞台上,可选择动圈式和单向电容式传声器。

②在广播室播音时,可选用动圈式传声器。

③在收录机、电话机中,可选用驻极体式传声器。

④在小型会场、小型礼堂以及人数不太多的会议室中,可选用灵敏度一般的动圈式话筒,如选用灵敏度较高的传声器会产生反馈啸叫声。

(3)使用注意事项

①话筒与声源之间的距离要适当。适当的距离为 10cm～25cm。太近,低音过重,易使话筒过荷失真,产生"扑扑"声,致使声音模糊不清;太远,音量小,同时噪声相对增大。

②轻拿轻放,避免剧烈震动。试声时不要用手敲击或对着话筒吹气,以平时说话的方式试声,如说"喂"、"大家好"等。

③长期不用电容式话筒时,要取出其中的电池。

④避免话筒直接面向音箱,如果话筒直接面向音箱,就形成了一个闭合的声系统环路,会产生正反馈振荡(啸叫),这是必须避免的。

二、扬声器

扬声器俗称喇叭,是将电能转换成声能的器件,原理是把一种可听范围内的音频信号,通过换能器(扬声器单元)转变为具有足够声压级的可听声音。

将扬声器单元、分频器、吸音材料等安装在箱体内就是音箱。与扬声器的功能一样,音箱也是将音频信号还原成声音信号的装置。音箱的性能指标和音质表现,极大程度上取决于扬声器单元的性能,因此,评判好音箱的先决条件是看它是否选用了性能优异的扬声器单元。

1. 扬声器的分类

常用的扬声器为电动式扬声器,但近年来静电式扬声器发展势头强劲。电动式扬声器依其结构不同,又可分为纸盆扬声器、球顶扬声器和号筒扬声器三种。

(1)纸盆扬声器

纸盆式扬声器的结构如图 2-4 所示,圆柱形音圈处于强磁场中,它与作为辐射体的纸盆相连,当音频电流通过音圈时,音圈随之作纵向振动,并带动纸盆振动,振动的纸盆推动周围空气振动而产生声波。

纸盆扬声器广泛应用于各种听觉媒体、视听媒体和多媒体计算机中。因其发声频率与口径大小有关,因此往往同时使用多只不同口径的扬声器,以再现不同频率的声音。

（2）球顶扬声器

球顶扬声器的结构、工作原理都与纸盆扬声器相似,区别仅在于振膜不为纸盆而为半球形的球面,且球顶扬声器的尺寸较小,如图 2-5 所示。按振膜软硬程度不同,球顶扬声器分为采用铝合金等制成的硬球顶型振膜和采用棉布、化纤等制成的软球顶型振膜两类,前者音质清脆,适合播放现代音乐;后者音质柔和,适合播放古典音乐。

球顶扬声器具有频带宽、指向广、瞬态特性好、失真小等特点,广泛用于扬声器系统中作高频扬声器单元和中频扬声器单元,但其电声转换效率低,额定功率较小,不适用于要求高声压级音响效果的场所。

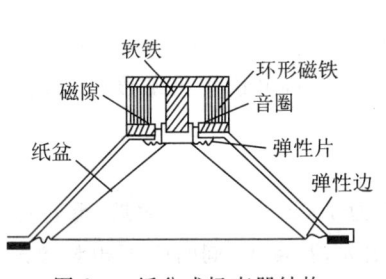

图 2-4　纸盆式扬声器结构

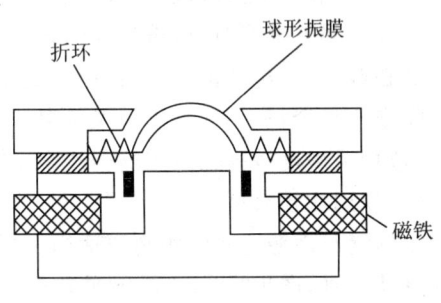

图 2-5　球顶扬声器的结构

（3）号筒扬声器

号筒扬声器在工作原理上与纸盆扬声器相似,但声音的辐射方式不同,纸盆扬声器是以振膜(纸盆)将声音直接辐射出去,号筒扬声器则是振膜振动后通过号筒将声音扩散出去。号筒扬声器结构如图 2-6 所示。

与纸盆扬声器和球顶扬声器相比,号筒扬声器的最大特点是电—声转换效率高(可达 $10\% \sim 40\%$,转换效率比其他电动式扬声器高 10 倍左右),非线性失真小于纸盆扬声器;缺点是重放频带较窄,指向性不够宽,给人的听感较生硬,不如以上两类扬声器发声柔和。

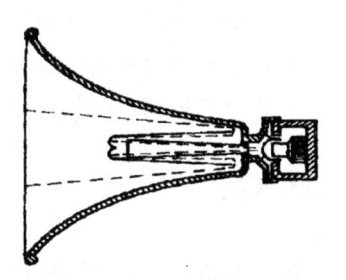

图 2-6　号筒扬声器

2.扬声器的主要性能指标

（1）额定功率

额定功率又称标称功率,表示扬声器能长时间正常工作的输入功率。

（2）额定阻抗

额定阻抗系列为 4Ω、8Ω、16Ω 和 32Ω,将扬声器与输出设备相连时,必须保证阻抗匹配。

（3）频率范围

频率范围是扬声器的频率特性的主要指标,指扬声器不明显失真再现声信号的频率范围,只有频率范围大,才能真实再现各种声源的声信息。单只电动式扬声器的频率范围都不够大,因而实际中多将不同频率特性的扬声器组成音箱来再现宽广频率的声音。

扬声器的频率特性也常用频率特性曲线表示,曲线平坦表示不同频率的声音都能被很好地再现。但在现实中,这样理想的扬声器很难被制造出来。因此,实际中多使用多个不同频率特性的扬声器,组成音箱来放音。在音箱中,口径最大的纸盆扬声器为低音扬声器,口径最小的扬声器为高音扬声器。

（4）指向性

扬声器的指向性用于反映扬声器声辐射方向的特性,是多扬声器音箱的重要指标。

此外,扬声器还有灵敏度和失真特性等指标。

3.扬声器的使用和注意事项

使用扬声器应注意以下两点:

①保证与相连设备之间的阻抗匹配和功率匹配。为保证放音音质及工作的可靠性,输入扬声器的功率宜控制在其额定功率的70%左右。这是选配、使用扬声器时最为关键的。

②合理安放。安放布置扬声器,要达到以下要求:

• "声场"均匀,在单个扬声器(或音箱)不能使声场均匀时,要尽可能使用多只扬声器或多个音箱;

• "声级"合适,使每一位听者都得到合适的声强;

• 延迟适当,避免有害的延迟声;

• 防止声反馈,扩音时扬声器应远离传声器放置,尤其不能将扬声器和传声器相对放置,否则将会产生"啸叫",即声反馈。

三、功放

功率放大器简称功放,又称扩音机,由节目源选择键、频率均衡电路、前置放大器、音调控制器、立体声平衡调整、响度控制器、功能选择开关、低通滤波器、高通滤波器及保护电路等组成。中高档组合音响放大器还设有频谱显示器。功能是对来自音源的信号进行放大,产生足够大的电流去推动扬声器进行声音的重放。功放是多媒体教室中必备设备之一,用于放大话筒中、电脑中的音频信号。

1.功放的分类

（1）专业功放

专业功放一般用于会议、演出、厅、堂、场、馆的扩音。特点是输出功率大,保护电路完善,能良好地散热。一般多媒体教室配备的功放多为此类。

（2）民用功放

①"HI-FI功放"输出功率大都在2×150W以下。设计上以"音色优美,高度保真"为宗旨。各种高新技术集中地体现在这种功放上。

②"AV功放"是集各种影音功能于一体的多功能功放,播放不同节目时可提供不同的声场效果,满足了人们"坐在家里看电影"的需求。但是由于AV功放中的声音经过了太多复杂的处理电路,使声音受到了过多的"染色",所以用AV功放兼容HI-FI重放时效果不理想。

③"KALAOK功放"与一般功放不同的是配有混响器、变调器、话筒放大器,主要用于语音和音乐声的放音。如图2-7所示是国产HUSHAN(湖山)PM4600功放,该功放功率输

出分为 A,B 两组,通过面板功能选择,实现 4ch（四通道独立使用）,2ch（桥接双声道）及 2.1ch（二独立通道＋桥接重低音）三种不同功率输出形式的切换;有两组音乐输入及五组话筒输入接口,音乐、话筒信号音量大小可独立调节,隐藏式调节限制旋钮;话筒的混响时间常数、反馈深度。混合深

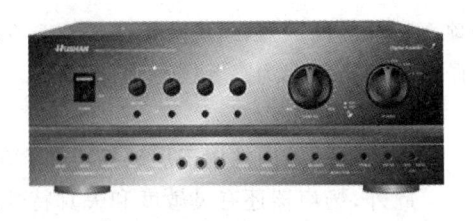

图 2-7　国产 HUSHAN(湖山)PM4600 功放

度均可连续调节,混合深度设计有隐藏式调节限制旋钮,混响声中引入了一定量的残响效果,增加了人声的美感;重低音音量,频率范围隐藏式调节;适用于多媒体教室、家庭、KTV包房等。

（3）特殊功放

指使用在特殊场合的功放,例如警报器、车用低压功放等等。

2.功放的主要性能指标

功放的主要性能指标有输出功率、频率响应、失真度、信噪比、输出阻抗和阻尼系数等。

输出功率:单位为 W,又称额定输出功率、最大输出功率、音乐输出功率、峰值音乐输出功率等。

失真度:用百分比表示,其数值越小越好。理想的功放应该是把输入的信号放大后,毫无改变,忠实地还原出来。但是由于各种原因,经功放放大后的信号与输入信号相比较,往往产生了不同程度的畸变,这个畸变就是失真。HI－FI 功放的总失真在 0.03％～0.05％之间。功放的失真有谐波失真、互调失真、瞬态失真等。

频率响应:表示功放的频率范围,和频率范围内的不均匀度。频响曲线的平直与否一般用分贝[db]表示。教学中使用的功放,频响一般为 50Hz～18kHz（±2dB）,这个范围越宽越好。

信噪比:指功放输出的各种噪声电平与信号电平之比,用"dB"表示,这个数值越大越好。一般家用 HI－FI 功放信噪比在 60dB 以上。

输出阻抗:对扬声器所呈现的等效内阻,称作输出阻抗。

3.功放与音箱的连接

连接时主要考虑阻抗匹配和功率匹配。阻抗匹配是首要因素,它要求作为负载的音箱（扬声器）阻抗不应小于放大器的额定负载阻抗。例如,功率放大器原设计接 8Ω 负载,应与 8Ω 或 8Ω 以上阻抗的音箱连接。当接 16Ω 音箱时,使用中除了输出功率减小一半以外,尚未带来其他明显影响;当接 4Ω 负载时,输出功率将增加近一倍,如果音量又开得较大,则有可能使大功率晶体管损坏。例如:某一功放额定输出功率 100W,

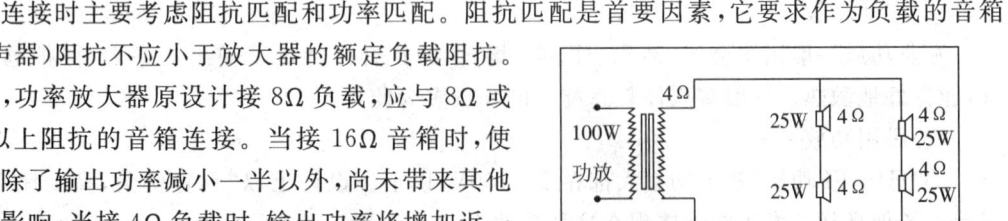

图 2-8　功放与音箱的连接

另有 4 只"4Ω、25W"的喇叭,应按图 2-8 所示连接才匹配。需要注意的是,扬声器（喇叭）串联工作时,要保证电流相等;而并联时,应保证工作电压相等,尽量使用同一型号的喇叭。

功率匹配指的是功放的额定功率要与扬声器的额定功率相适应。功放的额定功率是指当谐波失真度为 10％时的平均输出功率,也称最大有用功率。通常来说,峰值功率大于音

乐功率,音乐功率大于额定功率。一般地,峰值功率是额定功率的 5~8 倍。

一般来说,功放的额定功率应大于音箱额定功率的 10% 以上。这样,既可以推动音箱全力工作,又可以保证器材的安全。

功放使用主要有以下步骤:

①话筒插入功放话筒输入插孔(MIC);

②打开电源开关(POWER),电源接通时指示灯亮;

③通过调节 MASTER VOLUME 控制旋钮来调整的音量,顺时针旋转增大音量,逆时针旋转减少音量。调节时必须微微旋转调节旋钮,否则会发生啸叫,甚至烧毁扬声器。

④通过调节"ECHO"旋钮,可得到合适的回声效果;

⑤通过调节 BASS/TREBLE 控制旋钮来调节低音/高音。在多媒体教室中,功放要连接电脑、话筒、录像机、VCD/DVD 等多路信号源;播放电脑里的声音时,则要将功放输入信号置于电脑的信号档上。

3.红外无线扩音机

红外无线教学扩音机与传统无线教学扩音机的差别在于,前者信号的发射和接收是采用红外线,后者信号的发射和接收仍是采用电磁波。

当前,红外线广泛应用于通讯、燃具、医疗、安防、探测和教育等领域。红外线无线扩音系统首先将声音转化为红外线信号发射出去,再由一个主机接收,并把接收到的红外线信号还原为原来的声音,通过与主机相连的音箱把声音扩大后播放出去。由于红外线具有直线传播、强反射力、可被不透明物体遮挡等性质,因而具有以下优点:不受外界电磁波的干扰;不穿墙不会干扰和影响别的教室;无需更换频点,只要教室中的发射机和接收机为同一品牌,使用不同的发射机,接收机都能工作;在多个教室可以同时使用,数量无限;话筒可以做到专人专用,健康卫生。

最近几年红外线材料采用新技术、新工艺,红外线传输距离可以达 10 多米。国产品牌生产技术和生产工艺还处于初级阶段,产品研制开发主要是仿制台湾产品。

四、视频展示台

视频展示台是一种先进的投影演示设备,可以把实物、模型、透明胶片、幻灯片、文稿等通过数字摄像头清晰地输出到显示设备上,并可将数字视频信息存储到计算机里,还可与多种外设如投影机、AV 监视器等相连,组成理想的演示系统,广泛应用于教学科研演示领域。

1.视频展台产品特点与工作原理

视频展台(Visual Presenter)是通过摄像机将实物、文稿、图片等信息转换为图像信号,输出在投影机、监视器等显示设备上的一种演示设备。视频展台是国内外通用的一个正式名称,在中国市场有时也被叫做实物展示台、实物演示仪、实物投影机、实物投影仪等,在国外市场还被称做文本摄像机(Document Camera)。

随着 CCD 摄像机制造水平的不断提高,特别是近几年数码技术的日益成熟,今天的视频演示技术有了突飞猛进的发展。视频展台这一新型多媒体工具,越来越多地应用于生活中。

传统的视频演示设备有胶片投影仪、幻灯机、实物投影仪。缺点是需要制作专门的投影片、幻灯片和演示媒体,操作繁琐,功能单一,设备笨重,成本高。

与传统视频演示设备相比,视频展台具有以下特点:

(1)多功能

可代替传统的实物投影、幻灯机、胶片投影仪等,真正实现一机多用。

(2)图像放大

这是传统的视频演示设备所无法比拟的,展示台具有变焦和聚焦功能,使演示物的细节一览无遗。

(3)操作简便

无需制作专门的投影片或幻灯片,原来投影器和幻灯机用的素材可以直接在视频展示台上继续使用,操作简便,给使用者带来了极大的方便。

2.视频展台结构与使用

展台种类较多,其基本结构如图 2-9 所示。展台可以与投影机、电视机、话筒、计算机等设备连接,如图 2-10 所示。

①使用前认真阅读说明书。

②拉起视频展台的臂杆,使摄像头位于演示平台的中心位置。

③将展台连接到显示输出设备,如投影机、计算机、电视机等。

④接通电源。

⑤将被摄物体或资料放在原稿台上,再用放大、缩小键调节图像的大小,转动镜头或移动物体,得到最佳的图像效果。在展示立体物件时,建议使用手动聚焦,这样可以把所想展示的部位清晰地显示出来。

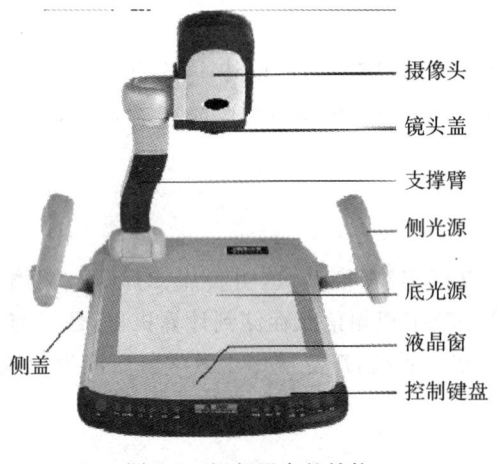

图 2-9　视频展台的结构　　　　图 2-10　展台与其他显示设备连接

3.视频展台在教学中的应用

视频展台可以给学生展示色彩鲜艳、清晰逼真的高质量图像,激发学生的学习欲望,吸引学生的注意力,明显地提高课堂教学过程中教学信息的传递能力,提高教学效果。

视频展台的教学应用主要有:实物演示、课本笔记演示、透明胶片演示、负片演示、幻灯片演示,动作(实验)演示,现场进行书写等。例如,在文科类课堂教学中,可将教学用图书、笔记、图片、实物等直接置于展台台面,通过彩色电视机显示出来;在化学、物理等学科中,可在展台上直接进行一些实验,让每一个学生都能清楚地观察到实验操作过程和实验现象;在生物、医学等科目中,可在展台上配用显微镜头观察微观世界。

视频展台为可视化教学系统的配置提供了良好的条件,它避免了传统的投影器有噪音的缺陷,将广大教师从繁重的投影片制作中解放出来,有效地降低了投影教学的难度;同时具有耗电少、寿命长、体积小、重量轻、便于携带等特点。它的出现为视觉媒体开辟了新的、更加广泛的应用空间,将使投影教学变得更加方便。

五、多媒体投影机

目前,投影机已在各类学校中普及,广泛地应用在教学、培训、监控和娱乐行业。现今市场上的投影技术很多,两大主流技术分别为 LCD(Liquid Crystal Display)和 DLP(Digital Light Processing)。LCD 和 DLP 投影技术又分为单片式和三片式,LCD 投影技术目前均以三片式为主(因此业界广泛称之为 3LCD 技术),DLP 则是以单片式为主,三片式 DLP 投影技术多用于价格昂贵的高端应用中,如数码剧院。

1.投影机的工作原理

(1)LCD 液晶投影机

主要由液晶体、光路系统、电路系统三大部分组成。由灯泡发出的光线经红外线、紫外线过滤镜后,到偏振光转换透镜组,再进入分色镜组分成 RGB 三路色光,分别射入 RGB 液晶板,通过控制液晶单元的开启、闭合,从而控制光路的通断,使 RGB 光最后在棱镜中汇聚,由投影镜头投射在屏幕上形成彩色图像,如图 2-11 所示。

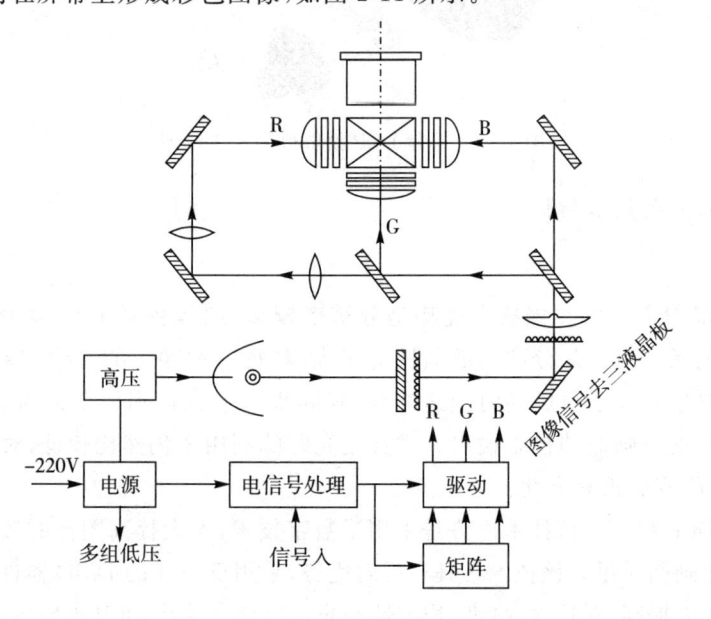

图 2-11 3LCD 投影机的工作原理

（2）DLP 投影机

DLP(Digital Light Processor)是数字光路处理器的意思,数码光处理投影机是使用美国德州仪器公司技术制作的 DMD 芯片作为成像器件,通过调节反射光实现投射图像的一种投影技术。分为:单片 DMD 机(主要应用教育领域)、两片 DMD 机（应用于大型拼接显示墙)、三片 DMD 机(应用于超高亮度投影机)。

DLP 投影机的工作原理如图 2-12 所示。在一个单 DMD 投影系统中,用一个色轮来产生全彩色投影图像。色轮是由一个红、绿、蓝滤波系统组成,它以 60Hz 的频率转动,每秒提供 180 色场。在这种结构中,DLP 工作在顺序颜色模式。输入信号被转化为 RGB 数据,数据按顺序写入 DMD 的 SRAM。白光光源通过聚焦透镜聚焦在色轮上,通过色轮的光线然后成像在 DMD 的表面。当色轮旋转时,红、绿、蓝光顺序地射在 DMD 上。色轮和 图像是顺序进行的,所以当红光射到 DMD 上时,镜片按照红色信息应该显示的位置和强度倾斜到"开",绿色和蓝色光及 信号也是如此工作。人体视觉系统集中红、绿、蓝信息就看到一个全彩色图像。通过投影透镜,在 DMD 表面形成的图像可以被投影到一个大屏幕上。DMD 微镜片能够将更多的光源汇聚到屏幕上,以提高光效率,不论是用于家用视听产品或用于商业简报用途均可提供充足的亮度。而在数码剧院的用途上,其影像亮度更可达到 15000 流明。

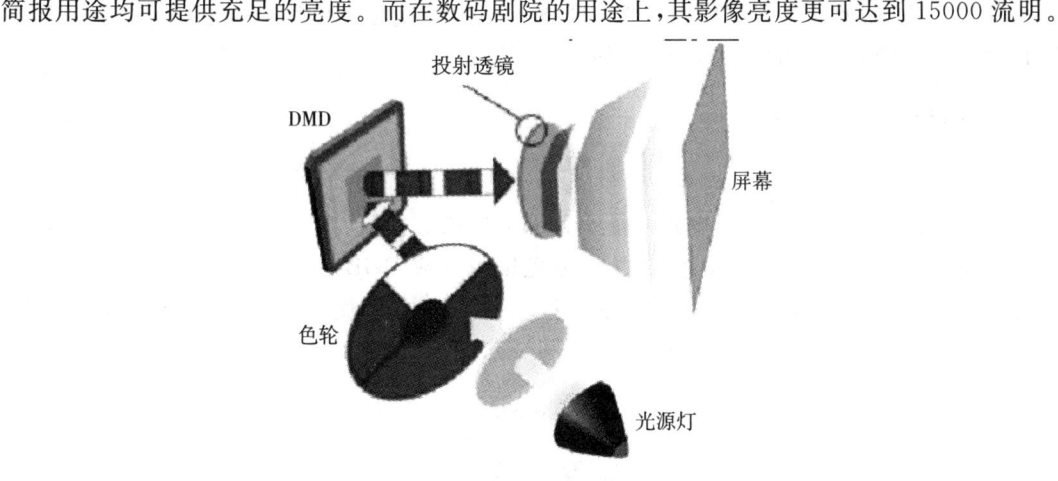

图 2-12　单片 DLP 投影机的工作原理

2.投影机的主要技术指标

（1）技术

①LCD 液晶投影技术。该技术优势是分辨率较高,图像色彩丰富,画面层次感好。其红、绿、蓝三原色光是由三片分离的液晶板所完成,对每一种颜色的亮度和对比度进行了单独的控制。三原色光几乎可以同时到达屏幕,其同步水平也达到了令人满意的效果。LCD 投影机更适合于动态画面的投影输出。劣势是光源的利用率仍然比较低,对比度不高,高温工作环境下 LCD 液晶板易老化。

②美国的 DLP 技术。该技术优势是采用了数字技术,大大提高图像的灰度等级,使图像噪声消失并稳定画面质量。该技术还具有反射优势,采用反射式的 DMD 器件之后,成像器件的光效率得到很大提高,对比度、亮度、均匀性都非常出色。单片 DLP 投影机的三原色光都是由同一个微镜反射到同一像素点,并不存在会聚问题,所以黑色区域是真正的黑色,像素点边

缘也不会出现毛边和阴影。由丁工作原理简单,其可靠性也相应提高,能够适应各种苛刻的环境。劣势是使用分时段式的处理方式,使得 DLP 投影在播放动态画面时质量有所损失。

由于这两种技术都有各自的优缺点,现在各自占据了相应的市场份额。

(2)亮度

亮度是投影机最重要的参数之一,单位是流明(ANSI),亮度与投影机价格成正比。目前投影机市场普遍采用两种亮度标准:一是美国国际电工协会在 2002 年修订的 IEC61947-1 标准,二是日本办公机械与信息系统产业协会在 2005 年制定的 ISO21118 标准。同一指标的投影机,用"ISO"测得的数据值比用"ANSI"测得的值低些。我国《液晶前投影机通用规范》SJ/T 11340－2006 标准是在前两者的基础上修改而成,比上述两个标准更高,于 2007 年 1 月 1 日开始推荐使用。

(3)分辨率

投影机的分辨率指标分为输出分辨率和最大输入分辨率。

①输出分辨率是指投影机投出的图像分辨率,是评价投影机价值的主要指标。输出分辨率越高,可接收分辨率的范围越大,则投影机的适应范围越广。

②最大输入分辨率指投影机可接收的、比物理分辨率大的分辨率,如物理分辨率为 800×600 的投影机可接收 1024×768 分辨率的信号,通过压缩算法将信号投出。目前,很多型号的投影机都支持上一级的信号,有的甚至可以支持到上两级分辨率的信号,如物理分辨率为 800×600 的投影机可接收 1152×864 分辨率的信号。

分辨率为 1024×768 的投影机是目前的市场主流,也有支持 1280×1024、1365×1024,甚至 2048×1536 分辨率的投影机,可以满足分辨率要求高的使用场合。

(4)对比度

对比度也是投影机的一个重要指标。投影机的对比度是指投影图像最亮处与最暗处之比,对比度反映了一个投影机的图像明暗变化的范围大小。对比度越大,图像看上去越清晰。常用的 LCD 投影机的对比度多为 400:1 或 600:1;DLP 对比度多为 2000:1 以上。

(5)灯泡寿命

投影机灯泡价格较昂贵,是投影机的主要耗材,如果使用寿命较短的话,则会大大增加使用成本。因此,在选购时一定要了解该投影机灯泡使用寿命和价格。

除上述指标外,投影机还有水平扫描线、颜色、行扫描频率等指标。

3.投影机的使用

目前,国内市场的投影机品牌繁多,但其结构、功能和操作都基本相同。如图 2-13 所示为常见投影机的外观与操作面板,如图 2-14 所示为投影机的背面接口。

图 2-13　投影机的外观和操作面板

投影机主要按键位于机器面板的正面,功能标识比较清晰,可以完成大部分的日常调节。"AUTO POSITION"即自动位置校正,可在投影机错误设置移位时使用,属于一种"傻瓜"式操作功能,可以应付大部分场合的快速调节需求。

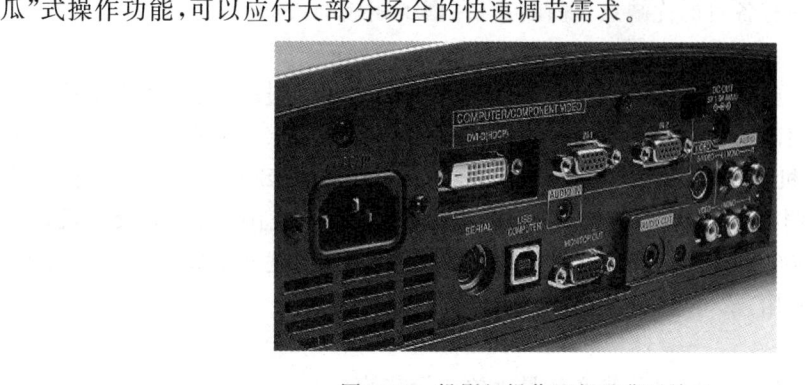

图 2-14 投影机操作面板及背后接口

投影机的接口位于机器背后,可与电脑、录像机、DVD、展台、摄像机等相连。接口有RGB 输入、RGB 输出、DVI－D 输入、复合视频输入、S 视频输入、音频输入、音频输出、USB、RS－232C 等,完全满足各种音视频设备的应用需求。计算机通常与 RGB 输入连接。

4.投影机的使用注意事项

①投影机是需要散热的设备,使用投影机时要注意通风,不要将投影机放置在纸张,垫子,地毯,不稳定的车、架子或桌子上,远离潮湿、多灰场所,避免阳光直射或有热辐射的地方。

②当进风口及滤尘网被堵塞,气流不畅的时候,投影机内部温度会迅速升高,这时温度传感器会报警并自动切断光源电路,以保护投影机。所以,保持进风口畅通,及时清洁过滤网十分必要。一学期或每半年至少清洁一次,在多灰尘环境下使用时,清洁工作应更频繁。

③投影机是一种集机械、液晶或 DMD、电子电路技术于一体的精密电子产品,强震能造成液晶片的位移,出现 RGB 颜色不重合的现象;也会使光学系统中的透镜、反射镜变形或损坏,影响图像投影效果;还可能造成变焦镜头卡死,甚至破裂。

④使用金属卤素灯或 UHP 光源,在点亮状态时灯泡温度有上千度,灯丝处于半熔状态。因此,在开机状态下严禁震动、搬移投影机,以防灯泡炸裂,停止使用后也不能立刻断电,要让机器散热完成后自动关机。如果机器仍在散热就断电,会造成灯泡的损坏。

⑤用户不可自行维修和打开机体。更换内部电缆、零件应尽量使用原配件。严禁带电插拔电缆,信号源与投影机电源最好同时接地。

⑥投影机工作时请勿向镜头内张望,避免强光损伤眼睛。

上面介绍了 LCD 投影机的一些使用要点,DLP 投影机与其相似,但有两点不同:一是连续工作时间比液晶机长,二是 DLP 投影机内部封闭,几乎不受灰尘影响。

六、电子白板

在传统课堂教学中,老师在黑板、白板前讲解内容时,学生既要听课还要记笔记,难免顾此失彼。新一代的电子白板不但能将教师演讲的内容实时地反映在电脑上,延伸教师的教学半径,而且可以将教学内容通过网络传递到远程教学点,甚至可以将教学内容立即编辑、打印出来,使教学和会议进入了全新的数字境界。

1.电子白板的工作原理与使用

电子白板有压感原理和激光跟踪原理两种。压感原理的电子式白板相当于计算机的一个触摸屏,是一种通过用手指或笔触及屏幕上所显示的选项来完成指定工作的交互式输入设备。其内部有两层感压膜,当白板表面某一点受到压力时,两层膜在这点上造成短路,控制器就能检测出受压点的坐标值(手指或笔触及的位置)并输入计算机。这种电子白板具有响应速度快、分辨率高(可达 4096×4096 点)等特点。

激光跟踪原理的电子白板上端和两侧各安装一个激光发射器。白板启动后,激光发射器发出激光扫射白板表面,白板上书写的每一个记号都由数码激光界面跟踪,并实时定位笔的水平、垂直位置,从而在电脑中生成一个点坐标,记录下白板上的全部信息,再经接口送入计算机。

电子白板的构成基本相同,以加拿大天宝(Team Board)白板为例,其主要部件有白板、控制器(如图 2-15 所示)、应用软件、计算机等。电子白板只有与计算机、投影机组成系统时,才能发挥其最佳效果。

电子白板一般在教室中使用,当电子白板已固定在墙壁或安装在移动支架上后,使用随机配有的一根电缆即可将白板与计算机相连:一端插在电子白板的后面控制器上,另一端插入计算机的 USB 输入接口上。

图 2-15 控制器

2.电子白板的教学功能

(1)捕获功能

在白板上的书写内容会被自动捕获到计算机中,并同时在计算机屏幕上显示,还可保存在计算机中。上课结束后教师可对其进行编辑或打印,还可以通过传真或 E-mail 的形式分发给学生。因此上课时学生不必忙于记录,可以全神贯注地听课;教师也可尽情发挥,节省时间,从而极大地提高教学效果。

(2)通信功能

利用互联网可实现电子白板的通信功能,如图 2-16 所示。教师能够与异地联网的学生进行交流,在网络上实现资源共享、文件传送等。这个功能需要数据会议软件的配合,如微软的 NetMeeting 等。每个终端都可以发送远端鼠标和键盘消息来控制这个共享的应用程序。界面上共享窗口中的内容一致地出现在所有共享用户的窗口中,即"What you see is what I see"。使用 HTML 编辑器还能将电子白板图形文件变为 Web 页面。

图 2-16 通信功能

（3）交互功能

当配合投影机使用时,电脑中的图像投射到电子白板上,电子白板就成为一个大触摸屏,教师可用手指或白板笔在板面上进行计算机各种应用程序的操作,学生在电子白板上立即可看到计算机的反应。教师还可直接在白板上进行各种鼠标操作,例如,用白板笔快速点两下某个文件图标,就可以打开文件。学生能清楚地看到操作的过程,非常有利于计算机课程中操作性部分的教学。教师能站在白板前操作,使教师的肢体语言得到充分表现。如图2-17所示即为使用电子白板上课的情景。

图 2-17　使用电子白板上课

此外,电子白板的虚拟键盘可输入文字,利用它的标注功能,教师可在讲解过程中对显示在白板上的各种文件进行实时标注,标注的内容能保存为常用图像格式,如 BMP、JPG、PNG 等。这样便于发挥讲解者的灵感,是教学、音/视频会议很有用的工具。

七、电视

电视作为一种媒体,自上世纪 80 年代开始在我国的教育领域兴起。电视教学主要配备电视机、录像机、VCD、录像带、光盘和卫星接收天等设备,它们在课堂中以声像并存的形式传递丰富多彩的教学信息,可以活跃课堂学习气氛,激发学生兴趣。

电视图像是由一些基本单元——"像素"组成,像素越高,越能呈现图像的细节,画面就越清晰。我国电视标准规定每幅电视图像有 625 行(行的宽度就是像素直径的大小),电视画面宽与高之比为 4:3,由此可以算出一帧画面的像素数目约为 44 万。标准还规定每帧画面分两场隔行扫描,每秒 50 场,传送 25 帧画面。由于人眼的视觉暂留特性,这样呈现出的活动图像可以给人连续的感觉。

电视图像的呈现是通过光电转换、信号传送、电光转换几个过程实现的,如图 2-18 所示。物体所发出的可见光,经摄像机中的镜头、CCD(电荷耦合器件)和相应的电路处理,把物体各部分的明暗光信号快速地转换为相应强度的电信号,这是电视信号的产生过程。将电视信号经放大和其他相应的处理后就可以无线或有线的方式传送到接收端,完成电视信号的传送工作。接收端的电视机将接收到的电信号进行处理、放大,由显像管还原为图像信号。

1.电视传输系统

由于电视信号从发射端传输到接收端的方式不同,因而形成了不同的电视系统。

(1)开路电视系统

以高频或超高频在空间传输电视信号的方式叫开路电视系统。开路电视一般使用超波段传输信号,由于短波频率高而波长短,类似于直线传播,不能沿地球球面传播,因此传输范围有限;加上高山、沙漠、海岛等地面条件的限制,电波浪费很大,远距离传送需增加发射台数,并采用高山、高塔强台形式,设置大量类似接力站式的差转台,增加微波接力线路等。这种传输方法存在系统复杂、传输环节多、图像质量下降、成本高、效率低等缺点,目前已被卫星传输所取代。

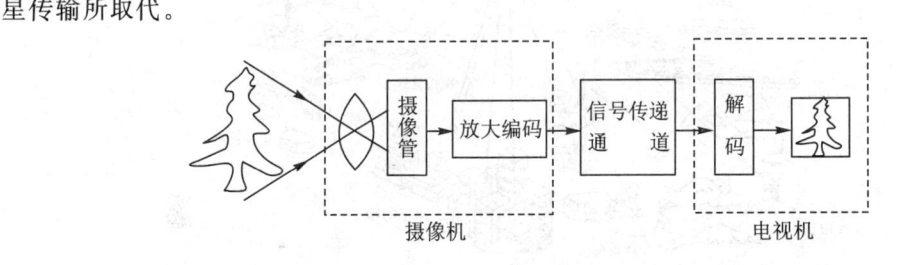

图 2-18　电视图像的产生

(2)有线电视系统

有线电视系统是相对于无线电视而言的一种新型的电视信号传输方式。它采用了与无线电视同样的广播制式和调制方式,无需改变电视机的基本性能,但却具有播出频道多、图像质量高、服务功能强、运行机制好等多方面的优势。如在一个学校里安装了有线电视系统之后,可以把多路教育电视节目输送到各个教室,也可以利用摄像机与有线电视系统相连接进行直播。有线电视系统也可以在较小的范围如一个教室内使用,由放像机、电视机组成的放像系统就是最简单的有线电视系统,便于教师进行课堂教学。

现代有线电视网络主要由前端、干线和分配系统三大部分组成。前端包括卫星和本地的广播电视节目及自办节目的接收、播控、用户管理系统三个部分,目前的播出频道少则数十个,多至数百个。干线主要是传输介质、放大器等。分配系统是有线网络进入家庭的关键,考虑到技术、经济综合因素,目前或今后一段时间内仍将采用同轴电缆分配入户。

随着广播电视高新技术的不断进步,多媒体、视频压缩、光纤双向传输等系统技术及其产品,将逐步应用于城市有线电视网,最终可实现电视、计算机、通讯三网合一。

(3)卫星广播电视系统

卫星广播电视系统是利用地球同步卫星向预定地域转发电视节目。广播电视同步卫星在地球赤道平面上的同步轨道运行,地面接收站将接收天线对准卫星,就可以接收到卫星转发的信号。如果把三颗同步卫星两两相隔120°置于同步轨道上,就可以覆盖地球上除两极以外的所有地方。

目前,世界各国的卫星电视普遍采用 C 频段(3.7GHz～4.2GHz)和 Ku 频段(11.7GHz～12.75GHz)进行广播。由于 C 频段是和地面通信业务共用的,为了避免卫星电视信号对地面通信业务的干扰,卫星发射到地面的功率通量密度受到限制(一般 EIRP＝36dBW 左右)。为保证接收图像的质量,地面接收站通常采用口径为 1.8m～3.0m 的接收天线。Ku

频段的特点是频率高、频率范围宽、信道容量大，是卫星电视广播的优选频段。卫星发射 Ku 频段到地面，其功率通量密度不受限制（一般 EIRP＞50dBW）；加上信号波长短，同样口径天线的增益要比 C 频段高，因而采用较小口径的天线（0.5m～1.2m）就能获得满意的图像。采用 Ku 频段是世界各国卫星电视广播的发展方向。

卫星广播电视系统由上行发射站、测控站、星体和接收网四个部分组成，如图 2-19 所示。

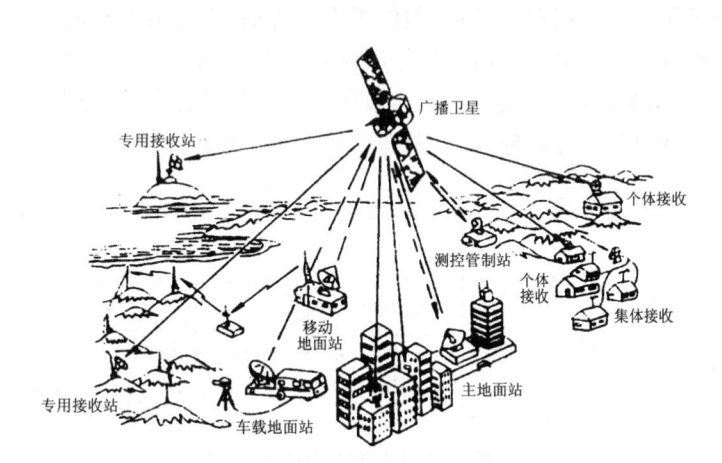

图 2-19　卫星广播系统

上行发射站把广播电视节目从地面发射到卫星，有固定的主站和小型可移动站两种。测控站对卫星上多种设备的功能进行遥测，并对卫星的位置进行跟踪测定，校正卫星位置等。星体是核心，在星体上安装转发器，地面接收网直接把信号转发到用户和观众。对一般用户来说，主要需要了解卫星地面接收系统方面的知识。

卫星地面接收系统由抛物面天线、馈源、高频头、卫星接收卡（卫星接收机）组成，如图 2-20所示。

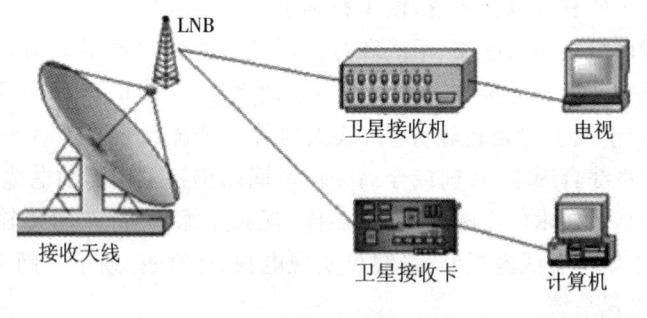

图 2-20　卫星地面接收站

①抛物面天线：把来自空中的卫星信号能量反射汇聚成一点（焦点），天线对准同步卫星后一般就固定不动了。

②馈源：在抛物面天线的焦点处设置一个收集卫星信号的喇叭，意思是馈送能量的源，要求将汇聚到焦点的能量全部收集起来。

③高频头（LNB 亦称降频器）：将从馈源送来的卫星信号进行降频和信号放大，然后传送至卫星接收机。

④卫星接收卡（卫星接收机）：将从高频头输送来的卫星信号进行解调，解调出数据信号

或卫星电视图像信号和伴音信号。

2. 彩色电视机的基本结构

彩色电视机由公共通道、伴音通道、视频电路、扫描电路、电源电路和彩色显像管六大部分组成。彩色电视机有不同的制式，我国一般采用 PAL 制，美国等国则采用 NTSC 制。图 2-21 所示为 PAL 制彩色电视机结构示意图。

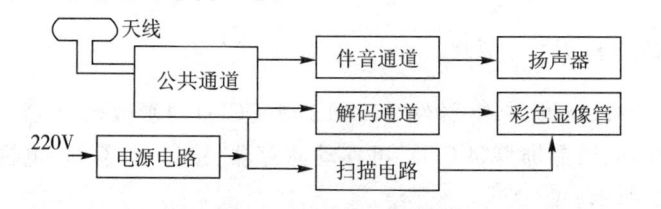

图 2-21　PAL 制电视机结构示意图

公共通道的作用是把天线接收到的电视信号进行调谐、检波、放大等一系列的处理。

伴音通道的作用是解调出音频信号，经放大后推动扬声器。

解码通道的作用是把全电视信号还原成三基色信号。

扫描电路的作用是从彩色电视信号中分离出复合同步信号，以保证显像管完成准确的电子扫描，得到稳定的电视图像。

电源电路的作用是供给电视机各部分电路所需要的工作电压。

彩色显像管的作用是把三基色电视信号还原成彩色图像。

3. 数字电视

随着社会信息化的发展，传统的模拟电视节目已不能满足人们对收视多样化、个性化、图像质量高品质的要求，于是数字电视应运而生。

数字电视是利用数字化的传播手段提供卫星电视传播与数字电视节目服务，从而为用户带来集高品质图像质量和特色化服务内容于一身的数字电视频道服务。我国数字电视发展已进入实质性阶段，2010 年我国计划全面实现数字广播电视，2015 年停止模拟广播电视的播出。

数字电视不是"数字电视机"。数字电视是采用数字信号广播图像和声音的电视系统，它在电视信号的获取、产生、处理、传输、接收和存储的各个环节中都采用数字信号或对数字信号进行处理。

目前市场上所谓的数字电视机其实都不能称为真正的数字电视机，只能说是高清晰度电视机或标准清晰度电视机，理由是这些电视机还需要加"机顶盒"才能收看数字电视节目。而真正的数字电视机是将数字电视调谐器（机顶盒）融合在电视机里。

我国数字电视的最终目标是要像手机一样实现"机卡"（机顶盒和智能卡）分离，即用户到商场买一台数字电视机或是"机顶盒"，然后到运营商（数字电视公司）那里买张智能卡入网就可以收看数字电视。"机卡"分离后，消费者的智能卡在任何数字电视机或"机顶盒"上都能用，而不用像现在这样，必须要购买数字电视公司指定的机顶盒或一体化数字电视机。

八、数码照相机

数码相机也叫数字式相机,是光、机、电一体化的产品。目前,许多学校都购置了数码相机,用于日常静态图像的拍摄。非专业级的数码相机也已经进入普通家庭。数码相机采用数字技术处理拍摄的图像,具有即时拍摄、即时查看、随时输出、存入电脑处理保存等优点。

1.数码相机的结构及工作原理

数码相机由镜头、光电转换器件(COMS 或 CCD)、模/数转换器(A/D)、微处理器(MPU)、内置储存器、液晶屏幕(LCD)、可移动储存器、接口(计算机/电视机接口)、锂电池等构成,如图 2-22 所示。

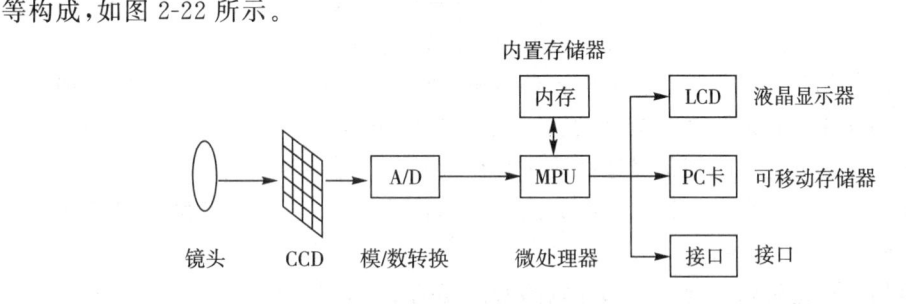

图 2-22 数码相机的结构

镜头是光学部分的核心组件,主要包括透镜组、光圈、快门、红外截止滤光器等。透镜组件是由许多独立的磨光玻璃元件构成的,其作用是把光线会聚到 CCD 或 CMOS 图像传感器上。一般镜头中还设有反射镜,它将摄取的景物图像呈现在取景器中,便于操作者聚焦和变焦。

变焦是在保持聚焦准确的前提下放大或缩小图像。焦距越短,所拍摄景物的范围越大;焦距越长,能拍摄的景物范围越小,远处的景物被放大,如图 2-23 所示。数码相机采用数字变焦技术,通过变焦镜头驱动电机使镜头前面的部分轴向伸长和缩短,即缩短或增长焦距。

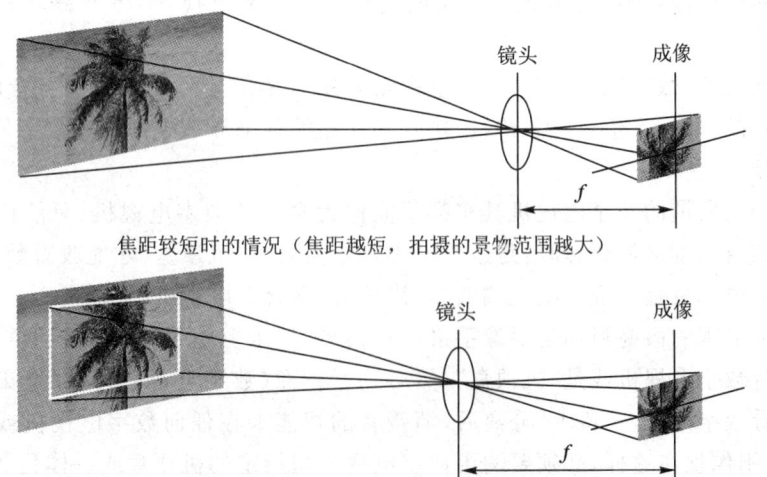

焦距较短时的情况(焦距越短,拍摄的景物范围越大)

焦距较长时的情况(焦距越长,拍摄的景物范围越小,远处的景物被放大)

图 2-23 镜头焦距与被摄景物的图像关系

"变焦"分为光学变焦与数码变焦,两者有着本质的差异,但是某些商家硬是将他们混为一谈。光学变焦是真正的变焦,完全依靠光学镜头的物理结构来实现变焦,是真实的拉近。平常我们看到的数码相机镜头的前后移动,就是在做光学变焦。然而,某些机型为追求小巧玲珑,就得放弃体积庞大的光学变焦镜头。为了弥补无法变焦的不足,设计者就采用了软件来达到数码变焦。数码变焦实际上就是将原来图像上的某一部分放大到整个画面的过程。这种视觉上的拉近没有多少意义。因此,选购数码相机时,要注重光学变焦而不是数码变焦。

光电转换器是形成图像信号的关键部件,用于将镜头采集到的光信号转化为电信号。相当于数码相机的"底片",只不过它可以重复使用,而传统相机的底片只能使用一次。光电转换器可以是CCD感光元件,也可以是CMOS感光元件。CCD芯片的像素和尺寸,是衡量数码像机性能的重要指标之一。

模/数转换器将光电转换器输出的模拟电信号转换为数字信号。

微处理器是数码相机的心脏,将数模转换器的信号经过再一次处理变成特定的图像格式。

内外储存系统就是数码相机的"胶卷筒",将拍摄所得的照片储存于此。

为了便于在图像信号处理的过程中对亮度信号和色度信号进行分离,在CCD图像传感器的感光面上罩上一层彩色阵列式的网格滤色片对图像信号进行解调,从而将色度信号分离出来,将图像信号变成R、G、B三基色信号。R、G、B三基色信号经阶梯变换、黑平衡调整以及白平衡调整等模拟处理后,再由A/D变换器变成数字信号,然后记录到PC卡上,也可以经D/A变换器变成视频信号输出。

2.数码相机与传统照相机的区别

数码相机的外观、部分功能及操作与普通相机都很相似,其不同点在于:

①传统照相机拍摄时需要用胶片,数码相机用专门的存储卡或记忆棒存储图像。不同的数码相机所用的存储卡可能不同,也存在一定的不兼容问题。一般我们所见到的存储卡有CF卡(Compact Flash卡)、SM卡(Smart Media卡)、记忆棒(Memory Stick)等几种。

②传统相机拍摄后的底片要经过冲洗、显影、曝光、放大等过程才能得到照片;数码相机有彩色液晶显示器,拍摄后可随时显示、观看已拍摄的影像。

③数码相机上都具有数字接口。利用数字接口,可将数码相机所拍摄到的数字影像文件输入计算机,还可直接与打印机相连,打印出数码相机中的数字影像。不同厂家的数码相机的数字接口可能不同,常见的接口形式为RS-232C、USB和IEEE1394。目前最为普遍是USB接口。IEEE1394接口又称火线接口,具有USB接口的全部特点,且信息传输速率更快,是高档专业数字照相机的首选接口形式。

3.数码相机的使用

不同类型的相机,使用方法大同小异,掌握一种类型的使用方法后,就可触类旁通。主要操作有装卸存储卡、选择应用模式、选择分辨率和质量压缩比、下载影像等。

(1)装卸存储卡

装存储卡是使用数码相机中的一项经常性操作。在向数码相机中装卡时要注意两点:

首先,不要在开机状态下装入存储卡;其次,要注意方位,对某一类型的存储卡,只能以其指定方位装入数码相机。每一种存储卡上都有相应的标记供人们在装入时识别。将存储卡装入数码相机时,要确认它们完全插到位。插的时候用力要均匀,推装到位。在装入 CF 卡时,要直到相机上的存储卡释放键弹出为止。

取出存储卡时也要同样认真,不同的存储卡从相机中取出的方式也不一样。如 SM 卡,通常是在相机舱盖开启后,直接用手拔出;而 CF 卡,则要在相机舱盖打开后再按下释放键才能取出。索尼相机的记忆棒一般是把卡往下按就会自动弹起。开机状态下不要取出存储卡。取卡时还需防止卡落到地上摔坏,特别是对只有按下释放键才能从相机内取出的存储卡要更小心,因为卡很易弹出来。正确的方法是,释放按键时手应等在仓外,当存储卡从卡仓中退出时才用手接住并顺势取出。

(2)选择应用模式

数码相机上都有拍摄、查看、连接或下载几档的转换开关或转盘,要拍摄时必须将开关或转盘置于拍摄档;要在数码相机的彩色液晶显示器上显示拍摄影像,必须将开关或转盘置于查看档;在与计算机通过数字接口相连下载影像时,则必须将开关或转盘置于连接或下载档。

(3)选择分辨率

目前,数码相机的分辨率越来越高,但并不是每次拍摄都需要很高的分辨率,比如,若只是拍摄供计算机显示器显示的影像,相机的分辨率大于或等于计算机显示器的分辨率即可。一般数码相机都提供多档分辨率供选择,选中其中一种后,数码相机就会按此分辨率记录影像。

不同用途的数字影像,所需要的像素不同,选择的分辨率也不同。如拍摄仅供网页制作使用的影像时,通常分辨率在 1024×768 像素(如拍摄后在使用前要加以剪裁,则另当别论)。

(4)将数码相片导入计算机

将数码相机的图像文件复制到计算机中一般有两种方法,以 SONY F717 为例介绍。

①使用 USB 接口将相机中的图片传输到计算机中,连接如图 2-24 所示。

首先,在计算机上安装 SONY F717 相机随机附带的 USB 光盘驱动程序。Windows 2000/XP 及更高版本的操作系统则无需安装;

其次,将存有影像文件的记忆棒插入相机,打开相机和计算机的电源;

再次,打开相机的插孔盖,将附带的 USB 电缆(一端是标准 USB 接口,另一端是较小的 Mini USB 接头)的 Mini USB 端插入到相机端口,将另一端插到计算机的 USB 端口上即可。

图 2-24　与计算机连接

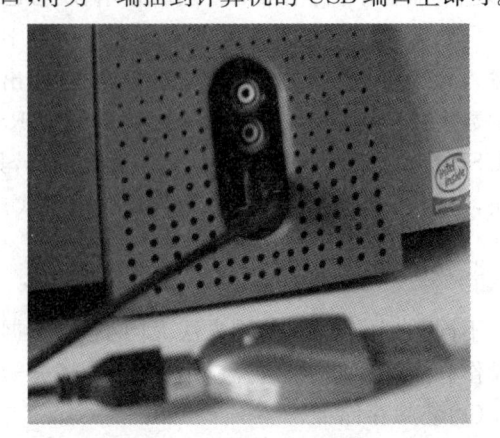
图 2-25　移动闪驱读卡

②用移动闪驱(读卡器)将相机中的影像传输给计算机,如图 2-25 所示。

首先,安装移动闪驱的驱动程序。在 Windows ME/2000/XP 及更高版本的操作系统中,系统能自动找到移动闪驱并安装驱动程序。

其次,将记忆棒插入移动闪驱。连接移动闪驱到计算机。

再次,在"我的电脑"中出现相应的驱动器盘符,可将其打开或进行其他操作。

无论使用以上何种方法,在对记忆棒进行读写时,一定不能取下移动闪驱或记忆棒,否则会破坏或丢失记忆棒中的信息,或者损坏记忆棒,甚至导致系统瘫痪。

4.数码相机的日常维护

数码相机是精密的电子设备,正确的使用和存放会延长相机的使用寿命。

(1)使用和存放

使用和保存相机要注意防尘、防潮、防高温和寒冷。在不使用时最好盖上镜头盖;长期不用时,应取出电池,卸掉皮套,存放在有干燥剂的盒子里。防水、防潮尤为重要,如果必须在潮湿的环境下工作,可以随身带一个塑料拉锁链袋子,在侧面挖一个小洞刚好放得下相机镜头,然后把相机放在袋子里,不让湿气和尘土进入相机。如不小心溅上水时,应立即关掉电源,然后擦拭机身的水渍,再用吹气球将各部位的细缝吹一遍,风干几个小时后,再测试相机有没有故障。防尘也不容忽视,污染物落到镜头上会弄脏镜头,影响拍摄清晰度,甚至还会增加相机的调整开关与旋钮的惰性。在户外拍摄时应注意风沙,风沙渗入相机,容易刮伤相机的镜头和损伤聚焦环等机械装置。

(2)维护镜头

镜头是数码相机的一个重要组成部分,经常暴露在空气中,因此镜头上会落一些灰尘,这是很正常的,并不会影响图像质量,但手指印对镜头的色料涂层非常有害,应尽快清除。清洗镜头时,先用软刷和吹气球除去尘埃颗粒,然后使用专用棉纸或镜头清洗布擦拭。滴一小滴镜头清洗液在专用棉纸上(注意不能直接滴在镜头上),反复轻轻擦拭镜头表面,然后用一块干净的棉纱布擦净镜头,直至镜头干爽为止。

(3)维护电池

电池的保存、携带也有很多要注意的地方。充电电池第一次充电的时间应足够长。以后当电池还有残余电量时,应将电量用尽后再充电,尽量不要重复充电,以确保电池寿命。电池充满电后很热,应该待其冷却后再装入相机。

为了延长拍摄时间,拍摄中应该尽量不使用 LCD 取景显示屏;减少光学变焦的次数;减少使用闪光灯的次数;要注意电池绝缘皮的完整性,一旦发现有破损应该用透明胶带粘牢。

为了避免电池发生短路问题,在电池不用时应以保护盖将其保存。电池充好电后不要放在皮包、衣袋等装有金属物品的容器中。

(4)维护存储卡

存储卡是数码照相机上较贵的附件,必须精心保护。在维护保养方面,要注意以下几点:

①对指定的数码相机,绝大多数只能使用指定类型的存储卡。

②应在数码相机关机状态下装存储卡,并要将存储卡装载到位。

③存储卡不得受重压或弯曲；要避高温、潮湿和静电。

④几乎所有存储卡上存储的影像文件都可以删除，即存储卡可以反复使用。

⑤对存储卡进行格式化时要保证电池有充足的电量可以完成操作。

（5）维护液晶显示屏

彩色液晶显示屏是数码相机的重要部件，不但价格很贵，而且容易受到损伤，因此在使用过程中需要特别注意保护。在使用、存放中，要注意不要让显示屏表面受重物挤压，更要注意不要将相机掉到地上，以免摔坏显示屏。显示屏表面脏了，只能用干净面巾纸或软布轻轻擦拭，一般不能用有机溶剂清洗。有些彩色液晶显示屏显示的亮度会随着温度的下降而降低，这属于正常现象，不必维修。

九、数码摄像机

数码摄像机是将微型数码摄像机和数字录像机机芯组合而成的集摄、录像功能于一体的轻小型高档精密电子产品。这种摄录一体机又被称为 DV（Digital Video）格式摄录一体机。

数码摄像机内部采用数字信号处理方法，输出的是数字信号，可以长期保存和多次复制，抗干扰和噪声能力强，可直接与多媒体设备相连，进行音视频剪接、编辑等处理，从而大大扩展了它的应用领域。数码摄像机的问世使摄像、录像进入了全数字时代。

目前，市场上已有各类不同档次的家用和专业级数码摄像机，许多学校的教学实习、实验、课堂教学及多媒体课件制作都要用数码摄像机来获取动态影像。

1. 数码摄像机的种类

（1）根据数码摄像机的主要技术指标和质量档级分

分为广播级摄像机、专业级摄像机、家用级摄像机。如图 2-26 和图 2-27 所示分别为广播级摄像机和专业级摄像机。

①广播级机型。主要应用于广播电视领域，其清晰度最高、功能齐全、图像质量最好；但体积比较大，且价格昂贵，普通家庭很难承受。例如松下的 DVCPRO 50M 以上的机型等。

②专业级机型。一般应用在广播电视以外的专业电视领域，如学校的电视教材制作和信息采集等，图像质量低于广播级摄像机。不过近几年一些高档专业摄像机在性能指标等很多方面已超过旧型号的广播级摄像机，价格一般在数万至十几万元之间。

图 2-26　广播级摄像机

图 2-27　专业级摄像机

③家用级机型。主要是适合家庭使用的摄像机,应用在对图像质量要求不高的非业务场合,比如家庭娱乐等。这类摄像机体积小、重量轻、便于携带、操作简单、价格便宜,价格一般在数千元至万元可以用它制作家庭 VCD、DVD 等。有时在教学中也常使用此档级的摄像机制作节目或开展微格教学等。

(2)根据数码摄像机的信息存储介质

可以分为磁带式、光盘式和硬盘式,如图 2-28 和图 2-29 所示为磁带式和光盘式数码摄像机。

图 2-28　磁带式

图 2-29　光盘式

①磁带式。指以 Mini DV 为记录介质的数码摄像机。数码摄像机也是使用磁带来记录的,如 DV 数码带,但它的记录方式与模拟的不一样,是 DV 格式。数码记录过程的简单原理:把镜头感应到的图像通过 CCD 片转化为电流信号进行处理,再使用编码芯片转换为数码信号(0 或 1 组成的码),最后记录在磁带上面。不同的编码芯片转换产生不同的格式,模拟摄像机就没有编码的过程,而直接把电流信号记录在磁带上。DV 数码格式(IEEE1394 标准)是世界 56 个厂家都采用的标准格式,比如说,松下 DV 数码摄像机拍摄的摄像带也可以在索尼、JVC 或其他厂家的 DV 摄像机上播放。

播放数码磁带的过程原理:从磁带上读出数码信号通过解码芯片转换为电流信号进行处理,从 AV 音视频接口或 S 端子接口输出。从 DV1394 接口输出的信号没有经过解码而直接输出。解码芯片与编码芯片是同一标准的。

②光盘式。即 DVD 数码摄像机。存储介质是采用 DVD-R,DVR+R,或是 DVD-RW,DVD+RW 来存储动态视频图像,操作简单、携带方便,拍摄中不用担心重叠拍摄,更不用浪费时间去倒带或回放,尤其是可直接通过 DVD 播放器即刻播放,省去了后期编辑的麻烦。

DVD 介质是目前所有介质的数码摄像机中安全性、稳定性最高的,既不像磁带 DV 那样容易损耗,也不像硬盘式 DV 那样对防震有非常苛刻的要求。

③硬盘式。采用硬盘作为存储介质。2005 年 JVC 率先推出用微硬盘作存储介质的数码摄像机。只需一根数据线即可实现与 PC机的连接,并可在电脑上对视频文件直接进行编辑。海量存储免去了更换存储介质的麻烦,

图 2-30　CMOS 硬盘式机型

也解除了内存不足的隐患。如图 2-30 所示为一款硬盘式数码摄像机。

磁带式、光盘式和闪存等存储介质虽然各自有其忠实的消费者,但都分别在数据导入导出或是存储容量上有一些限制。磁带式摄像机受限于数据导出的烦琐,需要视频采集设备,对家庭用户来说不够便捷;DVD介质可直接刻录成光盘,传阅方式比较简易,但光盘的容量无法满足现代消费者的拍摄需求。目前,已经有一些厂商在硬盘式存储的基础上,开发出了双存储介质的数码摄像机,为硬盘摄像机用户增加了新的选择。

(3)根据感光元件的类型

可分为CMOS数码摄像机与CCD数码摄像机。CCD,即电荷耦合器件图像传感器(Charge Coupled Device)。CMOS,即互补性氧化金属半导体(Complementary Metal-Oxide Semiconductor)。它们都能将光信号转变为电信号。在相同分辨率下,CMOS价格比CCD便宜,但是CMOS器件产生的图像质量相对CCD来说要低一些。到目前为止,市面上绝大多数的消费级别以及高端数码相机都使用CCD作为感光器。随着CMOS感光器技术发展,一些高端的产品也采用了特制的CMOS作为感光器。

(4)根据感光元件的数目

可分为CCD与3CCD数码摄像机。图像感光器数量即数码摄像机感光器件CCD或CMOS的数量。多数的数码摄像机采用了单个CCD作为感光器件,而一些中高端的数码摄像机则是用3CCD(一台摄像机使用3片CCD)作为感光器件。单CCD是指摄像机里只有一片CCD并用其进行亮度信号以及彩色信号的光电转换。由于一片CCD同时完成亮度信号和色度信号的转换,因此拍摄出来的图像在彩色还原上达不到很高的要求。光线如果通过一种特殊的棱镜后,会被分为红、绿、蓝三种颜色,即电视使用的三基色,通过这三基色可以产生包括亮度信号在内的所有电视信号。如果分别用一片CCD接受每一种颜色并转换为电信号,然后经过电路处理后产生图像信号,这样就构成了一个3CCD系统,几乎可以原封不动地显示影像的原色,不会因经过摄像机演绎而出现色彩误差的情况。如图2-31和图2-32所示分别为单CCD摄像机和3CCD摄像机。

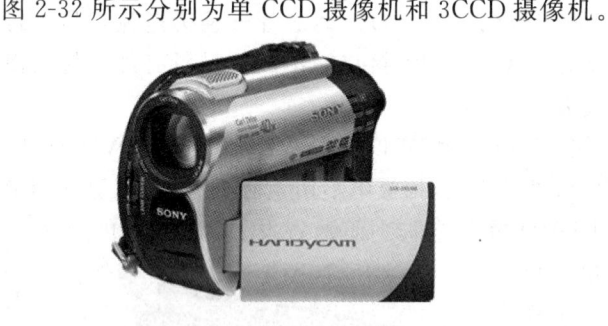

图2-31 单CCD摄像机

图2-32 3CCD摄像机

2.数码摄像机的结构及工作原理

(1)数码摄像机的结构

数码摄像机基本上可以划分为摄像部分和录像部分。其中,摄像部分主要由镜头、滤光器、CCD图像传感器、音频信号处理电路、摄像信号处理电路、视频编码电路、视频输出电路及自动控制电路等部分构成,如图2-33所示。录像部分则主要由音频信号处理电路、视频信号处理电路、伺服电路及系统控制电路等部分构成。

（2）数码摄像机的工作原理

在用数码摄像机摄录节目时，景物通过透镜组件（镜头）、光圈和滤光器在 CCD 图像传感器的感光面上成像，并将图像转换成 R、G、B 三基色电信号，经取样保持电路滤除干扰输出图像信号，再由 A/D 变换器转换成数字信号，然后由摄像信号处理电路完成白平衡调整、γ 校正以及 Y 信号合成等一系列处理后，变成亮度信号和色差分量信号。

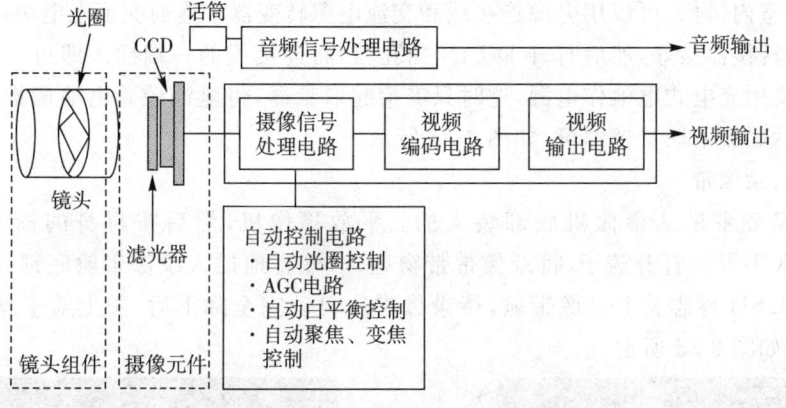

图 2-33　数码摄像工作原理框图

CCD 图像传感器的作用是将得到的光图像转换成电信号，单 CCD 是指摄像机里只有一片 CCD，用其进行亮度信号以及彩色信号的光电转换。由于一片 CCD 要同时完成亮度信号和色度信号的转换，因此拍摄出来的图像在彩色还原上达不到很高的要求。3CCD 顾名思义就是一台摄像机中使用了 3 片 CCD，分别用一片 CCD 接收每一种颜色并转换为电信号，然后经过电路处理后产生图像信号，这样就构成了一个 3CCD 系统，几乎可以原封不动地显示影像的原色，不会因经过摄像机演绎而出现色彩误差的情况。

输出的信号经变换器变换成数字信号后，再送到数字信号处理电路中进行亮度和色度信号的分离。先分离出亮度信号，然后再将色度信号处理成两个色差信号，最后在 PAL 编码器中经正交调制后与色同步混合形成 PAL 制彩色信号。亮度信号在编码器中进行同步信号混合和轮廓补偿后输出到录像部分。

同步信号发生器为编码器信号处理电路和定时脉冲发生器等提供色副载频基准（SC）号和行/场同步信号。自动白平衡是控制蓝、红信号处理电路增益的电路，保证色彩正常。自动控制电路通过自动检测控制摄像机各部分电路正常工作。另外，镜头的聚焦及变焦控制、光圈控制、自动白平衡等也都是由自动控制电路控制的。

摄像部分输出的视频信号，除要送到录像部分进行记录外，还要送到寻像器。寻像器是一个小型监视器，它显示镜头摄取的信号，以便摄像人员观察构图和搜索拍摄目标。

拍摄时，摄像部分形成的亮度信号和色度信号分别被送到录像部分的视频信号处理电路，即亮度和色度信号处理电路。视频信号处理电路对亮度信号进行调频处理，对色度信号进行降频处理，然后在磁头放大器中进行合成频率补偿，最后通过视频磁头进行记录。

伴音记录是将外接话筒的声音信号和本机话筒拾取的信号进行放大和作录音均衡补偿，然后用交流偏磁法进行记录，将声音信号记录在磁带上。

3.数码摄像机的基本操作

不同品牌和型号的数码摄像机,具体操作方法有所不同,下面以 SONY DCR－TRV30E 摄像机为例,简单介绍其使用方法。

(1)安装电池

如果在室内摄像,可以用电源连接线和交流电源转变器来连通交流电电源,这时可以先将交流电源转接器接好,然后打开 DC IN 插孔盖,将连接线的一端插入即可。如果是在室外摄像,就要用充电式电池作电源,这时只需抬起取景器,将电池顺着电池槽推入直至发出"喀哒"声,然后放下取景器即可,如图 2-34 所示。

(2)装入录像带

MiniDV 磁带是从摄像机底部装入的。平放摄像机,然后按机身的箭头方向推动 OPEN/EJECT 开关打开盖子,将录像带带窗朝外,笔直地插入录像带舱底部;然后按录像带舱上的 PUSH 标志关上录像带舱,待录像带舱自动完全降下后,关上盖子使它发出"喀哒"声即可,如图 2-35 所示。

图 2-34　安装电池

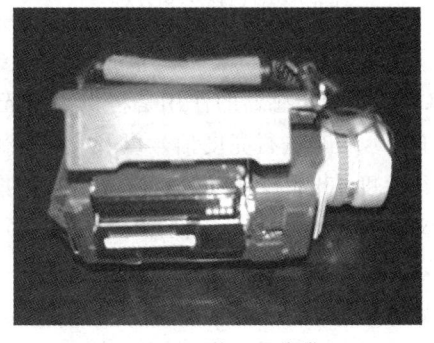

图 2-35　装入录像带

(3)摄像

装好电池和录像带后就可以摄像了。步骤如下:

①拿好摄像机。在手握摄像机时先将机带放开,转下这个机带处的小塑料柄,用小指和无名指将其扣在掌心内,然后把拇指放在拍摄按钮处,将食指和中指搭在机器的前部,然后拉紧机带即可,这样无论怎样移动和拍摄,都会得心应手。

②取下镜头盖,并将它装在腕带上;

③将 POWER 开关上的小绿色键设定于 CAMERA 位置,使摄像机处于待机状态;

④将眼睛靠在眼杯上观察取景器上的画面。如果想看得更清楚,也可以按液晶显示面板边上的 OPEN 开关打开液晶显示器,不过这样耗电量较大;

⑤选好画面后,就可以按 START/STOP 键开始摄像了。这时在显示器上出现"REC"指示,同时位于摄像机前面的摄像指示灯点亮;

⑥若要停止摄像,只须再按一次 START/STOP 键即可。

(4)观看影像

拍摄的影像可以通过液晶显示器观看。方法是:将 POWER 开关上的功能键设定于 VCR 位置,然后打开液晶显示器,按下 PLAY 键即可,此外还有进带、倒带、播放等操作按钮,只须按上面的标注操作即可。

4.数码摄像机与其他设备连接

数码摄像机可以与电视机、编辑机、计算机、投影机等外设进行连接,如图 2-36 所示。

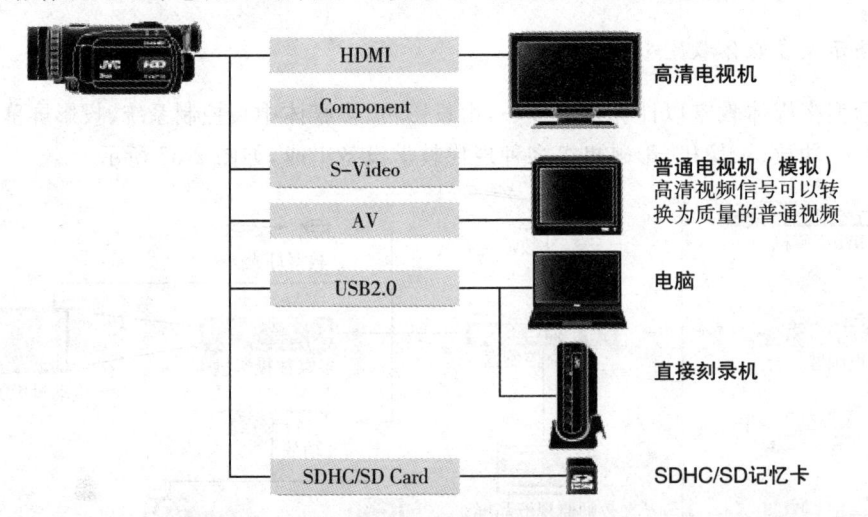

图 2-36　数码摄像机与其他设备连接

DV 拍摄的影像往往需要保存和传送到 PC 电脑进行后期制作。把 DV 里的影像输入到电脑有许多种方法:如果是硬盘摄像机,通过 USB 连线直接将摄像机和电脑连接,犹如拷贝移动硬盘的文件一样;如果是 SD 卡摄像机,通过 USB 连线或者读卡器直接和电脑连接,然后犹如拷贝移动硬盘的文件一样;如果是 DVD 光盘摄像机,通过 USB 连线,或者将 DVD 光盘直接放入电脑光驱中复制即可;如果是 DV 磁带介质摄像机,则需要通过后期配备的 1394 采集卡和电脑连接,进行采集编辑刻录。

值得注意的是,1394 接口和 USB 接口是两个不同的接口。数码摄像机(DV)连接电脑,传输摄像节目有两种方法:1394 接口或者是电视卡(盒)的 AV 接口。如果摄像机具有 1394 接口,就要用 1394 接口传输进入电脑;如果是传统的模拟摄像机,就只能用带 AV 输入端子的电视卡或者电视盒将节目传输进入电脑。

第三节　多媒体教学系统

近年来,各类学校都添置了多媒体教学系统,建立了种类繁多、功能各异的多媒体教室,对提高教学质量、深化教学改革起到了重要的促进作用。

一、多媒体教学系统的类型

多媒体教学系统是有效地处理和呈现教学内容(文字、声音、图形、图像、动画)的系统整合。它由多媒体计算机及相关设备和配套软件组成,具有集成性、交互性和数字化、智能化的特点。集成性是指对信息载体的集成和对存储信息实体的集成等方面;交互性是指具有友好的人机界面,可以用键盘、鼠标、触摸屏等输入设备,以图形菜单、图标、多窗口等方式进行操作;控制性表现在系统以计算机为中心,能自如地加工处理各种周边设备的多媒体数据,控制教学过程的各个环节,便于广大师生充分利用它进行教与学。

目前,多媒体教室按使用功能分类,大体可分为演示型、网络型和实时录播型。

1.演示型多媒体教室

演示型多媒体教室以计算机为核心,由投影机、多媒体中央控制系统、投影屏幕、视频展示台、话筒、功放、录像机、影碟机等多种现代教学设备组成,如图 2-37 所示。

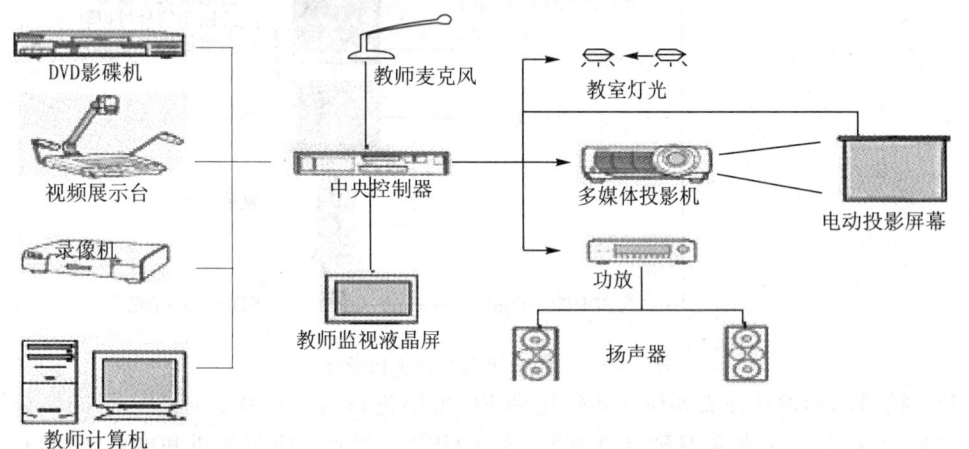

图 2-37 演示型多媒体教室系统组成

教师可以通过操作计算机、实物展示台、投影、录音、录像等现代教学媒体进行教学,也可以运用板书、教材、图表、图片等常规教学媒体进行教学。

上述演示型多媒体教室为标准配置,设备多、功能全、投入多。目前,从各级学校教师在多媒体教室授课的实际情况来看,使用最多的是计算机、多媒体投影机、网络,在大教室授课还要使用扩音设备。其他设备很少使用,甚至一年也用不到几次。因此,学校在建设演示型多媒体教室时,应根据学校规模、教学楼分布区域及应用需求情况,来确定建设标准型多媒体教室数量。多数教室都应建成简易型,80座以下的小教室只要配置一台带音箱的电脑、一台投影机、一幅银幕,能上网,就能满足大多数教师的教学要求。大教室则要增加话筒、功放、音箱扩音设备。简易型和标准型多媒体教室适合上大课,适合演示性课程的讲解。特别是简易型多媒体教室设备少、操作简单、性价比高,较受欢迎。

(1)标准演示型多媒体教室的操作

要使用演示型多媒体教室上课,教师必须熟练掌握使用的方法。以使用计算机上课为例,一般应遵循如下步骤:

①打开柜门,接通控制柜中的总电源。

②打开计算机。

③接通投影机电源,按下投影机遥控器上的 power 按钮使灯泡工作,按遥控器上的 INPUT 按钮选择投影机信号为 RGB(计算机信号)。

④接通功放电源,调整音量旋钮。

⑤打开话筒开关。

⑥如要使用展示台,则应从控制柜中拖出展台进行操作,并选择投影机的输入信号为视

频。如要使用VCD/DVD,则应接通VCD/DVD电源再进行操作,并选择投影机的输入信号为视频。

⑦使用结束后,先按投影机遥控器上的power按钮关闭灯泡,再关闭话筒、计算机、展台、VCD/DVD、功放,等待几分钟后再关闭投影机电源。

⑧关闭控制柜中的总电源,锁上柜门。

(2)标准型多媒体教室的主要功能

①播放文本、图像、动画、视频、音频等多种媒体信息。

②通过实物展示台可将图片通过大屏幕显示出来。

③配备音响系统和控制银幕、窗帘、照明等相关辅助设备。

④可与多种信息网相联,如校园计算机网、Internet。上课时可方便调用校园网或外界网络上的信息,丰富教学内容。

⑤使用者可简单便捷地操作所涉及的多媒体教学设备。

⑥能进行传统教学。

⑦通过网络可以对分散在校园中的多媒体教室群实行远程集中控制和管理。

2.网络型多媒体教室

网络型多媒体教室主要包括硬件和软件两部分,硬件设备有多媒体教师机、多媒体学生机、交换机、网络服务器、投影机、电动幕布、播放设备等。软件部分除了要具有控制信息的传递、设置各种系统参数等功能以外,还要提供一个直观明了的控制界面,方便教师控制网络运行和组织教学,如图2-38所示。上课时,学生每人一台机器,教师可将要讲解的内容送到学生机的屏幕,师生以及学生之间就可以通过计算机屏幕、话筒和耳机进行讨论和交流,教师可查看任一个学生或一组学生的屏幕信息。

图2-38 网络型多媒体教室

网络型多媒体教室非常适合一些计算机学科课程的教学,在教学过程中,教师可以将自己的操作界面传送到学生机上或屏幕上;在讲解过程中,教师可以封锁学生机,以便让学生集中注意力,专心听讲;在讲过一个知识点以后,教师再解开封锁,让学生自己动手操作,以更好掌握教师所讲授的内容;同时,教师还可以通过对学生机的监控,了解学生对教学内容的掌握情况。交互式网络型多媒体教室具有如下功能:屏幕及影音广播功能、屏幕及影音监听监看功能、远端遥控功能、重开机功能、视听组合教学功能、分组教学功能、远程教学功能。此外,教学中还提供丰富的网络教学资源供学生在第二课堂或课外进行个别化学习时使用。网络型多媒体教室适合计算机应用操作、外语、语言文学课程的教学。

这样的教室在教学上可以改变传统的以教师为中心、以书本为中心、以课堂为中心的教学模式,而采取边讲解边讨论的以学生为中心、以实践为中心的启发式教学方式,因此深受教师和学生的欢迎。

3. 实时录播(精品课程制作系统)型多媒体教室

实时录播(精品课程制作系统)型多媒体教室是演示型多媒体教室的新发展,结构如图2-39所示。除了布置其专门灯光、音响、摄像机、服务器等设备外,还要安装实时录播系统软件。实时录播多媒体教室是集多媒体、网络、演播室系统于一体的多功能教室。早期主要应用于远程教育,有网络学院的高校都建有类似教室,通过录播系统对教师的教学过程实时录制,然后存放到网络服务器上供学生学习,也可以供教师观看学习或在下次教学时使用。

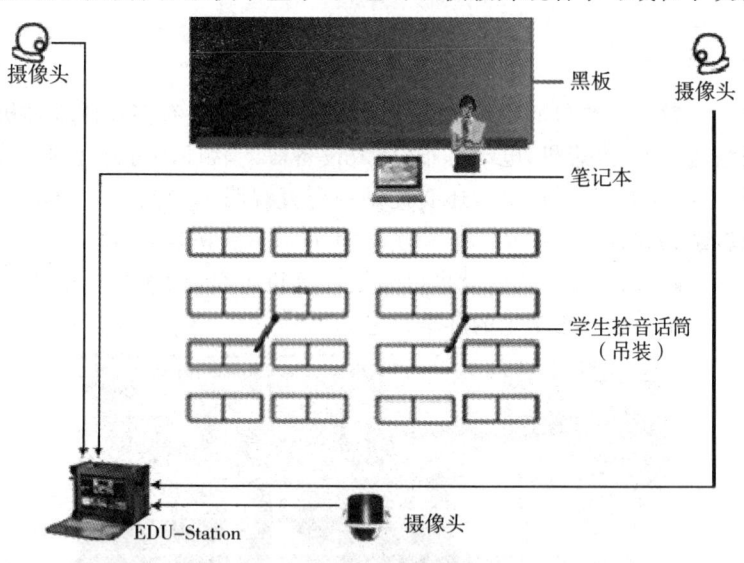

图 2-39　实时录播型多媒体教室

2004 年《国家精品课程建设工作实施办法》规定,精品课程建设是"高等学校本科教学质量与教学改革工程"的重要内容之一,条件好的高校在几年前就陆续购置精品课程制作系统,建设录播型多媒体教室。目前,已有一大批国家级、省级优秀精品课程放在网上,丰富了网上教学资源。

实时录播型多媒体教室除具有演示型多媒体教室的功能外,还有以下主要功能:

①支持多画面多场景的摄像录制。各组画面与讲课的声音一起同步录制下来,能够全面、立体、真实地再现讲课的全过程。支持用户后台编辑。

②过程常态化。教师授课的同时,不需要助理或他人帮助而自动完成授课全过程的录制。授课教师可以自主控制录播的开始和结束。

③具备多媒体教室设备的功能,系统提供教师操作控制平台,教师在授课时可以手动控制授课计算机、多媒体教学设备的切换等。

④能生成多种模式的课件。不仅支持主流的多画面模式的课件,还可同步生成单一的电影模式,课件技术标准必须符合或超过国家精品课程的标准。

⑤具有网络直播、点播功能。在授课过程录制的同时,能够支持在校园网内的直播,通过组播的方式实现在校园网环境内适时直播。

⑥能够支持任意格式的电子资料,包括 PPT、PDF、WORD、EXCEL、CAD、各种图片和视频文件等,即教师计算机显示的所有画面都能够清晰流畅地实现录制。

二、多媒体教学的优点与存在的问题

多媒体教学是一种新的教学手段,它将计算机、投影机、声像技术、通讯技术融为一体,形成电脑与用户之间相互交流的操作环境。

(1)多媒体教学的优势

①激发学生的学习兴趣,提高学习效率。使用多媒体教学,教师和学生处于主动的人机对话的学习状态,易于唤起学生的学习兴趣,提高学习效率;使一些在传统教学手段下很难表达的教学内容或无法观察到的现象能形象、生动、直观地显示出来,从而加深学生对问题的理解,提高其学习积极性。

②增加课堂信息量,提高教学效率。成为解决学时矛盾的重要手段。应用多媒体教学可以节省书写板书和悬挂教学挂图的时间,教师能在有限的时间内向学生传递更丰富的教学信息,获取更多的知识。

③能充分发挥网络优势,将授课内容上网,为学生的课外学习提供辅导。

④利用多媒体教学,可以集中全体教师的智慧与教学经验,使教学内容更加规范有序,促进教学方法的改革。

⑤有利于知识的获取与保持。著名实验心理学家赤瑞特拉(Treicher)的心理实验表明,人类各种感官在获取知识的过程中,视听并用时学习效果最好。多媒体教学将声、光、形、色、音等多种信息作用于学生感官,加深学生对所学知识的理解,提高了学生理解记忆的能力。

(2)多媒体教学存在的问题

作为一种新兴的教学手段,多媒体教学具有传统教学模式所不具备的许多优点,但同时我们也应看到其不足之处,主要表现在:

①过分夸大多媒体教学的作用。多媒体教学不是有百利而无一害的教学方法和手段,我们不能无限夸大其在教学过程中的作用,不能把多媒体教学看作是一种时尚,不考虑具体课程的目标、教学内容和教学任务,盲目地使用。如"高等数学"这样的课程若使用多媒体上课,效果就没有在传统教室里好。多媒体教学是不能代替传统教学的。

②授课方式单一,师生之间缺少情感交流和互动,讲授艺术得不到充分发挥。在多媒体教室上课的老师很多都是坐在电脑面前,而计算机显示器正好挡住了教师的脸,学生"只闻其声不见其人",教师更谈不上走动和使用肢体语言了。授课方式单一,就很难调动学生的参与性。另外,讲课本身是一门艺术,要通过教师渊博的知识、幽默的语言、动作姿势、面部表情、眼神变化、语言艺术等来激发学生学习兴趣,使学生全神贯注地听讲。教师可根据课堂情况,临场发挥组织教学。

③课件信息量过大,重技术轻设计。多媒体教学中信息量过大也是影响多媒体教学效

现代教育技术

果的因素之一,常见的问题是课件内容多而全,如老师没有很好的教学经验,就很难顾及到学生的接受能力。有的课件做的太"秀","重技术轻设计",过多的图片、视频、音频和动画不是紧紧围绕教学内容的重难点设计和应用,因此不但没有增强学生的有意注意,反而激发了学生的无意注意,降低了多媒体教室的教学效果。

多媒体技术的发展,给教学带来了无限的生机,而在教学实践过程中如何"恰当地使用",把握好尺度是很重要的。教师应该在摸索中不断总结出最有效的使用方法,在对多媒体教学有了充分的认识和思考后,把其优势最大化地应用到教学中,才能实现教学效果最优化。无论是现代化的还是传统的教学方式,都是以提高教学质量为核心,以提高教育水平为目标。只有做到多媒体与传统教学和科学内容有机地结合,才能发挥最大效能。

三、多媒体教学的发展趋势

随着计算机技术和网络技术的发展,多媒体教学呈现出以下发展趋势。

1. 网络化发展

网络实现了资源共享,使得基于 Internet 的多媒体教学应用不断发展,多媒体教室的计算机都可以访问 Internet 上的资源。目前,发达国家都在大力开展基于 Internet 的多媒体教学应用,这是多媒体教学应用中一个十分明显的发展趋势。我国在这方面也投入了大量的人力物力,并取得了一定的成果,开发了一批网上教学软件和精品课程。

网络化的另一个方面是加强了对现有多媒体教室的管理和远程控制。由于教师对多媒体教室的需求不断提高,学校也开始建设越来越多的多媒体教室,一般高校有几十个多媒体教室,有的甚至达数百个。使用网络型集中控制管理系统,不仅规范了多媒体教室的管理,方便教师使用,还能最大限度地减轻管理人员的劳动强度。

2. 智能化发展

多媒体教学软件和智能辅助教学系统在功能上存在很大的互补性,如能将这两者很好地结合起来,便可以扬长避短,产生新一代高性能的智能辅助教学系统。

要使多媒体教学软件智能化,主要涉及学生模型的建造和人工智能领域的知识表示与知识推理,后者要求探索出一种适合于多媒体环境的新的知识表示方法和相应的推理机制。除此之外,还可设法使多媒体知识库中的导航功能智能化。智能化导航不仅具有一般的导航功能,而且还可根据学生当前的知识水平,及时向学生建议下一步最合适的路径;当学生遇到困难时,它能对学生进行帮助等。

3. 虚拟现实技术发展

随着科学技术的迅猛发展,新的教学媒体不断涌现,继多媒体之后,教学技术领域又出现了一个新型教学媒体,它就是虚拟现实技术(Virtual Reality)。虚拟现实技术是运用计算机对现实世界进行全面仿真的技术,由于它能够创建与现实社会类似的环境,从而能够解决学习媒体的情景化及自然交互性的要求,因而在教育领域内有着极其巨大的应用前景。

具体地说,虚拟现实技术就是采用以计算机技术为核心的现代高科技,生成逼真的视、听、触觉一体化的特定范围的虚拟环境,用户借助必要的设备以自然的方式与虚拟环境中的对象进行交互作用、相互影响,从而产生如同真实环境的感受和体验。尽管该环境并不真实存在,但它作为一个逼真的三维环境,仿佛就在人们周围。用户对计算机环境中的虚拟物体产生了类似于对现实物体的存在意识或幻觉,在计算机所创建的三维虚拟环境中处于一种全身心投入的感觉状态。虚拟现实具有三个最突出的特征,即交互性(Interactivity)、沉浸感(Immersion)和想象性(Imagination)。其中交互性主要是指参与者通过键盘、鼠标以及各种传感器,用人类的自然技能实现对模拟环境的考察与操作,与多维化信息的环境发生交互;沉浸感之感即投入感,指用户在计算机所创建的三维虚拟环境中处于一种全身心投入的感觉状态,成为虚拟现实系统的一部分,有身临其境之感;想象性,即指用户从定性和定量综合集成的环境中得到感性和理性上的认识,进而升华概念、产生新意和想象,最大限度地发挥创造性和想象力。

虚拟现实是一门涉及众多学科的新的实用技术,它集先进的计算机技术、传感与测量技术、仿真技术、微电子技术于一体。其应用领域十分广泛,主要应用于教育、娱乐、工程设计、计算机辅助设计(CAD)、数据可视化、飞行模拟、远程医疗、艺术创作、游戏等方面,其中在教育、娱乐艺术领域中占有较大比重。

虚拟现实技术在教学中能够为学生提供生动、逼真的学习环境,使学生能够成为虚拟环境的一名参与者,在虚拟环境中扮演一个角色,这对调动学生的学习积极性,突破教学的重点、难点,培养学生的技能将起到积极的作用,在自主学习、虚拟实验、技能训练等方面为学生提供了便利的条件。如美国休斯顿大学和NASA(美国国家航空和宇航局)约翰逊空间中心的人员建造了"虚拟物理实验室"的系统,这种系统可以让学生进行万有引力等各种虚拟实验,从而达到对物理概念和物理定律的深刻理解。

虚拟技术在化学教学中也取得了显著效果。北卡罗莱纳大学的科学家们已经研制了一种可以让用户用手操纵分子运动的虚拟系统。用户戴上头盔并通过数据手套进行反馈控制,可以使分子按"某种"方式结合在一起。不难看出,这种虚拟系统不仅在教学上有重要意义(例如可直接观察到蛋白质的分子结构),而且在科学研究上也有重大的价值,按"某种"新方式结合在一起的分子结构很有可能是治疗某种疾病的新药,或者是工业上所需要的某种特殊材料。

虚拟现实技术潜力巨大,应用前景很广阔。虚拟现实技术的深入进展将对传统教学产生更加深刻的影响,利用其构建的虚拟现实教育系统必将成为未来教育的主流。

第四节 教学媒体的选择

现代教育技术不等同于现代教学媒体,拥有了现代教学媒体并非就拥有了现代教育技术。教学是由教学目标、教学内容、教学方法以及教师、学生等组成的有机整体,现代教学媒体仅仅是这一整体的构成要素之一,现代教育技术的关键在于对学习过程和学习资源的"设计、开发、利用、管理和评价",发挥整体中各组成部分的作用,以提高教学系统的整体效益。绝不能一味地追求现代教学媒体的数量和档次,而应在如何发挥媒体的最大效能上下功夫,因为现代教育技术并非意味着排斥传统的教学媒体。

一、媒体选择的依据

通过前面内容的学习,我们知道各种媒体都有它们各自的特点和局限性,因而在选择和使用时要有科学的依据和原则,基本依据主要有以下几方面。

1. 依据教学目标

每个知识单元都有具体的教学目标,比如要求学生知道某个概念或明白某种原理,或掌握某项技能等。为达到不同的教学目标,常需使用不同的媒体去传递教学信息。以外语教学为例,让学生知道各种语法规则与要求学生能就某个题材进行会话是两种不同的教学目标。前者往往采用教师讲解,辅以板书或投影材料;而后者一般则不需要。

2. 依据教学内容

各门学科的性质不同,适用的教学媒体就会有所区别;同一学科内各章节内容不同,对教学媒体也有不同要求。如在语文学科中讲、读那些带有文艺性的记叙文时,最好配合再造形象,所以应通过选用能提供某些情景的媒体,使学生有亲临其境的感受。又如数学、物理等学科的概念、法则和公式都比较抽象,要经过分析、比较、综合等一系列复杂的思维过程才能理解,所以就应使媒体提供的材料具体形象,能帮助学生理解。

3. 依据教学对象

不同年龄段的学生对事物的接受能力不一样,选用教学媒体必须顾及他们的年龄特征。比如,小学生的认知特点是直观、形象的思维,注意力不容易持久集中,对他们可以较多地使用幻灯、电影和录像,幻灯片要生动形象、重点突出、色彩鲜艳,能活动的地方力求活动;每节课使用的片数不宜过多,解释要细致些;使用录像和电影也适宜选用短片,动画镜头可以多一些。对于高年级学生选用的教学媒体就可以广泛一些,传递的内容增加分析、综合、抽象、概括等方面的要求,增加了理性认识的分量,重点应放在揭示事物的内在规律性上。

4. 依据教学条件

教学中能否选用某种媒体,还要看当时当地的具体条件,其中包括资源状况、经济能力、师生技能、使用环境、管理水平等因素。录像教学具有视听结合、文理皆适的优点,但录像教材资源有限。多媒体是一种极其有效的教学媒体,但并非每个学校都有能力置备。

5. 依据教学媒体的性能

教学媒体除了具有媒体的共性以外,还有自己独有的个性。一般从表现力、重现力、接触面、参与性和受控性五个方面比较不同教学媒体具有的性能。

(1)表现力

表现性是指教学媒体表现事物信息的性能。由于不同媒体重现信息的表现性能有所不同,从而其表现客观事物的物理属性也有所不同。

无线电广播、录音是借助声音(语音、语义、语调、音乐、事物的实际音响)来表现事物的运动状态与规律,它具有声音与时间的表现能力,但缺乏空间的视觉表现力。

电影与电视以连续活动的图像和同步的声音来表现事物的物理属性,能以最接近实物的形态逼真、全面地表现事物的运动方式、相对关系和变化中的过程,具有极强的表现力。但它们是按时间顺序传播的,瞬间即逝,不利于学生仔细观察和思考。

投影类媒体在表现事物空间特性方面有很强的能力,常用于再现静止的画面和反映事物的瞬息特征,有利于学生仔细观察、分析事物的细微部分,但却不利于表现事物的时间与运动特性。

(2)重现力

与重复性相似。教科书可以反复阅读,但会破损;录像带和录音带在多次使用后质量一般会有所下降。计算机存储的信息可以反复使用,而质量却不会有丝毫改变。

(3)接触面

接触面与媒体的传播性相关,采用传统教学媒体教学,一个教师最多只能同时向几百人授课;借助于现代教学媒体,一个教师可同时教成千上万的学生。现代教学媒体能以图像、声音、动画、视频等符号形式传递教学信息,与传统教学中的语言、文字传递信息相比,信息输出的速度不仅快,且内容多。我国的卫星教育电视、广播电视大学就是最好的例证。

实际教学中,在一定的时间内并非信息输出量越大越好。要注意信息传输的量要与学生接受能力相匹配,以免造成学生认识上的堵塞。

(4)参与性

参与性是指用教学媒体表现学习内容时,学习者参与的机会。它分为行为参与和情感参与。电影、电视、广播及计算机网络等媒体有较强的表现力与感染力,容易引起学习者情感上的反应,引起注意和兴趣,激发学生感情的参与。应用投影呈现学习内容时,教师和学生能以面对面的方式进行讨论交流,使学生积极参与,教师根据反馈信息掌握教学进程,组织学生的学习活动。计算机网络教学是一种在行为和情感上参与程度都很高的交互媒体。

(5)受控性

受控性指教学媒体使用操作和控制的难易程度。投影、录音、录像和计算机等都比较容易控制,在掌握了操作方法和步骤后,操作也不难;但对于广播和电视媒体来说,由于目前大多教学类广播电视节目仍是单向传播,使用者只能按播放时间表收看,几乎无法控制。

二、媒体选择的误区和正确认识

在选择媒体的过程中,我们还要正确地认识到以下几点。

1.技术先进不等于最佳

技术先进的教学媒体,并不一定是最佳的教学媒体,各种媒体各有所长,没有万能媒体。选择媒体时要注意教育、教学的需要和媒体的特点,综合考虑任务因素、学习者因素、教学管理因素、成本效益因素、技术因素,要根据学校现有的条件和经济实力,优先选择能够达到教学效果,价格便宜的媒体。

2.运用现代媒体不等于教学改革和教学现代化

运用现代教学媒体是为了取得优化的教学效果,不能为媒体而媒体,不能用新媒体摆花架子,不能以应用媒体的先进与否论英雄。

3.软件建设比硬件设备更重要

媒体包括硬件和软件两个方面,要注意硬件和软件的协调发展,不能重"硬"轻"软",广大教师要在软件开发、选择以及如何发挥已有软件的作用上下功夫。

4.慎用新兴媒体

任何媒体都有从发明、发展到逐渐完善的过程,初期产品的性能往往都不很理想,而且价格高昂,从幻灯机、投影器、电视机、录音机、录像机、投影机、视频展示台、计算机的历史发展来看,无不充分说明了这一点。对新媒体的应用效果要有自己的分析,不要人云亦云,切勿赶时髦。

总之,只有在现代教育理论和思想的指导下,才能正确地运用现代教学媒体,实现教学效果最优化。

【思考与练习】
1.卫星电视系统由哪几个部分组成?
2.多媒体教学系统有哪几种类型,各有什么特点?
3.选择教学媒体时应遵循哪些基本原则?

【参考资料】
1.高校多媒体教学的几点思考[J].林英,叶玲.中国成人教育,2007(9):123—124.
2.浅析高校校园网信息中心数据存储容灾[J].李小志.教育信息化.2005(8):20—22.
3.虚拟现实技术在教学中的应用[J].杜军.山东师范大学学报(自然科学版).2005(2):103—104.
4.北京兴业电公司.http://www.xy316.com/index.htm.
5.中国音响网[DB/OL].http://www.av001.cn/main/index.html.
6.东莞市可声电子科技有限公司[DB/OL].http://www.ks3000.com/.

实验　多媒体教学系统的使用

【实验目的与要求】
1.熟悉视频展示台与DV摄像机的构造及功能。
2.掌握视频展示台、多媒体投影机、DV摄像机的基本操作。
3.熟悉简易型多媒体系统设备的连接及使用。

【实验器材】
视频展示台、计算机、多媒体投影机、DV摄像机、电视机各一台;连接线若干。

【实验时数】
1学时

【实验内容与步骤】
1.利用视频展示台显示实物、文档、图片、投影片等。
2.利用摄像机拍摄景物,对各种功能键进行操作。

第三章

教学系统设计

【本章学习目标】

◆ 理解 ID 的概念和应用

◆ 掌握 ID 的理论基础和模式

◆ 掌握用以"教"为主的 ID 模式设计一节课

◆ 掌握基于建构主义学习理论的、以"学"为主的 ID 的指导思想、原则和步骤

◆ 理解"双主"ID 的理论基础及模式的主要内容

【章前语】

教学系统设计(Instructional System Design,简称 ISD)也称作教学设计(Instructional Design,简称 ID),是教育技术定义中"设计"子范畴的最主要的内容,也是教育技术学的核心内容。教学设计以教学、学习和传播理论为基础,运用系统方法设计和分析不同层次(产品、课堂和系统)的教学系统,以得出解决教学问题的策略方案。教学设计可遵循一定过程的模式,传统的以"教"为主的设计模式已经比较成熟,但随着多媒体网络技术的发展和建构主义学习理论的兴起,出现了以"学"为主和"主导—主体"的教学设计模式。

【本章内容结构】

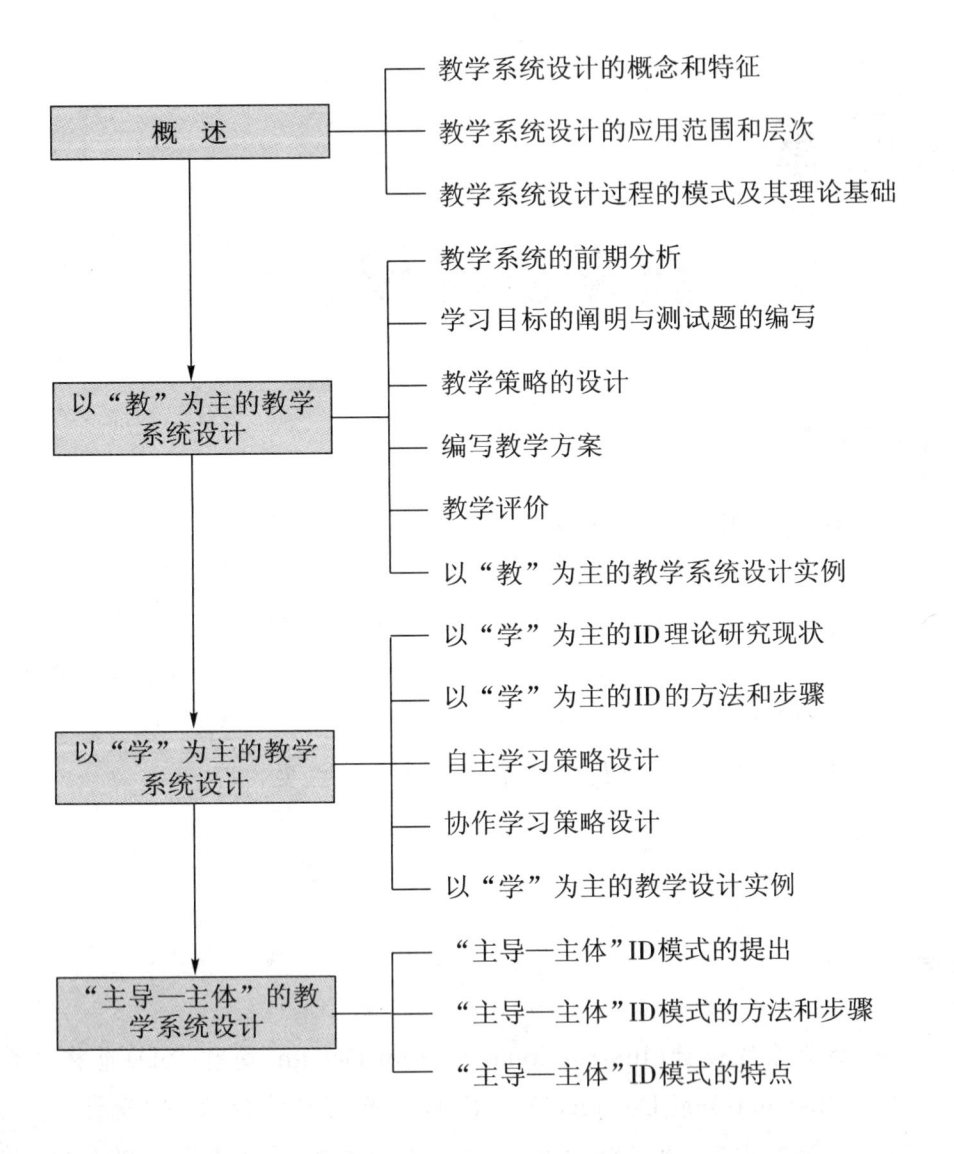

第一节 概 述

教学系统设计最早萌芽于军队和工业培训领域,到 20 世纪 60 年代才逐渐被引入到学校教育当中,从此迅速发展并逐渐形成一个独立的知识体系。目前,教学系统设计的思想正在愈来愈广泛地应用于各级各类的教育教学领域。

作为教育技术的重要内容,教学系统设计已经成为一门内容丰富的应用学科,我们可从教学设计的概念、特点、层次和应用,教学设计的模式和设计步骤等几个方面对其进行理解。

一、教学系统设计的概念和特征

教学系统设计是以获得优化的教学效果为目的,以传播理论、学习理论和教学理论为基础,运用系统论的观点和方法,分析教学中的问题和需求,从而找出最佳解决方案的一种理论和方法。

从定义我们可以发现教学系统设计具有以下特征:

1. 教学系统设计的研究对象是不同层次的教与学的系统

这一系统中包括了促进学生学习的内容、条件、资源、方法和活动等。创设教与学系统的根本目的是帮助学习者达到预期的目标。

2. 教学系统设计强调系统观点(系统观)

(1)整体观

教学设计把教学的各个要素看做是一个相互联系、相互作用的系统,这些要素包括教师、学生、教学内容、教学条件、教学目标、教学方法、教学组织形式、教学媒体等。

(2)联系和制约的观点

教学系统是各个要素形成的有机整体,系统中每一要素或子系统的变化,都会影响其他要素,而且每一要素只有在其他要素的作用下才能对整体发挥作用。单个要素的行为必须受到整体性行为的制约。教学设计就是要应用系统方法研究、探索教与学系统中各个要素之间及要素与整体之间的本质联系,并在设计中综合考虑和协调它们的关系,使各要素有机结合起来以完成教学系统的功能。

(3)动态观点

用动态观点来看教学设计,可以帮助我们认识到设计结果的相对性,避免不记时间、地点、内容、对象、环境等要素的变化,而一味地套用在某种情况下取得成功的某一设计方案,从而认识到教学设计所追求的教学效果最优化是一种动态的最优化。

(4)最佳观点

指通过系统地分析、综合与评价,根据需要和可能,运用最新技术和处理方法为系统定量地确定出最优目标。正是因为教学系统各个要素相互联系、相互作用且又处于动态的变化中,因此要使系统性能最佳,教学设计的方法不一而足。

3. 教学设计的设计观

教学系统设计也是一门设计学科,它植根于教学的设计实践。教学系统设计和所有的设计科学一样,虽然应用了大量的科学原理、科学知识,但其基本出发点是要告诉人们应当怎样做才能达到目的,应当如何行事才能更有效。

设计的本质在于决策、问题求解和创造。教学系统设计的实质就是教学问题求解,并侧重于问题求解中方案的寻找和决策过程。它不是发现客观存在的、还不曾为人所知的教学规律,而是要运用已知的教学规律去创造性地解决教学问题。面向实际,正是教学系统设计的一个突出标志。教学系统设计理论正是以达到教学目标作为出发点,在一定的教学条件下去选择和确定最好的教学策略。

教学设计专家提出了普遍适用的教学系统设计过程模式,为恰当应用已总结出来的现有设计方法和开发更加有效的设计方法提供了可靠依据。

4. 教学系统设计以教与学理论为依据

系统方法可以保证整个教学系统的完整性和可操作性,但这个系统是否符合具体的教学实际,能否获得最佳的教学效果,还无法保证。教学是教和学的双边活动,因此教学设计还必须以教与学的理论为依据,在每个教学环节上进行决策。

5. 教学系统设计是一门连接、应用学科

教学系统设计是一门应用学科,它将教学理论和学习理论综合应用于教学实践,从而连接了教学理论和学习理论,连接了教与学的理论与教学实践。

(1)教学系统设计是一门连接学科

教育、教学理论是发展历史比较悠久的学科,它着重研究教育、教学的客观规律,建立从"教"的角度出发的基本理论体系,揭示了教学机制,但并不研究学生学习的内部机制。而学习理论则是探索人类学习的内部心理机制,着重研究学生学习的内部因素。这两方面的基本理论为解决教育、教学问题,为制定和选择教学方案提供教学机制和学习机制的依据,如图3-1所示。

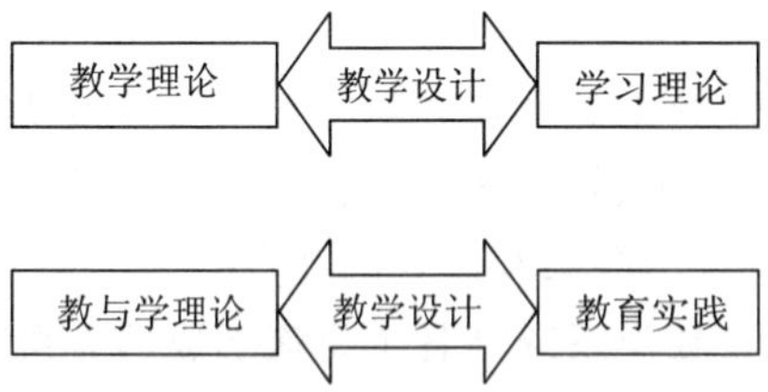

图 3-1 教学设计的连接学科性

教学系统设计不仅关心教师如何教,更关心学生如何学,因此在解决教学问题的过程中注意把人类对教与学的研究成果和理论综合应用于教学实践。教学系统设计起到了连接学科的作用,一方面是指教学理论与学习理论在设计实践中的相连接;另一方面尤为重要的,就是教学系统设计把教与学的理论与教学实践活动紧密地连接起来。

(2)教学系统设计是一门应用学科

作为应用学科,教学系统设计在其科学实践中,又不断地检验和发展学与教的理论,因此有许多教育心理学家致力于对教学系统设计的研究并成为教学系统设计的专家。另外,教学系统设计自身的理论和方法也都是操作实践性很强的,用于分析解决教学实际问题的。

6.教学系统设计的功能观

教学系统设计的目的是设计出能实现预期功能的教与学系统。教学设计既可以是直接使用于教学过程、完成一定教学目标的教学资源(如印刷教材、声像教材、学习指导手册、测试题和教师用书等),也可以是对一门课的大纲与实施方案或是对一个单元、一节课教学计划的详细说明。

二、教学系统设计的应用范围和层次

从应用范围看,在各种教育、培训领域中都有教学系统设计应用的身影;从应用层次看,教学系统设计则在产品、课堂和系统三个层次中被广泛应用。

1.教学系统设计的应用范围

目前,教学系统设计在正规的学校教育、全民的社会教育和继续教育以及工业、农业、金融、军事、服务等各行业、各部门的职业教育和培训领域中都得到了广泛的应用。国外如美国、加拿大和澳大利亚的职业培训,英国的开放大学以及美国、日本等国的中小学教育中均在课程设置、培训计划和教材资源等方面开展了教学系统设计,取得了许多成功的经验。我国在九年义务教育的文字教材与声像教材的编制中,在全国中小学计算机辅助教学软件的开发中,在职业高中、高等院校的部分课程设置和多媒体教材设计中,以及大、中、小学的课堂教学中,都体现了教学系统设计的思想。

在职业环境里工作岗位是教学系统设计的参考和出发点,教学系统设计从对具体的工作任务的描述和分析开始,使职业岗位培训中的教学目标非常明确和有的放矢。学校教育中遍布了政治、道德因素以及很重要却难以具体化、任务化的基本思维方式和情感道德教育,因此学校教育中教学系统设计难度更大。

2.教学系统设计的层次

教学系统设计是一个问题求解的过程,根据教学中问题范围、大小的不同,教学系统设计也相应地具有不同的层次,即教学系统设计的基本原理与方法可用于设计不同层次的教学系统。到目前为止,教学系统设计一般可归纳为三个层次,如图3-2所示。

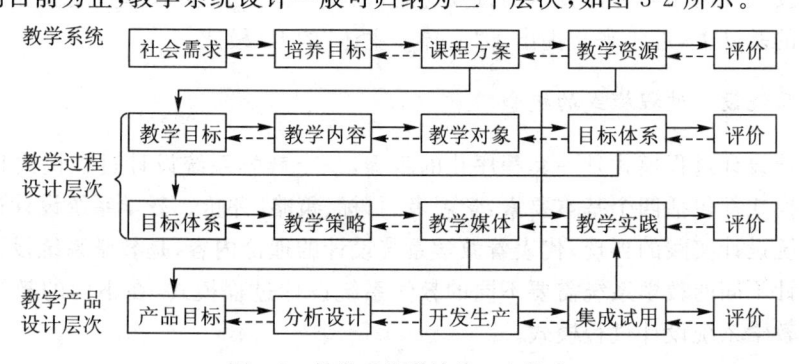

图3-2　教学系统设计的三个层次

（1）以"产品"为中心的层次

教学系统设计的最初发展是从以"产品"为中心的层次开始的。它把教学中需要使用的媒体、材料、课件、教学包等当做产品来进行设计。教学产品的类型、内容和教学功能常常由教学系统设计人员和教师、学科专家共同确定。有时还吸收媒体专家和媒体技术人员参加，对产品进行设计、开发、测试和评价。

（2）以"课堂"为中心的层次

这个层次的设计范围是课堂教学，它是根据教学大纲的要求，针对一个班级的学生，在固定的教学设施和教学资源的条件下进行教学系统设计。其设计工作的重点是充分利用已有的设施，选择或编辑现有的教学材料来完成目标，而不是开发新的教学材料（产品）。如果教师已经掌握教学系统设计的有关知识与技能，整个课堂层次的教学系统设计完全可由教师自己来完成。当然，在必要时也可由教学系统设计人员辅助进行。

（3）以"系统"为中心的层次

按照系统观点，上面两个层次中的课堂教学和教学产品都可看做是教学系统，但这里所指的系统是特指比较大、比较综合和复杂的教学系统。例如，一所学校或一门新专业的课程设置、某行业职业教育中的职工培训方案等。这一层次的设计通常包括系统目标的确定，实现目标方案的建立、试行和评价、修改等，涉及内容面广，设计难度较大，而且系统设计一旦完成就要投入到范围很大的场合去使用和推广。因此这一层次的设计需要由教学系统设计人员、学科专家、教师、行政管理人员，甚至包括有关学生的设计小组来共同完成。

以上三个层次是在教学系统设计发展过程中逐渐形成的。当然，也可以把教学系统设计分为宏观和微观两个层次，规模大的项目如课程开发、培训方案的制定等都属于宏观层次的教学系统设计；而对一门具体课程、一个单元、一堂课甚至一个媒体材料的设计都属于微观层次的教学系统设计。产品、课堂、系统三个层次都有相应的教学系统设计模式，在具体设计实践中，可以按照自己所面临教学问题的层次，选用相应的设计模式。

三、教学系统设计过程的模式及其理论基础

如何进行教学系统设计，设计过程是否有固定的程序可循？早期的教学设计大多关注教师如何教的问题，从而形成了以"教"为主的 ID 模式，进入 20 世纪 90 年代以来，随着建构主义理论的发展和网络多媒体技术的普及应用，以"学"为主的 ID 模式倍受关注。在结合两种模式优点的基础上，近年来又提出了"主导—主体"的 ID 模式。

1.教学系统设计过程模式的概念

教学系统设计过程模式是一套程序化的步骤，一个教学系统设计过程模式具有许多阶段。每一种模式都包括四个基本要素：学习者、目标、策略、评价。教学系统设计过程的模式是对教学系统设计实践的再现，代表着教学系统设计的理论内容，是教学系统设计理论的简约体现。设计不同的教学系统需要不同的教学系统设计过程模式，在不同的教学条件下应该有不同的教学系统设计过程模式。

第三章 教学系统设计

2.教学系统设计模式的分类

由于教学设计实践涉及的教学系统的范围和层次不同,设计的具体情况不同,设计人员对教学设计的理解和认识也不尽相同,使得当今世界范围内的教学系统设计领域流派纷呈,各种设计模型约有上百种。通过对其分类,可以加深我们对教学系统设计模式的理解。

根据模式的适用范围和设计对象的层次可分为:以系统为中心的模式、以课堂为中心的模式、以产品为中心的模式。

按理论基础和实施方法可分类为:传统的以"教"为主的ID模式、以"学"为主的ID模式和以"教师为主导、学生为主体"的ID模式。

以"教"为主的ID模式有时也称以"教师"为中心的ID模式或"教师中心模式",可概括为"以教师为中心,教师利用讲解、板书和各种媒体作为教学的手段和方法向学生传授知识;学生则被动地接受教师传授的知识"。这种模式主要面向教师的"教",其基本内容是研究如何帮助教师把课备好、教好,而很少考虑学生"如何学"的问题。教师是主动的施教者(知识的传授者、灌输者),学生是外界刺激的被动接受者、知识灌输的对象;教材是教师向学生灌输的内容;教学媒体则是教师向学生灌输的方法、手段。

以"学"为主的模式有时也称以"学生"为中心的模式,或"学生中心模式",是目前西方流行的基于建构主义的ID模式,可以概括为"以学生为中心,在整个教学过程中由教师起组织者、指导者、帮助者和促进者的作用,利用情境、协作、会话等学习环境要素充分发挥学生的主动性、积极性和首创精神,最终达到使学生有效地实现对当前所学知识的意义建构的目的"。在这种模式中,学生是知识意义的主动建构者。教师是教学过程的组织者、指导者、意义建构的帮助者、促进者。教材所提供的知识不再是教师传授的内容,而是学生主动建构意义的对象,媒体也不再是帮助教师传授知识的手段、方法,而是用来创设情境、进行协作学习和会话交流,即作为学生主动学习、协作式探索的认知工具。

以"教师为主导、学生为主体"的ID模式简称"主导—主体"模式或"双主模式",它介于上述两种模式之间,既不完全是以教师为中心,也不完全是以学生为中心,而是既要发挥教师的主导作用又要充分体现学生的认知主体的作用,即要把"教师中心"和"学生中心"两种模式的长处吸收过来,而把两者的消极因素加以避免。在整个教学进程中教师有时处于中心地位(以便起主导作用),但并非自始至终如此;学生有时处于传递—接受的学习状态,但更多的时候是在教师帮助下进行主动思考与探索;教学媒体有时作为辅助教的工具,有时作为学生自主学习的认知工具。

3.教学系统设计的理论基础

以"教"为主的ID、以"学"为主的ID和"双主"ID三者产生和发展的时间不同,影响它们的理论基础也不尽相同,如图3-3所示。

通常认为,以"教"为主的ID理论基础包括四个组成部分,即系统论、学习理论、教学理论和传播理论,关于这四大理论的具体内容可参看本书第一章。由于学生是认知主体,任何教学的目的都是为了促进学生学习质量与学习效率的提高,因此研究人类学习过程内在规律的学习理论,在教学设计过程中起着关键性的指导作用,是四种理论中最重要的理论基础。

美国著名教育心理学家加涅(Gagné,R. M.)提出的"联结—认知"学习理论是大多数以"教"为主ID的理论基础。这种理论吸收了行为主义和认知主义两大学习理论的优点,主张既要重视外部刺激(条件)与外在的反应(行为),又要重视内部心理过程的作用,即学习的发生要同时依赖外部条件和内部条件。教学就是要通过安排适当的外部条件来影响和促进学习者的内部心理过程,使之达到更理想的学习效果。

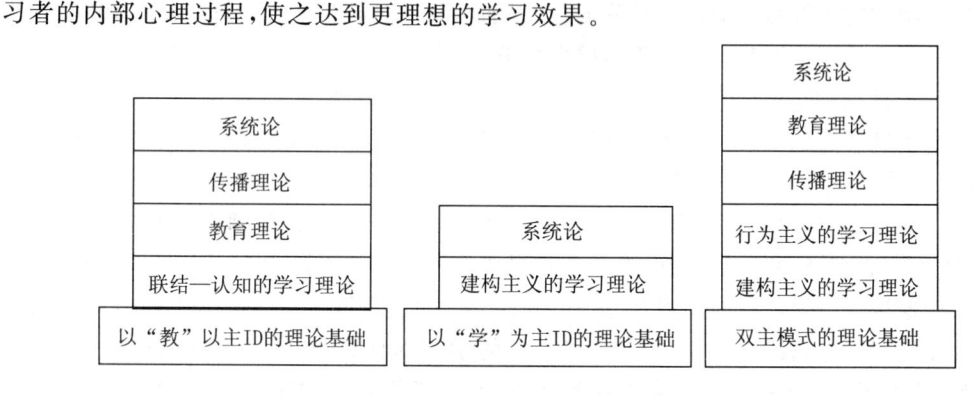

图 3-3 三种 ID 模式的理论基础

在教育理论方面,主要是美国著名心理学家奥苏贝尔(David P. Ausubel)的"学与教"理论,主要涉及三个方面:"有意义接受学习"理论、"先行组织者"教学策略、"动机理论"。实现有意义学习可以有两种不同的方式:接受学习和发现学习。

建构主义学习理论和学习环境强调以学生为中心,不仅要求学生由外部刺激的被动接受者和知识的灌输对象转变为信息加工的主体、知识意义的主动建构者;而且要求教师要由知识的传授者、灌输者转变为学生主动建构意义的帮助者、促进者。以"学"为主的教学设计理论正是顺应建构主义学习环境的上述要求而提出来的,因而很自然地,建构主义的学习理论就成为学生中心的教学设计的理论基础。这是因为,建构主义本身既包含学习理论也包含教学理论。另外,由于建构主义强调,知识是通过学生主动建构意义来获得,而不是通过教师向学生传播信息来获得(教师只对学生的意义建构过程起促进和帮助的作用),因此传播理论是否还能作为以"学"为主 ID 模式的理论基础值得商榷。

双主 ID 模式建立在以"教"为主 ID 和以"学"为主 ID 的基础上,因此其理论基础除了系统论和传播理论外,还有"传递—接受"教学理论和行为主义学习理论及建构主义的教学理论和学习理论。

第二节 以"教"为主的教学系统设计

以"教"为主的 ID 理论,也称传统 ID 理论,着重对目前的班级课堂教学进行设计,基本内容是研究如何帮助教师把课备好、教好。其优点是有利于教师主导作用的发挥,有利于按教学目标的要求来组织教学;不足之处是,按这种理论设计的教学系统中学生的主动性、积极性往往受到一定的限制,难以充分体现学生的认知主体作用。

目前,以"教"为主的教学系统还大量存在。首先,大班级授课、教师讲学生听还是目前的主要教学形式,这就对以"教"为主的教学系统设计提出很强的客观需求;其次,我们目前的教系统设计人员(主要是教师)比较熟悉以"教"为主的教学系统设计的理论和方法,并能在教学实践中较熟练地运用。以"教"为主的教学系统设计理论和方法经过 20 多年众多专家的深入研究与发展,已形成一套比较完整、严密的理论体系,而且可操作性强。此外,新的教学系统设计理论和方法还不太完善,而且也还没有被广大教学系统设计者掌握。因此,这种理论在各级各类学校的教学领域中有很大的影响,目前依然是主流。

以"教"为主的 ID 模式的核心是教师设计教学的全过程,参照明确的教学目标进行教学。典型的以"教"为主的 ID 模式如图 3-4 所示。

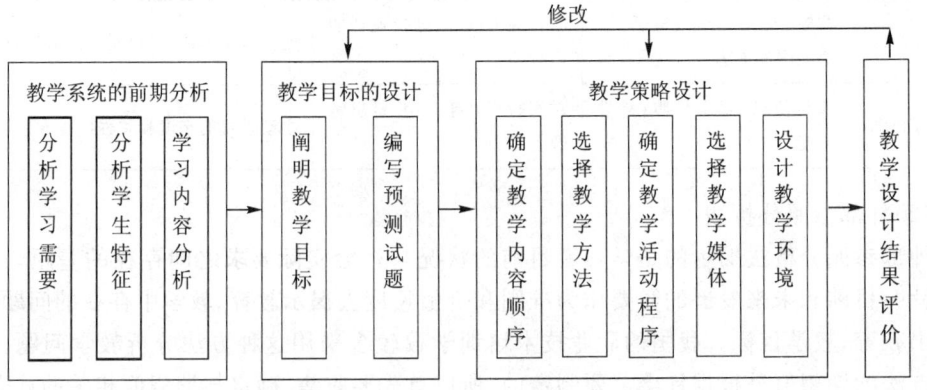

图 3-4　以"教"为主的教学系统设计模式

在设计过程中,上一步"输出"的决策均是下一步的"输入",上一步又均从下一步的反馈中得到检验。下面我们就按照设计的顺序,逐一详细介绍设计过程。

一、教学系统的前期分析

主要包括学习需要分析、学生特征分析和学习内容分析。

1.学习需要的分析

学习需要是指学习者开始学习前的状况与被期望达到的状况之间的距离,或者说,是学习者已经具备的水平与期望学习者达到的水平之间的差距。差距指出了学习者在能力素质方面的不足,指出了教学中实际存在的和要解决的问题,这正是经过教育或培训可以解决的学习需要。如果没有差距就没有需要,也就无从谈起要解决什么了。学习需要的分析方法主要有内部参照分析法和外部参照分析法。

(1)内部参照分析法

内部参照分析法比较适合于我国普通学校的教学,认为学习者的期望状态是既定的,体现为教育组织机构在学科教学大纲中所规定的教学目标,把期望的状态用可测量的行为术语描述出来,使教学目标具体化,形成完备的指标体系,如表 3-1 所示。重点收集能够反映学习者目前状态的资料和数据,收集方法可采用测验、问卷、座谈等。

表 3-1　学习需要分析表

学习内容:密度　　　　　　　　　　　　课时:3 学时

项目	大纲要求	学生现状	教学任务(学习需要)
知识技能	掌握密度概念,会使用量筒和天平测量密度	有对物质颜色、质地特征的概述,没有密度的概念,会使用天平	密度概念的建立和较高水平的应用;用量筒测不规则物体的体积
学习能力	观察、实验、分析、概括、解决问题的能力	实验能力较好,分析概括能力较差	密度概念形成中的分析、概括能力
学习态度	参与动机、意志品质、科学态度	对实验有兴趣,对积极思考缺乏毅力	主动学习的态度和顽强的探索精神

(2)外部参照分析法

外部参照分析法揭示的是学习者目前的状况与社会实际要求之间存在的差距,其特点是以社会目前和未来发展的需要作为准则和价值尺度去揭示教育、教学中存在的问题,从而制定出教育、教学目标。我国的职业技术培训学校较多采用这种方法分析教学问题。由于这种方法的期望值是根据社会需要制定的,所以首先要收集、确定与期望值相关的社会需求信息。收集信息主要有以下的途径:

①对毕业生跟踪访谈、问卷调查,听取他们对社会需求的感受,以及工作后对学校教育或培训教学的意见和建议,从中不仅可以获得关于社会期望的信息,也可获得关于学习者现状的信息。

②分析毕业生所在单位对毕业生的工作考核,了解他们对职工的要求和对毕业生的评价,以根据社会需求和要求改进学校教学的信息。

③设计问卷并发放到与所学专业相关的工作单位,以得到社会对人才能力素质的需求信息。

④深入到工作第一线作现场调研,以获得对人才能力素质需求的第一手信息。

⑤进行专家访谈,以了解专家对社会目前及未来发展对人才需求的看法。

外部参照分析方法操作较困难,费时耗力,但却能保证所定目标与社会需求直接相关,较为合理;内部参照分析法操作容易,却因其往往局限于教育系统内部,从而无法保证内部目标的合理性。因此,在实际运作时为避免教学活动与社会要求脱节,可采取内外结合的方法,即根据外部社会需求调整修改已有的教学目标,并以修改后的目标所提出的期望值与学习者的现状相比较找出差距。

2.学生特征分析(学习者分析)

在教学活动中,教学目标是否实现,教学效果怎样,都要在学习者的学习活动中体现出来,而作为学习活动主体的学习者在学习过程中又都是以自己的特点来进行学习的。因此,要取得教学活动的成功,必须重视对学习者特征的分析。学生特征分析旨在了解学习者的学习准备情况及其特点,它为后续的教学设计工作提供了重要的依据。无论在何种模式的教学设计活动中,学习特征分析都具有重要意义。

学生特征包括学生的学习准备和学习风格两个方面。学习准备又可分为初始能力和一般特征两方面。学习准备指学生在学习新知识时对新学习的适应性，包括学生的成熟程度、已有的知识水平、心理生理发展水平和学习动机等。学生特征分析可包括初始能力、一般特征和学习风格，如图 3-5 所示。

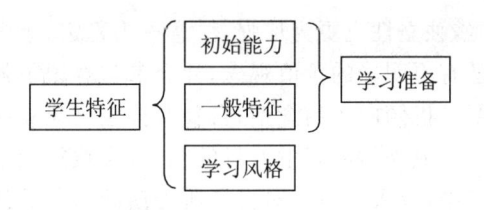

图 3-5 学生的特征

（1）分析学生的初始能力

初始能力的分析包括预备技能、目标技能和学习态度的分析。

①预备技能分析：分析学习者从事新学习的预备技能方面。了解学习者是否具备了新的学习所必须掌握的知识与技能，作为从事新学习的基础。

②目标技能分析：分析学习者对新学习内容的目标技能的掌握情况，了解学习者是否已经掌握或部分掌握了教学目标中规定的知识和技能，这有助于确定内容或建立教学起点。对那些已经掌握了的内容，显然没有必要再作为继续学习的内容。

③学习态度分析：分析学习者对从事特定学科内容学习的认识与态度，检查是否存在偏爱或误解。通过认定学生已经具备的有关知识与技能和对有关学习内容的认识与态度，来确定学习者的初始能力和教学起点。

确定学生初始能力的方法可以通过一般性了解获得，比如教师可在课前通过查阅学生上学期的成绩册、与学生交谈、调查问卷等一般方法了解学生掌握预备技能和目标技能的情况；也可以通过预测获得，预备技能采用"形成先决技能分析图"法进行预测，目标技能通过摸底测试进行预测等。

（2）了解学生的一般特征

指学生的心理发展的年龄特征，即心理在一定年龄阶段中具有的一般的、典型的、本质的特征。学生的身心、智力、思维、情感、意志等方面的发展都是具有年龄特征的。

研究表明，婴儿的思维主要是一种直觉行动思维，他们的思维活动是同他们对客观事物的直接感知和直接操作（如操作玩具）紧密联系的，即思维活动一般只能在动作中进行；学龄前儿童一般已能凭借事物的具体形象或表象对有关问题进行一些思考，即思维具有具体形象性。

小学阶段的学生，具体形象思维的成分仍占优势，但已经开始向抽象逻辑思维过渡。低年级学生思维具有明显的形象性，同时也具有抽象概括的成分；到小学高年级时，学生逐步学会区别概念中本质和非本质的东西、主要和次要的东西，学会掌握初步科学定义，学会独立进行逻辑论证。但是这些都离不开直接和感性的经验。

初中学生的抽象思维已有长足发展，逻辑思维处于优势地位，并从初二年级开始从经验型水平向理论型水平转化，到高二则趋向定型。中学生的学习动机从初中到高中由兴趣型逐渐倾向于信念型。中学生的创造性思维发展迅速，如可通过假设进行思维，反醒和自我调节思维活动的进程。初中学生自我意识更为明确，同一性、勤奋感是情感发展的主要特征，他们开始重视社会道德规范，但对人和事的评价比较简单和片面；高中阶段的学生，独立性、自主性是其情感发展的主要特征。

大学生在智力发展上呈现出进一步成熟的特征，思维具有更高的抽象性和理论性，并由抽象逻辑思维逐渐向辩证逻辑思维发展。他们观察事物的目的性和系统性进一步增强，已能按程序掌握事物本质属性的细节特征，思维的组织性、深刻性和批判性有了进一步的发展,独立性也更为加强,注意更为稳定,集中注意的范围也进一步扩大。大学生在情感方面已有更明确的价值观念,社会参与意识很强,深信自己的力量能加速社会的进步与发展,学习动机倾向于信念型,自我调控也已建立在趋向稳定的人格基础上。

成人学习者学习目的明确、实践经验丰富、自学能力较强、注重教学效率,同时在学习情境中,成人学习者对自己所扮演的角色的认识与青少年学生不同。青少年到学校当学生,而成人往往认为自己是负有职责的工作者,因此有参与教学决策的意识,希望与教师共同承担教学责任。他们有较强的自尊心,不愿意被人看做仅仅是被动的学生。

把握初中生、高中生、大学生、研究生、成人等不同学习人群的一般特征,对提高教学效果是十分必要的。

（3）分析学生的学习风格

学习风格是学生持续一贯的带有个性特征的学习方式,是学习策略和学习倾向的总和。学习策略指学习方法,而学习倾向指学习者的学习情绪、态度、动机、坚持性以及对学习环境、学习内容等方面的偏爱情况。学习风格的构成有生理、心理和社会三个层面。

学生的学习风格是多种多样的,这里仅简要介绍几种：

①按认知风格分。

• 场独立型与场依存型：反映了判断事物的参照系对学生学习特征的影响,如表 3-2 所示。

表 3-2　场独立型与场依存型学生的学习特征

学习特征 认知风格	判断客观事物的参照系	内在学习动机	学习习惯	适应的教学方法
场独立型	自己内部的参照,不易受外来因素影响和干扰	较强,学习主动	独立思考、单独学习、个人研究	结构不严密
场依存型	自己所处周围环境的外在参照	较弱,由外在动机支配,学习欠主动	从环境的刺激交往中定义知识、信息	结构严密

• 冲动型与沉思型：反映了在答案不确定时,学生对自己解答的有效性的思考程度。冲动型与沉思型的学习风格如表 3-3 所示。

表 3-3　冲动型与沉思型学生的学习特征

学习特征 认知风格	回答问题的倾向	出错情况	反映 速度
沉思型	深思熟虑,用充足的时间考虑、审视问题,权衡各种问题解决的方法	错误较少	慢
冲动型	很快地检验假设,根据问题的部分信息或未对问题做透彻的分析就仓促地做出决定	容易发生错误	快

②按个性倾向分。

• 内部控制型和外部控制型："控制点"作为影响学习者学业成就的一种人格因素,日益受到重视。所谓"控制点"是指人们对影响自己生活与命运的那些力量的看法。

表 3-4　内部控制型和外部控制型学生的学习特征

学习特征 个性倾向	对影响自己生活与命运的那些 力量的看法	对学习成败的归因	学习活动中的态度
内部控制型	自己所从事的活动及其结果是由自身的内部因素决定。自己的能力和所作的努力能控制事态的发展	归因于内因；将成功归因为能力和勤奋，成功将带来更多的鼓励、提高学习信心，将失败看成需要付出更大努力的标志	态度积极，常选择适合自己能力的、中等的、适度的学习任务
外部控制型	自己受命运、运气、机遇和他人的控制，这些外部复杂且难以预料的力量主宰着自己的行为	成败皆归因于外因	缺乏自信，表现出无能为力的态度

　　•高焦虑型和低焦虑型：新近研究表明，焦虑水平也是影响学习风格的一个方面。所谓焦虑，在心理学上是指，个体对某种预期会对他的自尊心构成潜在威胁的情境所产生的担忧反应或倾向。对焦虑水平不同的学习者，宜采用不同压力水平的教学和测验。对于低焦虑水平的学生，适宜采用有较大压力的教学和测验，以促使他们的动机水平提高；对于高焦虑水平的学生，宜采用压力较小的教学和测验，以降低他们的动机唤醒水平，使之由高趋向中等，学习效果也会更好。

　　③按生理因素分为左脑优势型和右脑优势型。大脑左半球是处理言语，进行抽象逻辑思维、集中思维、分析思维的中枢，它主管人的说话、阅读、书写、计算、分类、言语回忆和时间感觉，具有有序性、分析性等机能；右半球是处理表象，进行具体形象思维、发散思维、直觉思维的中枢，它主管人的视觉、复杂知觉模型再认、形象记忆、认识空间关系、识别几何图形、想象、理解隐喻、模仿、态度、情感等，具有不连续性、弥漫性、整体性等机能。由于生理类型的差异，有的学习者在心理能力上表现为左脑优势，有的是右脑优势，有的则是两半球脑功能和谐发展。分析学习者左右脑功能优势，对教学内容、方法、媒体、评价等方面的设计具有明显的意义。

　　不同学习风格的学生应采用不同的教学方法，那么如何确定学生的学习风格呢？一般可让学生填写学习风格调查表，前半部分是调查量表，形式类似于客观题；后半部分为征答表，让学生表述意见，形式类似于主观题。如图 3-6 所示。

一、适合本人情况画"√"不适合本人情况画"×"
1.我喜欢一个人自学；
2.我喜欢下午做作业；
3.我在安静的环境中学习效果最好；
4.我记得最牢的是那些我听到的事情。
5.我喜欢语文、历史类的课程。
二、个人表述
你喜欢什么样的学习环境？
在什么状态下你的学习效果最好？
数学、物理类的课程与语文、政史类课程，哪一类你更喜欢？

图 3-6　学习风格调查样表

3.学习内容分析

学习内容是为实现教学目标,要求学生系统学习的知识、技能和行为经验的总和。学习内容分析指在开始教学活动之前,预先对教学目标中规定需要学生形成的能力或品格,及其能力的构成层次进行深入细致地分析,并依据分析确定有效地学习这些能力或品格的教学条件,揭示终点目标得以实现的条件。

学习内容主要是教材内容,各种教学辅助资源也占重要地位。对于中小学课程来说,学习内容分析主要就是对教材的单元内容及每节课的教学内容进行分析。分析学习内容一般可遵循以下步骤:

(1)选择与组织单元

为实现一门课程总的教学目标,确定学习者必须学习哪些内容。

(2)确定单元目标

单元目标是一个单元的教学过程结束时所要得到的结果,说明学习者学完本单元的内容以后应能做什么。确定了单元目标,课程目标就具体化了。

(3)确定学习任务的类别

根据单元目标的表述,区别学习任务的性质。学习任务一般可分为认知、动作技能和态度(情感)三大类。

(4)评价内容

论证所选出的教学内容的效度,看是否为实现课程目标所必需。

(5)分析任务

是指对各单元的学习任务进行更深入细致地逐项分析。即为实现单元目标,学习者必须学习哪些具体的知识与技能,这些知识与技能之间存在哪些联系等等。

(6)进一步评价内容

评价已确定的知识与技能及其相互的联系,删除与单元目标无关的部分,补充所需要的内容。

二、学习目标的阐明与测试题的编写

学习目标由教学目的决定,包括课程目标、单元目标和课时目标三个层次。课程目标在大纲中一般有明确表述,我们要阐明的是单元目标和课时目标。阐明学习目标就是根据学习需要分析和学生特征分析的结果,把从学习内容分析得到的各项先决技能转化成确切、具体的行为目标,阐明学生在教学活动中将要达到的学习结果或标准,并将其具体化。

阐明学习目标的目的是编写一系列明确具体的学习目标,然后把它们组织成一个层次分明的体系。当教师和学生了解到学习目标体系以后,也就明确了课程学习的方向,从而有利于课程的规范化。同时,师生双方都朝着教学目标指明的同一个方向努力,也保证了学生学到的知识正是学习目标所期望的结果,从而有利于教师的教学和学生的学习。

当前比较著名的学习目标的分类理论包括:美国教育心理学家加涅(Gagné,R. M.)的学习结果分类和美国心理学家本杰明·S·布卢姆(Benjamin S. Bloom)的教育目标分类。

1.加涅的学习结果分类

当学生学习完规定的内容时,他们就获得了终点能力,这就是学生的学习结果。因此学习结果在一定程度上和学习目标是对应的。加涅将学习结果分为以下五类:

(1)言语信息(陈述性知识)

是陈述知识的一种能力,要求学生记忆学习内容的能力,是进一步学习的前提。言语信息只是告诉学生"是什么"。几乎每门学科中都有许多需要记忆的学习内容,如英语中的词汇及其固定搭配、各种数学物理公式、化学分子式、历史事件、地理人文常识等。

(2)智力技能(程序性知识)

又称智力技能,是运用符号或概念办事的能力。要求学生理解和运用概念、规则和进行推理的能力。智力技能与言语信息不同,例如,会运用现在进行时的时态规则识别一个语句为进行时态,是智力技能;而知道进行时态的规则就是言语信息。

智力技能从低到高可分为辨别、形成概念、应用规则、应用高级规则四个层次。学习较高一级的智慧技能以掌握较低一级的智慧技能为先决条件。

①辨别:辨别事物差异的能力。

②概念:学习和运用概念的能力。

③规则:运用规则的能力。

④高级规则:解决问题的能力。

智力技能的层次与举例如图 3-7 所示。

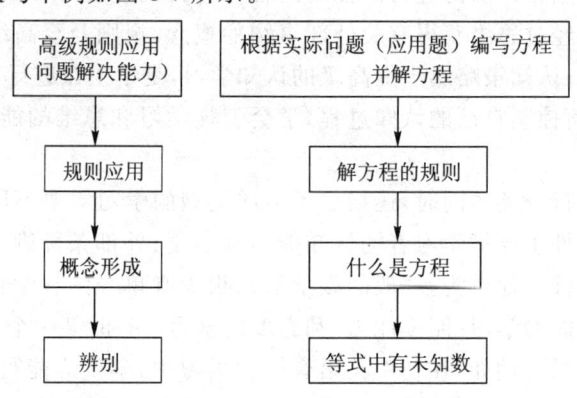

图 3-7　智力技能的层次与举例

(3)认知策略(策略性或情境性知识)

认知策略是一种非常重要、特殊的智力技能,表示学生运用概念和规则对内调控的能力,而一般的智力技能则是运用概念和规则对外调控的能力。认知策略是对认知过程进行调节和控制的能力,是支配学习者自身的学习、记忆和思维行为的性能,包括学习者控制自我的注意、调节思维方式、提高记忆质量、改进学习方法等。认知策略是学生学会如何学习的核心部分。

(4)动作技能

动作技能是通过学习表现在迅速、精确、流畅和娴熟的身体运动中的一种能力。

一提到动作技能,人们总是想到体育课上的各种田径、运动。体育课的确以动作技能为主,但动作技能还体现在许多其他课程中,如音乐课中的演唱发声、跳舞、演奏乐器,美术课中的绘画,书法课中的握笔写字,计算机课中的打字、维修机器,化学课中的实验操作,医学中的外科手术操作等。

（5）态度

态度是通过学习形成的影响个体行为选择的内部状态。我们可以从三方面理解态度的学习。首先,态度不是天生的,其形成或改变需要通过个体与环境长时间的相互作用。其次,态度只是一种反应的准备态度,不是反应本身,与行为之间无直接关系,即学生即使有某种态度,也不一定做出相应的举动,如很多同学内心都很想去英语角练习口语对话,但真正去的却很少。再次,态度与能力不同,能力决定学生能否完成某项任务,而态度决定学生是否愿意完成这项任务。

态度的学习不仅限于思想政治类课程,各门学科都存在着态度学习的内容,如学习每门课程开始,都应激起学生学习的兴趣和正确的学习态度,使他们能积极投身于后面的学习活动中。

进行态度教学的最好方法就是利用"榜样"的作用。

（6）言语信息、智力技能、认知策略三者的关系

言语信息、智力技能、认知策略三者有区别,但在不同角度上又有一定的联系。言语信息和动作技能属于知识技能,学习能力和认知策略属于智力技能。言语信息和智力技能相比,言语信息是一种比较简单的认知学习,是在感、知觉的基础上,通过记忆获得具体事实的能力;智力技能则是运用言语信息和符号办事的能力。

智力技能和认知策略相比:智力技能是理解外部世界的能力和对外调控的能力,认知策略则是处理内部加工过程并对内进行调控的过程。智力技能是一种较复杂的认知学习,是在感、知觉的基础上,经过思维获得有关外部事物的概念、规则乃至高级规则,并用于实践,解决实际问题的能力;认知策略属于更高级的认知学习,是学生在进行言语信息和智力技能学习的同时,学习如何控制自己的认知过程,学会怎样学习和思维的能力,是形成学生创造能力的核心。

加涅在对学习进行分类的同时,还指出了不同类型的学习需要不同的内部条件和外部条件。学习的内部条件主要指学习者的认知能力和态度;外部条件则由教学提供。加涅强调要设计多重学习目标。他认为,一般的教学活动很少有单个的教学目标,例如,一堂语文课至少包含有智慧技能的学习（阅读能力）和态度的学习。有时某一个学习内容（知识点）上甚至涉及五种学习结果。例如,在初中英语音标的学习中,学生应能写出音标（言语信息）,音标的正确发音（动作技能）,能正确读出标注了音标的单词（智力技能）,记忆常见字母组合的发音（智力技能、认知策略）,要克服困难大胆发音练习（态度）等。

2.布卢姆的教育目标分类

在布卢姆教育目标分类结构中,把教学目标分为认知学习、动作技能和情感三个领域。每个领域按照从低级到高级的顺序分为不同的层次,从而形成一个完整的目标分类体系。将全部教育目标分成认知领域、情感领域、动作技能领域三大领域,再将不同领域中的教育目标分成不同的层次或类型,目标的层次由简单到复杂进行排列,并使用操作性的行为术语进行行为界定。下面就对这三类目标作逐一介绍。

（1）认知学习领域目标分类

在认知领域中,教学的主要目的和任务就是使学生掌握知识,形成运用知识进行理性

地、系统地思维的能力。认知领域涉及对有关知识的回忆或再认、智力技能和认知策略的形成等方面的目标。布卢姆将认知学习领域目标从低到高分为六个层次,如图3-8所示。

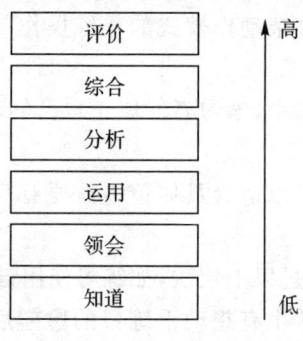

图 3-8　认知学习领域目标分类

①知道:回忆学过的知识材料的能力。

②领会:把握知识材料所包含的意义,并将其内在化和系统化。

③运用:把抽象的概念、原理、方法和理论应用于特定情境的能力。

④分析:把复杂的知识分解成几个独立的部分,并使各部分的相互关系更为明确,相关层次更为清楚的一种能力。

⑤综合:将所学的各部分知识重新组织,并形成一个新的知识整体的能力。

⑥评价:根据已有的知识或已经给定的标准进行判断和鉴赏的能力。

认知领域的目标经常出现在我们所能见到的各类教学大纲中。

(2)动作技能学习领域目标分类

动作技能学习领域的分类比较多,其中辛普森(E. J. Simpson)等人提出的七级分类,是目前应用较广泛的一种分类体系,如图3-9所示。

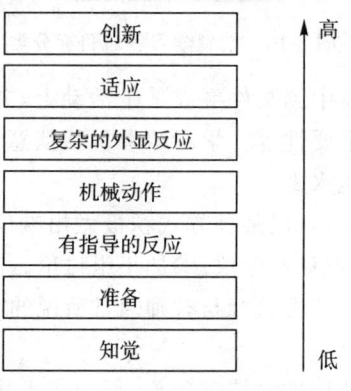

图 3-9　动作技能学习领域目标分类

①感知:指运动感官获得信息以指导动作,主要了解某动作技能的有关知识、性质、功用等。

②准备:指对固定动作的准备,包括心理定向、生理定向和情绪准备(愿意活动)。感知是其先决条件,我国有人把感知和准备阶段统称为动作技能学习的认知阶段。

③有指导的反应:指复杂动作技能学习的早期阶段,包括模仿和尝试错误。通过教师评价或一套适当的标准可判断操作的适当性。

④机械动作:指学习者的反应已成习惯,能以某种熟练和自信水平完成动作。这一阶段的学习结果涉及各种形式的操作技能,但动作模式并不复杂。

⑤复杂的外显反应:指包含复杂动作模式的熟练操作。操作的熟练性以精确、迅速、连贯协调和轻松稳定为指标。

⑥适应:指技能的高度发展水平,学习者能修正自己的动作模式以适应特殊的设施或满足具体情境的需要。

⑦创新:指创造新的动作模式以适合具体情境。要有高度发展的技能为基础才能进行创新。

动作技能的学习一般都要经过以上层次,如练习使用键盘打字,刚开始教师告知学生应该如何打字,包括指法、坐姿等;学生有想动手练习的愿望后,在教师指导下到机房上机;经过一周的练习,学生能基本熟练打字了;再经过四至五周的练习,能快速打字,并能边打字边做其他工作;经过一学期的练习,即使更换了新的键盘如笔记本式键盘,学生也能快速适应。

(3)情感学习领域目标分类

在情感领域中,教学的主要目的和任务是培养学生一定的态度和价值观。它涉及到对事物的注意、重视、确定自身的态度及价值观等目标。情感学习领域目标分为五个层次,如图3-10所示。

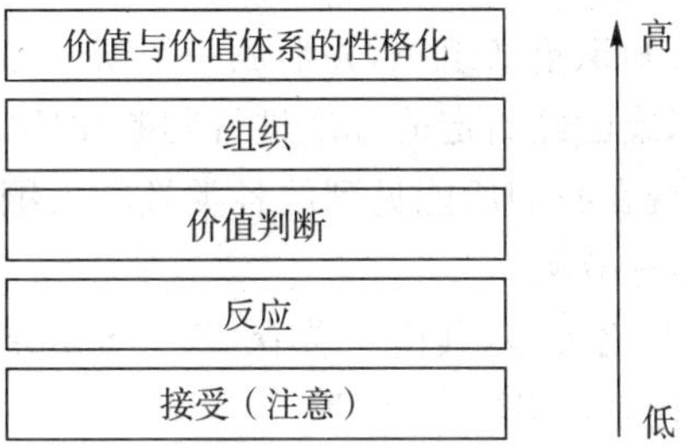

图3-10 情感学习领域目标分类

①接受或注意:将注意力集中到某件事或某个活动上,并准备接受。例如静听讲解、参加班级活动、意识到某问题的重要性等。学习结果包括从意识到某事物存在的简单注意到选择性注意,是低级的价值内化水平。

②反应:主动参与某种活动,并以某种方式积极做出响应,同时表现出较浓的兴趣。例如,完成教师布置的作业、提出意见和建议、参加小组讨论、遵守校纪校规等。学习的结果包括默认、愿意反应和满意反应。这类目标与教师通常所说的"兴趣"类似,强调对特定活动的选择与满足。

③价值判断:用一定的价值标准对特定现象、行为或事物进行判断,自发表现出某种兴趣和关注,指学习者用一定的价值标准对特定的现象、行为或事物进行评判。它包括接受或偏爱某种价值标准和为某种价值标准做出奉献。

例如,欣赏文学作品,在讨论问题中提出自己的观点,刻苦学习外语等。这一阶段的学习结果所涉及的行为表现出一致性和稳定性,与通常所说的"态度"和"欣赏"类似。

④组织:愿意将多种并存的价值观念组织成体系,然后进行比较,以便确定其相互关系,并按照重要性排序,选出认为重要的价值观,进而形成个人的价值观体系。

⑤价值与价值体系的性格化:通过对价值观体系的组织,逐步形成个人品性。

通过这个分类标准可见:情感或态度的教学是一个价值标准不断内化的过程。值得注意的是,在现实教学中,某一学习内容可能会渗透着思维、技能、情感态度等,因此在确定具体的教学目标时,要考虑某一学习内容的不同类型的学习目标,使学生在认知、技能和情感等方面都能得到发展。

布卢姆的教育目标分类和加涅的学习结果分类都是著名的学习目标分类理论,那么它们又有什么联系或对应关系呢? 下面我们对两者作一比较,如表 3-5 所示。

表 3-5 两种学习目标分类的比较

加涅的学习结果分类	对应关系	布卢姆的教学目标分类	
言语信息	↔	知　道	认知学习领域
智力技能	↔	领会、运用、分析、综合、评价	
认知策略	↔	—	
动作技能	↔	动作技能领域	
态　度		情感学习领域	

由上表可见,加涅的学习结果分类中的言语信息、智力技能和认知策略都属于认知学习,其中言语信息对应于认知学习领域中的"知道"层次,智力技能对应于认知学习领域中的"领会、运用、分析、综合、评价"。动作技能对应于动作技能领域,态度对应于情感学习领域。应该说,两种分类基本上是一致的,学校开设的各门学科的教学目标间各有侧重、千差万别,但都逃不出这三个领域和五种结果。

3.学习目标的阐明

学习的最终结果必然会反映到学生的具体行为上,因此学习目标就可用描述学生的行为或能力的变化进行表述。阐明学习目标的方法有多种,这里介绍常用的 ABCD 法和内外结合法。

(1)ABCD 法

这种方法以其包含的四个要素而得名:教学对象(Audience)、行为(Behavior)、条件(Condition)和标准(Degree)。ABCD 法适合编写动作技能领域、认知学习领域的学习目标,不适合用来表述情感领域的学习内容。

例如:初中一年级的学生 通过小组讨论,在一个小时内 写一篇读后感。

　　　教学对象　　　　　　条件的表述　　　　　　行为的表述

　　要求感情真挚、文字流畅、字数 500 字左右。

　　　标准的表述

①教学对象(Audience):对学习者的表述。用来描述学习的特定对象,如初中一年级的学生,高二文科的学生,大学一年级非计算机专业的学生,成人函授的学生等。

②行为(Behavior):说明学习后学生应能获得怎样的能力。行为说明了教学结束后学生应获得的能力,从而减少了教学的不确定性,同时教师也可从学生的行为变化中了解到学习目标是否已经实现。行为一般用一个动宾结构的短语来描述。其中动词是一个行为动词,表明学习的类型,而宾语则用来说明某一学科的具体学习内容。行为是表述的最基本成

分,条件和标准有时可以省略,但行为不可省略。

在编写认知学习领域的目标时,可选用的动词如表 3-6 所示。

表 3-6　编写认知学习领域目标的可选动词

记忆	识记、保持、回忆、再认等
领会	分类、叙述、摘要、选择、区别、归纳、举例说明、改写等
运用	运用、计算、改变、解释、解答、说明、利用、举例等
分析	分类、比较、对照、区别、检查、指出、评论、猜测、举例、图示、计算等
综合	编写、设计、提出、排列、组合、建立、形成、重写、归纳、总结等
评价	鉴别、讨论、选择、对比、比较、评价、判断、总结、证明等

在编写情感学习领域的目标时,可选用的动词如表 3-7 所示。

表 3-7　编写情感学习领域目标的可选动词

注意	心理活动、指向集中
反应	陈述、回答、完成、选择、列举、遵守、称赞等
价值判断	接受、承认、参加、完成、决定、影响、区别、解释、评价等
组织	讨论、组织、判断、确定、比较、定义、权衡、系统阐述、决定等
价值观与价值体系的内化	改变、接受、判断、拒绝、相信、解决、要求、抵制等

③条件(Condition):说明学生在表现行为时所处的环境。指影响学习结果的各种因素,一般包括环境、人、设备等因素,如表 3-8 所示。如:把一篇英语短文翻译成中文,条件就可以有"可以查字典吗"、"有时间限制吗"、"可以讨论吗"等。

表 3-8　影响学习的条件表述

环境因素	包括空间、光线、气温、噪音等
人的因素	包括个人单独完成、小组集体完成、个人在集体中完成、在教师指导下完成等
设备因素	包括工具、设备、图纸、说明书、计算器等
信息因素	资料、手册、教科书、笔记、图表、词典
时间因素	速度、时间限制等
问题明确性的因素	为产生行为应提供何种刺激、刺激量等

④标准(Degree):说明要求完成行为的质量水平。衡量学生学习是否达到教学目标,是阐述行为合格的最低标准。标准通过行为的速度、正确性和质量三方面来表述,从而使得学习目标可被测量。如,"用托盘天平测量物体质量,要求误差在 0.01 克以内"表明了正确性,"15 分钟内打出 300 个汉字,正确率达到 95％以上"则表述了速度和正确性。

应注意的是,标准是衡量学生完成所规定行为的最低标准,而不是教师教学效果的最低要求。

下面是几个用 ABCD 法表述的教学目标例子。

例 1:小学一年级学生,在五分钟内正确用笔计算十道两位数加法题。

例 2:高二第一学期的学生,能以 95％的准确度,指出给定英文短文中句子的时态。

例3：大学一年级文科专业的学生，学年学习结束后应掌握计算机基础知识，熟悉Windows、字处理等办公软件的基本操作，能利用计算机、网络进行信息查询和专业学习。

ABCD法以可测量的方式表述了学习目标，避免了传统方法的含糊性，为教学提供了可测量的参照标准。但它也有缺陷，如只强调学生的行为结果，忽视了学生内在的能力或情感的变化；不太适合描述较高级的认知目标；情感领域的目标很难从某个单一行为中表现出来，也无法描述；此外在教学过程中的心理过程也无法行为化。由于教育的实质并不是改变学生的行为，而是让学生的内在心理发生变化，因此描述学生心理变化十分重要。

（2）内外结合的表述方法

内外结合法采用内部心理与外显行为相结合的目标描述法，先用描述学生内部心理过程的术语表明学习目标，以反映学生内在的心理变化，再列举一些能够反映上述内在变化的行为，从而弥补ABCD法的不足。

例如，让学生能够理解一篇描述人物的课文是如何围绕中心思想取材的。先用内部心理描述，能理解描述人物的课文是怎样围绕中心取材的；再用ABCD法表述，能用自己的话概述课文中的主人公是一个怎样的人，能从课文中找出描述主人公时表露作者感情的句子等。

4. 学习目标的达标测试——测试题的编写

教学目标编订完以后，一般就需要开始编制测试题目，因为此时教师对教学目标还比较清楚；其次，如果对某个目标很难编出测试题目，就应该对该目标作某些修改，以便使学生的行为可以得到评定。编写的测试题要与目标相匹配，即目标中的条件和标准要在测试题目中得到体现。

（1）测试题目的形式

测试题目通常可以包括三种形式，回忆性题目、识别性题目和结构化回答题目。

一般用回忆性题目测试言语信息类目标或其他学习结果的言语信息知识部分，比如动作技能中的知识记忆成分。这类题目一般可采用书写的形式（简答、填空等）呈现给学生，令其作答。

识别性题目要求学生从一组可选择答案中识别或鉴别出正确答案，可采用多项选择、配对和判断正误等测试题形式。识别性题目可用于测试陈述性知识，也用于测试学生对高级认知技能的掌握程度（在识别正确答案时，要求学生应用规则或概念）。识别性题目的可选择答案个数有限，易于实现机器阅卷，但同时学生也可能通过猜测或排队法来获得正确答案，因而有时难以保证测试的效度。

结构化回答题目包括两种形式：对现场情形中观察到的行为或模拟的行为，以及用笔纸或上机测验的书写答案，如问答题、作文、动手实验等形式。结构化回答题目比识别性题目有更多的认知要求，且提示很少，需花费较多的时间回答；但结构化题目和目标中所描述的真实情境更为一致，因此它是一种更为有效的评定评价。

（2）对不同类型教学结果的评定

对陈述性知识的评定涉及学生回忆或辨认以前呈现给他们的信息的能力，回答方式可以逐字逐句，也可以用自己的话解释。相关题目并不测试学生应用这些知识的能力，而是要测试学生记忆这些信息的能力。这种题目可以采用回忆性题目的形式，比如填空或简答。问题的主干部分可以是逐字逐句照搬原来的教材，也可以解释教材。回答也可能必须是逐字逐句回忆教材的形式,也可能是对教材的解释。逐字逐句的回答只能确定学生是否记住了答案,而解释可以考查学生对信息的理解能力。例如:也可以采用识别性题目评定学生对陈述性知识的掌握情况,这些问题要求学生识别正确答案。

三、教学策略的设计

对教学对象和教学内容分析完毕,教学目标也有了详细具体的表述,下面就可以根据分析结果制定相应的教学策略,包括教学方法的选择、教学内容的组织安排、教学媒体的选择等。

1.教学策略概述

教学策略是指对为完成特定的教学目标而采用的教学活动的程序、方法、组织形式及媒体等因素的总体考虑,解决教师如何教,学生如何学的问题。教学策略包括确定教学内容的顺序、确定教学活动程序、选择教学组织形式、选择教学方法、选择教学媒体和设计教学环境等。

(1)教学策略的特点

教学策略具有以下特点:

①指示性和灵活性。

②没有一种策略能适合所有情况。

③最好的策略就是在一定情况下达到特定目标的最有效的方法论体系。

因此教师应根据教学前期分析的结果,即针对教学内容和学习者的特点选择,综合考虑具体的教学条件、本人的素养风格、经济效率等因素,选择教学方法、以合适的媒体呈现有组织的教学内容。

(2)教学策略的制定程序

设计教学策略必须遵循一定的程序,如图 3-11 所示。

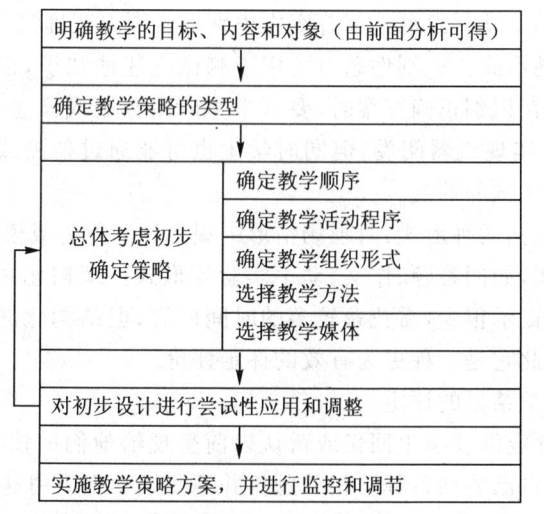

图 3-11　制定教学策略的程序

2.确定学习内容的顺序

对于不同的学习内容,其学习的顺序也不同。教学内容的安排是对已选定的学习任务进行组织编排,使它具有一定的系统性或整体性。

（1）教学内容的安排

在一门课程中,各单元教学内容之间的联系一般有三种类型:一是相对独立,各单元在顺序上可互换位置;二是一个单元的学习构成另一个单元的基础,这类结构在序列上极为严密;三是各单元教学内容的联系呈综合型,如图 3-12 所示。

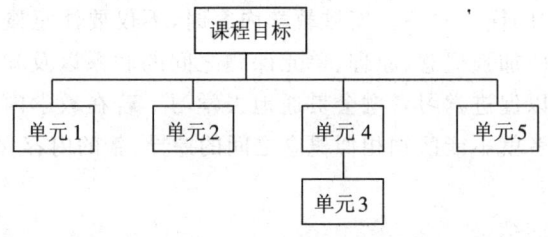

图 3-12　单元目标关系

在单元顺序安排上,第 1、2、4、5 单元可互换位置,但第 3、4 单元的次序不可随意更改,因此在组织教学内容时,一定要弄清各项学习任务之间的联系。

近 30 年来在教学内容组织编排的各种主张中,较有影响的有三种观点。

一是美国著名教育心理学家布鲁纳(Jerome. S. Bruner)提出的螺旋式编排教学内容的主张,即根据学生的智力发展水平,让学生尽早有机会在不同程度上去接触和掌握某门学科的基本结构,以后随着学生在智力上的成熟,围绕基本结构不断加深内容深度,使学生对学科有更深刻和更有意义的理解。

二是加涅提出的直线编排教学内容的主张,他从学习层级论的观点出发,把教学内容转化为一系列习得能力目标,然后把全部教学内容按这些目标之间的心理学关系,即从较简单的辨别技能的学习到复杂的问题解决技能的学习。

三是奥苏贝尔提出的渐进分化和综合贯通的原则。渐进分化是指"该学科的最一般和最概括的观念应首先呈现,然后按细节和具体性逐渐分化",综合贯通是强调学科的整体性,他认为学科内容不仅包括一个学科的各种概念和规则,同时也包括学科本身的特定结构、方法或逻辑,如不掌握这部分内容,就不可能真正理解这门学科。

我们在编排教学内容时,应根据学科特点对上述三种观点进行综合运用。学习内容的安排应遵循以下原则:

①由整体到部分,一般到个别,不断分化。如果学习是以掌握科学概念为主的,则基本的原理和概念应放在中心地位。根据这个特点,应先陈述学科中最一般、最概括的观点,然后按具体内容不断进行分化。这是因为当人们在接触一个完全不熟悉的知识领域时,只有阐明了理论框架后,才能借助这种框架进行分类和系统化。例如,掌握了植物的概念,就有利于对树、果树、梨树等包容性较小和越来越细化的概念进行掌握;再如高等数学等学科的内容。

②由已知到未知,具体到抽象。如果学习的内容在概括程度上高于学习者原有的概念,如在掌握了"广播"、"电视"、"报纸"等概念以后,再学习"大众媒体"这个总括性概念;或要学

习的新的命题与学习者认知结构中已有的概念不能产生从属关系时,就应采取由浅入深、由具体到抽象、由较简单的先决技能到复杂技能的序列,排成一个有层次或有关联的系统,使前一部分的学习为后一部分的学习提供基础。这特别表现在具有分类学特征的学科领域,因为这类学科的知识结构在序列上极为严密,如果不懂得前一个概念就不可能懂得后一个概念。

③按客观规律排列内容。如果教学内容是线性的,可以通过向前的、进化的、按年代发展或从起源出发的方法来编排,能使学习者对自然和社会现象的发展过程有比较全面的认识,如政治、历史类课程。

④注意学习内容间的横向联系。安排教学内容时,不仅要注意概念纵向发展之间的联系,还要注意从横向方面加强概念、原理、单元课题之间的联系以及知识、技能、情感各部分内容之间的协调衔接,以促进学习者融会贯通地去学习。若在教学内容的安排中忽视对知识进行横向联系,学习者就不能区别相似概念之间的差异,新的内容含糊不清,就会被遗忘,也不利于学习的迁移。

(2)评价内容分析的结果

在各单元目标确定以后,为保证所选择的教学内容与学习需要相符合,教学设计者应重视对教学内容的选择和对组织进行评价。在教学设计的初期,可从下列几个方面评价教学内容的选择与组织。

①所选择的教学内容是否为实现课程目标所必需,还需补充什么;哪些内容与目标无关,应该删除?

②各单元的顺序排列与本学科逻辑结构的关系如何?在这种关系的处理上体现了什么样的学习理论或教学理论?

③各单元的顺序排列是否符合学生的心理发展?

④各单元的顺序排列是否符合教学或培训的实际情况?

⑤学习者已掌握了哪些内容?教学(培训)从哪里开始?

参加初步内容评价的应包括有关学科专家、有实际教学经验的教师、有关行业专家和学生代表等。他们反映的意见与建议可能是教学设计者和参加教学设计的学科内容专家所忽略的。初步评价的工作不仅有助于避免在无关内容上花费时间与精力,更重要的是可使学习需要、教学目标、教学内容及后面的教学评价四者保持一致,保证教学的效果和效益。在评价过程中,卡片是一种有效的展示工具。教学设计者把课程目标、单元教学内容与单元目标分别用不同颜色标出,按一定的顺序展示在专门设计的计划板上,使参加评价的人对整个课程的内容要点一目了然。卡片便于根据各个评价者的意见,及时增删、修改内容,并调整各项内容之间的联系。

3.确定教学组织形式

教学组织形式是教学活动中师生相互作用的结构形式,是师生共同活动在人员、程序、时空关系上的组合形式。采用合理的教学组织形式,有助于提高教学效率,更好地完成教学。在历史上曾经出现过很多种教学组织形式,如个别教学、集体教学、班级授课等。

目前,班级授课制依然是各个国家学校教学的基本组织形式。班级授课制也称课堂教学,是根据年龄或程度把学生编成人数固定的班级,由教师按照教学计划统一规定内容和时数,按课程表对全班学生同时施教的一种教学组织形式。它以"班"为人员单位,班级人数固定且知识水平大致相同。教师上课以"课时"为单位,有统一的起止时间和固定的单位时间;以"课"为活动单位,把教学内容及传授内容的方法综合在"课"里。按照师生之间的关系和学生之间的关系,班级授课又可分为集体学习、分组学习和个别学习等三种组织形式。

(1)集体学习

集体学习是在教师直接指导下,全班学生一起进行学习。教师按照课程进度表,以系统讲授的方法为主,向全班学生同时施教,提出共同的学习任务。教师可以讲解、示范,也可以组织课堂讨论。集体学习又分为提示型的集体学习与共同解决型的集体学习两种形式。

提示型集体学习以教师的材料提示为学习内容,教材提示包括说明、谈话、演示等,全班学生以此为中心进行学习。提示型集体学习的教学效果取决于教师的讲述、学生接受的程度、是否所有的学生完全掌握以及教师控制课堂气氛的能力等。

师生共同解决型的集体学习。教师向全班学生提出问题,通过师生之间、学生之间的对话或讨论共同解决问题。实施这种组织形式的前提是学生已经具备一定的基础知识,可以进行判断、分析和综合性思维。

集体学习是经济又高效的教学组织形式,一位教师能同时直接指导许多学生有效地学习系统知识,实现大规模教学;有计划地安排、管理教学内容及活动,教学速度高,能保证学习活动循序渐进,使学生学习系统完整;有利于发挥教师的主导作用;教师与学生面对面,可及时收集反馈信息,有利于调整教授的内容和方法;有利于学生态度与情感的培养和健康品质的形成。

集体学习也有其局限性,如过分强调教师主导,全班进度相同,不利于因材施教;学生的主体地位或独立性受到一定限制,不利于发展学生的个性、自主精神和探索能力;不能容纳和适应更多的教学内容和方法;长时间单纯的言语讲授容易造成学生注意力的迅速下降。

集体学习适用的教学情况:

①导入新课题的教学目标及阐述教学要求,为学生指明学习方向。

②介绍教学内容的一般背景知识或必需的预备技能,系统讲解课题范围的观点和材料。

③介绍学科领域新近的发展情况。

④邀请专家讲座,放映电影、录像等。

⑤进行课题或单元的复习和小结。

(2)分组学习

分组学习指学生共同对某一课题进行学习讨论,教师的直接指导与集体学习相比稍有削弱。分组学习的实施要点有:

①由教师按照学科、课题、作业类型对全班学生进行灵活分组,而不是固定地划分组别。

②各组的人数宜在2~10名,平均3~5名。人数过少难以互相激励,过多则不能保证全员参与、自由发言。

③教师必须加强对分组学习的指导,可致力于培养各分组的积极分子,由教师外部指导转向组内学生的自我指导,以促进分组活动。

④在小组学习前,教师应使学生明确学习目的和主要任务。

⑤小组讨论前,应给个人思考的机会。

⑥对小组内交流的说话方式应给予规定。

⑦唤起学生的注意,使学生都能参与学习。

⑧最大限度地发挥其自主性,有些活动可由学生自己主持。

⑨布置共同作业,促使学生加强合作。小组作业结束之后,应以小组为单位在班内进行总结汇报,使所有的学生都能从其他分组的活动中受益。

分组学习可以促进学生的自主活动,有助于发展学生自我教育的能力。参与小组活动有助于学生对团体产生认同感和归属感,有利于促进学生形成健康的情感,小组间的合作活动还可培养学生的人际交往技巧。但分组学习也有不容忽视的缺点,如教学组织工作和学生的学习准备困难,教师的发言时机和时间不易控制,要使小组成员都积极参与活动有一定难度,进度不易控制。

（3）个别学习

个别学习是对每个学生进行最适当的教学,设计满足每位学生要求的教学计划,采用适合每一个人特点的教学方法。前提是学生具有较强的学习动机,教师应认真考虑学生的个别差异。学生的个别差异有智能、才能、创造性、认知类型和学习风格、学习热情、兴趣、气质和性格、适应性等。要了解学生的个别差异,可以参照前面介绍的学习者分析的方法。

4.设计教学活动过程

教学活动过程由为实现教学目标的一系列教学事件或教学阶段组成。几百年来在教学研究和实践中积累起来的教学活动程序已经十分丰富,这里我们仅仅介绍几种操作性较强的教学活动程序。

（1）加涅的九步教学活动过程

加涅的九步教学活动程序是根据学生学的顺序设计的教的阶段,从而帮助学生学习,如图 3-13 所示。

教学活动	学习的内部过程
引起注意	接受
告诉学生学习目标	期望
激活对先前学习的回忆	工作记忆检索
呈现刺激材料	选择性知觉
提供学习指导	语义编码
诱发学生行为	反应
提供反馈	强化
评定行为	检索与强化
促进记忆和迁移	检索与归纳

图 3-13　加涅的九步教学活动程序

①引起注意。这是用以唤起和控制学生注意的活动。教师可利用有意注意和无意注意的特点,采用不同的方法激发学生的兴趣,如设置一些与教学内容相关的口头提问或者用体态语言（手势、表情等）引起学生的注意,也可以使用指令性语言,如"请认真听讲"等。

②告知学生目标。要用学生易于理解的语言告诉他们将学会做什么,这样的目的是建

立对学习结果的预期,使学生能控制自己的学习活动。有时,为完成一项总的目标,需要达到多个教学目标,可以建立目标图式,使学生明白它们之间的关系。

③激活对先前学习的回忆。这种刺激对于学习至关重要。许多新的学习是在原有观念的基础上发生的观念的联合。如果能在开始新的学习之前,把以前学过的相关观念回忆出来,并提取到短时记忆中,将有助于新旧知识产生有机的联系。教师可用提问或呈现某些先前的学习材料,刺激学生回忆先前学过的知识和技能,同时还应让学生看到这种知识技能与将要学习的目标的联系,这样就能使学生充分利用认知结构中已有的合适观念同化新知识,有助于避免机械学习。

④呈现刺激材料。学习内容是学习任务的刺激物,根据不同的学习呈现适宜的刺激。如,学习概念时可使用各种各样的事例作为刺激材料,学习规则时可使用各种变式例子。在既有概念又有规则的学习中,或使用归纳法,或使用演绎法。刺激材料可用书面、口头、大屏幕投影等多种形式呈现。

⑤提供学习指导。指教师通过直接或间接的提问或提示引导学生学习,以促进学生理解、记忆和形成技能的内部过程。

进行学习指导时应注意根据学习类型确定问题的数量及其"直接或间接提示"的程度。如果学习的内容是陌生事物的名称,只需要直接提示,告诉学生正确答案,而不需要间接地提示或提问;如果是进行发现式学习,则要少用直接提示。

进行学习指导时还应该注意根据学生的差异进行不同数量的学习指导,如对学习速度较慢的学生,可以多进行几次指导。在态度学习中,人物榜样本身以及榜样与学生之间的交流信息,都构成了对态度学习的指导。

⑥引发学习行为。在教学过程中,学生对所呈现的信息以各种方式做出积极的反应,如积极思考、踊跃回答、做练习等。学生参与的积极性是教师判断学生学习效果的有效途径。

⑦提供反馈。在学生做出反应后,应及时让学生知道自己的理解和行为是否正确,以便及时纠正,同时还可以促进学生的学习参与度和积极性。教师为学生提供反馈的方式多种多样,如点头、微笑、手势等。

⑧评估学习行为。评估学习行为的目的是促进回忆并巩固学习结果。可让学生完成具有总结性的作业或测试,教师对作业或测试成绩进行评定。

⑨促进保持和迁移。通过一些教学活动,促进学生牢固掌握所学知识和技能,并能运用到新的情境中。如教师可安排各种练习机会帮助学生巩固知识,采用间隔复习方式增强学生对已学得知识的保持,布置新的任务,让学生在相似但不同于已经学习的问题的情境中培养能力等。

(2)史密斯和雷根的教学活动过程

史密斯和雷根的教学活动过程由导入、主体、结论和评估四个阶段组成。

①导入阶段:引起注意,唤起兴趣和动机,建立教学目的、课的概述(包括内容和教学方法)。

②主体部分:回忆原先的知识、处理信息和例子,集中注意,运用学习策略,练习,评价性反馈。

③结论部分:总结和复习,知识迁移,进一步激发动机并结束教学。

④评估阶段:评定成绩,评价性反馈和补救教学。

(3)奥苏贝尔的先行组织者教学活动程序

奥苏贝尔提出的先行组织者的概念,指安排在学习任务之前呈现给学习者的引导性材料,它比学习任务具有更高一层的抽象性和概括性。提供先行组织者的目的就在于用先前学过的材料去解释、整合和联系当前学习任务中的材料,并帮助学习者区分新材料和以前学过的材料。先行组织者可以是比较性的,也可以是讲解性的,但是,在呈现作为先行组织者的概念时,必须仔细解释这些概念或者命题的基本特征。

先行组织者教学活动程序如表3-9所示。

表3-9 奥苏贝尔的先行组织者教学活动程序

	教学过程	教学活动
阶段1	呈现先行组织者	阐明本课的目的。呈现作为先行组织者的概念:确认正在阐明的属性;给出例子;提供上下文,使学习者意识到相关知识和经验。
阶段2	呈现学习任务和材料	使知识的结构显而易见;使学习材料的逻辑顺序外显化;保持注意;呈示材料;演讲、讨论、放电影、做实验和阅读有关的材料。
阶段3	扩充与完善认知结构	使用整合协调的原则;促进积极地接受学习;提示新、旧概念(或新、旧知识)之间的关联。

5.选择教学方法

不同的教学内容、教学对象等,需要选择不同的教学方法,因此一节课中可能会用到多种教学方法;同时"教无定法",同一教学内容也可以用不同的教学方法,教学方法的选择也是教师教学风格的体现。常见的教学方法有数十种。

(1)讲授法

教师通过口头语言向学生系统传授知识、发展智力的方法。

(2)演示法

围绕某些能被感知的事物,教师出示实物或替代物(图片、模型、标本等)。教师演示,学生观察。

(3)谈话法

通过一系列提问来引导学生的思维,通过对话促使其得出结论。能充分激发学生的思维活动,训练学生的语言表达能力。这种教学方法要求学生对教师提出的问题已具有一定的知识基础或某些生活经验,或能通过观察作对比。

(4)讨论法

在教师指导下,学生以班级或小组为单位,围绕教材的中心问题发表自己的看法,从而获得知识、巩固知识,进行相互学习的方法。

(5)练习法

在教师指导下学生运用所学知识、技能去反复完成一定的操作,以形成技能技巧的方法,可分为语言的练习、解答问题的练习和实际操作的练习。

(6)实验法

利用一定的仪器设备,在一定条件下引起某些事物或现象的发生和变化,使学生在观察、研究和独立操作中获取知识、形成技能技巧的方法。

(7)实习作业法

教师组织学生在校内外,运用已有知识技能进行实际操作或其他的实践活动,以获得新知识和技能的方法。

选择教学方法时,应注意以下几点:

①教学的具体目标与任务。要选择与教学目标相适合的、能实现教学目标的教学方法,要传授新知识,可选用讲授法或演示法;要掌握技能技巧,可采用练习法、实习法等;要提高学生的口头表达能力,可采取谈话法、讨论法等。教学内容偏重于理论的,可选用讲授法或讨论法;偏重于应用的,可选用练习法、实验法等。教学目标与教学方法的关系,如表3-10所示。

表 3-10　教学目标与教学方法的关系

图例说明:★最好　□较好　△一般　□不定

教学方法 ＼ 教学目标	记忆事实	记忆概念	记忆程序	记忆原理	运用概念	运用程序	运用原理	发现概念	发现程序	发现原理
讲授法	△	★	○	★	★	○	□	□	○	□
演示法	★	○	○	○	○	□	□	□	★	□
谈话法	△	★	□	★	★	○	□	□	○	□
讨论法	□	△	□	○	★	○	★	○	△	□
练习法	○	★	★	○	□	★	□	△	△	△
实验法	★	△	□	○	△	★	□	□	○	★

②教材内容。如果教材写得过于简练,可配合练习法;如果教材内容过于浅显,可采用讨论法来加深学生的思考。

③学生的认知水平。如果学生具备较好的知识准备,并有相当的思维发展水平,可采用讨论法、谈话法,辅以演示法、实验法,否则宜以讲授法为主。

④学生的非认知心理水平。主要是指应考虑课堂上学生的注意力集中状况以及学生当时的心境。为了吸引学生的注意力,可采用演示法、讲授法。如果课堂气氛比较沉闷,可采用谈话法活跃气氛。

⑤教师自身的实际。主要不是指教师选取教学方法时的扬长避短,而是强调教师应从教学需要出发,熟悉并掌握自己不甚擅长的教学方法,为运用这些方法做好准备。

⑥不同教学方法的特点、适用条件和范围。如讲授法虽具有规模大、效率高、传授知识较系统的优点,但不利于发展学生的个性和能力。

⑦根据教学时间和效率的要求所选择的教学方法,应该不仅能使师生在规定的时间内完成教学任务,而且使教师教得轻松,学生学得愉快。

6.选择教学媒体

教学媒体是介于教与学之间,携带并传递教学信息的载体。不同的教学内容应以不同的媒体呈现,如语言学习常用播放录音的方式,学习化学微观分子结构和地理空间结构等内容适合用模型、动画等方式表现等。

(1)教学媒体的分类和教学功能

教学媒体的技术特性有表现力、重现力、接触面、参与性和受控性等方面,不同教学媒体的技术性能也不同,如表 3-11 所示。

表 3-11　教学媒体的技术性能

技术特性	媒体类别	录音	幻灯	电影	广播电视	电视录像	计算机多媒体
表现力	空间特性	−	+	+	+	+	+
	时间特性	+	−	+	+	+	+
	运动特性	−	−	+	+	+	+
重现力	即时重现	+	−	−	−	+	+
	延时重现	+	+	+	−	+	+
接触面	无限接触	−	−	−	+	−	−
	有限接触	+	+	+	−	+	+
参与性	感情参与	+	−	+	+	+	+
	行为参与	+	+	−	−	−	+
受控性	易控程度	+	+	−	−	+	+

(2)教学媒体选择的原则

选择教学媒体的基本原则是付出最小的代价,获取最大的媒体功效。具体要考虑教学媒体的特性,教学目标、教学内容、教学对象及教学策略的要求,媒体的使用环境与实际效果等要求。

①教学媒体的特性。参照表 3-9 的媒体特性选择需要的媒体。

②教学目标、教学内容。学科内容不同,适用的教学媒体也不同;即使是同一学科,各章节的内容不一样,对教学媒体的要求也不一样。以语文学科为例,散文和小说体裁的文章最好通过能提供活动影像的媒体来讲解,使学生有身临其境的感觉,以加深对人物情节和主题思想的理解。对于数理学科中的某些定理和法则,由于概念比较抽象,最好通过动画过程把事物的运动变化规律展现出来(或把微观的、不易观察的过程加以放大),以帮助学生对定理和规律进行掌握。同是化学学科,在讲解化学反应时最好用动画一步步模拟反应的过程,而在讲解分子式、分子结构以及元素周期表等内容时则以图形或图表的配合为宜。

③教学对象。不同年龄阶段学生的认知结构有很大差别,教学媒体的设计必须与教学对象的年龄特征相适应。一般地,小学生适合直观的媒体教学如实物、活动影像等,中学生可以理解抽象的模型、图像符号等媒体,大学生对更为抽象的公式、文字也能较好地理解。但无论是什么样的学生,直观的视听觉媒体都比其他媒体更具表现力,更容易让学生记忆和理解。

（3）媒体选择的程序

选择媒体可通过一定的程序实现,在此我们介绍流程图方式,如图 3-14 所示。

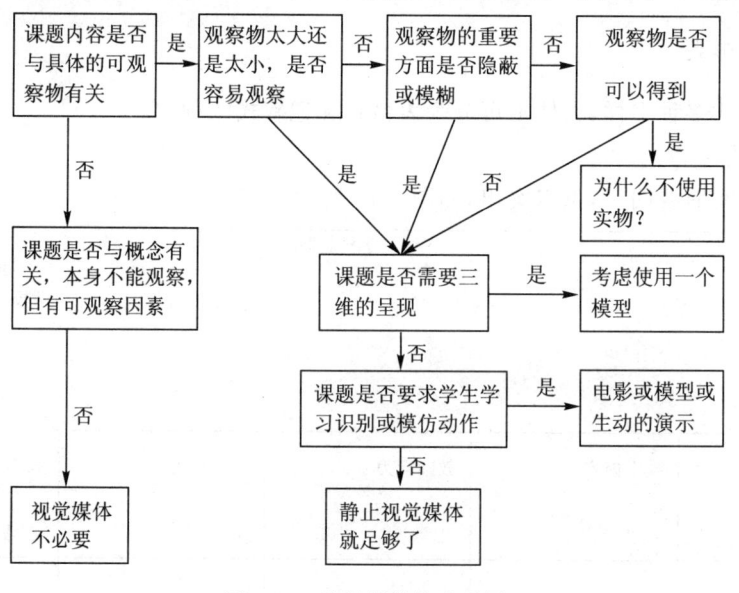

图 3-14　选择媒体的流程图

7.教学环境的设计

任何教学活动都是在一定的教学环境中进行的。教学环境是那些与教学有关、影响教学活动,并通过教学活动对教师和学生产生影响的各种外部条件的综合。从学校教学工作的角度来看,教学环境主要指社会信息、学校教学活动的场所、各种教学设施、校风班风和师生人际关系、班级规模、课堂气氛等,对中小学来说还包括座位编排方式等。这些因素很多是教师个人无法控制的,如校风、班级规模、教学场所、设施等;教师能做到的有处理好师生人际关系(包括教师和学生、学生和学生、教师和教师间的人际关系),创造积极的课堂教学气氛,这些将有利于教学过程中师生间的信息交流和情感交流,有利于教师及时得到教学反馈,从而不断调整教学内容和教学策略,使教学取得理想的效果。

四、编制教学方案

通过以上一系列的设计工作,教学的准备工作已完成,我们对教学的各个环节都有了一个全面的考虑,可以编写出科学的教案了。教案中应能体现我们的各项设计内容,此外还应包含一些教学中的突发事件的应对等。

1.教案的构成要素

①教学目标或学习目标。
②教学内容:实现教学目标的各项教学内容。
③教师的教学活动:教师在的授课中的行为,如板书、讲解、提问、演示等。
④学生的行为:学生在学习中的反应。教师的教学活动和学生的行为是相互影响的。

⑤教学媒体:教学中要使用的媒体及使用顺序等。

⑥时间分配:教学每个环节的时间安排。

2.教案的形式

教案的形式多种多样,大体上可分为表格式和记叙式两种。

(1)表格式

表格式教案简要明了,重点突出,如图 3-15 所示。

×××学科教案				
_____年____月___日				
_____学校_____年级___班				
_____教师				
一、单元名称:				
二、教学目标:				
三、教学过程:				
教学时间	教学内容	教师行为	学生行为	教学媒体

图 3-15　表格式教案

(2)记叙式

记叙式教案的信息量较大,表述细致。基本形式如图 3-16 所示。

```
                    ××××××学科教案
_____年____月___日        _____学校_____级_____系(专业)_____班_____教师
一、单元名称
×××××
二、教学目标
1.×××××××××
2.×××××××××
三、学生特征分析
1.×××××××××
2.×××××××××
四、教学内容分析
1.×××××××××
2.×××××××××
五、教学过程的具体安排
1.相关知识回顾　如采用方式:提问、归纳总结等
2.相关资料展示　如课件、网页、录像等
3.进入今日主题　如播放课件并讲解等
4.参考资料和深入学习途径　如提供网址、参考书籍和学习课件等
六、作业布置
1.书面作业
2.上机作业
七、后记**
1.自我评价
2.内容调整与补充
3.教学策略调整
注:** 内容为教师课程结束后,对本次课认真反思,肯定成功之处,找出其中不足,并对课程内容及组织方式进行必要
调整的有关记录。
```

图 3-16　记叙式教案

五、教学评价

教学活动完成后,教学是否达到预定目标,需要以一定形式进行评价。教学评价既可以在教学活动开始之前进行,如摸底预测等;也可以在教学活动中进行,如课堂练习、测试等;还可以在学完若干章节内容后进行,如单元测试、阶段综合练习等;还可以在学期结束或课程学完后进行,如期末测试等。

1.教学评价的定义

教学评价是根据教学目标,运用评价技术手段对教师的教学工作和学生的学习质量进行客观衡量和价值判断的过程。教学评价的具体内容涉及教学过程中教与学的方方面面,包括对教师的评价如教学态度、教学能力、教学效果等,对学生的评价如学习态度、学习能力、学习效果等,还包括对教材的评价,对教学设计成果的评价等等。在此我们讨论对学生学习的评价和对教师教学的评价。

2.教学评价的分类

这里主要介绍学生的学习评价分类。按照不同的依据,教学评价可以有多种分类方法,这里介绍常用的两种分类方法。

(1)按照评价功能分

按教学评价在教学过程中的作用,可分为诊断性评价、形成性评价和总结性评价。

①诊断性评价。诊断性评价是在教学活动开始前的评价,为了解学生对开始学习内容的准备程度,了解学生的兴趣、个性、背景等情况。可采用问卷调查、摸底测验等方法。

②形成性评价。在教学方案开发阶段和教学过程中进行的评价,评价的结果将作为修改教学方案的依据。通过评价能及时了解阶段教学的结果和学生学习的进展情况及存在的问题等。形成性评价是教学评价的主要形式。一般以学习单元为单位,往往在一个学习单元结束后,实施形成性评价。

③总结性评价。总结性评价一般在学期末或学年末进行,以了解学生一学期或一学年是否达到教学目标的要求,对教学效果做出较全面的总结和成绩评定。

(2)按评价的标准分

可分为常模参照评定和标准参照评定,在实际教学中都会应用这两种评定。

①常模参照评定。以学生团体的平均成绩作为参照标准,如将学生的成绩在班、年级排列名次,表明某一学生在学生团体中的相对位置,评定目的是比较学生的能力水平和排列名次,属相对评价,如图 3-17 所示。图中 P 表示评价对象,N1～N4 表示参照对象。常模参照评定中评价对象和参照对象在一个集体中。

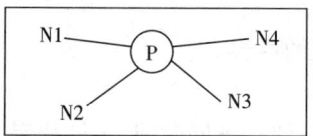

图 3-17　常模参照评定

②标准参照评定。以教学目标作为标准评定学生是否达到特定的标准以及达到标准的程度,目的是确定学生的能力水平,属于绝对评价,如图3-18所示。标模参照评定中评价对象和参照对象不在一个集体中。

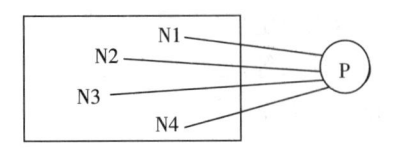

图3-18 标准参照评定

3.教学评价的功能

教学评价是教学过程的重要环节,可以提供教学活动的反馈信息,教师通过评价及时调整教学、改进教学,而学生通过评价则可检查自己的学习情况,激发学习动机。

(1)诊断功能

评价是对教学结果及其成因的分析过程,借此可以了解到教学各方面的情况,从而判断它的成效和缺陷、矛盾和问题。教学评价如同体格检查,是对教学现状进行的一次严谨的科学诊断,以便为教学的决策或改进指明方向。

(2)激励功能

评价对教学过程起监督和控制作用,对教师和学生则是一种促进和强化作用。通过评价反映出教师的教学效果和学生的学习成绩。经验和研究都表明,在一定限度内,经常进行记录成绩的测验对学生的学习动机具有很大的激发作用。

(3)调控功能

评价的结果是一种反馈信息,这种信息可以使教师及时知道自己的教学情况,也可以使学生得知自己学习是否成功。从而为师生调整教与学的行为提供客观依据,教师可以据此修订教学计划、改进教学方法、完善教学指导;学生可以据此变更学习策略、改进学习方法、增强学习的自觉性。教学评价有利于使教学过程成为一个随时得到反馈调节的可控系统,使教学效果越来越接近预期的目标。

(4)教学功能

评价本身也是一种教学活动。在这种活动中,学生的知识、技能将获得增加和提高,甚至产生飞跃。如测验就是一种重要的学习经验,它要求学生事先对教材进行复习,巩固和整合已学的知识技能,事后对试题进行分析,又可以确认、澄清和纠正一些观念。另外,教师可以在估计学生水平的前提下,将有关学习内容用测试题形式呈现,使题目包含某些有意义的启示,让学生自己探索领悟,获得新的学习经验或达到更高的教学目标。

4.教学评价的原则和意义

(1)有效性

评定的内容应是所期望评定的内容。

(2)可靠性

多次评定结果应保持稳定、一致。不同时间、不同评定人的多次评定结果依然一致。

（3）可行性

判定的方法应符合实际情况（时间、费用、易施性）。

（4）公正、有益性

在进行教学评价时，教师应注意：

①评价的重要性。评价对学生越重要，标准的激励作用就越明显。例如学生在期末考试、毕业升学考试、大学中的英语四六级考试、计算机等级考试中投入的精力就比平时测试要多。

②标准的合理性和一致性。评定标准应与学生的实际学习情况相关。

③评定的标准。评定的标准既不能太高也不能太低，应处在学生的最近发展内，对于每个学生都具有挑战性，需努力才能达到，所谓"跳一跳摘到桃子"。教学评定标准与学生努力程度的关系如图 3-19 所示。

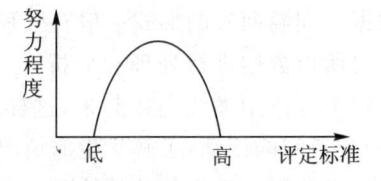

图 3-19　教学评定标准与学生努力程度的关系

5.学习评价的方法

学习评价一般有学业成就测验和非测验性评价两类，其中学业成就测验又分为教师自编的成就测验和标准化测验。

（1）教师自编的成就测验

教师根据自己在教学各个阶段的需要，自行设计与编制的测验。测验规模限于班、年级，由教师本人的经验估计测验的可靠性、有效性和实用性。

成就测验实施的步骤：

①确定测验的目的。

②确定要考察的学习结果和教学内容。

③选定合适的题型。

④编制试卷。

⑤施测。

⑥评分。

成就测验的题型：

①客观题：评分客观、准确，试题取样广，但不能考察学生的组织能力、创造能力和文字表达能力，一般包括选择题、是非（判断）题和配对题。

②主观题：编写容易，能考察学生的组织表达能力，取样不广，题目少，评定费时费力，包括填充题、演算题（如计算题和应用题）、作文式测验（有限制条件的和开放式的）。

（2）标准化测验

由专门机构或专家学者按一定测验理论和技术、按一定程序编制的适用于大规模评定个人学习成就水平的测验，其命题、施测、评分和解释都具有一定标准和规定。测验都有常模（具有代表性的团体）为根据，测试规模大。年级会考、中考、高考、大学英语四六等级考试、计算机等级考试等都是典型的标准化测验。

标准化测验的题型和实施步骤与教师自编的成就测验基本相同。

（3）非测验评价

形成性评价和总结性评价一般都通过测验进行，其实评价也可以观察、调查等非测验形式进行。下面简要介绍这两种评价方式。

①观察法。为达到某种评价的目标，教师专注于学生的行为和所处环境，并记录所观察的内容，从而获得必要资料的方法。观察法是教师教学过程中常用的收集信息的方法。观察前准备一些小卡片，并组成观察者小组，在观察过程中，将所需记录的信息尽量简明地写在卡片上，结束后对卡片进行分类讨论。

②调查法。可分为问卷法和访谈法。问卷法更具有工具性，一般通过书面形式向回答者提出问题，从答案中获取数据。问卷回答的形式一般有三种：单选、多选、随意书写短文的自由记述法。收回问卷后，应对所得数据进行处理和分析，一般是制作一张数据分布表，再算出每个问题项的平均数，并将平均值用虚线连接起来，这样就可以了解学生的整体情况。访谈法则是通过调查者与被调查者间的谈话，了解学生的情况，常常是老师与学生本人或与学生的家长、朋友、同学等交谈，以获得与学生相关的情况。

下面我们将这几种评价方法作一个比较，如表 3-12 所示。

表 3-12　几种评价方法比较

特点 \ 评价	评价手段	编制人员	评价对象	适用范围
教师自编的成就测验	客观题、主观题	任课教师	学生的学习	班、年级
标准化测验	客观题、主观题	专门机构或专家学者	学生的学习	大规模
非测验评价	观察、调查	任课教师	学生的学习	班、年级

6.教师教学质量评价方法

教师教学质量一般由教学质量监督检查小组通过随堂抽查听课，填写教学质量评价表的方式来评价。不同的学校教学质量评价细则不同，常见的课堂教学质量评价表如表3-13所示。

表 3-13　教师课堂教学质量评价表

院（部）			任课教师					
项目	标准分	评价指标	等级				得分	
			优 1.0	良 0.8	中 0.6	差 0.4		
教学内容	30	7	1.内容丰富、充实、突出主题，反映科研、教学新成果					
		10	2.概念准确，条理清晰，逻辑性强，论证严谨					
		5	3.联系实际，举例恰当，针对性强，应用性好					
		8	4.符合教学大纲要求					

续表

项目	标准分	评价指标	优 1.0	良 0.8	中 0.6	差 0.4	得分
教学方法与手段	25	1.重点突出,难点讲清,深度、广度适宜,讲授透彻 (5)					
		2.语言生动、简洁,节奏(进度)适中,讲解熟练 (5)					
		3.承上启下,善于启发,注意学生能力培养,指导学生学习 (4)					
		4.板书规范,层次鲜明,示范要领准确(体育) (4)					
		5.方法灵活,讲究授课艺术、因材施教 (4)					
		6.开发、应用 CAI 课件等先进教学手段,效果好 (3)					
教学态度	20	1.备课充分,讲授认真、熟练,教案规范,参考资料齐全 (4)					
		2.治学严谨,为人师表,认真考核,严格要求学生,注意思想工作方法 (8)					
		3.主动征求学生意见,不断改进教学方法 (4)					
		4.认真批改作业,经常答疑辅导 (4)					

院(部)			任课教师				

项目	标准分	评价指标	等级				得分
			优 1.0	良 0.8	中 0.6	差 0.4	
教学效果	25	1.学生对课程内容的理解与掌握程度 (6)					
		2.通过教学开发培养学生能力、智力情况 (5)					
		3.学生的考试(或测验)成绩 (5)					
		4.课堂纪律好 (4)					
		5.学生对自己在学习成绩、身心修养等方面的进步很满意 (5)					
总分							
评价意见建议		备课充分,知识面广,讲述清晰,重点突出,评略得当,启发思维。在教学过程中既能教书又能育人,教学效果好。					
测评人:			听课班级				

六、以"教"为主的教学设计案例

初中物理"力"一课教案

2004 年 9 月 15 日 　　　　　　　　　　　　三十五中学校 初二 年级 ___2__ 班

教师 ___张宁___

一、单元名称

力

二、教学目标

1.能用语言叙述力的概念、力的性质、要素和效果。

2.能对产生力的系统分析出作用力和反作用力、施力物体和受力物体、力的方向、作用点、大小。

3.领会从具体事例和实验中,概括、抽象出物理概念的方法。

三、学生特征分析

已经开始学习物理学科的知识,具备了初步的物理学科的学习方法。会测量重量、体积、密度等。但分析、归纳、总结的能力较弱。对物理有较浓的学习兴趣。

四、教学内容分析

1.力的含义、要素、性质和效果为重点,力的性质为难点。

2.内容的学习顺序是力的含义——性质——效果——要素。

五、编写预测试题

　　1.判断正确与错误

　　①发生力的作用时,只有一个物体。（　　　）

　　②物体间力的作用是相互的。（　　　）

　　③两个物体必须相互接触,才能发生力的作用。（　　　）

　　④人推墙时,人先对墙施力,然后墙才对人施力。（　　　）

　　2.选择符合题意的答案

　　①只要有力存在,就一定有（　　　）

　　　A.一个物体存在　　　B.至少有两个物体存在　　　C.只有受力物体存在　　　D.只有施力物存在

　　②脚踢球,关于施力物体与受力物体,下列说法正确的是（　　　）

　　　A.脚是施力物体,不是受力物体　　　B.球是受力物体,不是施力物体

　　　C.因为力的作用相互抵消,它们既不是施力物体也不是受力物体

　　　D.脚既是施力物体,也是受力物体;足球既是受力物体,也是施力物体

　　③两个物体没有接触,它们间力的作用（　　　）

　　　A.一定能产生　　　B.一定不能产生　　　C.可能产生　　　D.无法判断

　　3.游泳时,手脚向后划水人就前进,这是为什么?

　　4.指出下列情况中的受力物体和施力物体,并指出力的三要素。

　　人站在地球上,马拉车,划船,投铅球,步枪射击,跳水。

六、教学过程的具体安排

1.让学生观看多媒体录像(冰球比赛、排球比赛、汽车启动、人手握哑铃、火箭升空、滴水穿石等),引入主题——力。日常生活、生产和科学技术中都需要用到力。板书课题告知学生学习目标。

2.建立力的概念。通过比较和分析录像及日常生活中有关力的例子,从具体到一般引出力的概念。

3.加深概念的理解。分以下四步进行。

　(1)力的作用可以在接触或不接触物体间发生。手拿书,磁铁吸引铁钉的实验。

　(2)力的作用是相互的。让学生手拍桌子体会,通过研究"站在旱冰鞋上的小孩用力推墙、两只气球的对压、通过人推车、车推人的施力物体及受力物体的分析"进一步揭示相互作用的力的物质性、相互性和同时性。人对物体,物体对物体之间都有力的作用。

> 续表

（3）揭示力的作用效果。分析课件中的车头撞墙、滴水穿石等事例。

（4）指出力的三要素。判断力的方向、大小、作用点。重点分析弹簧秤挂砝码的实例。带着学生共同分析乒乓球撞球、火箭升空、玻璃杯落地等现象中力的情况。

4. 练习反馈。调出 CAI 课件中的课堂练习题，对学生提问，巩固学生对本节知识的掌握，并掌握学生的学习情况。

5. 通过学法小结引导学生形成正确、科学的思维方法。

6. 提供参考资料和深入学习途径

网址 http://www.wzhqa.com/、http://www.cbe21.com/index.php

七、作业布置

本章课后练习 1—4 题，练习册 P55～P56

八、后记

1. 自我评价

教学效果基本达到预定目标。学生比较感兴趣，测试题的正确率较高。

2. 内容调整与补充

作为一节课，内容稍显多，力的三要素部分还需要另一节课来巩固练习。

3. 教学策略调整

无

第三节　以"学"为主的教学系统设计

20 世纪 90 年代以来，随着多媒体技术和 Internet 的普及，建构主义的学习理论与教学理论在西方日渐风行。建构主义学习理论强调以学生为中心，不仅要求学生由外部刺激的被动接受者和知识的灌输对象转变为信息加工的主体、知识意义的主动建构者；而且要求教师要由知识的传授者、灌输者转变为学生主动建构意义的帮助者、促进者。可见在建构主义学习环境下，教师和学生的地位、作用和传统教学相比已发生很大变化。这就意味着教师应当在教学过程中采用全新的教学模式、全新的教学方法和全新的教学设计思想。以"学"为主的教学设计理论正是顺应建构主义学习环境的上述要求而提出来的。

建构主义教学模式下，教师需要创设符合教学内容的情境，提示新旧知识之间联系的线索，组织协作学习，提出适当的问题以引起学生的思考和讨论，在讨论中把问题引向深入，启发学生自己发现规律、自己纠正错误的认识等等。

建构主义教学模式特别注重在学习过程中发挥学生的主动性、积极性和首创精神，要求学生用探索法、发现法去建构知识的意义；要求学生主动去搜集并分析有关的信息和资料，对所学习的问题提出各种假设并努力加以验证；要求学生把当前学习内容与自己已经掌握的知识相联系，并对这种联系加以认真地思考，并且把联系与思考的过程与交流、讨论的过程结合起来，使建构意义的效率更高。

一、以"学"为主的 ID 理论研究现状

经过教育技术领域专家们的大量探索研究，目前以"学"为主 ID 的基本思想及主要原则已日渐明朗，并已开始实际应用于基于多媒体和 Internet 的建构主义学习环境的教学设计。

但与此同时,也出现了一些不容忽视的偏向,应引起我们的警惕。

1.以"学"为主的ID理论研究的几种偏向

这些偏向是过度强调学习者的自主学习,在一定程度上是对学习者的放任自流,主要体现在忽视对教学目标的分析、忽视教师的指导作用、忽视自主学习设计和忽视教学模式设计四个方面。

（1）忽视对教学目标的分析

在传统教学设计中,教学目标是高于一切的,它既是教学过程的出发点,又是教学过程的归宿。通过教学目标分析可以确定所需的教学内容和教学内容的安排次序;教学目标还是检查最终教学效果和进行教学评估的依据。但是在以"学"为主的教学设计中,强调学生是认知主体、是意义的主动建构者,把学生对知识的意义建构作为整个学习过程的最终目的。在这样的教学设计中通常不是从分析教学目标开始,而是从如何创设有利于学生意义建构的情境开始,整个教学设计过程紧紧围绕"意义建构"这个中心而展开,不论是学生的独立探索、协作学习还是教师辅导。总之,学习过程中的一切活动都要从属于这一中心,都要有利于完成和深化对所学知识的意义建构。

但是,在当前以"学"为主的教学设计中,往往存在一种偏向,即看不到教学目标分析这类字眼,"教学目标"被"意义建构"所取代,似乎在建构主义学习环境下完全没有必要进行教学目标分析。很明显,这种看法是片面的,不应该把二者对立起来。因为"意义建构"是指对当前所学知识的意义进行建构,而"当前所学知识"这一概念是含糊的、笼统的。某一节的课文内容显然是当前所要学习的知识,但是一节课总是由若干知识单元(知识点)组成的,而各个知识单元的重要性是不相同的:有的属于必须"掌握"的基本概念、基本原理;有的则属于只要求"了解"的一般事实性知识或当前学习阶段只需要了解还无需掌握的知识。可见,对当前所学内容不加区分地一律要求对其完成"意义建构"(即达到较深刻的理解与掌握)是不适当的。正确的作法应该是:在进行教学目标分析的基础上选出当前所学知识中的基本概念、基本原理、基本方法和基本过程作为当前所学知识的"基本内容",然后再围绕这个主题进行意义建构。这样建构的"意义"才是真正有意义的,才是符合教学要求的。

（2）忽视教师的指导作用

建构主义倡导的教学是在教师指导下的以"学生"为中心的学习,它强调以学生为中心,但并未忽视教师的指导作用。学生是信息加工的主体,是知识意义的主动建构者,教师则是教学过程的组织者、指导者,教师要对学生的意义建构过程起促进和帮助作用。因此在以"学"为主的教学设计过程中,在充分考虑如何体现学生的主体作用,用各种手段促进学生主动建构知识意义的同时,绝不能忘记教师的责任,不能忽视在这一过程中教师的指导作用。事实上,以"学"为主的教学设计的每一个环节(情境创设、协作学习、会话交流和意义建构)若想要取得较理想的学习效果都离不开教师的认真组织和精心指导,以"学生"为中心,并不意味着教师责任的减轻和教师作用的降低,而是恰恰相反——这两方面都对教师提出了更高的要求。如果以"学"为主的教学设计忽视了教师作用的发挥和师生交互的设计,那么这种教学必定会失败:学生的学习将会成为没有目标的盲目探索,讨论交流将成为不着边际的漫谈,意义建构将会事倍功半,花费很多时间,却不得要领,甚至可能钻进牛角尖。

因此必须明确:在以"学"为主的教学设计中教师只是由场上的"主演"改变为场外的"指

导"(主演改由学生担任),教师对学生的直接灌输减少甚至取消了,但教师的启发、引导作用和事先的准备工作、组织工作都会大大增强,所以对教师的作用不应有丝毫的忽视。实际上教师的工作量不是减少而是大大增加了。

(3)忽视教学模式设计

建构主义的核心是强调学生主动建构知识的意义,这无疑是正确的。但是不少研究人员都由此得出结论:基于建构主义的、以"学"为主的教学设计主要是学习环境的设计,即如何设计适合于学生主动建构知识意义的学习环境。而教学模式的设计则被认为与意义建构过程无关而完全被忽视。

事实上,只要不是纯粹的自学过程,只要有教师参与,就存在对教学过程即教学活动进程的控制与优化问题,也就是存在教学模式设计问题。教学模式存在对理论的依附性、动态性、系统性和层次性等重要的基本特性,并能反映和体现教学系统的整体性能。所以,如果只考虑学习环境的设计而忽视教学模式的设计,必将导致对整个教学活动进程总体结构设计的忽视和对各要素之间彼此关联与协调考虑的欠缺。也就是说,对教学系统中某一个或某几个要素的设计考虑可能是很周密、很完善的,但从整体配合即从系统的观点考虑则很可能不能体现出整体效益;或者说,有关学习环境的设计,在"静态"(例如在教学活动开始之前)情况下看起来可能很不错,但是一旦实施到教学活动过程中,即转入"动态"运行以后教学系统性能就急剧下降。这些都是只考虑学习环境设计(属于静态设计)而忽视教学模式设计(动态设计)的必然后果。在以"教"为主的教学设计中存在这样的问题,在以"学"为主的教学设计中也同样存在这个问题。因为只要是教学系统(不是无教师参与的自学系统),教学过程总是由教师与学生之间以及学生与学生之间交互作用而形成的动态过程,就必须要考虑该系统的运动变化,即要考虑其教学活动进程才有意义。

2.以"学"为主的教学设计原则

近年来,教育技术领域的专家们在建构主义学习理论的指引下,进行了大量的研究与探索,力图建立一套以"学"为主的、能与建构主义学习环境相适应的全新教学设计理论模型。这是一项艰巨的任务,并非短期内能够完成的,但是其基本思想及主要原则已日渐明朗,并已开始实际应用于指导基于多媒体和 Internet 的建构主义学习环境的教学设计。综观近年来在国外主要教育技术刊物和国际会议上发表的多种建构主义学习环境,可以将其中使用的以"学"为主的教学设计原则概括如下:

(1)强调以学生为中心

明确"以学生为中心",这一点对于教学设计有至关重要的指导意义,因为从"以学生为中心"出发还是从"以教师为中心"出发将得出两种全然不同的设计结果。

(2)强调"情境"对意义建构的重要作用

建构主义认为,学习总是与一定的社会文化背景即"情境"相联系的,在实际情境下进行学习,可以使学习者能利用自己原有认知结构中的有关经验去同化当前学习到的新知识,从而赋予新知识某种意义;如果原有经验不能同化新知识,则要引起"顺应"过程,即对原有认知结构进行改造与重组。总之,通过"同化"与"顺应"才能达到对新知识意义的建构。在传统的课堂讲授中,由于不能提供实际情境所具有的生动性、丰富性,因而将使学习者对知识的意义建构发生困难。

（3）强调"协作学习"对意义建构的关键作用

建构主义认为，学习者与周围环境的交互作用，对于学习内容的理解（即对知识意义的建构）起着关键性的作用。这是建构主义的核心概念之一。学生们在教师的组织和引导下一起讨论和交流，共同建立起学习群体并成为其中的一员。在这样的群体中，共同批判地考察各种理论、观点、信仰和假说；进行协商和辩论，先内部协商（和自身争辩到底哪一种观点正确），然后再相互协商（即对当前问题提出各自的看法、论据及有关材料并对别人的观点做出分析和评论）。通过这样的协作学习环境，学习者群体（包括教师和每位学生）的思维与智慧就可以被整个群体所共享，即整个学习群体共同完成对所学知识的意义建构，而不是其中的某一位或某几位学生完成意义建构。

（4）强调对学习环境而非教学环境的设计

建构主义认为，学习环境是学习者可以在其中进行自由探索和自主学习的场所。在此环境中学生可以利用各种工具和信息资源（如文字材料、书籍、音像资料、多媒体课件、Internet上的信息等）来达到自己的学习目标。在这一过程中学生不仅能得到教师的帮助与支持，而且学生之间也可以相互协作和支持。按照这种观念，学习应当被促进和支持，而不应受到严格的控制与支配；学习环境则是一个支持和促进学习的场所。在建构主义学习理论指导下的教学设计应是针对学习环境的设计而非教学环境的设计。这是因为，"教学"意味着更多的控制与支配，而"学习"则意味着更多的主动与自由。

（5）强调利用各种信息资源来支持"学"，而非支持"教"

为了支持学习者的主动探索和完成意义建构，在学习过程中要为学习者提供各种信息资源，包括各种类型的教学媒体和教学资料。这里利用这些媒体和资料并非用于辅助教师的讲解和演示，而是用于支持学生的自主学习和协作式探索。因此对传统教学设计中有关"教学媒体的选择与设计"这一部分，将有全新的处理方式。例如在传统教学设计中，对媒体的呈现要根据学生的认知心理和年龄特征作精心的设计。现在把媒体的选择、使用与控制的权力交给了学生，对于信息资源应如何获取，从哪里获取，以及如何有效地加以利用等问题，则成为主动探索过程中迫切需要教师提供帮助的内容。

（6）强调学习过程的最终目的是完成意义建构，而非完成教学目标

在以"学"为主的建构主义学习环境中，由于强调学生是认知主体、是意义的主动建构者，所以是把学生对知识的意义建构作为整个学习过程的最终目的。在这样的学习环境中，教学设计通常不是从分析教学目标开始，而是从如何创设有利于学生意义建构的情境开始，整个教学设计过程紧紧围绕"意义建构"这个中心展开，不论是学生的独立探索、协作学习还是教师辅导，总之，学习过程中的一切活动都要从属于这一中心，都要有利于完成和深化对所学知识的意义建构。

二、以"学"为主的 ID 方法与步骤

以"学"为主的 ID 还不太成熟，根据国内外有关文献资料和我国教育技术专家在中小学进行的试验性探索，以"学"为主的教学设计方法与步骤如图 3-20 所示。

1. 教学目标分析

对课程及各教学单元进行教学目标分析，以确定当前所学知识的"主题"，即与基本概念、原理、方法或过程有关的知识内容。

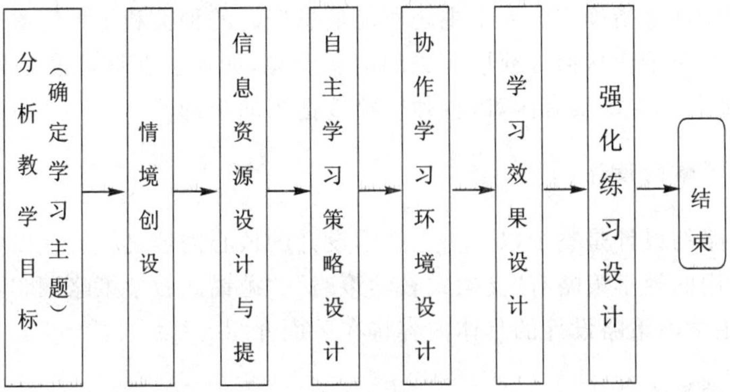

分析教学目标（确定学习主题）→ 情境创设 → 信息资源设计与提 → 自主学习策略设计 → 协作学习环境设计 → 学习效果设计 → 强化练习设计 → 结束

图 3-20　以"学"为主的 ID 方法与步骤

在以"教"为主的教学设计中，进行教学目标分析的目的是要从教学大纲所规定的总教学目标出发，逐步确定出各级子目标并画出它们之间的关系图（参照图 3-12），由关系图即可进一步确定为达到规定的教学目标所需的教学内容和教学顺序（知识点排列顺序）。在以"学"为主的教学设计中，进行教学设计的目的，是为了确定当前所学知识的"主题"。由于主题包含在教学目标所需要的教学内容之中，通过教学目标分析得出总目标与子目标的关系图，即意味着得到了为达到该教学目标所需的全部知识点，据此即可确定当前所学知识的主题。

教学目标分析方法可参看以教为主 ID 的教学内容分析方法。

2. 情境创设

创设与当前学习主题相关的、尽可能真实的情境。

建构主义认为，学习总是与一定的社会文化背景即"情境"相联系的，在实际情境或通过多媒体创设的接近实际的情境下进行学习，可以利用生动、直观的情境有效地激发联想，唤醒长期记忆中有关的知识、经验或表象，从而使学习者能利用自己原有认知结构中的有关知识与经验去同化和索引当前学习到的新知识，赋予新知识某种意义；如果原有知识与经验不能同化新知识，则要引起"顺应"过程，即对原有认知结构进行改造与重组。总之，通过"同化"与"顺应"才能达到对新知识意义的建构。而同化与顺应离不开原有认知结构中的知识、经验与表象，情境创设则为提取长时记忆中的这些知识、经验与表象创造了有利条件。在传统的课堂讲授中，由于不能提供实际情境所具有的生动性、丰富性，不能激发联想，难以提取长时记忆中的有关内容，因而将使学习者对知识的意义建构感到困难。

情境创设应分两种情况：一种是学科内容有严谨结构的情况（数学、物理、化学等理科内容皆具有这种结构），这时要求创设有丰富资源的学习环境，其中应包含许多不同情境的应用实例和有关的信息资料、以便学习者根据自己的兴趣、爱好去主动发现、主动探索；另一种是学科内容不具有严谨结构的情况（语文、外语、历史等文科内容一般具有这种结构），这时应创设接近真实情境的学习环境，在该环境下应能仿真实际情境，从而激发学习者参与交互式学习的积极性,在这个过程中去完成问题的理解、知识的应用和意义的建构。在这两种环境中均应有自包含的"help"系统,以便为学习者在学习过程中随时提供咨询与帮助。

3.信息资源设计

信息资源的设计是指确定学习本主题所需信息资源的种类和每种资源在学习本主题过程中所起的作用。对于应从何处获取有关的信息资源,如何去获取以及如何有效地利用这些资源等问题,如果学生确实有困难,教师应给以适当的帮助。

4.自主学习策略的设计

自主学习策略的设计是整个以学为主教学设计的核心内容之一。在以学为主的建构主义学习环境中常用的教学策略有"支架式教学策略"、"抛锚式教学策略"和"随机进入教学策略"等。关于自主学习策略设计的具体内容将在后面介绍。

5.协作式教学策略设计

协作(Collaboration)学习的目的是为了在个人自主学习的基础上,通过小组讨论、协商和角色扮演等不同策略,来进一步完善和深化对主题的意义建构。整个协作学习过程均应由教师组织引导,讨论的问题可由教师提出也可以由学生提出。关于协作式教学策略设计的具体内容将在后面介绍。

6.学习效果评价设计

包括小组对个人的评价和学生个人的自我评价。评价内容主要围绕三个方面:
①自主学习能力;
②协作学习过程中做出的贡献;
③是否达到意义建构的要求。
应设计出使学生不感到有任何压力,且乐意去进行,又能客观地、确切地反映出每个学生学习效果的评价方法。根据小组评价和自我评价的结果,应为学生设计出一套可供选择并有一定针对性的补充学习材料和强化练习。这类材料和练习应经过精心挑选,即既要反映基本概念、基本原理,又要能适应不同学生的要求,以便通过强化练习能纠正原有的错误理解或片面认识,最终达到符合要求的意义建构。

7.教学活动过程设计

教学模式设计不仅是以教为主教学设计的核心内容与落脚点,也是以学为主教学设计的重要内容。事实上,教学模式所具有的理论依附性、动态性和系统性等重要特征是对任何教学系统(不管是以教为主还是以学为主)都起作用的。如果在以学为主的教学设计中忽略了这一环节(例如只考虑学习环境的设计),将无法保证整个教学活动进程的前后呼应、连贯完整和各教学要素之间的交互作用及相互配合。

以"学"为主的 ID 方法和以"教"为主的 ID 方法基本相同,即要根据当前教学单元或某节课的知识内容设计出既能符合基于建构主义的"以学生为中心"的总教学模式要求,又能满足对当前教学内容进行意义建构需要的子教学模式。设计的重点是要在建构主义的学习理论和教学理论指导下,运用系统的观点和动态的观点审视以上各个环节的设计,把教学系统的四要素在以上各个环节中的作用及相互关系加以整理、归并及综合,使之形成一个有机的、稳定的教学活动进程,并用有关的词语把这个稳定的进程概括出来。

下面将对以学为主教学系统设计中的最主要,也是较为困难的内容(自主学习策略设计与协作式教学策略设计)作进一步的阐述。

三、自主学习策略的设计

自主学习策略设计是整个以"学"为主教学设计的核心内容。自主学习策略要能发挥学生学习的主动性、积极性,充分体现学生的认知主体作用,其着眼点是如何帮助学生"学"。这类教学策略的具体形式多种多样,但始终有一条红线贯穿始终——"自主探索、自主发现",所以通常也把这类教学策略称之为"自主学习策略"或是"发现式"教学策略。根据所选择的不同教学策略,对学生的自主学习应作不同的设计,但不管是用何种教学模式,在"自主学习设计"中均应体现以学生为中心的三个要素。

(1)发挥学生的首创精神

要在学习过程中充分发挥学生的主动性,要能体现出学生的首创精神。

(2)将知识外化

要让学生有多种机会在不同的情境下去应用他们所学的知识。

(3)实现自我反馈

要让学生能根据自身行动的反馈信息来形成对客观事物的认识和提出解决实际问题的方案。

目前在国内外比较流行的自主学习策略主要有"支架式教学法"、"抛锚式教学法"和"随机进入教学法",下面对这三种学习策略做逐一介绍。

1.支架式教学策略

支架式教学策略围绕学习内容为学习者建构对知识的理解提供一种概念框架(Conceptual Framework),以便通过概念框架不断地把学生的智力从一个水平提升到另一个新的更高水平。

这种"概念框架"常被形象地称为"脚手架"。"脚手架"(Scaffolding)原意是建筑行业中支持建筑活动的多层支架,这里用来比喻对学生解决问题和建构意义起辅助作用的概念框架。"概念框架"就像建筑行业中的"脚手架"一样,帮助学生沿着概念的框架一步步向上攀升。

概念框架中的概念是按照学生智力的"最邻近发展区"来建立,是发展学生对问题的进一步理解所需要的,是帮助学生不断攀升到更高层次的概念。概念框架中的概念旨在促进学习者进一步理解问题,因此事先要把复杂的学习任务加以分解,以便把学习者的理解逐步引向深入。框架的建立应遵循维果斯基(Vogotsgy)的"最邻近发展区"理论,且要因人而异(每个学生的最邻近发展区并不相同)。最邻近发展区是指学习者独立解决问题时的实际发展水平和教师指导下解决问题时的潜在发展水平之间的距离,这个距离将由教学创造,很明显,距离越远,教学就越成功。教学应当走在发展的前面,不断地把学生的智力从一个水平引导到另一个更新、更高的水平。

支架式教学策略由五个步骤组成：

(1)搭脚手架

围绕当前学习主题，按"最邻近发展区"的要求建立概念框架。

(2)进入情境

将学生引入一定的问题情境(概念框架中的某个层次)。

(3)独立探索

让学生独立探索。探索内容包括：确定与当前所学概念有关的各种属性，并将这些属性按其重要性大小顺序排列。探索开始时要先由教师启发引导(例如演示或介绍理解类似概念的过程)，然后让学生自己去分析；探索过程中教师要适当地给予提示，帮助学生沿概念框架逐步攀升。起初的引导、帮助可以多一些，以后逐渐减少而更多地放手让学生自己探索；最后要争取做到无需教师引导，学生自己能在概念框架中继续攀升。

(4)协作学习

进行小组协商、讨论。在共享集体思维成果的基础上达到对当前所学概念比较全面、正确的理解，即最终完成对所学知识的意义建构。

(5)效果评价

对学习效果的评价包括学生个人的自我评价和学习小组对个人的学习评价，评价内容包括：自主学习的能力；对小组协作学习所做出的贡献；是否完成对所学知识的意义建构。

例如：《黑色的眼睛》一课的支架式教学过程如下：

①搭脚手架围绕《眼睛》这个主题，按"最邻近发展区"的要求建立概念框架，提出5个问题，并用大屏幕投影显示出来：眼睛的结构是怎样的；视觉是怎样形成的；眼睛是怎样看清楚远近不同的物体的；近视和远视是怎样形成的；如何进行矫正；检查你的眼睛，我们如何对眼睛进行卫生保健。

②进入情境——用诗篇导入："黑夜给了我黑色的眼睛，我却用它寻找光明"。让学生思考为什么眼睛能够见到光明。

③独立探索——让学生根据网站资料给出的链接进行探索，并思考教师提出的问题。探索过程中教师要适时给学生提示，帮助学生沿概念框架逐步攀升。

④协作学习——进行小组协商、讨论。在共享集体思维成果的基础上达到对当前所学概念比较全面、正确的理解，即最终完成对所学知识的意义建构。

⑤效果评价——通过对学生回答问题的结果对学生的学习效果进行评价。分为自主评价和小组评价。

2.抛锚式教学策略

这种教学策略建立在有感染力的真实事件或真实问题的基础上，因此也称为"实例式教学策略"或"基于问题的教学策略"。这些真实事例或问题被比作"锚"，而确定这类真实事件或问题则被比喻为"抛锚"，因为一旦这类事件或问题被确定了，整个教学内容和教学进程也就被确定了，就像轮船被锚固定一样。建构主义认为，学习者要想完成对所学知识的意义建构，即达到了对该知识所反映事物的性质、规律以及该事物与其他事物之间联系的深刻理解，最好的办法是让学习者到现实世界的真实环境中去感受、体验，而不是仅仅聆听别人(例如教师)的介绍和讲解。

抛锚式教学策略由五个步骤组成：

(1)创设情境

使学习能在和现实情况基本一致或相类似的情境中发生。

(2)确定问题

在上述情境下,选择出与当前学习主题密切相关的真实事件或问题作为学习的中心内容,即让学生面临一个需要立即去解决的现实问题。选出的事件或问题就是"锚",这一环节的作用就是"抛锚"。

(3)自主学习

围绕该问题展开进一步的学习——对给定问题进行假设,通过查询各种信息资料和逻辑推理对假设进行论证,根据论证的结果制定解决问题的行动规划,实施该计划并根据实施过程中的反馈来补充和完善原有认识。

需要注意的是:该阶段不是由教师直接告诉学生应当如何去解决面临的问题,而是由教师向学生提供解决该问题的有关线索,例如需要搜集哪一类资料、从何处获取有关的信息资源以及现实中专家解决类似问题的探索过程等,同时教师要特别注意发展学生的自主学习能力。自主学习能力包括:确定学习内容表的能力,学习内容表是为完成与给定问题有关的学习任务所需要的知识点清单;获取有关信息与资源的能力,即知道从何处获取以及如何去获取所需的信息与资源;利用、评价有关信息与资源的能力。

(4)协作学习

讨论、交流,通过不同观点的交锋、补充、修正,加深每个学生对当前问题的理解。

(5)效果评价

由于抛锚式教学要求学生解决面临的现实问题,学习过程就是解决问题的过程,即由该过程可以直接反映出学生的学习效果。因此对这种教学效果的评价往往不需要进行独立于教学过程的专门测验,只需在学习过程中随时观察并记录学生的表现即可,如学生的讨论、发言、搜索资料的情况等。

抛锚式教学特别适用于思想政治类、法律类、管理类课程,其他课程中也可选择应用,如外语教学中的词法、语法教学等。

例如,《小小营养学家》一课采取抛锚式教学的过程如下:

①创设情境——提出问题:日本人在古代被称为"倭",即矮的意思,但根据北京大学季成叶教授的调查,日本青少年的平均身高已经超过中国。为什么在二战后日本人的身高会迅速超过中国人呢？以一个两难问题引导学生进入探究情境。

②确定问题——在学生总结出是"营养"的原因后,提出问题:怎样的营养才是合理的？营养配餐有怎样的原则呢？

③自主学习——学生利用教师提供的配餐工具软件自主探究,自己总结营养学的原则。教师给予一定的帮助和指导。

3.随机进入教学策略

由于事物的复杂性和问题的多面性,要做到对事物内在性质和事物之间相互联系的全面了解和掌握,即真正达到对所学知识的全面而深刻的意义建构是很困难的。往往从不同的角度考虑可以得出不同的理解,为克服这方面的弊病,在教学中就要注意对同一教学内容,要在不同的时间、不同的情境下、为不同的教学目的、用不同的方式加以呈现。换句话说,学习者可以随意通过不同途径、不同方式进入对同样教学内容的学习,从而获得对同一事物或同一问题的多方面的认识与理解,这就是所谓的"随机进入教学"。显然,学习者通过多次"进入"同一学习内容将能达到对该知识内容比较全面而深入地掌握。这种多次进入并非是为了巩固知识、技能而实施的简单重复,这里的每次进入都有不同的学习目的,都有不同的问题侧重点。

随机进入教学策略主要包括以下几个步骤:

(1)呈现基本情境

向学生呈现能从不同侧面、不同角度表现学习主题的多种情境,供学生在自主探索过程中随意进入其中任一种情境去学习。

(2)随机进入学习

取决于学生"随机进入"学习所选择的内容,而呈现与当前学习主题的不同侧面特性相关联的情境。在此过程中教师应注意发展学生的自主学习能力,使学生逐步学会自己学习。

(3)思维发展训练

由于随机进入学习的内容通常比较复杂,所研究的问题往往涉及许多方面,因此在这类学习中,教师还应特别注意发展学生的思维能力。其方法是:①教师应加强对学生思维方法的指导,向学生提出的问题应有利于促进认知能力的发展而非纯知识性的提问。②要注意建立学生的思维模型,即要了解学生思维的特点。例如教师可通过这样一些问题来建立学生的思维模型:"你的意思是指?""你怎么知道这是正确的?""你对这个问题怎样进行分析?""这是为什么?"等等。③注意培养学生的发散思维,可通过提出这样一些问题来达到:"还有没有其他的含义?""请对 A 与 B 之间做出比较""请评价某种观点"等等。

(4)小组协作学习

围绕呈现不同侧面的情境所获得的认识展开小组讨论。在讨论中,每个学生的观点在和其他学生以及教师一起建立的社会协商环境中受到考察、评论,同时每个学生也对别人的观点、看法进行思考并做出反应。

(5)学习效果评价

包括自我评价与小组评价,评价内容与支架式教学中相同。

例如:高中语文课文《林黛玉进贾府》采用随机进入教学策略,教学过程如下:

(1)呈现基本情境

①播放录像电视连续剧中《红楼梦》中的第一回《林黛玉抛父进京都》一集。

②介绍《红楼梦》一书的作者及写作背景。

③简单介绍当前红学研究的概况。

④提供红楼梦相关网站。

(2)随机进入学习

学生可以进入各个专题。共有五个专题,学生可选择进入。

专题一:人物描写、心理描写手法及典型人物特征(林黛玉、贾母、王熙凤、王母);

专题二:贾、薛、王三家家族人物谱;

专题三:红学研究学派;

专题四:明清时期服饰文化;

专题五:明清时期建筑文化;

专题六:明清时期语言文化。

(3)小组协作学习

按专题分为六个小组,教师为选择每个小组提供参考资料或获取资料的方法。在此过程中教师应注意发展学生的自主学习能力,使学生逐步学会自己学习。

(4)评价

4.启发式教学策略

上面列举的三种自主学习策略是目前国外比较流行的、适用于多媒体网络教学环境的自主学习策略。事实上,只要能发挥学生的主动性、积极性,能体现学生的学习主体作用,就能有效地促进学生对知识意义的主动建构,而不一定局限于上述三种自主学习策略,更不一定要局限于国外的经验,从我们自身的文化传统和教学实践中也能总结出不少非常有效的自主学习的策略。以发挥学生的主动性和首创精神为例,我们的先哲孔子创造的"启发式教学"就是一个光辉的范例。

孔子不仅一贯坚持启发式教学,而且"启发"式这个名称也是由孔子创造的。古希腊著名教育家苏格拉底(Socrates)也提倡启发式教学,但孔子比苏格拉底大 82 岁,因此孔子应是当之无愧的"启发式教学"创始人,同时孔子创造的启发式教学法的内涵也要比苏格拉底的"启发式教学"更为丰富、更为深刻。下面,我们将苏格拉底的启发式对话法与孔子的启发式教学法作一比较。

一位名叫欧谛德谟的青年,一心想当政治家,为帮助这位青年认清正义与非正义问题,苏格拉底运用启发式方法和这位青年进行了下面的对话(以下皆是苏问,欧答):

问:"虚伪应归于哪一类?"

答:"应归入非正义类。"

问:"偷盗、欺骗、奴役等应归入哪一类?"

答:"非正义类。"

问:"如果一个将军惩罚那些极大地损害了其国家利益的敌人,并对他们加以奴役,这能说是非正义吗?"

答:"不能。"

问:"如果他偷走了敌人的财物或在作战中欺骗了敌人,这种行为该怎么看呢?"

答:"这当然正确,但我指的是欺骗朋友。"

问:"那好吧,我们就专门讨论朋友间的问题。假如一位将军所统帅的军队已经丧失了士气,精神面临崩溃,他欺骗自己的士兵说援军马上就到,从而鼓舞起士兵的斗志取得胜利,这种行为该如何理解?"

答:"应算是正义的。"

问:"如果一个孩子有病不肯吃药,父亲骗他说药不苦、很好吃,哄他吃下去了,结果治好了病,这种行为该属于哪一类呢?"

答:"应属于正义类。"

苏格拉底仍不肯罢休,又问:"如果一个人发了疯,他的朋友怕他自杀,偷走了他的武器,这种偷盗行为是正义的吗?"

答:"是,他们也应属于这一类。"

问:"你不是认为朋友之间不能欺骗吗?"

欧谛德谟:"请允许我收回我刚才说过的话。"

从这一段生动的对话可以看出,苏格拉底启发式教学的特点是:抓住学生思维过程中的矛盾,启发诱导,层层分析,步步深入,最后导出正确的结论。

下面再看孔子的启发式教学。他只有八个字:"不愤不启,不悱不发。"(《论语·述而》)"愤"指学生对某一问题正在积极思考、急于解决而又尚未搞通时的矛盾心理状态。这时教师应对学生思考问题的方法适时给予指导,以帮助学生开启思路,这就是"启"。"悱"指学生对某一问题已经有一段时间的思考,但尚未考虑成熟,处于想说又难以表达的另一种矛盾心理状态。这时教师应帮助学生弄清事物的本质属性,从感性认识上升到理性认识,然后才能用比较准确的语言表达出来,这就是"发"。孔子的启发式教学虽然只有八个字,但它不仅生动地表现出孔子进行启发式教学的完整过程,而且还深刻地揭示出学习过程中遇到疑难问题时将会顺序出现的两种矛盾心理状态,或者说两种不同的思维矛盾,以及这两种矛盾的正确处理方法。

孔子的启发式教学与苏格拉底对话法相比较,二者的共同之处是:彼此都十分重视学生思维过程中的矛盾,但是两者处理思维矛盾的方法完全不同。苏格拉底是通过教师连续不断的提问迫使学生陷入自相矛盾状态,从而把学生的认识逐步引向深入,使问题最终得到解决;孔子则是由教师或学生自己提出问题,由学生自己去思考,等到学生处于"愤"的心理状态,即遇到思维过程中的第一种矛盾而又无法解决时,教师才去点拨一下,然后又让学生自己继续去认真思考,等到学生进入"悱"的心理状态,即遇到思维过程中的第二种矛盾且无法解决时,教师又再点拨一下,从而使学生柳暗花明,豁然开朗。

由以上分析可见,苏格拉底的对话法实际上是以教师为中心,学生完全被教师牵着鼻子走,这种启发式虽然也能使学生印象深刻,但是由于学生的主动性发挥不够,对于较复杂问题的理解,即涉及高级认知能力的场合,恐怕对问题难以理解得很深入。而孔子的启发式则是以学生为中心,让学生在学习过程中自始至终处于主动地位,让学生主动提出问题、思考问题,让学生主动去发现、去探索,从中找出解决问题的方法,教师只是从旁边加以点拨,起指导和促进作用。两相比较,不难看出,尽管两种启发式在教学中都很有效,都能促进学生的思维,但是显然孔子的启发式有更深刻的认知心理学基础,更能发挥学生的主动性和首创精神,更有利于对知识意义的主动建构,因而在自主学习策略的设计中我们应当采用的是孔子的启发式,但是在以教为主的教学策略设计中则可考虑采用苏格拉底对话法。

启发式教学非常有利于训练学生的逻辑思维,目前在各类教学中都有要求。现举一例说明。

中学物理静摩擦力课程

教学目的:引出静摩擦力。

演示实验:手握瓶,瓶保持静止。

师:"同学们请看,现在我手中握一个瓶子,瓶子处于什么状态?"

生:"静止状态。"

师:"静止状态说明瓶子受力是否平衡?"

生:"静止状态说明受力平衡。"

师:"那么瓶子都受到哪些作用力？都是什么方向的？"

生:"重力,垂直向下。"

师:"如果瓶子在竖直方向仅受重力作用,瓶子能保持静止吗？"

生:"不能。"

师:"为什么？"

生:"物体静止应受平衡力,而仅受重力,则瓶子受力不平衡。"

师:"那么瓶子还受什么力？"

生:"手对瓶子有作用力,是压力。"

师:"这个压力方向如何？"

生一:"垂直瓶壁,指向瓶里。"

生二:"竖直向上。"

师:"如果这个力的方向垂直瓶壁,指向瓶里,能否和重力平衡？"

生:"不能。"

师:"好,我们已经可以确定在竖直方向上受重力,而且还确定受到手对瓶子的作用力,现在瓶子保持静止,那么这个力必然是什么方向的？"

生:"竖直向上的力的作用。"

师:"这个竖直向上的力就是手对瓶子的作用力,也就是我们今天要学习的静摩擦力。"

5.基于 Internet 的探索式教学策略

这种策略在 Internet 上的应用范围很广,从简单的电子邮件或邮件列表学习方式,到大型、复杂的学习系统中都有采用。实施这种策略需要由某个教育机构(如中学、大学或研究机构)提出一些适合由特定的学生对象来解决的问题,并通过 Internet 向学生发布,要求学生解答。与此同时提供大量的、与问题相关的信息资源供学生在解决问题过程中查阅。另外,还设有专家负责对学生学习过程中的疑难问题提供帮助。给学生的帮助并不是直接告诉他答案,而是给以适当的启发或提示,如"请查阅某某站点上的某某文章"之类。这种学习策略彻底改变了传统教学过程中学生被动接受的状态,而使学生处于积极主动的地位,因而能有效地激发学生的学习兴趣和创造性。

实现这种策略的学习,并不需要复杂的技术和昂贵的设备,利用电子邮件功能或 WEB 信息发布系统便可。美国宇航局(NASA)加利略项目组就为美国的高中生设立了一个有关木星的邮件列表,任何订阅了该邮件列表的学生都可以得到该组专家们关于木星的最新观测记录和得到权威专家有关木星的介绍。阅读这些材料后,学生或教师可以向这些专家请教任何问题,专家还给学生提供一些实际的数据,要求他们计算将要发生的天文现象的时间。这种学习方式极大地促进了学生对木星的兴趣,并破除了对科学研究的神秘感。而要参加这个学习,无需任何费用和手续,只需发送一个邮件给 Listmanager@quest.arc.nasa.gov。

又如美国德州开展的一项被称为"数学魔术"的、基于 Internet 的数学探索项目,其内容涵盖美国所有的初等数学教育(K－1 到 K－12)。要想参加这个项目,只要求会发送电子邮件。下面我们来看一看这个项目中一个针对三年级小学生的题目:"当两根直线相交时便形成了角。有些角是易于辨认的。例如,纸张的四个角是直角。现在同你的小伙伴们一起观察一下时针,看一天 24 小时之中能形成多少次直角,请将它们画成图形,并标上几点几分……"

还有很多类似的问题,都是由一些优秀数学教师设计的切合美国数学基础教育需求的问题,因而这个项目受到广泛的欢迎。公众舆论认为,数学魔术不仅对学生使用计算机技术有极大的促进作用,而且能提高学生独立解决问题的能力和技巧。

基于 Internet 的探索式学习有四个基本要素,即问题、资料、提示和反馈。若能将这四个要素组织和衔接好,就能在简单的技术背景下,达到良好的教学效果。实施这种教学策略要注意防止学生产生过强的挫折感,为此要有比较敏感的信息反馈系统,以便及时给学生以帮助。

四、协作式教学策略的设计

协作式教学策略是一种既适合于发挥教师的主导作用,又适合于学生自主探索、自主发现的教学策略。协作学习是指学习者以小组形式参与,为达到共同的学习目标,在一定的激励机制下为获得最大化个人和小组习得成果而合作互助的一切相关行为。协作学习和个别化学习相比,有利于促进学生高级认知能力的发展,有利于学生健康情感的形成,因而受到广大教育工作者的普遍关注。

协作学习为多个学习者提供对同一问题用多种不同观点进行观察比较和分析综合的机会,这种机会显然将对问题的深化理解、知识的掌握运用和能力的训练提高大有裨益,还能有效地培养对于 21 世纪新型人才来说至关重要的合作精神。在计算机网络环境下,特别适合于开展协作式学习。用于协作学习的计算机环境可以有多种形式:可以是支持多个学习者的网络协作学习系统,也可以将计算机作为学习伙伴与单个学习者进行协作。

在基于计算机网络的协作学习方式中,常用的协作式教学策略有"课堂讨论"、"角色扮演"、"竞争"、"协同"和"伙伴"五种。

1. 课堂讨论

这种策略的运用要求整个协作学习过程均由教师组织引导,讨论的问题皆由教师提出。"课堂讨论"教学策略的设计通常有两种不同情况:一是学习的主题事先已知;二是学习主题事先未知。多数的协作学习属于第一种情况,但是第二种情况在教学实践中也会经常遇到。例如中小学的语文课上,在多媒体网络教学环境下,让学生当堂进行看图作文或命题作文,然后在课堂的后半段利用多媒体教室网络进行全班性的评议交流就属于这种情况。因为在此情况下,事先只确定了一个目标——通过集体的评议交流来促进全班的作文学习,而具体的评议内容即学习主题在事先并不清楚。

对于第一种情况,课堂讨论策略的设计应包括以下内容:

①围绕已确定的主题设计能引起争论的初始问题;

②设计能将讨论一步步引向深入的后续问题;

③教师要考虑如何站在稍稍超前于学生智力发展的边界上(即稍稍超前于最邻近发展区),通过提问来引导讨论,切忌直接告诉学生应该做什么(即不能代替学生思维);

④对于学生在讨论过程中的表现,教师要适时做出恰如其分的评价。

对于第二种情况,由于事先并不知道主题,这时的课堂讨论策略设计没有固定的程式,主要依靠教师的随机应变和临场的掌握,但应注意以下几点:

①教师在讨论过程中应认真、专注地倾听每位学生的发言,仔细注意每位学生的神态及反应,以便根据该生的反应及时对他提出问题或对他进行正确的引导;

②要善于发现每位学生发言中的积极因素(哪怕只是萌芽),并及时给以肯定和鼓励;

③要善于发现每位学生通过发言暴露出来的、关于某个概念(或认识)的模糊或不准确之处,并及时用适合于学生接受的方式予以指出(切记使用容易挫伤学生自尊心的词语);

④在讨论开始偏离教学内容或纠缠于枝节问题时,要及时加以正确的引导;

⑤在讨论的末尾,应由教师(或学生自己)对整个协作学习过程进行小结。

2.角色扮演

每个人都有这样的经验:对某个问题给别人作了详细讲解之后,自己对该问题往往会有新的体会与理解。也就是说,在帮助别人学习的过程中,也能促进自己的学习。研究表明:学生会吸收所读的10%,所听的20%,所看的30%,看听结合时的50%,所说的70%,说做结合时的90%,教别人时的95%。角色扮演一般会涉及"说做结合"和"教别人"的活动。

通常有两种不同形式的角色扮演:

一是师生角色扮演,师生角色扮演就是让不同的学生分别扮演学习者和指导者的角色,学习者被要求解答问题,而指导者则检查学习者在解题过程中是否有错误。当学习者在解题过程中遇到困难时,指导者应及时帮助学习者解决疑难。在学习过程中,他们所扮演的角色可以互换。让学生分别扮演指导者和学习者的前提是他们对学习内容有"知识上的差距",怎样衡量和认识这种知识上的差距是运用这种教学策略的难点之一。

二是情境角色扮演。情境角色扮演是要求若干个学生,按照与当前学习主题密切相关的情境分别扮演其中的不同角色,以便营造一种身临其境的气氛,使学生能设身处地去体验、理解学习的内容和学习主题的要求。英语口语对话中的分角色朗读;在学习"鸿门宴"的语文课中,让学生分别扮演刘邦、项羽、张良、范增、项庄、樊哙等历史人物,去重现当时紧张激烈的斗争场面;在学习与法律有关的课程中,让学生分别扮演法官、陪审员、原告、被告、证人等不同角色,都是运用"情境角色扮演"教学策略的很好实例。

3.竞争

是指两个或多个学习者针对同一学习内容或学习情境,通过计算机网络进行竞争性学习,看谁能够首先达到教学目标的要求。由于学习者的竞争关系,学习者在学习过程中,会很自然地产生与生俱来的求胜本能,所以学习者在学习过程中会全神贯注,使学习效果比较显著。基于竞争策略的网络协作学习,一般是由学习系统先提出一个问题,并提供学生解决问题的相关信息。学习者在开始学习时,先从网上在线学习者名单中选择一位竞争对手(也可选择计算机作为竞争对手),并协商好竞争协议,然后开始各自独立地解决学习问题。在学习过程中,学习者可看到竞争对手所处的状态以及自己所处的状态,学习者可根据自己和对方的状态及时调整自己的学习策略。

4. 协同

是指多个学习者共同完成某个学习任务,在共同完成任务的过程中,学习者发挥各自的认知特点,相互争论、相互帮助、相互提示或者是进行分工合作。学习者对学习内容的理解和领悟就是在这种和同伴紧密沟通与协作的过程中逐渐形成的。基于计算机网络(特别是Internet)的协同学习系统,可让多个学习者通过网络来解答系统所呈现的同一问题。他们之间的交流和协作通过公共的工作区来实现,一般都要进行紧密的合作或分工才有可能解决问题。在开始之前,每个学习者都必须与其他学习者讨论、交流彼此的观点并共享集体的智慧,最终在学习者之间达成一致的行动方案。学习者可以选择他们自己认为最有效、最合适的合作方式。

5. 伙伴

在现实生活中,学生们常常与自己熟识的同学一起做作业。没有问题时,大家各做各的;当遇到问题时,便相互讨论,从别人的思考中得到启发和帮助。伙伴学习策略与此类似,它可以使学生在学习过程中感觉到他并不是孤独的,而是可以与一位伙伴互相支持、互相帮助,当一方有问题时,可以随时与另一方讨论。由于个人的思考范围有限,若在学习过程中,能和伙伴相互交流、相互鼓励将可达到事半功倍的效果。在利用 Internet 网络的条件下,使得学生可供选择的学习伙伴更多了,而且具有更便利的条件。在这种系统中,学习者通常先选择自己需要学习的内容,并通过网络查找正在学习同一内容的学习者,选择其中之一,经双方同意结为学习伙伴。当其中一方遇到问题时,双方便相互讨论,从不同角度交换对同一问题的看法,相互帮助和提醒,直至解决问题。当他们觉得疲倦的时候,还可以在聊天区闲聊一会儿,使得学习过程中不再枯燥和孤单,而是充满乐趣。

上述五种协作式教学策略,在学习过程中均要求学生积极参与,因而学生的主体作用均能得到较好的体现。但是五种策略的实施特点又各有不同:前两种("课堂讨论"与"角色扮演")对教师主导作用的发挥要求更多一些,因此比较适合于以教为主的场合;后三种更强调学生之间的相互激励、相互切磋和学生自身的独立探索,因而比较适合于以学为主的场合。

五、以"学"为主的教学设计实例

以"学"为主的教学设计教案,是以"学"为主的教学设计过程和结果的体现,表 3-14 是一个具体的教案实例。

第三章 教学系统设计

表 3-14 以"学"为主的教学设计教案

学校：_____　　　　　姓名：_____　　　　　日期：_____

一、学习目标与任务
1.学习目标描述

（1）知识目标
- 掌握网络相关的基本概念，了解数据安全的概念
- 熟练应用 Internet 的常用服务，具备基本数据安全素养

（2）能力目标
　培养学生利用网络进行自主学习、协助学习的能力
- 培养信息筛选、提炼、重组的能力，提高信息素养
- 培养合作学习、主动探究的能力

（3）情感目标
- 正确认识网络，自觉远离网络带来的不良行为和影响
- 培养同学间互助的学习习惯，利用网络讨论

2.学习内容与学习任务说明

（1）计算机网络的基本知识（包括网络概念及分类）

（2）网络通讯系统组成，网络服务，网络地址及域名

（3）Internet 的发展，在我国的应用，连接特点

（4）Internet 服务如文件传送、远程终端访问、电子邮件、WWW 服务，Internet 的协议

（5）URL、超文本、超链接、Homepage 的概念，网页制作初步

（6）数据安全初步知识（病毒的概念、特点与防治，安全控制与防范）

二、学习者特征分析（说明学生的学习特点、学习习惯、学习交往特点等）

03 化生专科的学生，在大学生活学习了半年，已经基本适应了大学的学习方式。相当部分学生对计算机课程兴趣浓厚，已掌握了计算机的基本操作。同学间的协助学习较少，依然倾向于只学习教师所教的内容，不善于利用网络等资源进行自主学习

三、学习环境选择与学习资源设计

1.学习环境选择（打√）

(1) Web 教室　√	(2) 局域网	(3) 城域网
(4) 校园网　√	(5) Internet　√	(6) 其他

2.学习资源类型（打√）

(1) 课件（网络课件）√	(2) 工具√	(3) 专题学习网站√
(4) 多媒体资源库√	(5) 案例库√	(6) 题库√
(7) 网络课件√	(8) 其他	

125

续表

3.学习资源内容简要说明(说明名称、网址、主要内容)
主要在专题学习网站中获取学习资源(HTTP://LERAN.CZTC.EDU.CN) 教师上课电子讲稿、计算机基础学习课件、ITAT系列课件、在线测试题库、讨论区等

四、学习情境创设

1.学习情境类型(打√)

(1)真实情境√	(2)问题性情境√
(3)虚拟情境√	(4)其他

2.学习情境设计

播放课件,感受网络的巨大影响,提供学习资源(课件、网站、素材等)。 到学校机房参观,网络系统组成和组网

五、学习活动组织

1.自主学习设计(打√并填写相关内容)

类型	相应内容	使用资源	学生活动	教师活动
(1)抛锚式				
(2)支架式√	分析知识逻辑关系及重难点	学习网站、电子讲稿	上网阅读、查询资料,小组互助、学习结果电子化	指导、帮助
(3)随机进入式√	提供多个相关网站和课件	因特网、学习网站、电子讲稿	上网阅读、查询资料,小组互助、学习结果电子化	指导、帮助
(4)其他				

2.协作学习设计(打√并填写相关内容)

类型	相应内容	使用资源	分组情况	学生活动	教师活动
(1)竞争					
(2)伙伴√	学习布置的任务	学习网站	8人一组	交流学习结果	指导、帮助
(3)协同√	学习布置的任务	学习网站	8人一组	交流、互助	指导、帮助
(4)讨论√	对疑问进行讨论	学习网站中BBS		网上交流	帮助
(5)角色扮演					
(6)其他					

3.教学结构流程的设计

第三章 教学系统设计

续表

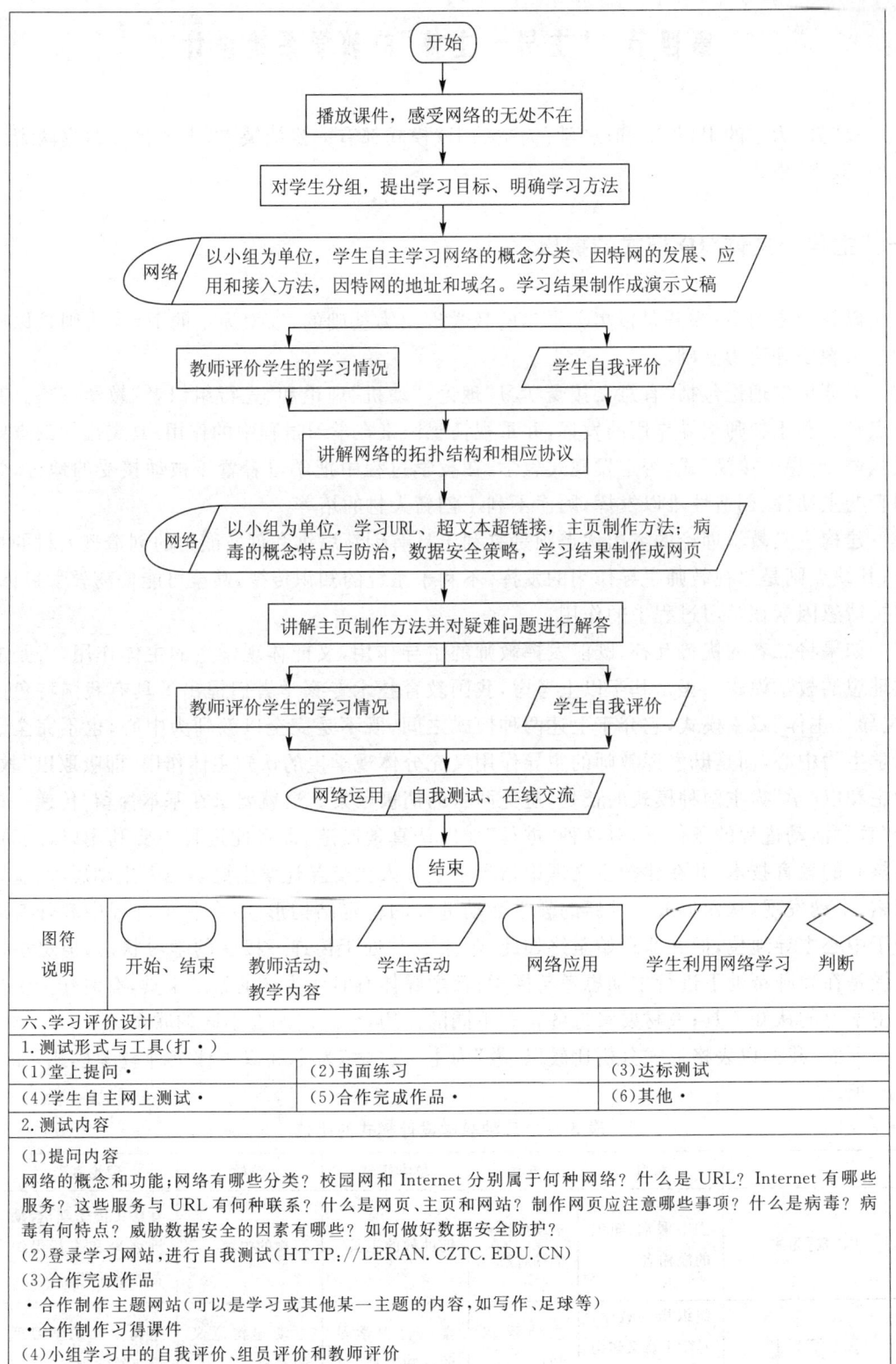

| 图符说明 | 开始、结束 | 教师活动、教学内容 | 学生活动 | 网络应用 | 学生利用网络学习 | 判断 |

六、学习评价设计

1.测试形式与工具(打·)

(1)堂上提问·	(2)书面练习	(3)达标测试
(4)学生自主网上测试·	(5)合作完成作品·	(6)其他·

2.测试内容

(1)提问内容

网络的概念和功能;网络有哪些分类? 校园网和 Internet 分别属于何种网络? 什么是 URL? Internet 有哪些服务? 这些服务与 URL 有何种联系? 什么是网页、主页和网站? 制作网页应注意哪些事项? 什么是病毒? 病毒有何特点? 威胁数据安全的因素有哪些? 如何做好数据安全防护?

(2)登录学习网站,进行自我测试(HTTP://LERAN.CZTC.EDU.CN)

(3)合作完成作品

·合作制作主题网站(可以是学习或其他某一主题的内容,如写作、足球等)

·合作制作习得课件

(4)小组学习中的自我评价、组员评价和教师评价

(5)将学生在 BBS 中的交流情况,作为评价的重要内容之一

127

第四节 "主导－主体"的教学系统设计

以"教"为主的 ID 模式和以"学"为主的 ID 模式都有一定的缺点,本节将介绍集两者之长的"双主"模式。

一、"主导－主体"ID 模式的提出

以教为主的 ID 模式是以奥苏贝尔的教学理论为基础的,以学为主的 ID 模式则是以建构主义教学理论为基础。

奥苏贝尔理论包括"有意义接受学习"理论、"动机"理论和"先行组织者"教学策略。其优点是有利于教师主导作用的发挥,并重视情感因素在学习过程中的作用;其突出的缺点则是强调"传递—接受"式,否定发现式教学,在教学过程中把学习者置于被动接受的地位,学习者的主动性、创造性难以发挥,因而不利于创新人材的培养。

建构主义教学理论的突出优点则是有利于具有创新思维和创新能力的创造型人材的培养;其缺点则是忽视教师主导作用的发挥,不利于系统的知识传授,甚至可能偏离教学目标,忽视情感因素在学习过程中的作用。

如果将二者的优势互补,既能发挥教师的主导作用,又能体现学生的主体作用,将是非常理想的教学模式。正是基于以上考虑,我国教育技术专家学者们提出了具有我国特色的"主导—主体"双主模式,它介于上述两种模式之间,既不是完全以教师为中心,也不完全是以学生为中心,而是既发挥教师的主导作用又充分体现学生的认知主体作用,即吸取以"教"为主和以"学"为主两种模式的长处,避免两者的消极因素。这就要求在基本保留"传递—接受"教学活动进程的条件下,对这种"进程"加以认真地改造,即在此进程中要利用以计算机为核心的教育技术,并在建构主义理论指导下通过人机交互让学生更多地去主动思考、主动探索、主动发现,从而形成一种新的教学活动进程的稳定结构形式:在整个进程中教师有时处于中心主导地位,但并非自始至终如此;学生有时处于传递—接受的学习状态,但更多的时候是在教师帮助下进行主动思考与探索;教学媒体有时作为辅助教的工具,有时作为学生自主学习的认知工具;教材要素也各自有不同的作用,彼此之间有不同的联系。

下面,我们以表格形式分析比较以"教"为主、以"学"为主和双主体三种教学模式,如表 3-15 所示。

表 3-15　三种教学设计模式的比较

	教师	学生	教学媒体	教材	理论基础
以"教"为主	主宰课堂、知识的灌输者	被动接受和灌输对象	辅助教的工具	灌输的内容	有意义接受理论、动机理论和先行组织者教学策略
以"学"为主	组织指导教学,是学生意义建构的帮助促进者	主动建构知识	学生自主学习的认知工具	主动建构意义的对象	建构主义的学习理论与教学理论

续表

	教师	学生	教学媒体	教材	理论基础
"主导—主体"	有时处于主导地位,有时帮助学生意义建构	有时被动接受,有时主动建构	有时是辅助教的工具,有时是学生自主学习的认知工具	有时是教师讲述的内容,有时是学生主动建构的对象。	包括以上两者

"主导—主体"ID 不论是从理论基础上还是从实际的设计方法上看,都是"以教为主"和"以学为主"这两种教学系统设计相结合的产物。因此其理论基础即为奥苏贝尔"学与教"理论和建构主义"学与教"理论的结合。

由于"主导—主体"ID 模式能兼取两大理论之所长并弃其所短,因此具有比较科学而全面的理论基础,不仅适用于指导课堂教学,也可适用于指导网络教学和多媒体辅助教学课件脚本的设计与开发。

二、"主导—主体"ID 模式的方法和步骤

为了便于介绍,我们先将前面学习过的以"教"为主和以"学"为主的 ID 模式作一比较,如图 3-21 所示。

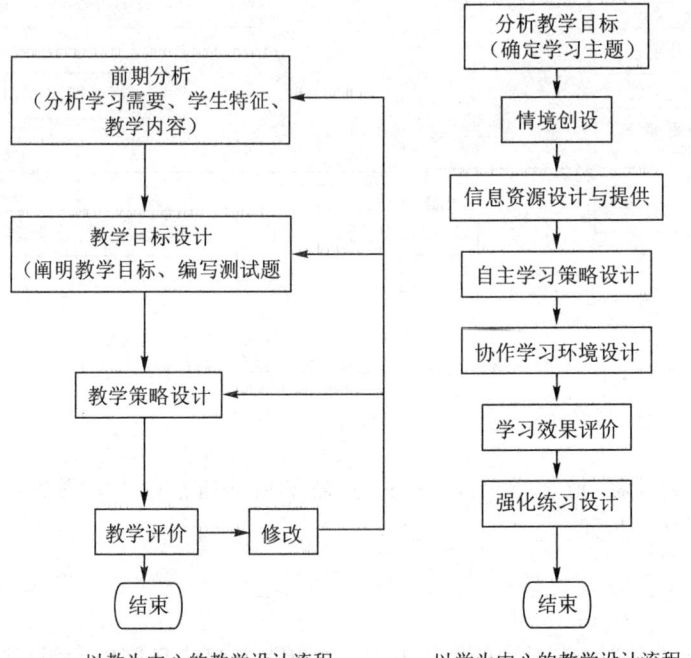

以教为中心的教学设计流程　　　　以学为中心的教学设计流程

图 3-21　以"教"为主和以"学"为主的 ID 模式比较

从图 3-21 可以发现:分析教学目标是两种模式的共同部分,其他各个步骤两种模式则各不相同。因此可将"分析教学目标"作为"主导—主体"模式的第一步。此外由于学习者分析是非常重要的,可将其作为第二步。接下来,需要判断是用传统的"传递—接受"方式,还是用发现式。通过对两种教学设计流程的取长补短、相辅相成,我们可以得到"主导—主体"

模式的教学设计的方法步骤,其流程如图 3-22 所示。

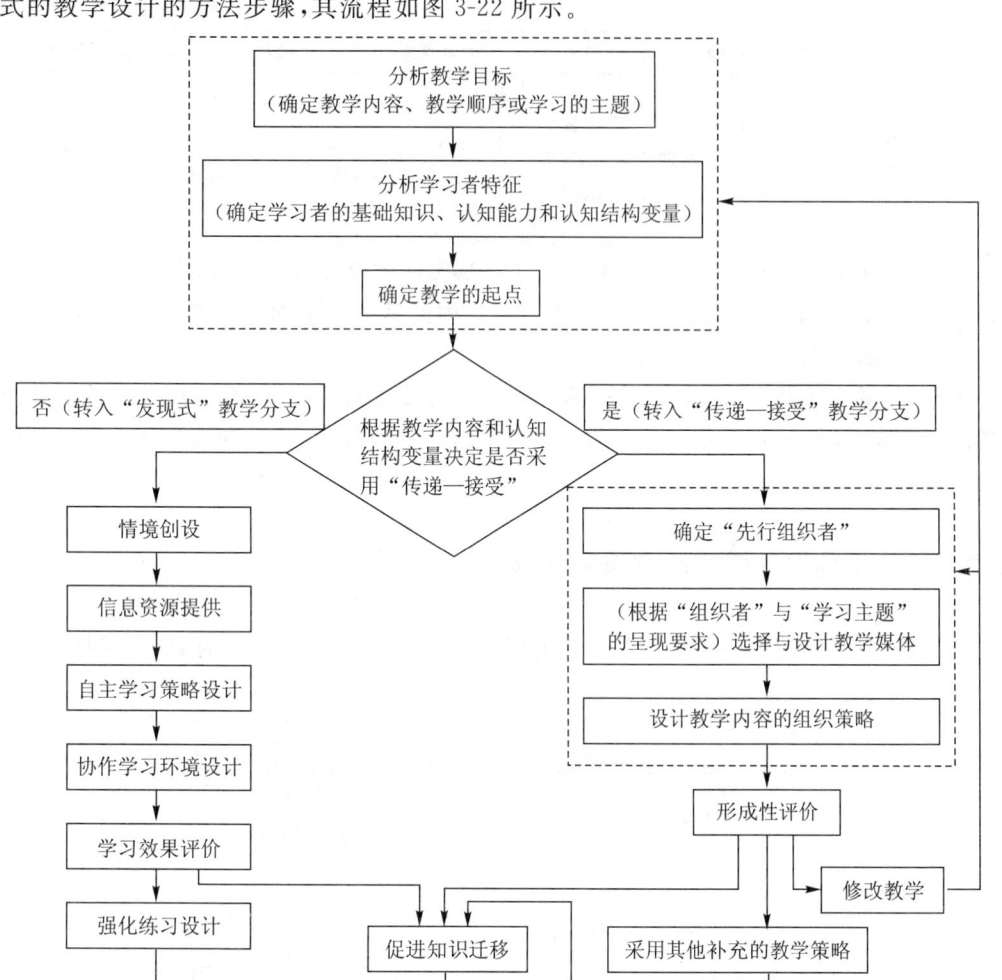

图 3-22 "主导—主体"教学系统设计模式

1.确定教学目标

对于中小学的课程(或教学单元)来说,其教学目标通常已由教学大纲给出,则可省去"确定教学目标"这一步骤。

2.分析学习者特征

这一环节一般包含对学习者的知识基础、认知能力和认知结构变量三方面的分析。了解学习者的原有知识基础和认知能力是为了确定当前所学新概念、新知识的教学起点,分析方法可参照以"教"为主模式中的学生特征分析,分析学习者的认知结构变量则是为了据此判定对当前学习者是否适合采用"传递—接受"教学方式。

奥苏贝尔发现在认知结构中有三方面的特性对于有意义学习的发生与保持具有至关重要的意义和最为直接的影响。由于这三方面的特性并不是恒定不变的常量,而是因人而异的变量,所以奥苏贝尔就把学习者认知结构的这三方面特性称之为三个认知结构变量。

第一个认知结构变量是指认知结构的"可利用性",即学习者的原有认知结构中是否存在可用来对新观念(即新概念、新命题、新知识)起固定、吸收作用的观念,这个起固定、吸收作用的原有观念必须在包容范围、概括性和抽象性等方面符合认知同化理论的要求。

第二个认知结构变量是指认知结构的"可分辨性",即这个起固定、吸收作用的原有观念与当前所学新观念之间的异同点是否清晰可辨。新旧观念之间的区别愈清楚,愈有利于有意义学习的发生与保持。

第三个认知结构变量是指认知结构的"稳固性",即这个起固定、吸收作用的原有观念是否稳定、牢固。原有观念愈稳固,也就愈有利于有意义学习的发生与保持。

所谓确定学习者的认知结构变量,就是要确定学习者认知结构中上述三方面的特性。

3.选择分支

根据奥苏贝尔的教学理论,要实现"有意义的接受学习",即有意义的"传递—接受"教学,比较有效的教学策略是"先行组织者"。由于"先行组织者"实际上是对学习者的认知结构变量进行操纵的一种策略,所以我们可以根据学习者的认知结构变量是否适合于运用"先行组织者"策略来决定是否选用"传递—接受"教学方式,从而形成如图 3-22 所示的教学设计流程的两个分支:"传递—接受"教学分支(右分支)和"发现式"教学分支(左分支)。

4.修正

在实施"先行组织者"策略的过程中,如通过形成性评价发现实际效果并不理想,则除了可以调整教学内容和修正"先行组织者"策略的实施方式以外,还可以采取其他的"传递—接受"教学策略(甚至是自主学习策略)作为补充,以求达到更佳的教学效果。在"传递—接受"分支(右分支)中,由于强调教师主导作用的发挥,而促进习得知识的巩固与迁移是教师主导作用的基本内容之一,所以"传递—接受"教学往往比较重视最后的"知识迁移"环节,但在"发现式"教学分支(左分支)中,这一环节则容易被忽视。

三、"主导—主体"ID 模式的特点

"主导—主体"模式教学设计流程具有以下三个特点:

①可根据教学内容和学生的认知结构情况灵活选择"发现式"或"传递—接受"教学分支。在"传递—接受"教学过程中基本采用"先行组织者"教学策略,同时也可采用其他的"传递—接受"策略(甚至是自主学习策略)作为补充,以达到更佳的教学效果。

②"发现式"教学过程中也可充分吸收"传递—接受"教学的长处(如进行学习者特征分析和促进知识的迁移等)。

③便于考虑情感因素(动机)的影响:在"情境创设"框(左分支)或"选择与设计教学媒体"框(右分支)中,可通过适当创设的情境或呈现的媒体来激发学习者的动机;而在"学习效果评价"环节(左分支)或根据形成性评价结果所作的"教学修改"环节(右分支)中,则可通过讲评、小结、鼓励和表扬等手段促进学习者三种内驱力的形成与发展(视学习者的年龄与个性特征决定内驱力的种类)。

【思考与练习】

1.什么是教学系统设计？它的学科性质和应用情况如何？

2.学习者具有哪些特征？如何进行学习者特征分析？

3.什么是教学策略？教学策略设计包括哪些内容？

4.目前,教学系统设计有哪些模式？试从理论基础、适用情况、应用前景等方面分析比较这几种模式。

5.以"教"为主的 ID 模式有哪几个步骤？请以此模式对你所学专业课程中的一节课进行教学设计。

6.以"学"为主的 ID 模式有哪几个步骤？请以此模式对你所学专业课程中的一节课,进行教学设计。

7.什么是教学评价？实施教学评价有何意义？

【参考资料】

1.教学系统设计[M].何克抗,郑永柏,谢幼如.北京:北京师范大学出版社.

2.教学设计原理[M].R.M.加涅等著,皮连生等译.上海:华东师范大学出版社,1999.

3.现代教育技术[M].张京等.杭州:浙江大学出版社,2003.

4.教育技术[M].顾明远等.北京:高等教育出版社,1999.

5.学程设计[M].钟启泉,赵中建.上海:华东师范大学出版社,2003.

6.教育技术学[M].何克抗,李文光.北京:北京师范大学出版社,2002.

7.从信息时代的教育与培训看教学设计理论的新发展[J].何克抗.中国电化教育,1998(10):9－12.

8.基于建构主义的教学设计模式[J].余胜泉,杨晓娟,何克抗.电化教育研究,2000(12):7－13.

9.建构主义学习理论与教学设计[J].电化教育研究.钟志贤.2006(5):10－16.

10.网络环境的教学设计专题网站[DB/OL].http://61.144.60.222:8080/0518/index.php.

11.惟存教育网站[DB/OL].http://www.being.org.cn/.

第四章

课件制作

【本章学习目标】

◆ 理解课件、积件、群件、稿本、脚本的含义

◆ 掌握课件开发的一般过程

◆ 了解脚本卡片的构成,能进行课件脚本的编写

◆ 了解多媒体创作工具的种类及特点

◆ 掌握课件评价的标准和意义

【章前语】

随着多媒体技术和网络通信技术的发展,多媒体 CAI(Computer Assisted Instruction,计算机辅助教学)课件已被大量地应用于教学,其融文字、图像、声音、动画等多种媒体信息于一体的特性,能对学生进行多种感官刺激,从而极大地增强了教学效果。本章着重讲解了多媒体课件制作的设计思想及制作流程。

【本章内容结构】

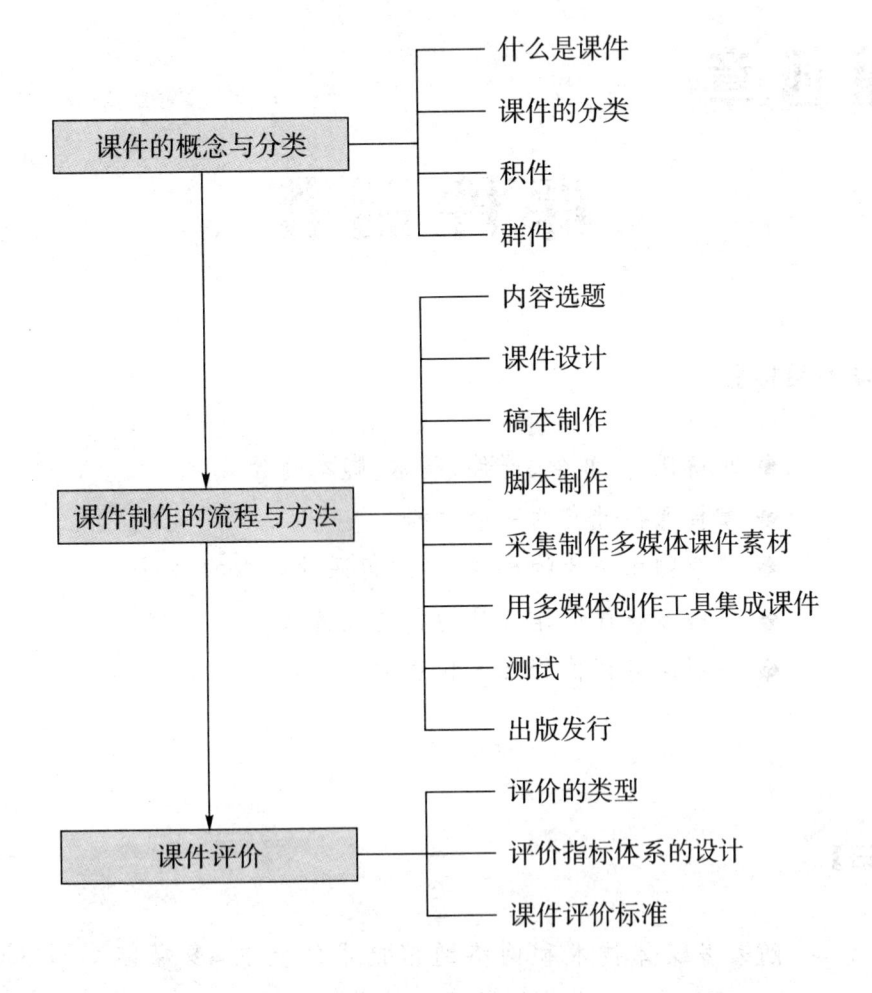

第四章 课件制作

第一节　课件的概念与分类

计算机辅助教学(Computer Assisted Instruction)简称 CAI,是以计算机为主要教学媒介所进行的教学活动,是计算机教育应用的一个重要领域。而课件是为教与学而设计的计算机软件,是计算机辅助教学的重要组成部分。

一、课件的概念和作用

课件,是在一定的学习理论指导下,根据教学目标设计的,反映某种教学策略和教学内容的计算机软件。课件具有教育性、科学性、交互性、集成性、艺术性、技术性等特性。

早期的课件大多是利用通用程序设计语言或写作语言编写的,为封闭式的程序产品,所以那时的课件往往被看做是教学程序。后来,课件编制工作逐渐转向以写作系统为开发平台,课件作者主要关心教学内容的组织和媒体化工作,而不太关心编程问题,课件产品变为开放式,即课件的学习材料库与教学控制程序可以单独存在。这时的课件可被看做为结构化的学习材料。

课件的内容可多可少,一个大的课件可以包括一门完整的课程内容,可包含几十课时的内容;小的课件常常只包含某一知识点的内容,可能运行 10～30 分钟,甚至更短,国外将这类课件称为"堂件"(Lessonware)。课件在教学中的作用有:

1.提供多元化的信息展示方式

多媒体课件以文、图、声和活动图像等多种符号载体来呈现事物、现象、观念和思想,给教学双方提供了多元化的信息展示方式,这有利于克服单一媒体符号系统在信息交流中存在的困难和障碍,极大地丰富了教学信息的表现形式。

2.为培养多维化的思维方式创造条件

在以文字加口语为主要思维标志的时代,对学习者的培养是以一维线性思维为主。无论出现多少新的事物、现象和观念,总会有相应的文字符号来表达。然而,它缺少其他媒体符号特有的功能。更重要的是,一维的线性思维对学生的创造性思维的培养存在一定程度的制约。多媒体课件的应用能使学习者的抽象思维和形象思维都得到发展,从而有利于学习者多维化思维方式的形成。

3.为灵活的、多样化的学习步骤提供了基础

多媒体课件在呈现信息上可以用多种信息组合方式和结构,如常采用的非线性网状结构。这种结构可以实现多个框面间的灵活跳转,形成多种信息呈现步骤和途径,为实现多重学习目标,开展多个学习路径、多层学习水平的学习创造了条件,同时也为教师灵活控制教学进程,学习者自主学习时灵活把握进度奠定了基础,有利于因材施教、因能而学。

135

4.为教学提供了大容量和集成化的教学信息资源

多媒体课件在一定单位时间内,较传统教学方式能呈现更多的教学信息。多媒体课件的信息储存量大,如一张普通的 CD—ROM 光盘的信息容量可达 640MB,可存储 3.4 亿个汉字,或 16000 张 40KB 的图片,为教师备课、施教提供了丰富的信息资源。DVD 格式的光盘还可存储更多的内容。多媒体课件将文字、图形、图画和声音集成在一起,向学生提供多重刺激,给师生的教与学提供了极大的方便。

二、课件的分类

课件根据运行平台,可分为网络版课件和单机版课件;根据功能,可分为教学型课件、测试型课件、管理型课件;根据教学信息的呈现方式,可分为框面型课件、自动生成型课件、数据库型课件、超文本超媒体型课件、人工智能型课件等。这里我们主要介绍课件根据内容和作用的分类。

1.课堂演示型课件

课堂演示型课件是为了解决某一学科的教学重点和教学难点而开发的,它注重对学生的启发、提示,反映解决问题的全过程,主要用于课堂演示教学。随着多媒体投影机分辨率的提高、性能的完善和价格的下跌,课堂演示型课件在教学中的应用将趋于广泛。

课堂演示型课件的设计,要求画面直观、分辨率高,能按教学思路逐步深入地呈现信息。

2.学生自主学习型课件

学生自主学习型课件具有完整的知识结构,能反映一定的教学过程和教学策略,提供相应的形成性练习供学生进行评价,并具有友好的人机界面让学习者进行人机交互活动。

3.模拟实验型课件

借助计算机仿真技术,提供可更改参数的指标项,当学生输入不同的参数时,能随时真实模拟对象的状态和特征,供学生进行模拟实验或探究发现学习时使用。

4.训练复习型课件

训练复习型课件主要是通过问题的形式用于训练、强化学生某方面的知识和能力。设计时要保证具有一定比例的知识点覆盖,以便全面地训练和考核学生的能力水平。

5.教学游戏型课件

教学游戏型课件不同于一般的游戏软件,它是基于学科的知识内容,借用游戏的形式,通过寓教于乐的方法,引发学生对学习的兴趣,让学生兴趣盎然地在活动中学习。设计这类课件,要注意趣味性强,游戏规则简单。

三、积件

学校课堂教学的实践证明,课件不利于教师和学生的个性与创造性的发挥,不适应千变万化的现实课堂教学。学校课堂计算机辅助教学需要从课件思想向一种更灵活的、适应不同教师、不同教学情境的方向发展。"积件"(Integrable Ware)是对我国 CAI 领域的历史经验和存在的问题进行长期探讨与反思后提出的,是发展我国学校课堂计算机辅助教学的新思路。积件是从课件的经验中发展而来,是现代教材建设的重要观念转变,是继课件之后的新一代教学软件。

1.什么是积件

积件是由教师和学生根据教学需要,自己组合运用多媒体教学信息资源构建而成的教学软件系统。它不是在技术上把教学资源素材库和多媒体著作平台简单叠加,而是积件库与积件组合平台的有机结合。

2.积件系统的组成

积件系统由积件库和组合平台构成,包括教学信息资源、教学信息处理策略与工作环境。积件系统的结构如图 4-1 所示。积件库是教学资料和表达方式的集合,可将大量的知识信息素材提供给教师和学生在课堂教学中自由使用。积件组合平台是供教师和学生组合积件库并最终用于教学的软件环境。

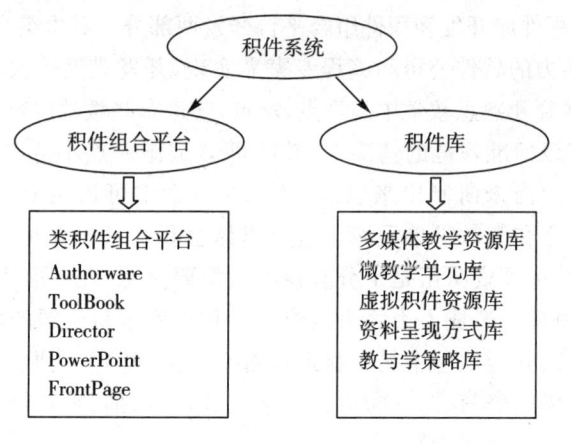

图 4-1　积件系统结构模型图

3.积件的特点

积件是针对课件的局限性而发展起来的新的教学软件模式和教材建设思想,它的主要特点如下:

(1)注重人的主体性

积件将教学信息资源与教学思想、教法、学习理论相结合的主动权交给了师生,充分体现了面向 21 世纪尊重人、以人为主体的教育思想。

(2)与教材版本无关性

积件是以知识点为分类线索,这样,无论教材课程体系如何变化、教材版本如何变化,积件都可被师生应用于当前教学活动中。

（3）基元性与可积性

积件是从传统课件的基础上发展出来的,教学资源素材越基本,附加的边界约束条件越少,其重组的可能性就越大。

（4）开放性与自繁殖性

积件的素材资源和教学策略资源都是以基元方式入库供教师重组使用的,因而积件在教学活动中自然具有开放性、自繁殖性。

（5）继承性与发展性

积件与课件的关系是继承与发展的关系。积件包含了课件的特殊性,课件是积件的特例。课件经过适当加工,就可纳入积件的微教学单元库;积件经适当组合,就构成了一个"临时"的课件。

（6）技术标准规范性

为了实现积件的可重组性,积件的各类信息资源必须遵从当今世界主流标准和规范,这需要在国家一级层次上确立法规性的标准。

（7）易用性、通用性、灵活性、实用性

积件集中了大量丰富的教学素材,用起来很方便,操作界面直观明白、人性化、教学化,适于全体师生,适于不同的教学情境,是课堂教学的实用工具。

4.积件的开发与应用

积件的开发分为积件库开发和积件组合平台开发两部分。其中组合平台涉及到底层软件的设计开发,需由有实力的软件公司和编程专家来实现,开发难度较大;微教学单元库最适合教师开发,因为只有教师才熟悉教学中的重点、难点,知道哪些教学内容需要使用计算机教学。

在目前尚无国家级标准规范的情况下,教师可尝试作一点小范围的积件库。在具有中国特色的积件组合平台尚未研制出来以前,教师在教学中可借用 PowerPoint、Authorware 等软件组合运用素材库和微教学单元库。这对于体会积件在教学中运用的魅力、探索开发和运用积件的经验、培训师资队伍是十分有益的。但要注意,在标准化和技术规范未确立之前,任何大规模的努力都会造成人力物力的浪费。积件库素材资源的来源大致有以下几类:

①将现有的课件或其他软件中的素材进行重新分离、整理、还原。

②将现有纸张载体的资料(图、文)进行数字化处理(扫描、重新录入,类似于西方国家目前正在进行的图书馆数字化运动)。

③自己开发教学中急需的、针对教学难点的微教学单元。

④购买计算机软件公司和出版社发行的积件库光盘。

⑤从 Internet 网下载可用于教学的信息源片断。

目前,我国大中小学急需积件库,但适合我国学校课堂教学使用的积件类教学软件几乎是空白,这对有志于教育兴国的软件开发公司和出版社来说,是一个新的、巨大的市场。

四、群件

"群件"(GroupWare)用来支持群体工作,其并非新生事物。近年来,随着 Internet/

Intranet 技术的发展,群件也被赋予了更加旺盛的生命力。

1. 什么是群件

群体工作(Work Group)中,各工作者因为时间及所处地点的不一致,造成交流及协调的不便。群件就是针对群体工作而发展出来的技术产品,目的在于促进群体的交流合作及资源分享,充分提高群体的工作效率和质量。我们这样定义群件:以交流(Communication)、协调(Coordination)、合作(Collaboration)及信息共享(Information Sharing)为目标,支持群体工作需要的应用软件。我们将群件的上述特征称为3CIS。

2. 群件的基本思想

传统的管理方式和工作方式正在经受一场变革,社会逐步由个人工作时代迈入协同工作时代。群件技术和计算机网络技术、通讯技术、多媒体技术共同构成了协同计算环境,可以使不同地域、不同时间、不同文化背景的人们能够协调一致地为某项任务而共同工作,这就是群件的基本思想——协同计算(Collaboration Computing)。

在协同计算环境中,网络、通讯等是底层的技术,统领全局的是以中件(Middleware)形式出现的群件。群件将应用程序进行分布处理的过程完全透明化(Transparency)。在程序员一级,群件的透明性在于保证网络应用及其传输部件的通信方式完全隐含;在用户一级,群件的透明性在于完全隐蔽了应用的网络特性。利用群件,人们可以毫无困难地将应用融入异种网络环境。

3. 群件的分类及应用

群件的重要任务就是提供对用户间交互的支持。它既可以支持面对面的协同工作,也可以支持分散在不同地区的人员之间的协同工作。用户之间的通信和协作既可以是同步的,也可以是异步的。这种对空间和时间的综合考虑可以将群件划分为四类:面对面交互,如计算机会议系统;异步交互,如电子公告板;同步分布式交互,如共同编辑系统;异步分布式交互,例如电子邮件。

目前,群件已得到了广泛的应用,产生了许多不同形式、不同种类的群件系统。

(1)信息共享系统

它支持用户群体间的各种媒体信息的异步交互,如电子邮件、异步式计算机会议系统、BBS(公告板系统)等。

(2)共同编辑系统

合作的群体用户可以使用多用户编辑器合作组织和编辑共事的多媒体数据实体。例如编辑报纸、多专家决策支持等都要用到共同编辑系统。

(3)群体决策支持系统

一方面可以加快决策过程,另一方面可以提高决策结果的质量。计算机会议系统由计算机连接各用户并且提供相应的环境提示,如传送现场的声、图、文信息,从而产生类似于会议的效果。

(4)智能工具系统

它是通过智能代理负责某些特定的任务,并使其行为在用户看来就像一个真正的用户一样。如在工作组窗口系统中的 Hearts 游戏,当不是 4 人时,游戏会自动生成 1—3 个参与者补齐人数。

(5)协调系统

协调系统要解决的问题就是集成并和谐地调整不同人的工作以完成共同的目标和任务。这类系统的典型特点是,对用户来说不仅自己的操作可见,而且在共同任务的上下文里其他用户的相关操作也可见。

(6)工作流管理调度系统

工作流(Workflow)软件为小组协作完成任务提供了自动化的管理手段,如 IBM 公司的 IBM Lotus Workflow。

随着群件的迅速发展,群件更多的功能将被发掘出来,其应用也会进一步地丰富。

第二节 课件制作的流程与方法

课件的开发过程,就是课件设计者把对"教学的想法"用计算机程序进行描述,经过调试编制为可运行程序的过程。"教学的想法"包括教学目的、内容、实现教学活动的教学策略、教学的顺序和控制方法等。

课件的设计与制作涉及多种学科的知识和技能,大型课件一般由多人共同参加,组成课件开发小组。课件制作的流程大致如图 4-2 所示。

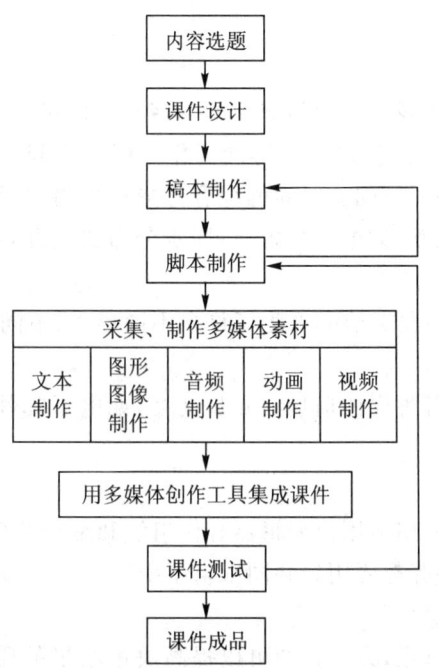

图 4-2 课件制作的基本流程

一、内容选题

课件的选题必须是教学目标范围内的,而且应适合 CAI 完成的课题。

1.选择教学课题,确定教学目标

选题应根据 CAI 的必要性和可行性来进行。在教育领域中,无论哪门学科,一般都可以实施多媒体辅助教学,相对来说课程内容比较抽象、难以理解、教师用语言不易描述、某些规律难以捕捉、需要学习者反复练习的内容,实施计算机辅助教学效果更好。

选题的同时,还必须分析和确定课题实施所能达到的目标,应符合教学目标的要求。特别注意要发挥多媒体的特长,根据教学内容的特点,精心设计、制作多媒体素材,具备图、文、声、像的综合表现功能,有效调动和发挥学生学习的积极性和创造性,提高学习效率。

2.研究教材内容,创作设计脚本

教材是教学的基本依据,也是 CAI 课件设计的蓝本,只有把握好教材内容,深刻理解教材的知识结构和内容体系,才能实施有效的教学。因此,在选择好课题后,应仔细分析和研究教学内容,理解重、难点问题,确定课件的名称、制作目的、教学对象、内容结构等。

二、课件设计

多媒体教学课件的设计,主要包括教学设计、系统结构与主要模块的分析、屏幕设计和交互设计等。课件的设计涉及多学科的知识和技能,一般由课程专家、教学设计人员、教师、美术设计人员、软件设计人员等共同参与。

1.课件的教学设计

课件的教学设计是教学设计产品级的应用,包括学习需求分析、教学目标确定和描述、教学内容设计、媒体设计四部分。

(1)学习需求分析

具体内容详见第三章教学设计部分。

(2)教学目标确定和描述

具体内容详见第三章教学设计部分。

(3)教学内容设计

教学内容设计主要考虑教学信息的组织结构。教学信息的组织结构及表现形式,定义了课件中各知识点的相互关系及其发生联系的方式,反映了整个课件的框架结构和基本风格。在多媒体课件中常用的内容组织结构方式有线性、树状、网状结构,如图 4-3 所示。

在线性结构中,知识点线性排列,学生只能按某个预置顺序接受信息;在树状结构中,知识点按照层次关系排列,学生沿着一个树状分支展开学习活动,该树状结构由教学内容的自然逻辑形成;网状结构即超文本结构,它模拟人脑思维的自由联想,知识点按照内在的逻辑相关性建立链接,学生可在知识点间自由"漫游",没有预置路径的约束;复合结构是前三种结构的组合,即学生在一定范围内自由漫游的同时,受主流信息的线性引导和分层逻辑组织的影响。

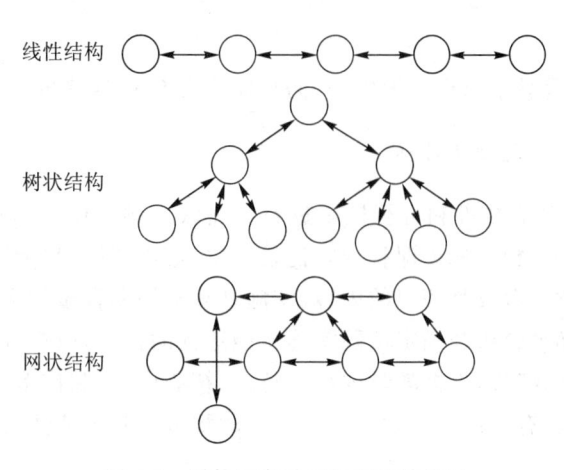

图 4-3 课件通常采用的组织结构图

（4）媒体设计

设计课件时要根据表现内容的特点,合理选择适合的媒体。

①文字设计。文字擅长表现复杂、抽象的要领和刻画对象的细节。课件中文字内容应力求简明扼要、突出重点。一般来说,若课件使用对象为年龄小、语言文字理解力不强的小学生,课件中要少用文字,且文字最好以逐字、逐行的运动形式呈现,并配以悦耳的音响效果,文字的颜色以鲜艳的暖色调为主。此外,文字的风格应与表达的主题内容、界面整体风格和谐统一;文字与背景的色彩对比要明显;实际制作时,常常在专门的图像软件中制作出具有艺术效果的文字,再以图片形式导入到课件中。

②图形及图像设计。如果课件中只有文字,将缺乏吸引力。图形图像生动、直观,最易被学生感知和接受,是课件最重要的媒体形式。课件中的图形、图像一定要清晰规整,设计时应注意其摆放位置、大小、色彩等。

③声音。在课件中,合理地加入一些声音能更好地表达教学内容,吸引学生的注意力,增强学生的学习兴趣。课件中的声音包括语音解说、音乐和音响效果。语音解说起承上启下、穿针引线的作用,能使言语信息突出。应力求做到朴实生动、清晰流畅、通俗易懂、节奏合理、准确无误。音乐与人的情感有密切联系,有助于烘托气氛,调动某种情绪等。音乐的节奏要与教学内容相符,重点内容处要选择舒缓、节奏慢的音乐,过渡性的内容选择轻快的音乐;背景音乐要随解说的有无控制音量的强弱。音响(非语言声)常作为系统中事件的示意,有助于吸引人的注意力,激发人的想像力,是听觉艺术中不可缺少的声音之一。音响效果与具体的画面或使用者的操作配合传递信息,不仅能增强画面的形象感与真实感、扩大与加深画面的表现力,还可以为烘托环境气氛创造好的教学情景。

④动画。动画是快速播放的静态图形的序列,适合于表现静态图形所无法表现的动作信息。动画通过示意、模拟、虚构等表现形式将抽象的、深奥的学习内容具体化、形象化,适宜表现教学过程中某些比较抽象的事物或增添画面的生动性。课件中的动画应简洁生动,构图均衡统一,色彩配置和谐明快,动作自然流畅,动画的色调与界面整体风格应相符,布局合理。

⑤动态视频。动态视频适宜于表现其他媒体所难以表现的来自真实生活的情景和事

件,特别是需要真实感的社会文化信息,有助于学习者对信息的记忆和回忆。

2.系统结构与主要模块的分析

这部分主要包括系统功能说明、系统结构流程图和主要模块分析。

(1)系统结构流程图

用于反映整个课件的主要框架及其主要教学功能,如图 4-4 所示为《爱莲说》多媒体教学课件的系统结构。

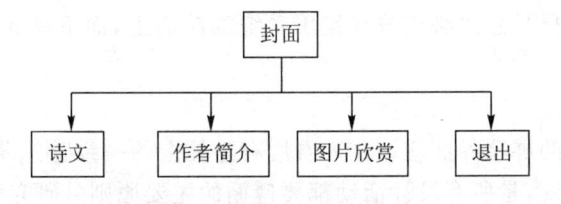

图 4-4 《爱莲说》系统结构

(2)主要模块是构成课件系统的主要部分

不同的模块在屏幕设计和链接关系上有很大的区别。在如图 4-4 所示的系统结构的课件中,有"诗文"、"作者简介"、"图片欣赏"、"退出"4 个主要模块,每一个模块也可以由若干个子模块组成。

每一个模块都由若干屏幕来呈现,通常根据文字脚本中与该知识内容相对应的卡片数,确定屏数以及各屏之间的关系。

3.屏幕设计

课件屏幕设计的一般要求是布局合理、整洁美观、符合教与学的需要。

(1)屏幕版面设计

屏幕版面设计主要是安排各种教学信息呈现、帮助提示和交互作用等区域的位置及大小。

教学信息呈现区域主要呈现知识内容、演示说明、举例验证、问题提出等,它们常以多媒体的形式呈现。整个教学信息呈现区域在屏幕版面上应处于醒目的位置,并占有较大的面积。交互作用区域的位置要根据学生操作习惯而定,通常处于右边、下面或右下角。

(2)显示设计

显示设计就是根据教学顺序和学生认识规律,设计屏幕版面上各部分显示的方式。设计的一般要求为:窗口要有明显的分界线,可用立体显示,窗口内背景、边界线及屏幕颜色要有差异;按钮应有一定的立体感,有凸起、凹陷等,且上面有文字说明其功能;热字颜色应与背景和其他文字内容有所区别,并可用下划线、反白或闪烁等方式加以突出。

(3)颜色搭配设计

颜色搭配设计包括背景颜色、全屏幕色调的设计,其一般要求是色彩协调、醒目自然。全屏幕颜色应采用柔和色调,以免引起观看者的视觉疲劳。

4.交互设计

除了课堂演示型课件之外,所有多媒体课件设计工作都要进行人机交互界面设计。因为非课堂演示型的多媒体教学系统,必须是一个好的人机交互系统。良好的人机界面设计,不仅能更有效地实施教学,而且能通过人机会话引导学生思维向纵深发展,使学生在良好的心理状态下进行积极主动的学习。良好的人机交互界面应具有简易性、一致性、反馈性及容错性等特性。

(1)简易性

简易性指交互界面的复杂度、清晰度等应该与用户的能力相当。针对不同的用户,可以设计复杂程度相当的屏幕界面,让使用者把注意力完全投入到被执行的工作和任务上,而不是界面上,使用者的思想、意念必须放在使用系统的功能上,而不是放在如何与计算机进行交流上。

(2)一致性

一致性是指课件的屏幕界面应该让人看后有整体上的一致感。设计的一致性是贯穿各条指导原则的一条主线,是所有设计活动都要遵循的主要原则。研究表明当屏幕元素,如标题、菜单等在屏幕上变化不定时,用户思考的时间几乎增加了一倍。具体而言,对于具有同样功能的操作对象,在形象和格式上要力求一致,起控制作用的按钮和图标也应一致。

(3)反馈性

反馈性是指课件程序系统必须对用户的任何动作做出反应,给出反馈信息,这是设计人机交互系统的一个重要原则。如果系统没有反馈,用户就无法判断自己的操作是否为计算机所接受、是否正确或者操作的效果是什么。

(4)容错性

健忘、易出错是人的固有弱点,在使用系统时也难免会出错,系统设计应该能够对可能出现的错误进行检测和处理。例如当用户输入了不合要求的数据时,系统应能判断出,并给出提示要求重新输入等。

5.导航策略设计

多媒体课件的信息量大,内部的信息结构复杂,如果不提供必要的引导措施,学习者在学习过程中就会不知道自己目前处在课件信息网络中的什么位置,从而造成迷航。实际上,即使课件的结构不复杂,对于不了解其结构的学习者来说,也应该提供导航策略。导航策略是影响课件易用性和交互性的重要因素。导航策略在界面中多体现为按钮、超链接等形式。

导航的基本功能是告诉学习者现在在哪里,将要去哪里,如何去。实现导航的方法很多,如检索导航、线索导航、帮助导航、书签导航等。

检索导航:提供方便的检索(搜索)方法供用户在任何位置查询,帮助学习者随时迅速定位到希望去的位置。

线索导航:在学习者浏览课件信息中的链和节点时,记录学习者的学习历史路径,让学习者按原来的路径返回。

书签导航:为用户提供书签功能,即在学习浏览信息的过程中,可在重要的内容或感兴趣的节点设置书签,以后通过查找书签即可返回书签对应的位置。

帮助导航:提供帮助菜单或帮助主题。

三、稿本制作

课件设计完成后,应在此基础上编写相应的稿本和脚本。脚本是课件制作的直接依据,由于脚本的内容繁多、结构复杂,要一次性编写难度很大,因此一般是先写稿本,在此基础上再细化为脚本。稿本是课件设计的直接体现,教师通常要参加稿本的编写工作。

稿本中一般包括教学目标描述、知识结构分析、对话问题设计等内容。

1.描述教学目标

①分析学生的特征,使教学具有针对性。
②列出教学内容各知识点的层次要求(了解、识记、掌握、应用等)及具体要求。

2.分析知识结构

建立各知识点之间的联系,并用图标(关系图、流程图等)明确地表现这些联系。

3.设计对话问题

①问题的提出。列出对应各知识点应提出的问题。
②问题的回答。列出学生对问题做出的各种可能的反应。
③问题的反馈。针对问题的回答给出肯定表示、否定表示和补救性建议。

4.编写稿本卡片

为了便于稿本的编写,可将教学内容、知识结构以及对话问题等制成卡片的形式,称为稿本卡片。稿本卡片一般包括序号、内容、媒体类型和呈现方式等内容。

(1)序号

反映教学的先后顺序,可以认为稿本是稿本卡片的有序集合,稿本卡片的序列是根据教学过程的先后顺序来决定的。依据知识结构流程图,我们可划分各阶段的序号范围并按先后顺序将文字稿本的卡片编序号。

(2)内容

某个知识点内容或构成某个知识点的知识元素,也可以是与知识内容相关的问题。

(3)媒体类型

根据教学内容与教学目标的需要,考虑各类媒体信息的特点,适当地选择文本、图形、图像、活动影像、解说、效果声等各种媒体类型。

(4)呈现方式

主要指每一个教学过程中各种信息出现的先后顺序(如先呈现文字后呈现图像,或先呈现图像后呈现文字,或是图像和文字同时呈现)和每次调用的媒体种数。

稿本卡片无需固定的形式,只要包括了以上四个部分即可。如表4-1所示的是一种简单的稿本卡片。

表 4-1　稿本卡片的一般格式

序号	内　　容	媒体类型	呈现方式	备　　注
1	长方形、正方形周长复习	动画	人工参与控制播放	屏幕构图尽量简洁美观,突出长方形、正方形
2				
· · ·				

四、脚本制作

稿本只是将知识内容的呈现方式及媒体类型描述出来的一种形式,还不能作为多媒体课件制作的直接依据。多媒体课件制作还应考虑所呈现的各种信息内容的位置、大小、显示特点(如颜色、下划线、箭头提示、背景色、前景色等),甚至还要考虑信息处理过程中的各种编程方法和技巧,这就要编写相应的脚本。

脚本一般包括课件结构的说明、主要模块的分析、屏幕的设计和链接关系的描述等。脚本常以脚本卡片的形式表现。

脚本卡片是构成脚本的基本单元,描述了课件设计的结果及对课件制作的要求和指示。脚本卡片没有统一的固定格式,基本要求是:能清楚地反映课件设计的结果,能方便地实现对屏幕画面的设计,能直接地给出对课件制作的支持,能有效地表示出课件运行的实际情况。如图 4-5 所示是一种实用的脚本卡片(供参考)。

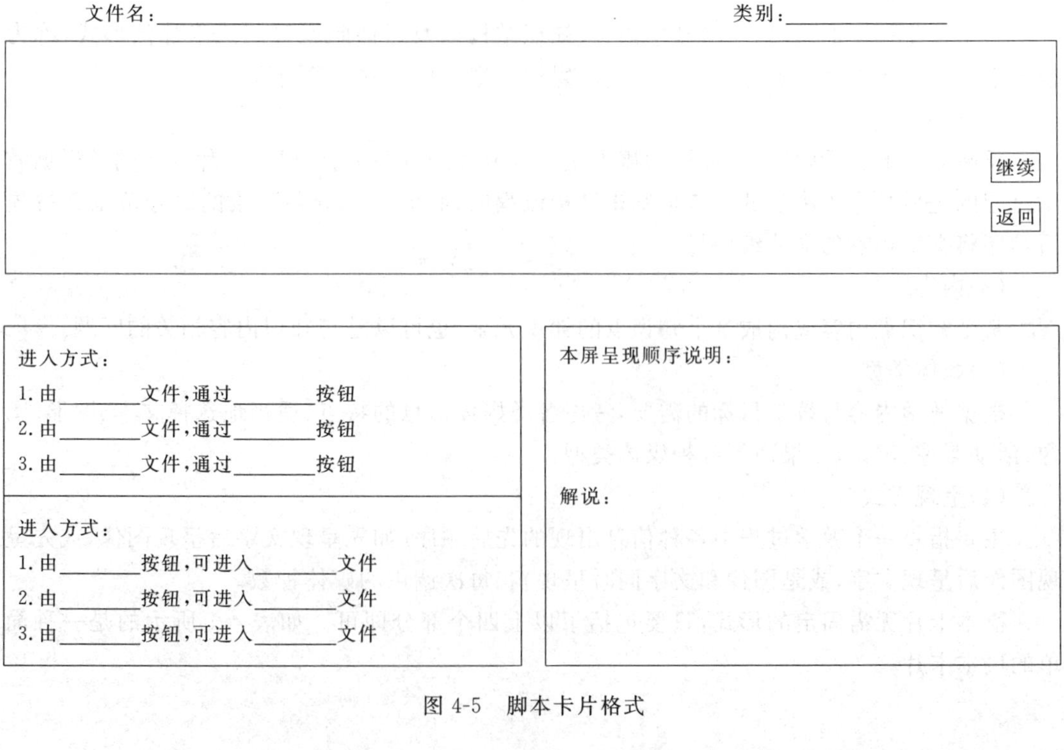

文件名:_____ 　　　　　　　　　　类别:_____

　　　　　　　　　　　　　　　　　　　　　　　　　　　　　　　继续

　　　　　　　　　　　　　　　　　　　　　　　　　　　　　　　返回

进入方式:
1.由_____文件,通过_____按钮
2.由_____文件,通过_____按钮
3.由_____文件,通过_____按钮

进入方式:
1.由_____按钮,可进入_____文件
2.由_____按钮,可进入_____文件
3.由_____按钮,可进入_____文件

本屏呈现顺序说明:

解说:

图 4-5　脚本卡片格式

五、采集制作多媒体课件素材

多媒体素材是多媒体课件中用到的各种视听觉材料,是课件中用于表达一定思想的各种元素,包括文本、图形图像、声音、动画和视频等。制作课件之前,应根据脚本的需要搜集准备所需的各类素材。素材可以通过多种途径获取,如从各种多媒体素材光盘中取得,利用扫描仪采集图像,利用动画制作软件生成动画,用话筒输入语音等。下面分别介绍各种媒体素材的采集和制作工作。

1. 文本制作

文本就是文字资料。文本一般可以通过下面的途径获得。

(1)键入文本

选用一种熟练的汉字输入方法,用 WPS、WORD 等文字处理软件通过键盘录入来实现。

(2)扫描文本

利用扫描仪对书籍等书面文本进行扫描来获得文本数据的一种方法。扫描仪将每页文本转换成位图图像,再由光学字符识别软件(OCR 软件)将字符逐个地转换为 ASCII 码存储起来。

(3)笔式输入

通过某种专门软件的支持,在计算机上连接一块写字板,用专门配套的笔手写输入汉字。笔式输入使用前一般要进行"训练",即输入一些字符让计算机识别,对不正确的(一般是因为书写不规范、潦草造成的)字符进行更正。训练完成后,输入系统就能较好地了解你的书写风格,从而高效地识别字符。

(4)听写输入

利用汉字听写输入系统,使用话筒将要输入的内容用普通话读出,即可完成输入。听写输入一般也要进行"训练",即让计算机了解你的发音风格。

2. 图形、图像制作

图形、图像文件有很多种,常见的有 BMP、JPG/JPEG、GIF、PNG 及 TIF/TIFF 等格式。如表 4-2 所示。

表 4-2 常见位图图像格式一览表

图像格式	支持动画	压缩性能	尺寸	适用对象
BMP	否	无压缩	很大	对图像质量要求严格的情况下
JPG/JPEG	否	好	小	处理大量图像的场合,广泛应用于各种领域
GIF	是	好	小	多媒体课件和网页
PNG	否	好,对 8 位及以下的位图压缩能力比 JPG 格式要好	小	适用于网页
TIF/TIFF	否	一般	大	主要应用于排版,通常用于 OCR 软件识别扫描文档

图形、图像素材一般可以通过下面的途径获得：

（1）从现有图片库中获得

现有的图片库（光盘或网上图片库）收集了各类图片，对它们进行使用和保存都非常方便。可以通过购买图片库光盘或利用搜索引擎（Google、Yahoo、百度等）从 Internet 下载免费图片。

（2）用扫描仪扫入图像

如果图像素材是照片、杂志、图片以及印刷品，可使用扫描仪和相关的软件将这些素材扫描到计算机中，也可通过数码照相机拍摄，再传入计算机中。

（3）获取屏幕画面

Windows 操作系统为我们提供了两种获取计算机屏幕画面的快捷键："Print Screen"键和"Alt＋ Print Screen"组合键。"Print Screen"键可将显示器显示的全部屏幕画面截取下来，并保存在剪贴板中；"Alt＋ Print Screen"组合键可将当前窗口中的画面截取下来，用户可将剪贴板中的画面粘贴到某些图形处理软件中，最后将该画面保存起来。

（4）用抓图软件截图

Snagit 是一款优秀的抓图软件，可以截取屏幕上的某个区域的图像、文字，还可以将计算机屏幕的操作过程保存为视频。其截取屏幕图像的操作方法如下：

①启动 Snagit，在工作窗口中选择"捕获"选项卡，如图 4-6 所示。

图 4-6　Snagit 的工作窗口

②在"基本捕获配置文件"项可以选择"区域到文件"、"区域到剪贴板"等各种方式截取屏幕。

③点击右侧的"捕获"按钮，进行截图。

④选择截图区域后，将弹出"截图预览"窗口。点击"另存为"按钮，将图片保存即可。

（5）利用专门的图形图像软件创建、修改图像

图形、图像软件种类很多，大致可分为两类：一是绘图类软件如 CorelDraw、Illustrator、AutoCAD 等，主要用来绘制图案、图标、几何图形等矢量图形，并可填色、变形以及标注各种文字符号；二是图像编辑软件如 PhotoShop、PhotoDraw 等，主要用来对已有的图片进行特效处理，可以编辑位图图像，如风景、照片等。

（6）利用数码照相机、摄像机捕获图像

目前，许多数码照相机或数码摄像机通过 USB 等接口的数据线与计算机相连接后，可直接将机内存储的图像送入计算机。

3.音频制作

音频媒体可提供听觉刺激，是课件中最常用的媒体之一。不同格式的音频文件，音质不同，支持的课件集成工具也不同。

（1）常见声音文件简介

课件中常用的声音文件有 WAV、MIDI、MP3、RM 及 MP4 等格式。其中 WAV、MIDI 和 MP3 格式可被绝大多数软件支持。

①WAV 格式。WAV 格式文件又称波形文件，是 WINDOWS 所使用的标准数字音频。在适当的硬件及计算机的控制下，波形文件可采集重现各种声音，如不规则的噪声、CD 音质的声乐、单声道及立体声等。WAV 格式几乎可被所有的课件集成工具支持，但因其未经压缩，体积很大。

②MIDI 格式。MIDI 文件扩展名为.MID，是多媒体计算机产生声音（特别是音乐）的另一种方式，可以满足长时间播放音乐的需要。MIDI 文件并不对音乐进行采样，而是将每一个音符记录为一个数字，因而比较节省空间。例如，同样半小时的立体声音乐，MIDI 文件只有 200KB 左右，而波形文件则要差不多 300MB。网上的手机铃声大多为 MIDI 格式。

③MP3 格式。MP3 是 MPEG Layer3 的简称，也是一种常用的音频格式。MP3 采用了高比率的数字压缩技术，压缩比率可达到 12∶1，在音质上几乎与高保真的 CD 没有什么差别。

④RM 格式。RM 格式是 RealAudio 出品的一种声音格式，主要适用于在网络上的在线音乐欣赏。这种格式的文件可以随网络带宽的不同而改变声音的质量，在保证大多数人听到流畅声音的前提下，令带宽较富裕的听众获得较好的音质。

⑤MP4 格式。MP4 格式并不是 MP3 格式的改进版本，由于 MP3 格式的音乐无法提供版权保护，所以由美国唱片行业联合会倡导，美国网络技术公司（GMO）开发出了 MP4 这种新的音乐格式。它的压缩比为 15∶1，较 MP3 格式略高。

（2）声音的采集

声音的采集一般可以通过下面的途径获得：

①引用已有的声音文件。在不产生版权争议的情况下，使用多媒体光盘或 Internet 上现成的 WAV、MP3 和 MIDI 格式文件是最直接、最方便的方法。

②同期录音。采用和实况摄像（或其他视频输入）时，将声音一同录制进影像素材中的做法，这就是所谓的同期录音。同期录音的优点是具有真实的现场感，但同时也要求环境不能太嘈杂，表现内容的声音或音乐在录制过程中不能出现失误，否则就得同影像内容一起重新摄录。

③利用录音软件录音。以 Windows 中的"录音机"程序为例说明。单击"开始"|"程序"|"附件"|"娱乐"|"录音机",即可打开"录音机"窗口,如图 4-7 所示。单击红色的录音按钮进行录音。录音结束后,可保存为 WAV 格式的音频文件。另外,"录音机"程序默认只能录制 60 秒,如需要录制更长的时间,可以先录制几秒钟,然后点击其菜单"效果"|"减速"若干次,这样就可以突破 60 秒的限制。

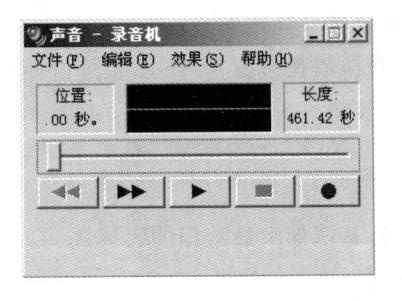

图 4-7 "录音机"窗口

4. 动画制作

多媒体课件中用到的动画有二维和三维两类。动画的文件格式因制作软件而异,常用的动画格式有 GIF、SWF、AVI 和 FLC。

(1)常见动画格式简介

①GIF 格式。该文件不仅用于保存单帧图像,还能保存连续多帧的图像,并支持循环播放。这种动画文件格式可以实现动画的背景透明,保存的文件较小,在网页上使用较多,一般课件制作平台都支持这种格式。

②SWF 格式。SWF 是 Macromedia 公司推出的 Flash 动画文件格式,需用专门的播放器才能播放。Flash 动画所占的存储空间很小,在网页上应用广泛。

③AVI 格式。AVI 格式的文件是 Microsoft 公司在 Windows 中使用的影像文件标准,这种格式的文件将视频和音频信号混合交错地存储在一起,压缩比较高,并且大多数动画制作软件都能输出 AVI 格式的动画文件。

④FLC 格式。FLC/FLI 文件格式是 Autodesk 公司在其出品的 3DStudioR4,3DStudioMAX,Autodesk Animator,Animator Pro 等 2D/3D 动画制作软件中采用的彩色动画文件格式,属于 8 bit 动画文件,尺寸较小。

(2)动画的获取

动画一般可以通过下面的途径获得:

①引用已有的动画素材。动画除了可以从多媒体光盘中获取外,也可以从网上下载。常用的动画网址可以用 Google 搜索,如输入"动画素材"、"GIF 动画下载"、"Flash 动画下载"等。

②利用专门的动画创作工具来实现。具有代表性的二维动画制作软件有 Animator、Flash 等,三维动画制作软件有 3DStudio、3Dmax 等。本书的第六章将介绍用 Flash 软件制作动画的具体方法。

③多媒体创作集成工具如 Authorware、Director、Toolbook 等,提供的动画制作功能也可以做出简单的动画,但一般不能表现复杂的动画效果。

150

5.视频制作

视频是课件的一种重要媒体要素。视频影像来源于摄像机或录像机信号,经图像压缩后形成多媒体数据文件。视频在计算机里以数字化的形式存储,其文件格式取决于视频压缩的标准,常用的格式有 AVI、MOV、MPG、RM、ASF 等,其中 AVI、MPG 格式可被绝大多数软件支持。

(1)AVI 格式

Video for Windows 所使用的文件称为 Audio-Video Interleaved(音频—视频交错),AVI 格式的文件将视频和音频信号混合交错地存储在一起。AVI 是微软公司对视频图像的压缩格式,文件使用的压缩方法有好几种,主要使用有损压缩算法,但图像尺寸仍较大。

(2)MOV 格式

MOV 是 Quick Time for Windows 的专用文件格式,也使用有损压缩方法。实践证明,相同版本的压缩方法,MOV 文件的图像质量较 AVI 格式的要好。但由于 Windows 里没有 MOV 文件的解压缩程序,因此在不同平台间进行交流有一定的局限。

(3)MPG 格式

MPG 格式是采用 MPEG 方法进行压缩的全运动视频图像。MPG 格式的压缩比高,图像尺寸较小,同时也能较好保证图像质量,因此是最常使用的视频格式。MPG 文件制作为 VCD 时,可转换为 DAT 格式的视频文件。

(4)RM 格式

视频文件也有 RM 格式,它是视频流技术的始创者,可以在用 56K MODEM 拨号上网的条件下实现不间断的视频播放,但其图像质量比 MPEG 等略差一些。

(5)ASF 格式

ASF 是 Advanced Streaming Format 的缩写,是 Microsoft 为了和 Real player 竞争而研发的一种可以直接在网上观看视频节目的文件压缩格式。由于它使用了 MPEG4 的压缩算法,所以它的图像质量比 VCD 差一些,但比 RM 格式要好。

除了以上格式外,许多公司也研发了自己的视频标准,如科建公司的 CSF 格式等。

实际制作课件时,视频一般要经过编辑处理,如截取片断、增加字幕和特效后,才存入计算机中备用。视频的编辑分为线性编辑和非线性编辑。非线性编辑是指先将采集到的素材以数字文件的格式存储在计算机内,然后用非线性编辑软件编辑素材、组织特技、制作音效等。常用的非线性编辑软件有:Ulead Media Studio(绘声绘影)、Adobe Premiere 等。

6.不同格式文件的相互转换

在课件制作过程中,常常会遇到这样的情况:我们使用的课件制作工具不支持现有的素材格式,或由于现有格式的素材体积较大(如 AVI 等),需要转换为体积较小的文件(如 MPEG、RM 等),这时就需要进行文件格式转换。利用专门的音视频软件可实现压缩、转换等处理。

(1)图形图像文件格式间的转换

专门的图像处理软件一般都具有图像格式转换的功能,方法是在图像处理软件中打开所要转换的文件,然后另存为其他格式即可。

（2）音频文件间的转换

"超级转换秀"是国内首个集视频转换、音频转换、CD抓轨、音视频混合转换、音视频切割/驳接转换、个性文字/图片/画中画效果于一体的优秀影音转换工具，如图4-8所示。下面简单说明一下使用超级转换秀进行音频转换的方法。

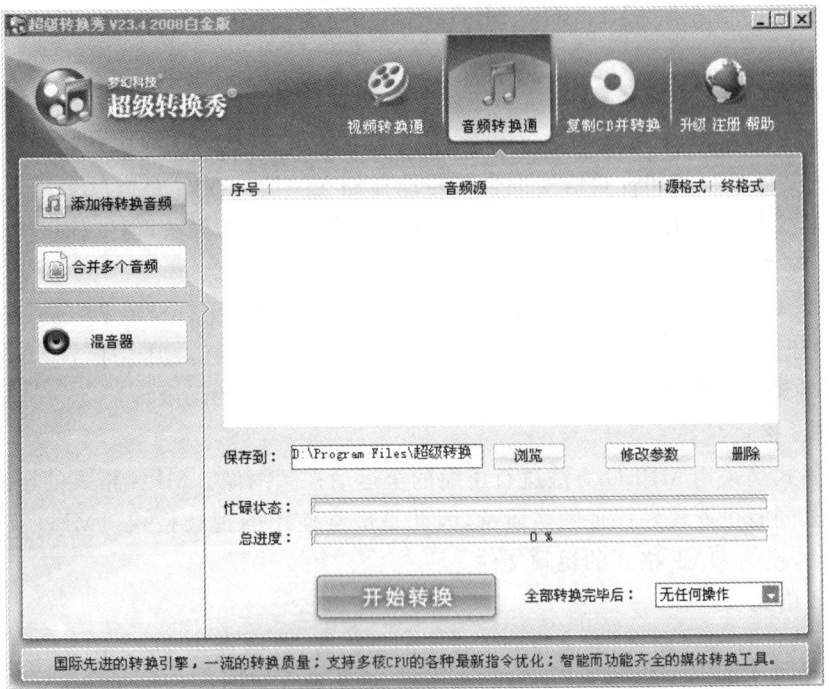

图4-8 "超级转换秀"主界面

① 启动超级转换秀，单击"音频转换通"按钮，进入音频转换界面。再单击"添加待转换音频"按钮，弹出"请选择待转换的音频文件"窗口。

②选择若干音频文件后，单击"打开"按钮，弹出"设置待转换的音频参数"窗口，在"转换后的格式"下拉菜单中选择音频格式，如图4-9所示。

③单击"下一步"按钮，再单击"确认"按钮完成音频格式转换。

（3）视频文件间的转换

"超级转换秀"也提供了视频文件转换的功能，可实现多种视频格式的互相转换。

①启动超级转换秀，单击"视频转换通"按钮，进入视频转换界面。再单击"添加待转换视频"按钮，弹出"请选择待转换的视频文件"窗口。

②选择若干视频文件后，单击"打开"按钮，弹出"设置待转换的视频参数"窗口，在"转换后的格式"下拉菜单中选择视频格式，如图4-10所示。

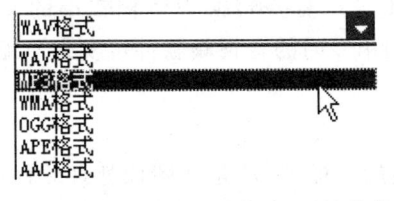

图4-9 音频"转换后的格式"下拉菜单

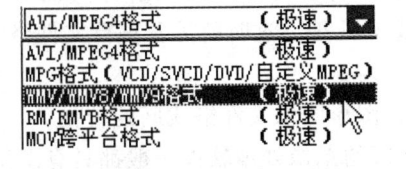

图4-10 视频"转换后的格式"下拉菜单

第四章 课件制作

③单击"下一步"按钮,再单击"确认"按钮完成视频格式转换。

当然,以上所介绍的音、视频转换方法是最为简单的一种。如果需要更为精细的文件格式转换,可以在超级转换秀中设置文件格式参数。读者可参考该软件的帮助文档自己进行。

六、用多媒体创作工具集成课件

多媒体素材制作好后,就进入集成整合阶段。一般在某种多媒体创作工具中,按照课件脚本将多媒体素材进行集成,最终形成一个交互性强、操作灵活、视听效果好的教学软件。

目前编辑流行的多媒体创作工具有国外的 Authorware、Director、Toolbook、Flash 等;国内近年来也有不少适合广大教师使用的多媒体创作工具,比较著名的有:方正奥思多媒体创作工具、蒙泰瑶光多媒体编著系统、洪图多媒体编著系统等。下面简要介绍这些工具。

1. Authorware

Authorware 可通过向流程线上拖放图标来实现对多媒体应用软件的设计工作,本书第五章将介绍使用 Authorware 制作课件的具体方法。

2. Flash

Flash 动画是以时间轴为基础的帧动画,它由按时间顺序排列的一系列帧组成,连续播放这些帧就形成了动画。在编辑过程中,通过对帧序列中的关键帧的制作,可以产生不同的动画和交互效果。本书第六章将详细介绍使用 Flash 制作课件的具体方法。

3. Director

其基本的设计概念来源于电影。通过角色(Cast)窗口的图形来制作动画,角色窗口实际上是媒体元素的数据库。总谱(Score)窗口跟踪每个电影帧中的元素舞台上的位置。总谱类似于一张电子表格,有 48 条水平行(或称通道)用以存放图形、文本、视频等,垂直的列代表组成电影的帧。特殊通道用来调整播放速度、转换调色板、加入转换和储存电影配乐。当沿总谱一帧帧进行时放出电影。它还提供了描述语言 Lingo,可以用来编程和创作复杂的交互关系。Director 擅长于创作有许多动画和层叠图像的课件。

4. 方正奥思

方正奥思(Founder Author Tool)是北大方正技术研究院精心研制的一个可视化交互式的多媒体创作工具。通过方正奥思,创作人员能够根据自己的创意,将文本、图片、声音、动画、影像等多媒体素材进行集成,使它们融为一体并具有交互性,从而制作出丰富多彩的各种多媒体应用软件产品。

5. 洪图

其基本设计思想是根据一般人们整理卡片的做法,由卡(Card)、按钮、堆栈(Stack)等元素来实现,分别相当于超文本中的节点、链和网络。卡是设计呈现信息的基本单元,多张卡集合形成表现某一主题的堆栈,而按钮则用以连接不同的信息成为一个整体,即将卡连接成

153

现代教育技术

为堆栈。不同堆栈中的卡构成完整的信息内容。

多媒体创作工具有多种,各有所长,一般要根据课件制作的要求、课件的使用特性及开发人员对开发工具的熟悉程度来选择使用。

七、测试

课件集成后,应由教师、计算机技术人员和学习者多方面调试、试用、修改,直到课件符合设计要求为止。测试是课件制作过程中的一个重要环节,是确保课件质量的最后一关。测试的目的是检测程序是否可以顺利运行,内部链接是否正确,各种声音、动画是否可以正常播放等。课件的测试可参照软件工程中测试的步骤和方法进行。

对于一个小的课件,由制作人员自己进行测试即可;对于大的课件,如涉及一门课程,则应分为单元测试、组装测试、系统测试三个阶段进行测试。单元测试是测试某一个小的模块;组装测试是单元测试通过后,将所有模块组织起来进行测试;系统测试则是测试课件与其他的设备(包括硬件和软件)的配合。

应该说,任何一种测试方法都是不完善的,经过全部测试完成后,仍有错误可能未被发现。这些错误将在以后广大的使用者运行课件时出现。所以,大型课件常常还需要在出版发行使用一段时间后再修改。

八、出版发行

课件经过不断的测试、修改后,将不断完善,形成课件成品。高质量的课件成品,一般可采用 CD-ROM 光盘出版发行。光盘课件为广大教师进行教学和学生进行形象直观的学习提供了极大的便利。

课件出版发行前要撰写使用手册。课件的使用手册是课件的主要文档资料,它是教师和学生使用课件的指导和参考资料。一般情况下,使用手册的内容包括课件的概述(使用对象、使用范围、功能特点等方面的说明)和使用说明等。

制作多媒体课件的最终目的是在教学上的应用,因此在创作的最后阶段还要将课件进行打包,根据软件的大小和需要拷贝到软盘或制作成光盘,变成一个可以脱离创作环境(在别的没有安装创作工具的计算机上也能正常运行),便于使用的实用软件。也可以根据需要把课件放在网站上,供学生在网上使用或下载后使用,成为网上教学课件。

第三节 课件评价

课件评价是指根据教学目标和要求对课件的内容结构、教学策略以及界面设计等方面给予全面的衡量和判断的过程和方法。一方面,它衡量教师和教学设计人员在教学前期的准备工作、教学目标和策略;另一方面,课件是计算机辅助教学的重要条件,其质量好坏直接影响这类教学活动的质量和效果。

一、评价的类型

在课件的开发过程中,根据实施的阶段和研究目的的不同,分为诊断性评价、形成性评价和总结性评价三类。

1.诊断性评价

诊断性评价是在课件开发之前所进行的评价,它主要是了解教师和学生对课件的兴趣、态度及开发所必须具备的条件。诊断性评价是为了摸清基础条件、发现问题、诊断原因,根据评价结果可以修订教学软件的开发目标和计划。

2.形成性评价

形成性评价是在课件开发过程中所进行的评价,其目的是监督课件开发工作,及时发现问题,进行修正调整。

3.总结性评价

总结性评价是在课件制作之后所进行的评价,其目的是了解课件制作的整体效果,并提供有关总体评价的情况。

二、评价指标体系的设计

建立评价指标体系是实施评价分析的关键。评价指标体系包括指标项系统、权重、等级标准,其中指标项系统表明评价的内容,权重表明各项指标项的重要程度,等级标准表明实施评价的依据和方法。

1.分解目标,建立指标项系统

指标必须与评价目标相一致,指标项系统的建立通常是通过分解目标的方式来完成的,一般包括总体目标(零级指标)、结构指标(一级指标)、单项指标(二级指标)三部分,如图4-11所示。

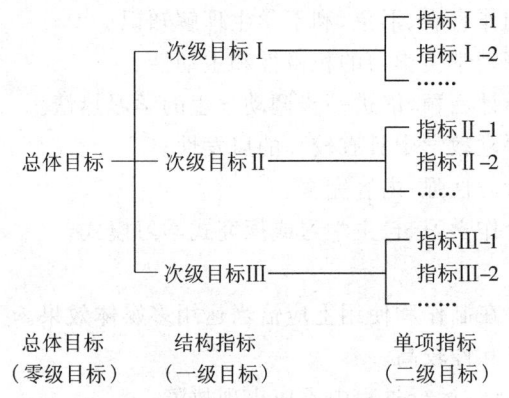

图 4-11　指标项系统的构成

2.权重系数的确定

权重系数是表示某一指标项在评价指标系统中的重要程度。权重系数的大小与目标的重要程度有关。通常,权重系数的获得可有如下两条途径。

（1）经验方法

通过访问有经验的专家、学者,以他们在实践中的经验分析哪项指标项重要、哪项指标项不太重要,从而确定这些指标项的权重系数的大小。

（2）多因素统计方法

这种方法是将各项指标以问卷的形式列出来,按重要的程度要求被调查对象进行排序,再对回收的问卷进行统计,以计算出来的排序指数的大小作为确定权重系数的依据。

3.等级的划分

在评价研究中,为了便于量化,通常采用等级划分的方法来进行。常用的等级划分方法有3等级式（如好/一般/差）、4等级式（如优/良/中/差）和5等级式（如优/良/中/可/差）。

三、课件评价标准

多媒体课件的评价标准具有一定的相对性。为了更好地了解多媒体评价的主要指标,这里提供两个在不同场合使用的多媒体课件评价标准,供大家参考。

1.K12教育教学网课件评比标准

K12教育教学网课件评比标准内容如下:

（1）科学性

①描述概念的科学性:课件的取材适宜,内容科学、正确、规范。

②问题表述的准确性:课件中所有表述的内容都要准确无误。

③引用资料的正确性:课件中引用的资料要正确。

④认知逻辑的合理性:课件的演示要符合现代教育理念。

（2）教育性

①直观性:课件的制作直观、形象,利于学生理解知识。

②趣味性:有利于调动学生学习的积极性和主动性。

③新颖性:课件的设计新颖,能进一步调动学生的学习热情。

④启发性:课件在课堂教学中具有较大的启发性。

⑤针对性:课件的针对性强,内容完整。

⑥创新性:能支持合作学习、自主学习或探究式学习模式。

（3）技术性

①多媒体效果:课件在制作和使用上应恰当运用多媒体效果。

②交互性:课件的交互性较高。

③稳定性:课件在调试、运行过程中不应出现故障。

④易操作性:操作简便、快捷。

⑤可移植性：移植要方便，可以在不同配置的机器上正常运行。

⑥易维护性：课件可以被方便地更新，利于交流、提高。

⑦合理性：课件恰当地选择了软件的类型。

⑧实用性：课件要适用于教师日常教学。

（4）艺术性

①画面艺术：画面制作应具有较高艺术性，整体标准相对统一。

②语言文字：课件所展示的语言文字应规范、简洁、明了。

③声音效果：声音清晰，无杂音，对课件有充实作用。

2.全国多媒体教育软件大奖赛多媒体课件评比指标

全国多媒体教育软件大奖赛是由教育部有关业务司局指导，由中央电化教育馆主办的全国性大赛。其制定的多媒体课件评比标准具有权威性和指导性。2008年第12届全国多媒体教育软件大奖赛多媒体课件评比指标如表4-3所示。

表4-3　第12届全国多媒体教育软件大奖赛多媒体课件评比指标

评比指标	分值	评 比 要 素
教学设计	30	教学目标、对象明确，教学策略得当； 界面设计合理，风格统一，有必要的交互； 有清晰的文字介绍和帮助文档。
内容呈现	25	内容丰富、科学，表述准确，术语规范； 选材适当，表现方式合理； 语言简洁、生动，文字规范； 素材（文本、音视频、动画等）选用恰当，结构合理。
技术运用	25	程序运行稳定，操作方式简便、快捷； 导航方便合理，路径可选； 新技术运用有效。
创新与实用	20	立意新颖，具有想象力和个性表现力； 能够运用于实际教学中，有推广价值。

【思考与练习】

1.解释下列名词：课件、积件、群件。

2.简述积件的组成及特点。

3.多媒体素材包含哪几种？如何收集图形图像素材？

4.简述课件的制作流程。

5.课件评价的类型有哪几种？

6.任选题目，设计一个课堂教学课件，写出文字稿本和脚本。

【参考资料】

1. 现代教育技术. 陈琳, 南京: 河海大学出版社. 2002.

2. 教育技术. 顾名远, 北京: 高等教育出版社. 1999.

3. 多媒体教学软件设计. 谢幼如, 北京: 电子工业出版社. 1999.

4. 现代教育技术. 张京, 徐渊, 杭州: 浙江大学出版社. 2003.8.

5. 现代教育技术与现代教育. 高金岭, 桂林: 广西师范大学出版社. 1999.

6. 新编计算机文化基础教程. 陈桂林, 成都: 电子科技大学出版社. 2003.

7. http://www.ncet.edu.cn, 中央电化教育馆.

8. http://www.k12.com.cn/, 中国中小学教育教学网.

第五章

用 Authorware 制作课件

【本章学习目标】

◆ 掌握 Authorware 基于图标流程线式的编程方法
◆ 掌握使用 Authorware 编制多媒体课件的方法

【章前语】

在课件制作的流程中,编写好课件的脚本后,就要利用相关的软件制作课件了。本章将介绍利用 Authorware 制作课件的方法。Authorware 是一款优秀的多媒体课件制作软件,其可视化编程的特点,简化了多媒体课件制作的过程,使得它更容易为一般教师掌握和使用。Authorware 具有强大的交互性,有利于制作出体现以学为主的课件,提高学生的参与性,增强学生的学习兴趣。

【本章内容结构】

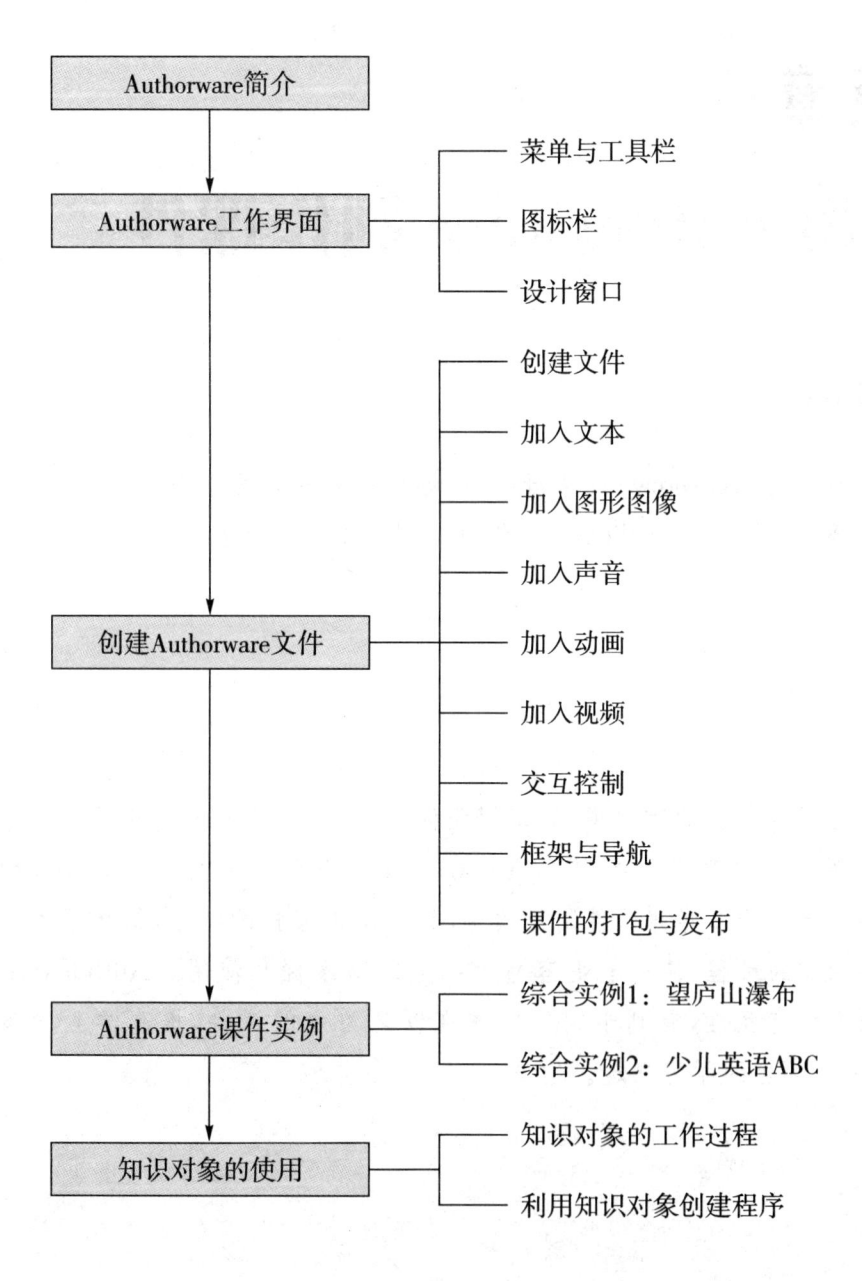

第一节　Authorware 简介

Authorware 是一款功能强大的可视化多媒体课件创作工具,具有丰富的媒体支持、创作的能力,采用模块化、流程线式的开发模式,简单易学,所制作的多媒体课件流程清晰、易于修改。

一般来说,Authorware 具有以下特点:

1.可视化编程

在利用 Authorware 编程时,所有的程序设计都在流程设计窗口进行。只需要在设计窗口中的流程线上以一定的结构安排好各种图标,即设计好多媒体课件的程序逻辑结构,就实现了编程。这种逻辑结构通过主流程线、支流程线以及流程线上的设计图标呈现出来。Authorware 会自动将流程线上的流程结构转换为内部的程序代码。

Authorware 的编程是基于图标的,例如要在程序中表现图形图像,则要使用显示图标;如要表现声音,则要使用声音图标;如要进行交互,则要使用交互图标等。Authorware 共提供了 13 种图标。

2.所见即所得

在 Authorware 中制作课件,主要工作是在流程线上对图标进行设置和编辑。编辑时,在屏幕上的展示窗口所看到的就是可以得到的结果,使得多媒体课件制作直观形象。

3.交互丰富,开发方便

Authorware 程序具有很强的交互性。交互性是指用户能够控制软件中事件的速度和顺序的特性。简而言之,交互性就是计算机软件能够提供明确的操作指示,使用户能够很容易地使用。Authorware 7.0 中提供了 11 种交互响应类型。

4.丰富的函数支持

Authorware 提供了涉及面非常广泛、功能齐全、数目巨大的系统函数,为进一步深入开发多媒体课件提供了支持。在 Authorware 中,系统函数主要用于对框架、文件、图形、网络、时间、图标、视频、数学运算、字符和计算机管理教学(即 CMI)等进行的操作。

5.易于调试和发行

做好的 Authorware 课件既可以全部调试,也可以分段调试。调试中遇到问题,Authorware 能快速发现问题所在。Authorware 7.0 具有一键发布功能,不仅可以快速完成打包任务,而且还能够自动将需要的支持文件一同打包,不需要的文件则不会加入。Authorware 打包发行后,程序内容不能修改,有利于保护制作者的知识产权。

现代教育技术

第二节 Authorware 的工作界面

运行 Authorware 程序即可打开 Authorware 的工作窗口。和所有的 Windows 标准应用程序一样,Authorware 的工作窗口也包含标题栏、菜单栏、工具栏、状态栏等;此外,还有其特有的图标栏、设计窗口、展示窗口,如图 5-1 所示。

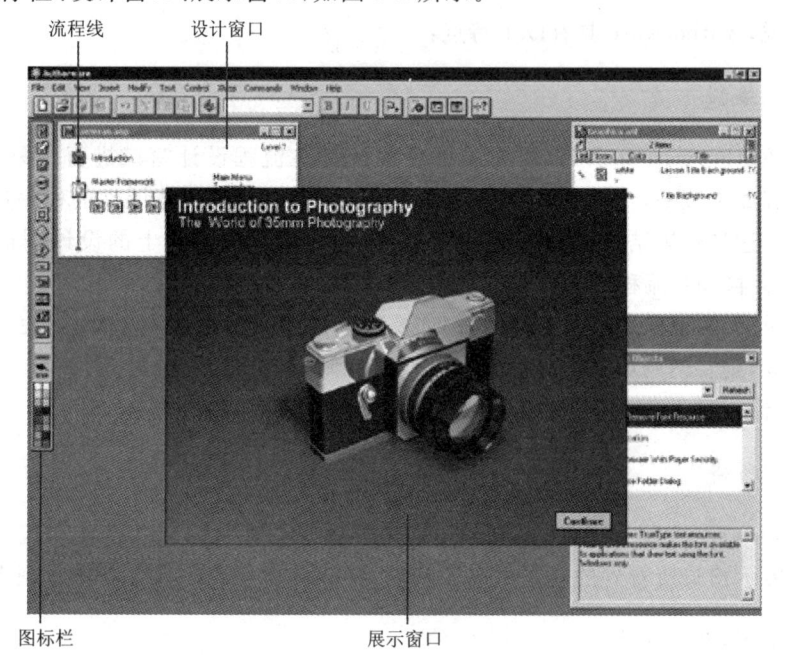

图 5-1 Authorware 工作界面

一、菜单与工具栏

Authorware 窗口菜单与 Windows 应用程序菜单的操作及格式基本相同,在这里我们简单介绍 Authorware 常用或特有的菜单命令和工具按钮。

1.“文件”菜单

“文件”菜单下的常用命令有:
①“新建”:新建一个 Authorware 程序文件。
②“打开”:打开一个 Authorware 程序文件。
③“关闭”:关闭正在编辑的 Authorware 程序文件。
④“保存”:保存正在编辑的 Authorware 程序文件。Authorware 7.0 中,文件保存后的后缀名为.a7p。
⑤“导入”:可以直接导入图片、声音、视频等素材。
⑥“发布”:程序完成后,使用“发布”命令发布或打包程序,使其能在 Windows 环境下直

162

按运行的可执行程序。

　　⑦"退出"：退出 Authorware 程序。

　　2."插入"菜单

　　"插入"菜单下的常用命令有：
　　①"图标"：可以在流程线上插入各种图标，等同于从图标栏中拖动图标到流程线。
　　②"图像"：在显示图标、交互图标等图标中插入图像。
　　③"媒体"："媒体|Animated GIF..."命令可以在流程线上插入 gif 动画。通过"媒体|Flash Movie..."命令可以在流程线上插入 Flash 动画。通过"媒体|Quick Time..."命令可以在流程线上插入 Quick Time 格式视频。这三种媒体对象将以相应的图标表示。
　　④"控件"：在流程线中引入其他媒体支持控件，以支持不同的媒体格式。如支持 Flash 动画的 Shockwave Flash Object 控件，支持 Real 格式的 Realplayer G2 Object 控件。

　　3."修改"菜单

　　"修改"菜单下的常用命令有：
　　①"图像属性"：对选中图像的大小、位置等属性进行设置。
　　②"图标"：对选中图标的属性进行设置。
　　③"文件"：设置整个程序的背景、窗口大小等属性以及调色板、导航设置等。

　　4."调试"菜单

　　"调试"菜单下的常用命令有：
　　①"重新开始"：从程序主流程的第一个图标开始播放程序。
　　②"停止"：终止调试，进入程序编辑状态。
　　③"播放"：从当前编辑处开始播放。
　　④"从标志旗处运行"：从开始标志旗处开始运行程序，实现程序的分段调试。

　　5.工具栏（如图 5-2 所示）

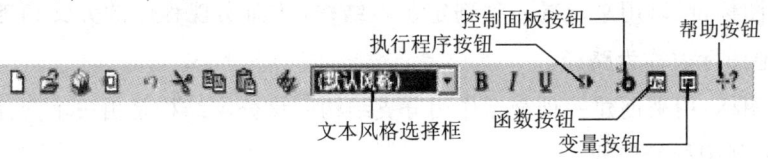

图 5-2　工具栏

工具栏的常用工具有：
　　①文本风格选择框：可以将选择的风格应用到选定的文本上。
　　②执行程序按钮：单击该按钮，屏幕上会弹出一个展示窗口，显示程序执行的效果。
　　③控制面板按钮：单击该按钮，将显示该控制面板以便调试程序，如图 5-3 所示。

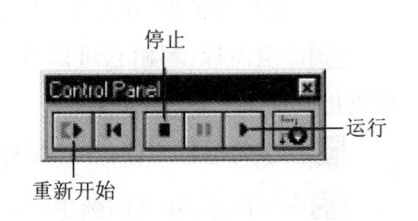

图 5-3　控制面板

④函数命令按钮：单击该按钮，屏幕上会弹出一个函数窗口，可在此插入函数。

⑤变量命令按钮：单击该按钮，屏幕上会弹出一个与函数窗口类似的变量窗口。

⑥帮助命令按钮：单击该按钮，鼠标指针会变成该按钮所示形状，使用该形状的鼠标点击 Authorware 窗口中有疑问的地方，就会弹出相关的帮助信息。

二、图标栏

在图标栏上有 13 个图标，是 Authorware 中能够实现特定功能的功能模块。

下面简单介绍它们的功能和用途：

显示图标：是 Authorware 中最重要、也是最基本的图标。在显示图标中，我们可以在其展示窗口中输入外部文本或图片，还可以使用 Authorware 提供的图形工具箱中的工具来创建文本或绘制图形对象。

移动图标：用来移动显示对象以产生简单的二维动画效果。Authorware 7.0 提供了 5 种不同的移动方式。

擦除图标：用来擦除显示画面或对象。Authorware 7.0 提供了几十种清除画面、对象的方式。

等待图标：用于设置一段等待的时间。可以让执行中的程序停留在用户指定的时间，或者等待用户进行按键或者单击鼠标等动作后再继续执行程序。

导航图标：用于设置与任何一个附属于框架图标的图标间的一个定向链接。附属于框架图标的图标称之为页。当程序运行到导航图标时，Authorware 会自动跳转到链接指向的页。

框架图标：该图标中的内容主要是一组定向的导航图标。这组定向的导航图标使我们能够设计交互式应用程序来正确访问一个指定的页。为了正确访问一个指定的页，系统为它们设置了一个特定的指向，我们可以根据需要加以修改。

判定图标：可以用来设置一种判定逻辑结构，从而实现程序的分支和走向。附属于该图标的其他图标被称为路径。

交互图标：用来创建一种交互作用分支结构。该分支结构是由一个交互图标和附属于该图标的其他图标所组成。

计算图标：将计算出该图标中插入的函数、变量和表达式的结果。计算图标可以放置到程序的任何位置，执行数学运算和 Authorware 源程序。

群组图标：利用它可以将一组图标组合成一个简单的群组图标，从而实现了程序的模块化设置。

数字化电影图标：在该图标中，可插入一个数字化电影文件，并可设置其播放属性。

声音图标：在该图标中，可插入一个声音文件，并可设置其播放属性。

视频图标：在该图标中，可插入一个视频文件，并可设置其播放属性。

三、设计窗口

设计窗口是 Authorware 的程序设计中心，如图 5-4 所示。Authorware 的可视化编程特点，主要就体现在设计窗口中。

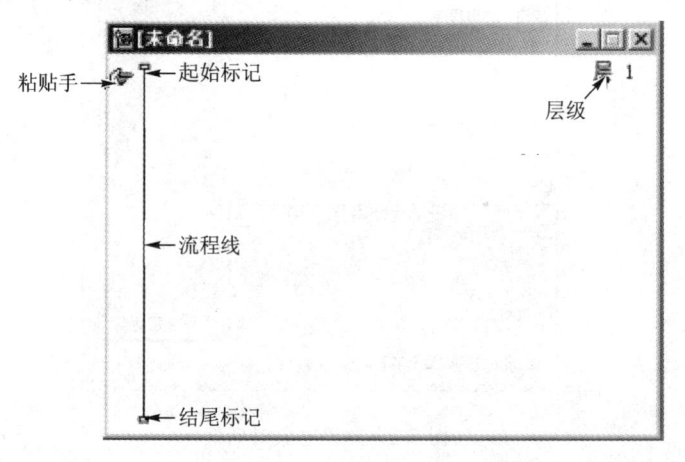

图 5-4　设计窗口

设计窗口最左侧的竖线为程序的流程线，主流程线两端为两个小矩形标记，分别为程序文件的起始标记和文件的结尾标记。设计窗口的右上方是设计窗口的层级。层级为 1 表示当前为主流程上，层级为 2 表示当前图标位于主流程线上的某个群组图标的流程线上。

主流程线上有一个手形标志，称为"粘贴手"。粘贴手有两种功能：

①指示粘贴位置。粘贴设计图标到流程线上的相应位置时，要通过粘贴手确定位置。

②指示新设计图标可在流程线上的当前位置沿何种流程线来放置。

例如，如果我们准备在某一位置粘贴一个新图标，就必须在准备粘贴的位置上单击鼠标，使粘贴手定位于此，再执行粘贴操作，这样我们要复制的图标就被粘贴在当前位置了。

第三节　创建 Authorware 文件

Authorware 程序能有效集成文字、图片、声音、动画、视频等各种媒体，编制出具有图文声像的多媒体课件。Authorware 制作课件很简单，我们只需将各种图标拖动到 Authorware 程序文件的流程线上的相应位置，然后对各种图标的属性进行相应设置即可。

一、创建文件

1. 运行 Authorware 程序

单击菜单"开始"|"程序"|"Authorware"命令，运行 Authorware 程序，首先会弹出知识对象对话框，如图 5-5 所示。利用知识对象能够调用 Authorware 提供的功能模块，有关知

现代教育技术

识对象的内容我们将在第四节介绍。

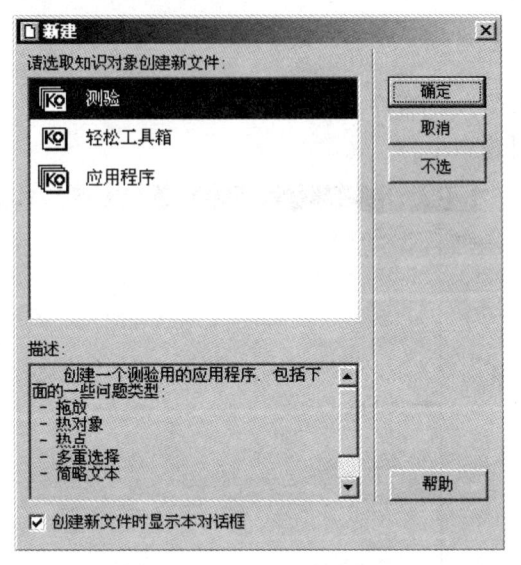

图 5-5   知识对象对话框

单击对话框中的"取消"按钮,不使用知识对象,即可进入 Authorware 的工作界面,如图5-6所示。Authorware 自动新建一个名为"未命名"的文件。

图 5-6   Authorware 工作界面

2. 设置文件属性

从修改菜单中选择"文件"|"属性"命令来设置文件属性。

文件属性对话框包括"回放"、"交互作用"和"CMI"三个标签,分别设置文件显示属性、交互时等待图标的显示特性和教学管理功能。文件属性的设置非常重要,它将直接影响演示效果,如图 5-7 所示。

166

"回放"标签中可作如下设置：

（1）设置背景颜色

单击背景色块将弹出颜色拾取对话框，在其中选择颜色即可。

（2）更改窗口大小

大小表示最终展示窗口的大小，如图5-8所示。展示窗口的尺寸应与最终运行程序的显示器分辨率一致。例如，最终运行程序的显示器分辨率为800×600，就应将 Size 设为800×600，如果设为1024×768，程序中的一部分对象就会变得不可见，从而影响了运行的效果。

（3）选项

在选项中选择"屏幕居中"，使得程序在运行时展示窗口位于屏幕中央。此外还可以设计是否在展示窗口中显示标题栏等。

3.保存文件

单击"文件"|"保存"命令，在弹出的"另存为"对话框中选择存盘的路径，输入文件名。Authorware 7.0 的文件扩展名为 a7p。

图 5-7　文件属性面板

二、加入文本

在 Authorware 中，文本必须插入到显示图标、交互图标等图标中才能在程序运行时显示出来。文本可以直接输入，也可以从外部导入。

1.插入图标

首先要在主流程线上放置一个显示图标。方法是：首先将鼠标移到图标栏中的显示图标上，按住鼠标的左键将其拖曳到主流程线上，释放鼠标，此时主流程线上的显示图标呈选中状态（黑色高亮）。在"未命名"高亮显示时，输入该图标的标题（如"标题"），然后在主流程线上单击鼠标，显示图标便设置完成。

2.编辑图标

双击显示图标，其演示窗口便出现在屏幕上，如图5-8所示。

显示图标中所包含的内容（包括文本、图形等）均显示在展示窗口中，同时，在设计平台上将出现图形工具箱。图形工具箱的标题栏上显示的是该显示图标的标题名，最左边的图标显示框中显示的是该显示按钮的图标，如图 5-9 所示。利用图形工具箱中的工具，既可以直接创建文本或图形,也可以对显示在演示窗口的文本和图形对象进行编辑。

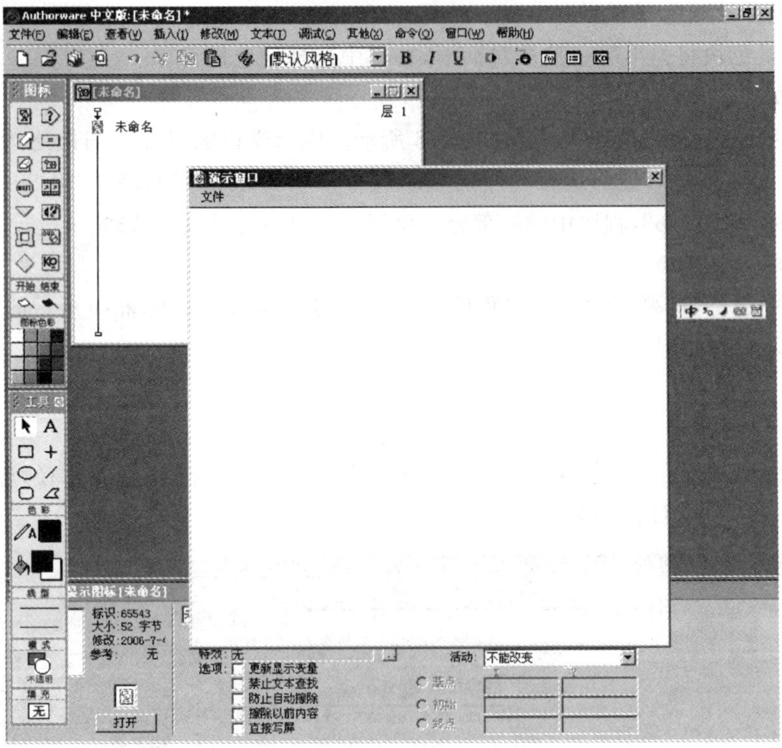

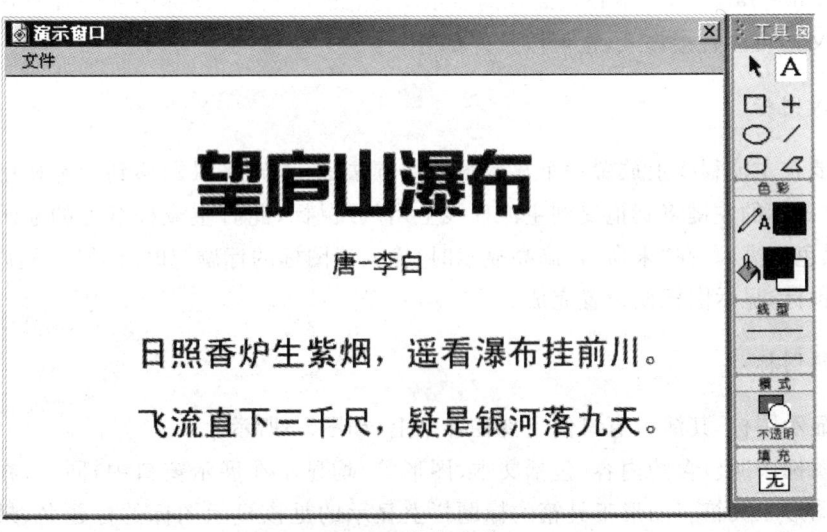

图 5-8　显示图标的展示窗口

3.输入文本

单击选中图形工具箱中的文字工具,将鼠标移到展示窗口中会显示为I状,此时即可在展示窗口中单击选择插入点,通过"文本"菜单命令设置字体、大小等后,输入文本。效果如图 5-9 所示。

图 5-9　插入文本

4.导入文本文件

在 Authorware 中可以使用"导入"命令导入其他文本文件内容,这是一种创建文本的常用方法。Authorware 7.0 支持包括 TXT、RTF 等多种文本格式。方法是:在流程线上创建一个显示图标,双击打开其展示窗口和图形工具箱,再选择"文件"|"导入"命令,打开"导入哪个文件"对话框,从中选择要导入的文件。

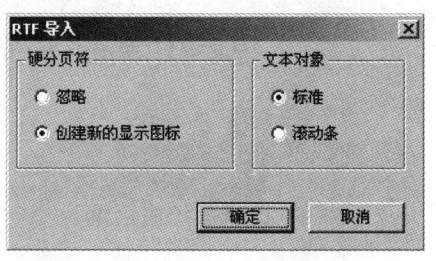

图 5-10 "RTF 导入"对话框

单击"导入"按钮后,将打开"RTF 导入"对话框,如图 5-10 所示。

对话框中的选项用来选择文本的显示效果。在"硬的分页符"选项区域中,"忽略"选项表示导入文件后不再增加新的显示图标,"创建新的显示图标"选项表示导入文件后增加一个新的显示图标。在"文本对象"选项区域中,"标准"选项表示导入文本为标准方式显示,"滚动条"选项表示为导入文本增加一个滚动条,当文本内容太多时可以采用这种显示方式。

5.设置文字格式

显示图标中的文本可以设置字体、字号、颜色、文本框的透明性等格式。
(1)设置字体
从"文本"菜单中选择"字体"命令,选择相应字体。
(2)设置字号
从"文本"菜单中选择"大小"命令,选择相应文字大小。
(3)设置文字颜色
选择"窗口"|"显示工具盒"|"颜色",或用快捷键"Ctrl+K",或者双击工具栏里的椭圆工具,都可调出调色板,在其中选择适当颜色即可。
(4)设置文本框的透明属性
在 Authorware 中,文本是在文本框中的,文本框的背景色默认为白色。我们可以对它进行透明属性的设置。双击工具栏里的箭头工具,在弹出的模式面板里选"透明"。设置效果如图 5-11 所示。
(5)定义风格和应用风格
对于重复使用某种字体格式,可以定义字体风格。从"文本"菜单中选择"定义样式"选项,屏幕上出现如图 5-12 所示的"定义风格"对话框。
定义风格对话框包括以下项目:
①风格名称框:显示风格名称。当查看风格的属性时,只需用鼠标单击风格名称,在格式栏中将会显示该风格的各种编辑属性。
②名称编辑框:用于为新建的风格命名,也可为当前选择的风格改名。
③格式栏:用于设置风格属性。
④示例框:展示按照所选的显示属性风格化后文本的示例。
⑤交互设置栏:用于设置在超级链接和导航方面定义的风格特性。

在应用风格时,首先选中文本,然后选择"文本"|"应用样式"命令,可应用已经定义的文本风格。

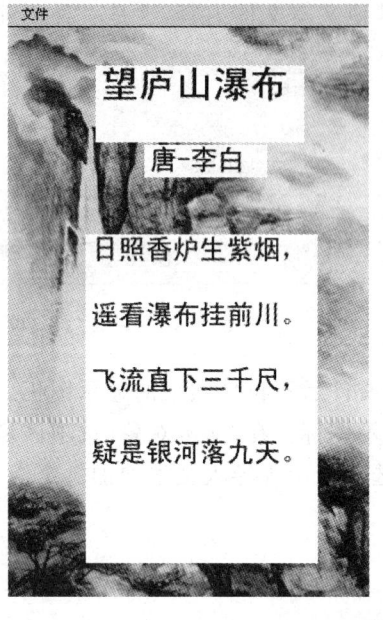

图 5-11　设置透明模式的效果

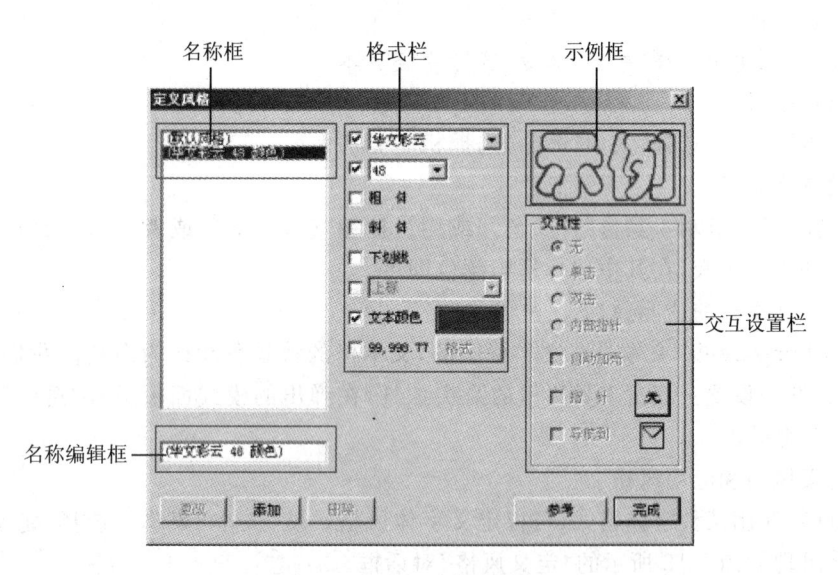

图 5-12　定义风格对话框

6.文本的移动

用工具栏里的箭头点击文字区,出现有 6 个小方框的矩形框,用鼠标拖到目标位置即可。

三、加入图形图像

在 Authorware 7.0 支持的多种媒体信息中,图形图像是多媒体应用程序中必不可少的内容。

1. 使用基本绘图工具

Authorware 的绘图工具只能创作出简单的原型。如果希望应用具有艺术效果和风格化文本的照片图片,只能从外部导入。使用基本绘图工具绘制图形的方法如下:在主流线上放置一个显示图标,双击该显示图标打开展示窗口,出现工具箱。如图 5-13 所示。

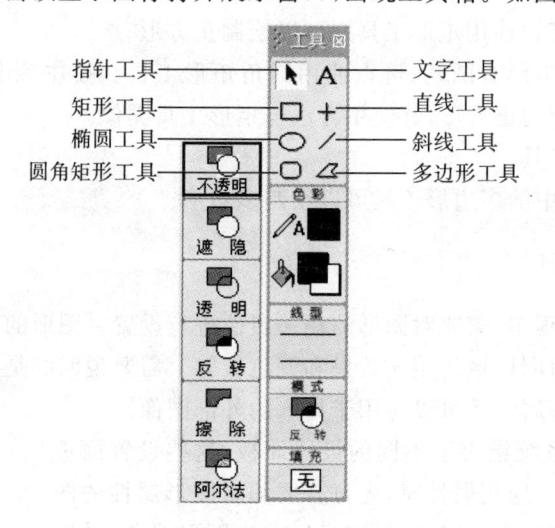

图 5-13 图形工具箱

Authorware 7.0 提供了 6 种基本的绘图工具,分别是直线、斜线、椭圆形、圆角矩形、矩形和多边形。

(1)使用画线工具

Authorware 的图形工具箱中,有两种画线工具:

①直线工具:直线工具可以画水平线、垂直线和 45°的对角线。

②斜线工具:斜线工具可以画任意角度的直线,使用此工具的同时按住 Shift 键,它将按直线工具方式画线。

双击流程线上的显示图标进入展示窗口,并在绘图工具栏中选中斜线工具,当鼠标离开绘图工具栏时,鼠标从箭头形状变成十字形状光标。在展示窗口准备画线的那点位置单击并按住鼠标,然后拖动鼠标到线的结束点位置再放开鼠标。此时,所画的这条斜线的两端会出现控制柄。当把十字光标移动到所画的对象的位置时,光标变成箭头形状,可以拖动该斜线的控制柄来调整线段的长短和位置。利用键盘上的方向键也可移动一条选中的直线的位置。如果有几个对象需要排在一起或对齐,可先画一条水平直线,然后沿这条直线放置这些对象,最后再删除水平直线。

(2)使用椭圆工具

绘制椭圆和圆的操作步骤如下:

①双击显示图标，打开展示窗口。

②单击绘图工具栏中的椭圆工具，使它成为反色显示，当鼠标移动到展示窗口中时，鼠标从箭头形状变成十字形状光标。

③在展示窗口中，拖动鼠标，出现合适大小的椭圆后，释放鼠标。其绘制方法与 Word 中绘制图形相同。绘制的椭圆大小由拖动鼠标的起点和终点所确定。刚绘制好的椭圆四周被 8 个控制柄所包围，当把十字光标移动到所画椭圆的位置时，光标变成箭头形状，可以拖动椭圆的控制柄来调整椭圆的形状。

④如果要绘制圆，可以按住 Shift 键，在展示窗口绘制圆的位置单击鼠标左键并按住向另一角方向拖动鼠标，至适当大小时释放鼠标，就可绘制一个圆。

（3）使用矩形工具

如果按住 Shift 键再使用矩形工具则可以绘制正方形。

如果希望绘制的矩形有圆角，可以使用圆角矩形工具。按住 Shift 再使用圆角矩形工具，则可以绘制带圆角的正方形，其使用方法与矩形工具类似。

（4）使用多边形工具

使用绘图工具栏中的多边形工具可以绘制多边形。

2.设置图形的属性

在绘制图形的过程中，需要对图形的相关属性进行设置。图形的属性包括线型、图形对象之间的覆盖方式、封闭区域的填充效果和调色板等。需要说明的是，这些属性不仅仅可应用于图形，其中的一些属性还可以应用于导入的外部图像。

对于这些属性，系统给出了不同的设置面板，这些设置面板可以同时打开和使用。应用属性时，先打开要编辑图形属性的图标，在该图标的展示窗口中，选择指针工具后单击图形对象，其四周会出现控制柄。从 Authorware 菜单中选择要改变属性的设置面板，在打开的设置面板上选择相应的显示特性。

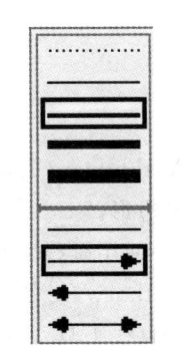

图 5-14　线型的设置

（1）选择线型

在 Authorware 的设计模式下，双击显示图标，打开展示窗口，准备绘制图形。并执行"窗口"|"显示工具盒"|"线"命令，打开如图5-14所示的线型设置面板。

线型设置面板的上半部分用来设定线宽，下半部分用来设定线段箭头的方向。

①虚线：在线型设置面板的第一项，虚线常用来产生不可见的直线。或者当不想要一个椭圆或矩形的边界线时，可以选用此线型。

②线宽：位于线型设置面板上半部分剩下的选项，用来确定线的粗细程度。只要单击一下所选线的宽度类型，图形就会按照所选的线宽变化。

③箭头：如果一条线有箭头，可用线型设置面板下半部分设定箭头的方向。

（2）设置显示模式

显示模式是指当多个图形或图像对象的位置重叠时，这多个对象相互之间遮挡的方式。显示模式对于导入的外部图形或图像均有效。选择"窗口"|"显示工具盒"|"模式"命令，可

第五章　用Authorware制作课件

以打开如图 5-15 所示的模式面板。

不同模式的功能具体如下：

①不透明模式：在不透明模式下，被选取图形对象将完全覆盖其后面的对象。这种模式为 Authorware 的默认图形显示模式。

②覆盖模式：在覆盖模式下，被选取的图形对象轮廓线之外的白色背景区域将被去除，而轮廓线之内所有像素将保持原有颜色。

③透明模式：在透明模式下，被选取的图形对象所有白色背景区域将被去除，而显示出其覆盖部分的图形颜色。

④反显模式：在反显模式下，如果背景色是白色，则被选取图形对象显示方式和通常一致；但如果背景色是其他颜色，则被选取的白色部分以背景色显示，而有色部分则以它的互补色显示。

⑤擦除模式：在擦除模式下，如果被选取图形的背景色与演示画面的背景色不一样，则显示为与演示画面的背景色一致。

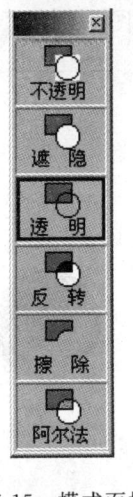

图 5-15　模式面板

⑥Alpha 模式：在 Alpha 模式下，Alpha 通道将图像的全部或局部设置为透明。这时，具有 Alpha 通道的部分将与其背景相混合显示。但是显示 Alpha 通道的前提是该图像具备 Alpha 通道。

（3）使用调色板

调色板用于设置对象边界线的颜色、文本的颜色以及对象的前景色和背景色。与填充方式类似，无论是在 Authorware 中，还是在其他绘图软件中建立的对象都可以使用调色板来调整它们的颜色，但调色板对位图图像无效。选择"窗口"|"显示工具盒"|"颜色"命令，或双击图形工具箱中椭圆形工具，打开调色板，如图 5-16 所示。

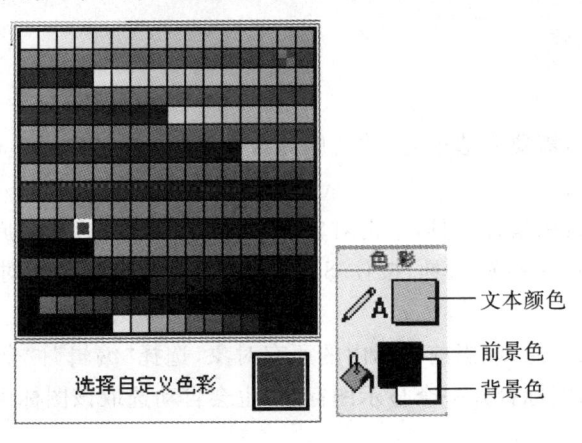

图 5-16　调色板

①边界线颜色和文本颜色：使用这一选项来设置选定的文本颜色，或设置选定对象的边界线颜色。

②前景色：设置选定对象为前景色。

③背景色：设置选定对象为背景色。

173

图 5-17 为"认识图形.a7p"课件运行效果。

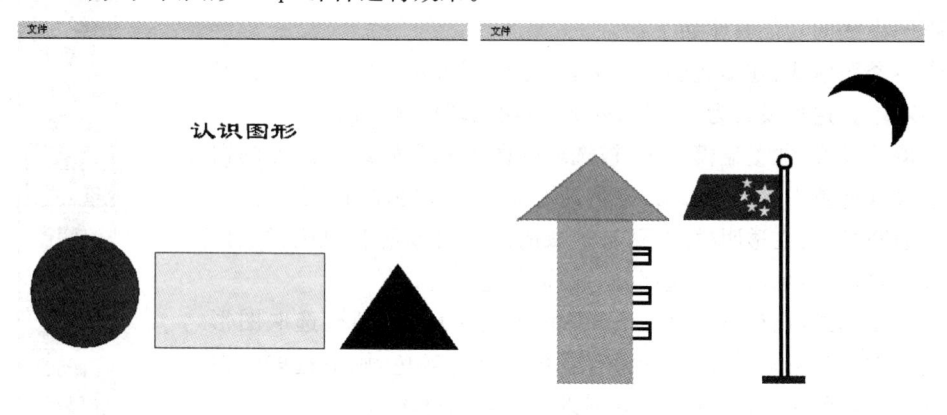

图 5-17 "认识图形.a7p"课件的界面

3.导入素材图片

Authorware 7.0 可以导入各种常用的图像文件,如 Gif、Jpeg 等。导入图片的步骤如下:

①在主流程线上双击要导入图片的设计图标,打开其展示窗口。

②选择"文件"|"导入"命令,打开"导入哪个文件"对话框。在文件名列表中单击选择要导入的文件。

③单击"导入"按钮,这时选中的图片就会被导入到展示窗口中。在导入的图片四周还有 8 个选择句柄,通过这些句柄调节导入的图像文件的大小。

4.图形对象的操作

(1)选择

文本或图形对象,需要先选中它,才能删除或移动,或为它应用各种属性。可以用以下几种方法来选取对象:

①选取一个对象:用指针工具,单击对象。当该对象被选取后,四周会出现控制柄。

②选取多个对象:用指针工具,按住 Shift 键的同时单击每一个对象,就可以选取多个对象。

③选取全部对象:要选取当前图标内的所有对象,选择"编辑"|"全选"命令或双击绘图工具栏中左边的显示图标打开一个显示图标时,也会自动选取该图标内的所有对象。

(2)取消选取

①按一下键盘上的空格键可以取消已被选取的一个或多个对象。

②在展示窗口中选取另一个对象,或在无对象的位置单击。

③从一组选中的对象中取消一个对象,要按住 Shift 键并用鼠标单击要取消的那个对象。

(3)删除图形对象

选取对象后,使用 Delete 键或选择"编辑"|"清除"命令即可删除对象。

四、加入声音

在课件中加载声音信息将使整个多媒体课件更加生动、富有吸引力。Authorware 提供了声音图标，可以给课件增加声效功能。声音图标可以添加在流程线的任何位置。可根据需要调整播放选项加载声音文件。在存储方式上，既可以将声音文件导入多媒体文件中，以内部形式存储；也可将声音文件与多媒体文件链接，以外部形式存储。

1.导入声音文件

声音图标支持的声音文件类型有 AIFF、PCM、SWA、VOX、WAVE、MP3 等。

导入声音既可以通过菜单"文件"│"导入"命令，在打开的对话框选择声音文件，从而在流程线上自动添加声音图标；也可以首先将声音图标放在流程线上的适当位置，然后双击打开声音图标，选择声音文件，并对声音的播放进行各种设置。

使用图标加载声音文件的具体操作步骤如下：

①拖动声音图标到流程线上需要播放声音的位置，如图 5-18 所示为"雨巷.a7p"程序及运行效果图。

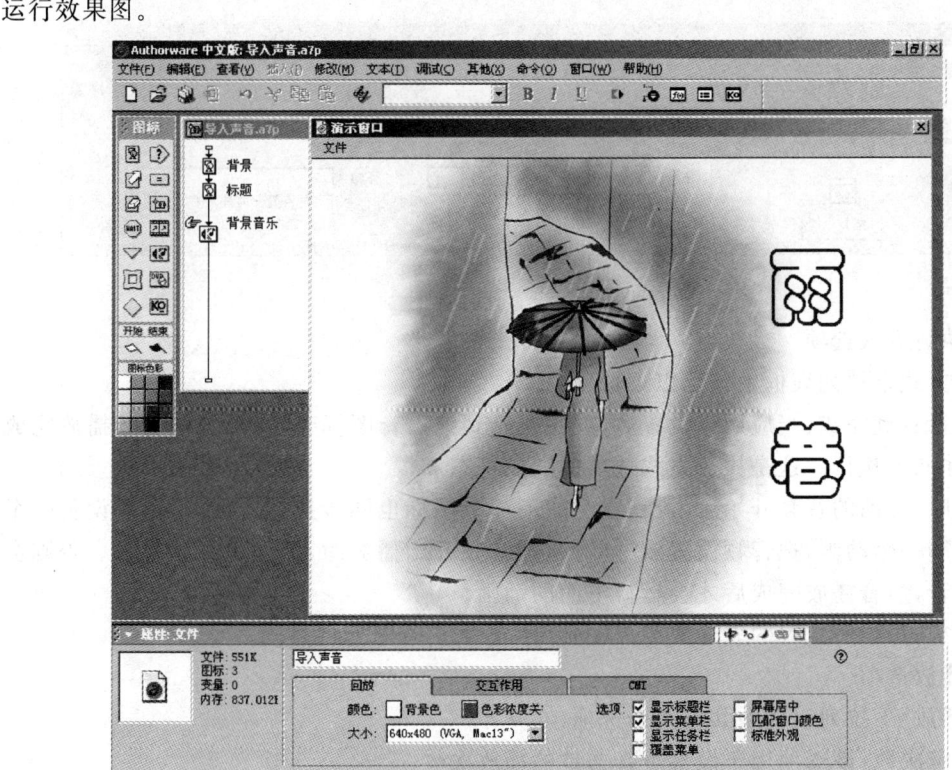

图 5-18 "雨巷.a7p"课件界面

②双击声音图标，将打开声音图标属性面板。由于没有加载声音文件，所以当前面板中没有关于声音文件的信息。单击"导入"按钮，屏幕上弹出一个导入文件对话框，从中选择要加载的文件类型和声音文件。

③当选择好要加载的声音文件后，单击"导入"按钮，关闭对话框。

④这时属性面板将如图 5-19 所示,面板中显示加载了声音文件的相关信息,其中包括声音文件的来源、声音频率、传输速率、字节数、位数和文件格式等信息。在左边的声音文件预览框下面单击播放按钮,可以预听声音文件。

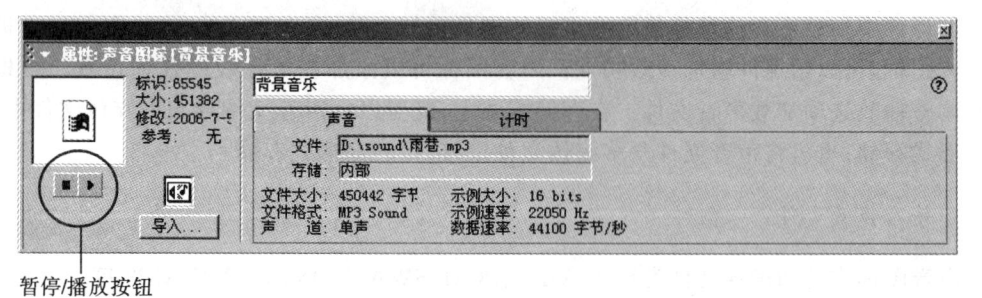

图 5-19　设置声音属性

2.设置声音图标的属性

打开声音图标属性面板中的"计时"选项卡,如图 5-20 所示,可以对声音文件设置同步性、播放速度、播放次数、开始片段等选项。

图 5-20　设置计时属性

(1)执行方式选项

执行方式下拉列表框中包括以下选项:

①等待直到完成:当应用该设置后,程序执行到该声音图标时暂停,等待音频播放完成后,程序才向下执行。这是执行方式选项的默认状态。

②同时:当前的音频开始后,流程线上的下一个图标也同步执行。例如,如果设置一个音频来伴随一个动画,把音频设置成"同时",则音频开始播放时,动画也开始播放。否则会先播放声音,声音播放完成后才会运行下面的动画。

③永久:每当所设置的表达式为 TRUE 时,永久声音图标将播放。

(2)播放选项

在"播放"下拉列表框中共有两个选项:

①固定次数:该选项用于设置声音文件的播放次数。

②直到条件为真:该选项用于设置声音文件播放的条件。在文本框中输入一个变量或表达式,当其值为 TRUE 时,则声音文件开始播放;当其值为 FALSE 时,则声音文件不播放。

(3)速率选项

在速率文本框中可以输入一个数值、变量或表达式来控制声音的播放速度。标准的播放速度是 100%。任何比 100% 小的值将产生较慢的播放速度,反之则产生更快的播放速度。但并不是所有的 Windows 声卡都支持声音的变速播放。

（4）开始选项

在"开始"文本框中输入一个数值、变量或表达式可以控制声音文件开始播放的起点。

（5）等待前一个声音选项

如果声音图标被设置为"同步"或"永久"，有可能在课件中没有等到当前声音图标播放完毕就遇到另一个声音图标，选中"等待前一个声音"复选框，则前一个声音播放完后才会播放后面的声音图标。

（6）播放、停止按钮

①Play（播放）▶：在属性窗口中，单击"播放"按钮可以预听到声音按照所作的设置进行播放，它是根据所选的系统类型以及所支持的音频格式类型进行的。

②Stop（停止）■：单击"停止"按钮可以使预听声音停止播放。

五、加入动画

动画是多媒体课件中不可缺少的一部分，Authorware 7.0 可以通过移动图标使对象动起来。但这种动画改变的只是对象的位置，并不能改变对象的大小、形状、方向等。用 Authorware 设计动画，实际上只是通过对象的位移而产生运动效果。在 Authorware 编程时也可以调用外部的动画文件来增强课件的多媒体效果，这些动画文件可以是二维或三维动画。下面将介绍使用移动图标创建动画和从外部导入动画的方法。

1.使用移动图标创建动画

移动图标本身不能加入被移动的对象，它控制的是流程线上的其他对象，该对象可以是文字、图片、动画或数字化电影。它们通过显示图标、交互图标、电影图标或其他方法加入程序中。

利用移动图标，可将一个显示对象从一个位置移到另一个位置，并可控制移动对象的速度。要移动文字或图片对象，可先将它们放在显示或交互图标中，然后在流程线需要运动的图标下方添加移动图标，并通过设置移动图标来控制它们的运动。如图 5-21 所示为"射箭.a7p"程序及运行效果图。

图 5-21　"射箭.a7p"课件界面

双击移动图标，或选中移动图标后，执行菜单命令"修改"|"图标"|"属性"，打开移动图标属性面板，如图 5-22 所示。

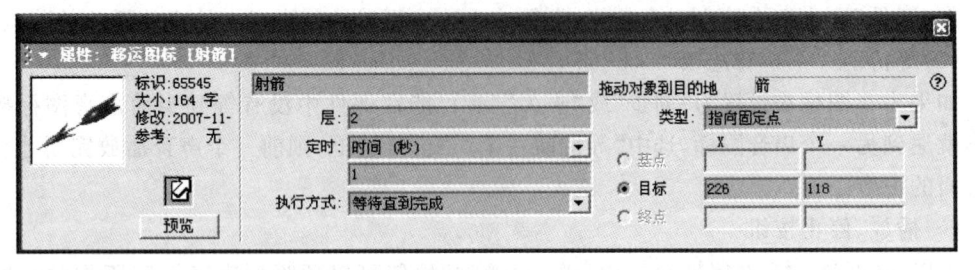

图 5-22　移动图标属性对话框

（1）面板最上方的文本框中为该图标的名称

（2）"类型"下拉列表

可选择移动对象的方式，共有五种运动方式，分别是：

①"指向固定点"运动方式：为默认设置，动画对象将从当前位置移动到设置的固定点。

②"指向固定直线上的某点"运动方式：动画对象将从当前位置向一条直线上的设置点移动。如果对象在直线上，则沿直线移向该设置点。

③"指向固定区域内的某点"运动方式：可设置对象只能在某个区域内部移动。

④"指向固定路径上的终点"运动方式：动画对象沿固定路径移动至终点。该固定路径可以是直线，也可以是曲线。

⑤"指向固定路径上的任意点"运动方式：它可以通过计算产生路径的终点，使得动画对象沿固定路径向终点移动。

（3）"层"输入框

用于设置运动时对象所处的层数。当有多个对象重叠时，层次高的显示对象就会位于层次低的显示对象上面。输入框中的数字可以是正数，也可以是 0 和负数。

（4）"定时"下拉列表

可选择移动对象的速度度量单位，有两个选项，"时间（秒）"用于控制运动对象完成全部过程的时间（以秒为单位），"速率（秒/英寸）"用于控制运动对象的速度（秒/英寸）。下方的文本框可以输入数值、变量或者表达式。

（5）"执行方式"下拉列表

主要是在处理多个对象运动时使用。选择"等待直到完成"，则要在这个运动完成后再向下执行其他图标的内容；如选"同时"，则在运动的同时会向下执行其他图标的内容。

2. 导入 Flash 动画

导入的 Flash 动画将直接插入到流程线上以 Flash 媒体图标标识，无需选择打开任何图标的展示窗口。选择"插入"|"媒体"|"Flash Movie"命令，即可导入 Flash 媒体图标。

通过单击"浏览"按钮选择 Flash 动画文件,单击"确定"完成。当程序运行到 Flash 媒体图标时,会自动运行 Flash 动画,如图 5-23 所示为"红楼梦.a7p"的程序及运行效果图。

图 5-23 "红楼梦.a7p"课件界面

3.动画的等待

动画在播放时,程序仍在向下运行,此时就需要等待一段时间,待动画播放完成后,再向下继续运行,这就要用到等待图标。等待图标还可以使程序暂停至某个条件满足后再向下执行,或使程序自动等待一段时间后再向下执行,如将某显示图标设置为等待 5 秒,可使显示图标的内容持续显示 5 秒后,再向下执行后续程序。

等待图标的使用方法:从图标栏将等待图标拖动到流程线上,双击打开其属性面板,图 5-24 为"小学数学测试题.a7p"程序及运行效果图。

(1)等待图标的属性

①单击鼠标:选择此项表示当单击鼠标按钮时,就结束等待图标设置的程序暂停,使程序继续向下运行。如果在展示窗口中有等待按钮,则不必单击此按钮,而只要用鼠标单击展示窗口中任意位置即可继续运行。

②按任意键:选择此项表示按任意键时即可结束等待,使程序继续向下运行。任意键是指除 Ctrl 和 Alt 键之外的所有键,此选项是系统默认的选项。

③时限:在时限文本框中输入以秒为单位的等待时间,则程序在运行过程中,遇到等待图标,经过时限中设置的等待时间后,继续向下运行。如果在等待时间截止前,单击鼠标或按任意键,程序也会结束暂停继续向下运行。

④显示倒计时:如果选择该复选框,则在展示窗口中会出现一个小时钟,用于显示剩余

的等待时间。

⑤显示按钮：为默认的选项。当程序暂停运行时，会自动在窗口中显示一个等待按钮。在"文件属性对话框"交互选项卡中选择等待按钮的形状和按钮上的文字说明。

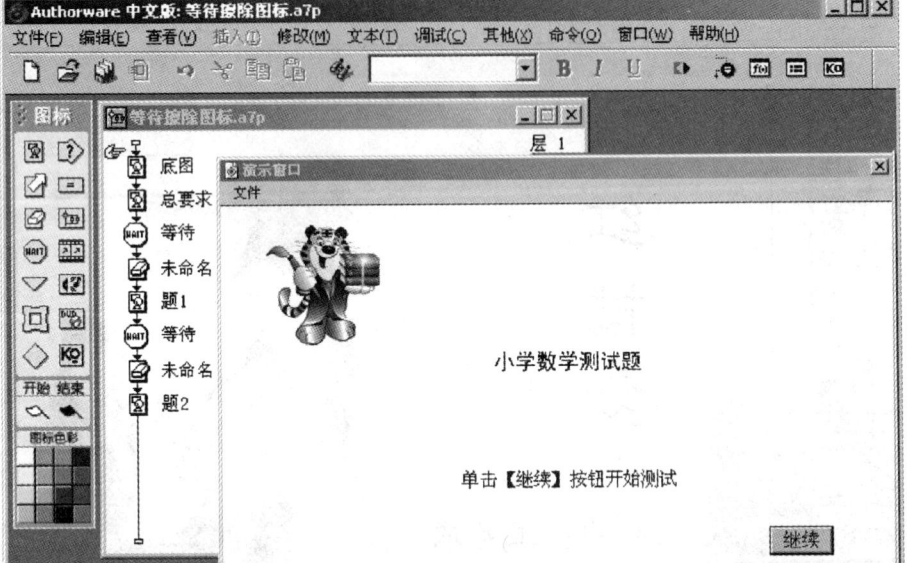

图 5-24　"小学数学测试题.a7p"课件界面

（2）重新定位和改变等待按钮

当正在运行的程序暂停时，单击等待按钮，使其四周出现控制柄，通过拖动按钮来重新定位按钮或缩放按钮。如果在展示窗口中没有显示等待按钮，应提供一个提示信息，提示在展示窗口中单击任意位置，或按任意键以便继续运行程序。

4.擦除图标的使用

在 Authorware 程序中，显示等图标的内容如果不被擦除，将一直显示在展示窗口中，这样会影响程序的显示效果。使用擦除图标可以将文本、图形、声音、数字电影和视频对象从展示窗口中擦除，使得展示窗口中的内容都是我们希望所看到的。

（1）设置擦除对象

双击擦除图标，打开属性面板，如图 5-25 所示。

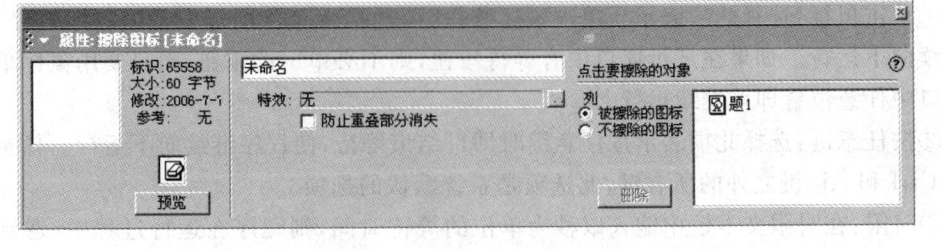

图 5-25　擦除图标属性对话框

"列"单选按钮组包括以下单选按钮：

①被擦除的图标：选择该项后，单击展示窗口中的某个对象，就可将该对象所在的图标

列在擦除图标的列表框中。当程序运行到该擦除图标时,该对象在展示窗口中将被擦除。如果单击列表框中的一个图标,然后单击"删除"按钮,可以将该图标从擦除图标列表框中清除。

②不擦除的图标:选择该项后,单击展示窗口中的某个对象,该对象所在的图标即为要保留的图标,列在保留图标列表框中。当程序运行到该擦除图标时,则流程线上除列表框中保留图标之外的其他图标都将被擦除。如果单击列表框中的一个图标,然后单击"删除"按钮,可以将该图标从保留图标列表框中清除。

当选项设置完后,单击对话框中"预览"按钮,可以在展示窗口中预览对象的擦除效果,然后单击"确定"按钮关闭擦除图标属性对话框。如果擦除图标没有进行属性设置,当程序运行至此,会自动弹出属性对话框,可以在此选择要擦除的对象从而实现对其属性的设置。

(2)擦除过渡效果

在擦除图标属性对话框中,可以设置擦除特效。当用 Authorware 程序擦除一个对象时,可以为该擦除动作选择一种过渡效果。单击对话框中"特效"文本框右端的按钮,打开过渡效果对话框,如图 5-26 所示。先选择一种类型,然后从所选类型中选择过渡效果,单击"应用"按钮,这一过渡效果将被用到所选择的擦除对象中,并可以在展示窗口中看到擦除对象的过渡效果。单击"确定"按钮返回到擦除图标属性对话框。

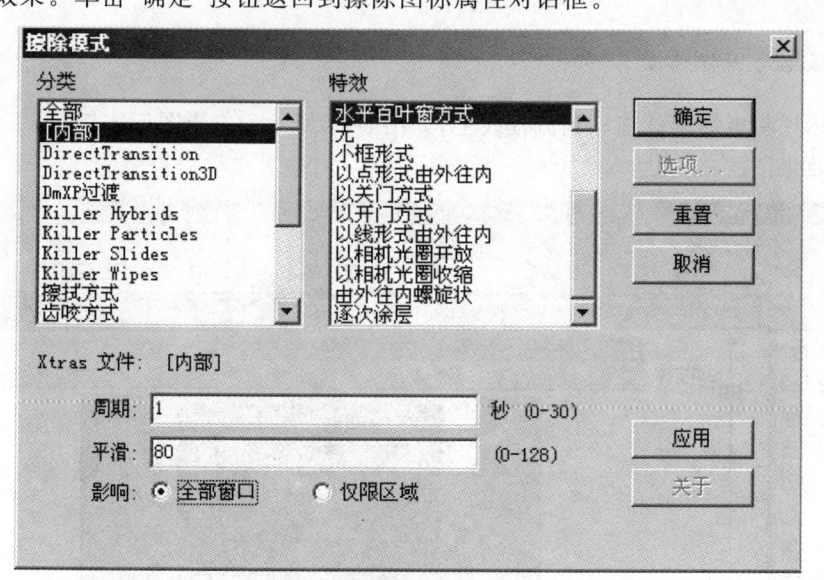

图 5-26　擦除效果的设置

(3)防止交错擦除

如果为一个对象使用了"淡入"效果,而在与其相关联的擦除图标使用了"淡出"效果,那么当这两种效果同时发生时,这就是交错擦除。如果选中"防止重叠消失"复选框,擦除对象和显示对象这两种效果将不会同时发生,而是分别发生,从而避免对象还没有完全显示便被擦除。

六、加入视频

视频又称数字视频、数字电影、电影剪辑等，在 Authorware 中是以电影图标存放的。

1.数字电影的存储方式

多媒体课件中使用到的数字电影片段，可以以内部存储方式或外部存储方式保存在 Authorware 程序中。影响存储方式的是数字电影片段的来源格式。

内部存储方式是指数字电影片段保存在 Authorware 程序内部，这样的程序文件本身比较大，不利于传播。但是这种方式的数字电影可以被擦除图标消除，并且可以设置多种擦除效果。

外部存储方式是指数字电影片段保存在存储媒体的其他地方，或者说是 Authorware 程序之外。这种存储格式的优点是程序文件比较小，但它的缺点是发布处理会繁琐一些。此外，还必须保证数字电影片段保存位置的始终有效性，这就是说，当程序执行到此处时，应保证数字电影保存的位置和设计时完全一致。一般将所有的外部文件保存在同一个文件夹下。

2.设置电影图标属性

从图标栏将电影图标拖动到流程线上，如图 5-27 所示为电影图标实例"冯玉祥.a7p"程序及运行效果图。

图 5-27 "冯玉祥.a7p"课件界面

然后双击电影图标,打开如图5-28所示的电影图标属性对话框。

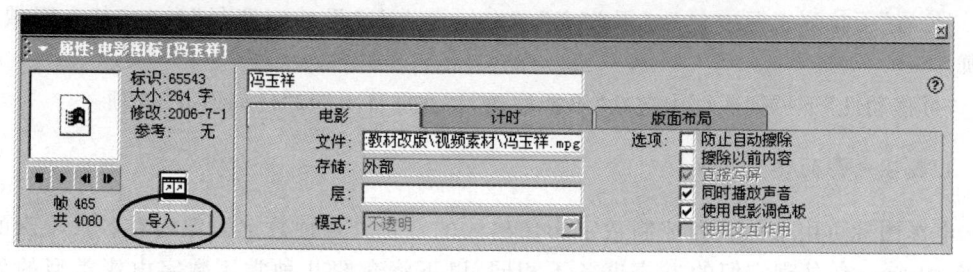

图5-28 电影图标属性对话框

(1)"电影"选项卡

在电影图标属性对话框中,"文件"文本框显示加载的数字电影文件的路径和文件名,"存储"文本框显示数字电影文件是作为外部文件链接还是内部文件。在"层"文本框中输入一个数值,指定要播放数字电影的层次。

在"选项"选项区域中,有以下几个复选框:

①防止自动擦除:该复选框防止数字电影的图像在展示窗口中被自动擦除。

②擦除以前内容:该复选框可用于擦除展示窗口中的其他对象,再显示数字电影的内容。

③直接写屏:该复选框使得数字电影播放时覆盖展示窗口中的其他对象,若想使数字电影在其他对象之后播放,则不选择该复选框,并赋予数字电影一个比其他对象更低的层次。

④同时播放声音:当选择该复选框且外部影像包含音频时,才能听到外部声音。

⑤使用电影调色板:这一Windows独有的特性允许使用与数字电影同时产生的调色板与Authorware的调色板相对照。

⑥使用交互作用:使用该复选框可使用Director数字电影。多媒体Director数字电影因具有完善的交互性而著称,将含有Lingo的Director 4.0或更高版本的数字电影加载到Authorware中,可以在播放时直接与数字电影经外设发生交互作用。

(2)"计时"选项卡

在计时选项卡中,"执行方式"下拉列表框中包含"等待直到完成"选项、"同时"和"永久"选项。这些选项的具体含义与声音图标属性对话框中相同选项相同,可参见前面声音图标对话框中相同选项的介绍。

"播放"下拉列表框中包含:"重复"、"播放次数"和"直到为真"选项,后两项选项的含义可参见声音图标属性对话框。选择"重复"选项,则数字电影将连续不断地播放。

"速率"文本框中可输入一个数值、变量或表达式,以控制数字电影的播放速度。

如果只播放一个数字电影中的一部分,则在"开始帧"文本框中可输入一个数值、变量或表达式来指定播放起始帧,在"结束帧"文本框中可输入一个数值、变量或表达式来指定播放结束帧。

电影图标属性对话框中,在图标预览框下方有4个控制影像播放的按钮,分别为"播放"、"停止"、"向前一帧"和"向后一帧"用于电影预览的播放控制。

(3)"版面布局"选项卡

单击"版面布局"标签,从中选择"可移动性"下拉列表框中的选项,以确定数字电影在展示窗口中的显示位置和可移动方式。

"位置"下拉列表框中包括"不改变"、"在屏幕上"、"沿特定路径"和"在某个区域中"选项。

"可移动性"下拉列表框中包括"不能移动"、"在屏幕上"和"任何地方"选项。

3.数字电影的类型

电影图标可用来加载和控制数字影像格式的变化。各种数字影像均有各自特殊的性质,Authorware 处理它们的方式也各不相同,以下将介绍几种常用数字电影类型的处理方法。

(1)Macromedia Director 电影

Macromedia Director 电影是制作交互式动画较为优秀的工具,在 Authorware 中使用 Director 影像可产生交互性强、媒体集成度高的模块。Director 影像可以仅包含动画或对话,也可以只含有音频。Authorware 可控制导入的 Director 影像,但 Director 影像只能作为可调用的外部文件保存。

(2)Quick Time 和 Video for Windows 格式

无论以 Quick Time 还是以 Video for Windows 格式存放的数字影像文件,都必须保存在 Authorware 的外部,然后供 Authorware 的电影图标调用。如果让 Authorware 能播放这两种格式的数字影像,则 QuickTime 或 Video for Windows 支持软件必须被加载至开发和交互系统中。

(3)MPEG 技术

MPEG 是一项用于压缩数字影像和同步音频的技术。MPEG 文件也只能作为外部文件保存,链接到 Authorware 中。

七、交互控制

交互性是课件的重要特性,Authorware 课件的交互性是由交互图标表现的。通过对交互图标的设置,即可实现课件的交互控制。

1.交互的基本概念

如果一个多媒体课件具有双向的信息传递方式,即不仅可以向学生演示信息,同时也允许学生向课件传递控制信息,则我们说这样的一个多媒体课件就具有交互性。交互性改变了学生单纯地被动接受信息的局面,可以通过键盘、鼠标甚至时间间隔来控制一个多媒体课件的行为。交互性是通过在课件中设置多个交互点来实现的。每个交互点可以对程序进行响应。

当 Authorware 在执行程序时遇到一个交互图标后,将显示所有在交互图标中的显示对象,如按钮、菜单、文本输入框等。然后,程序将暂时停止,等待我们的响应。我们用键盘或鼠标进行响应后,Authorware 将此响应与交互图标的各个分支的条件进行比较,看该响应符合哪一个响应目标。找到与之相匹配的响应后,就执行该分支里面的内容。

交互式多媒体程序在执行中,如果不被干预,则按照设定好的程序往下运行;如果向它传递了一些控制信息,则会根据相应的控制运行相应的部分,从而满足不同用户的需要。如:设置播放节奏、选择相应的系统功能或者进入测验等等。与此同时,系统也会记下有关的信息:如选择的路径、响应的时间、测验的结果等。

2.交互图标的建立

程序的交互功能是由流程线上的交互图标实现的。具体操作步骤如下:
(1)从图标栏把交互图标拖到流程线上合适的位置
(2)为交互图标创建响应分支

拖动其他类型的图标(如群组图标、显示图标等)到交互图标的右侧。当松开鼠标左键时,系统会出现一个选择交互类型的对话框,制作者可以根据需要选择交互类型。如图5-29所示。

从图5-29的交互类型对话框中可以看出,Authorware 7.0提供了11种交互响应类型,合理利用它们可以为程序提供强大的交互功能。在对话框中的每一种交互响应类型的单选按钮的左边,都有一个与该交互类型相对应的标识图案,我们称之为响应类型标识符。这些标识符是必须被牢记的,因为在流程线上是使用这些标识符,而不是文字说明来表示响应方式。在对话框中选择不同的单选项时,流程线上的交互响应标识符也会发生相应的变化。

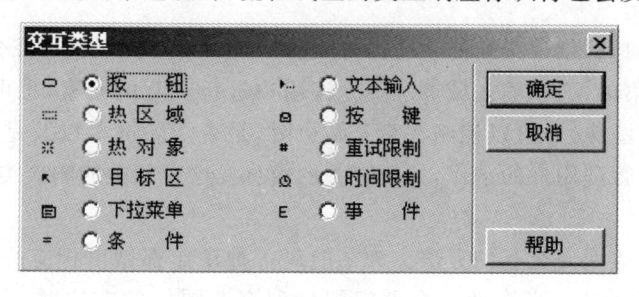

图5-29 交互类型对话框

这11种交互方式分别是:
①按钮响应:通过对按钮的动作产生响应,并决定程序分支执行。
②热区响应:通过对某个选定区域的动作产生响应。
③热对象响应:通过对选取某个对象的动作产生响应。
④目标区域响应:可通过移动对象至目标区域而产生响应。
⑤下拉菜单响应:通过对菜单的操作(选取菜单)而产生响应。
⑥条件响应:通过条件判断式产生响应。
⑦文本输入响应:允许输入文本,并根据输入的文本产生响应。
⑧按键响应:控制键盘上的按钮,从而产生响应。
⑨尝试限制响应:可以限制交互次数的响应类型。
⑩时间限制响应:可以限制交互的时间的响应类型。
⑪事件响应:对一些特定的事件做出相应动作的响应类型。

3.交互图标的结构及组成

掌握交互的结构和在交互结构中控制流程的方法,将有助于更好地组织交互功能,保证交互的完整性。

如图 5-30 所示的流程图是一个交互结构。从图中可以看出,一个完整的交互结构可以分为四个部分,分别是:交互图标、响应类型、响应图标和响应分支路径。

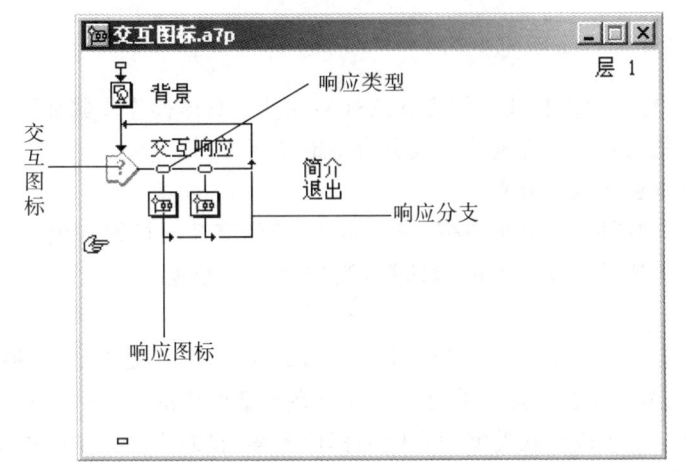

图 5-30　交互结构的组成

(1)交互图标

交互图标除了具有创建交互的功能以外,还是显示图标的扩展,即在交互图标中不仅可以看到显示按钮、菜单、文本输入域等一些允许用户进行交互的元素,也可以显示在交互过程中出现的文本和图像,并可以控制在交互结束时,是否清除屏幕以及是否使用特技效果。它最主要的功能是管理用户的动作,并把有关的信息发送至相关的响应类型标识符。

(2)响应类型

它定义了多媒体课件交互的方法。为了能对各种动作都做出相应的响应,通常一个交互图标有多个响应类型。当拖动一个群组图标到交互图标的右边时,会显示响应类型对话框。

选择一种响应类型如"按钮",单击确定。在设计窗口中就会出现按钮标识符,双击该标识符可以进入属性设置面板,将响应类型设置为鼠标交互时的状态为"手"型,如图 5-31 所示。

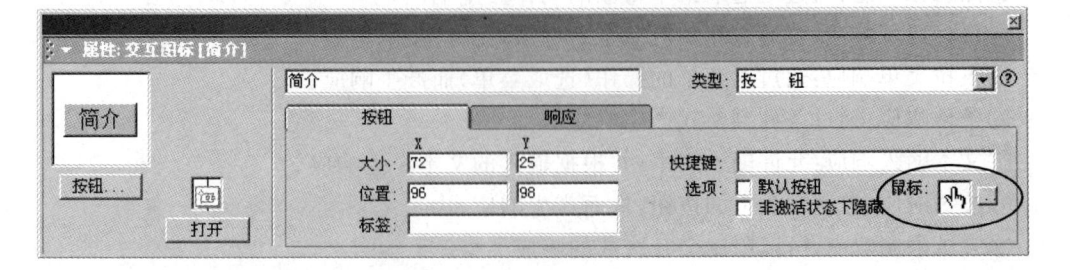

图 5-31　响应属性设置对话框

(3)响应图标

响应图标是与某个响应类型相连的图标。Authorware 根据匹配的响应执行相应的响应图标。除了一些图标如框架等图标不能作为响应图标外,其他的图标都可作为响应图标,通常使用群组图标作为响应图标。

（4）响应路径

响应路径是流程线的一部分，它表明了响应完成后流程的走向。有四种响应路径，它们分别是继续、重试、返回和退出交互。如图 5-32 所示。

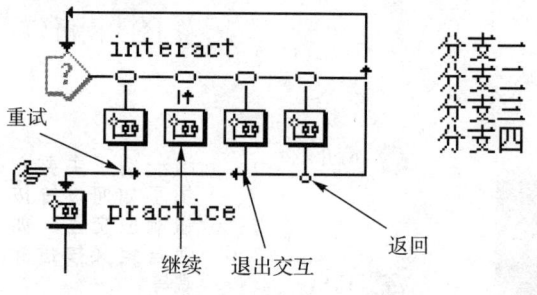

图 5-32   响应路径类型

4.交互结构的工作过程

一个交互结构的工作过程是按以下步骤进行的：

（1）等待响应

当 Authorware 程序遇到交互图标时，首先显示交互图标中包含的所有对象，如按钮、文本输入框、热对象等，这些对象是由响应类型决定的；然后停下来等待用户响应。

（2）匹配响应

当用户响应时，Authorware 把该响应沿着交互流程线发送出去，判断是否与某个目标响应匹配。在交互结构中，每个目标响应都包含在一个单独的响应类型中。

（3）离开响应图标

当响应图标中的内容执行完毕后，由响应路径来决定下一步流程的走向。

（4）返回交互结构开始处

如果用户的响应与交互流程上的任何一个目标响应都不匹配，则流程会返回到交互图标，等待用户的下一次响应。

5.创建按钮响应

Authorware 的交互响应有按钮、热区、热对象等 11 种，下面以按钮响应为例介绍交互响应的创建。

（1）创建按钮响应

将一个交互图标拖动到流程线上，然后把另外一个图标拖动到交互图标的右面，在弹出的交互类型对话框中选择"按钮"选项，单击"确定"，即可完成按钮的添加。如图 5-33 所示为"按钮响应实例.a7p"程序及运行效果图。

现代教育技术

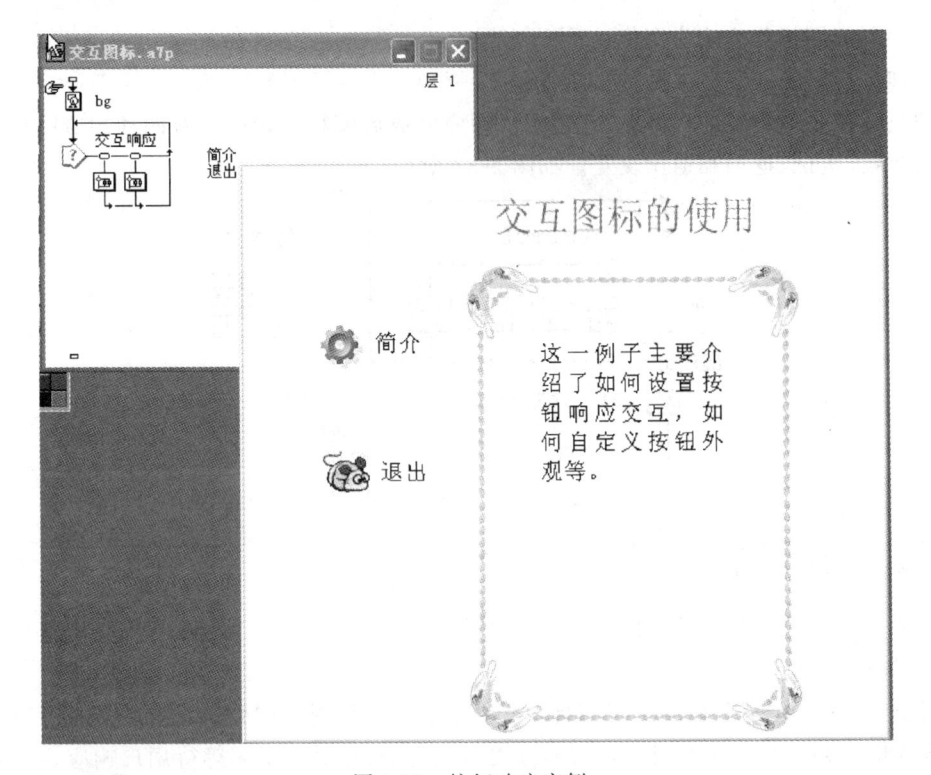

图 5-33   按钮响应实例

（2）设置按钮属性

双击流程线上的按钮响应类型图标，弹出按钮选项卡，其中设置如图 5-34 所示。

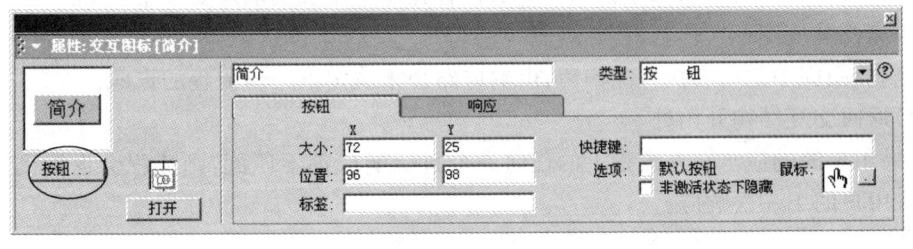

图 5-34   按钮属性面板

（3）编辑按钮

单击如图 5-34 所示按钮属性框中的"按钮…"按钮，可以打开如图 5-35 所示的"按钮"对话框。通过该对话框可以改变按钮样式，或添加自制按钮。

6.创建热区响应

热区响应是在课件内制作一个矩形区域作为热区，单击热区时将执行相应的结果图标。其创建方法与创建按钮响应的方法基本相同。用户只需按照下面的步骤，就可以创建一个简单的热区响应实例：鼠标移动到某个水果上时将自动显示该水果的名称。当需要创建更多的热区响应时，可以重复这些步骤，也可以通过复制或粘贴，得到相同的热区，然后再对热区的属性进行修改。

①单击"新建"按钮，新建一个课件，名为"认识水果.a7p"。

188

②拖动一显示图标到流程线上,命名为"水果图片",双击打开显示图标,输入文字"认识水果",并导入四个水果图片,放在合适的位置。

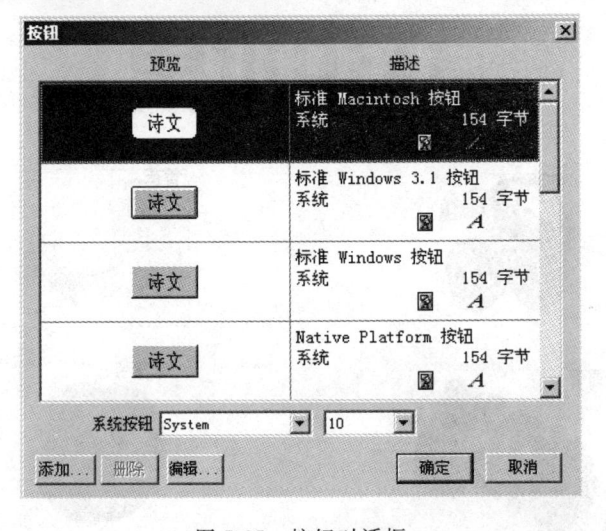

图 5-35　按钮对话框

③创建热区响应。将一个交互图标拖动到流程线上,然后拖动一个群组图标放到交互图标的右侧,在弹出的交互类型对话框中选择"热区域"选项,单击"确定"。以同样的方法再创建三个群组图标放在交互图标的右侧,将这四个群组图标分别命名为"菠萝"、"香蕉"、"葡萄"、"苹果"。

④设置热区交互属性。双击流程线上的热区响应类型图标,显示交互图标属性面板,拖动热区到相应的图片上,鼠标设为"手"型。

⑤设置热区显示结果。双击"菠萝"群组,打开"层 2",拖入一显示图标。在显示图标的演示窗口中输入文字"菠萝",拖动到合适的位置。其他群组的操作方法与其类似。

如图 5-36、图 5-37 所示为"认识水果"课件的流程图及运行效果图。

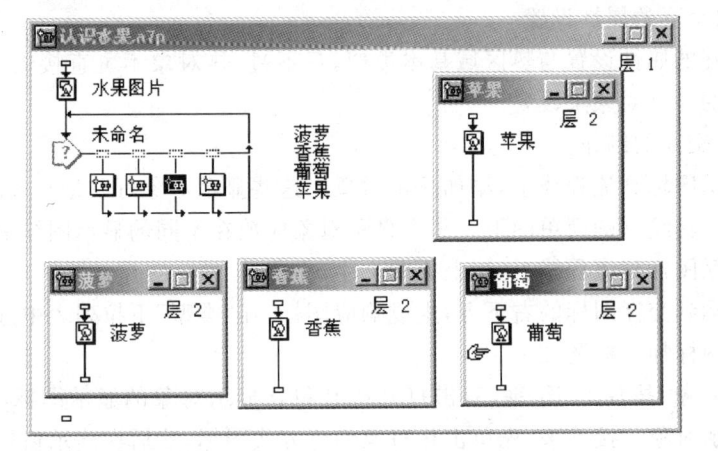

图 5-36　"认识水果"课件流程图

现代教育技术

图 5-37　热区域响应实例"认识水果"课件界面

7.创建热对象响应

热对象是将显示图标中的某个物体本身作为交互对象,来响应用户的操作。与热区域不同之处是:热对象在程序执行时是可见的,单击、双击或在热对象内部移动鼠标时只能有一个响应。热区域建立的区域是矩形,如果要建立不规则的区域来响应用户的操作,必须用热对象响应,此时直接将不规则区域作为交互的对象。

(1)热对象交互的属性设置

热对象交互的属性设置与热区域基本类似,只不过,热对象不可直接输入,只能通过单击演示窗口中的显示对象来设置。

(2)热对象交互的制作

①拖动显示图标到流程线上,添加显示对象。这些显示对象可以是导入的一幅图片,也可以是用绘图工具绘制的简单图形。每个显示对象应放在不同的显示图标中。

②拖动交互图标到流程线上,加上标题文字。

③拖动图标到交互图标的右下方,生成响应图标,在"类型"下拉列表中选择热对象。

④给响应图标加上标题文字。

⑤选择热对象:按住 Shift 键,双击打开所有包含显示对象的显示图标,在演示窗口内将显示这些显示对象。接下来,先单击热对象响应方式图标,然后在演示窗口内单击某个显示对象作为热对象。

⑥单击"热对象"响应方式图标,设置热对象的属性。

⑦编辑响应图标的内容。

如图 5-38 所示为例"认识图形.a7p"程序及运行效果图。

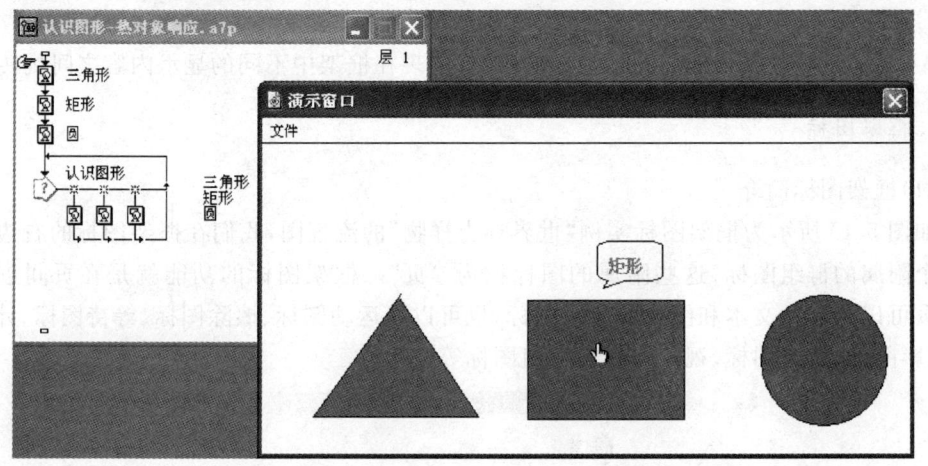

图 5-38　热对象响应实例"认识图形.a7p"课件界面

8.创建目标区响应

目标区交互通过用户向目标区拖放目标对象,只要目标对象的中心点落入目标区,即可响应。目标区是个矩形区域,目标对象可以是一幅图片,也可以是绘制的图形。目标区交互常用于填空游戏等。例如,将不同国家的图形拖放到正确位置形成一张世界地图,将机器的零件放在正确的部位组装成机器等。响应时,拖放位置正确与错误会导致不同的显示结果。

目标区交互属性的设置也与热区域设置相类似。只是属性对话框多出以下两个选项:

①放下:在此下拉列表中有三个选项,"在目标点放下"表示将目标对象移向目标区时,目标对象停留在被释放的位置;"返回"表示目标对象释放后返回原来的位置;"在中心定位"表示目标对象进入目标区后自动移动到目标区的中心位置。

②允许任何对象:选中此复选框后,表示目标区域可以接受任意拖放的显示对象。

如图 5-39 所示为例"看图识字.a7p"程序及运行效果图。

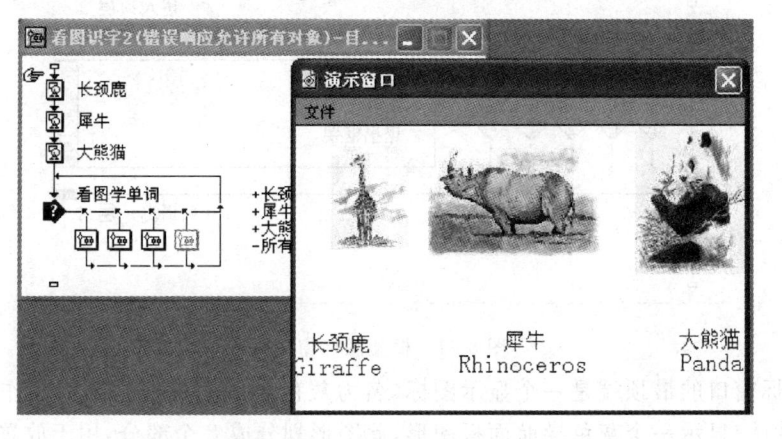

图 5-39　目标区响应实例"看图识字.a7p"课件界面

八、框架与导航

Authorware 提供了框架图标和导航图标，实现在框架中不同的显示内容之间跳转。

1. 框架图标

(1)框架图标简介

如图 5-40 所示为框架图标实例"世界杯吉祥物"的流程图，我们在框架图标的右边添加了 9 个附属的群组图标，这些附属的图标称为"页"。框架图标的功能就是在页间进行跳转。页可以是包含文本和图形的显示图标，也可以是运动图标、擦除图标、等待图标、计算图标、电影图标、声音图标、视频图标和群组图标等。

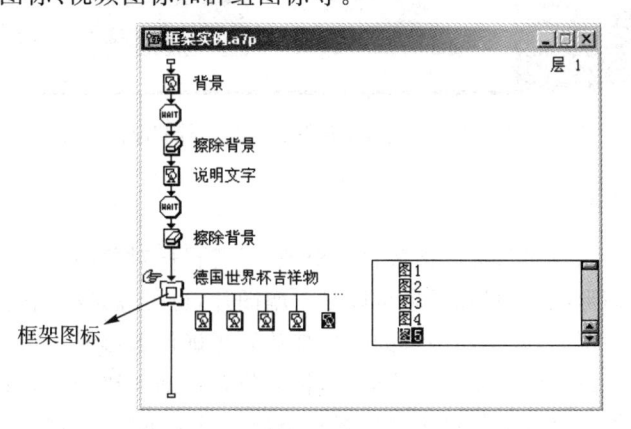

图 5-40 "世界杯吉祥物"课件的流程图

双击流程线上的框架图标，弹出如图 5-41 所示的框架图标窗口。这个默认的框架图标实际上是由一个显示图标、一个交互图标和 8 个导航图标组成的，交互响应是按钮响应。我们可以更改响应类型，也可以增加、删除和修改图标。

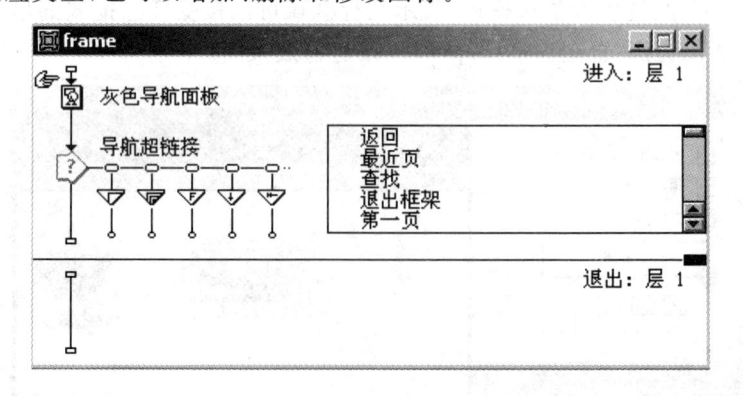

图 5-41 框架图标窗口

框架图标窗口的最顶端是一个显示图标(名为灰色导航面板)，它的主要作用是在屏幕的右上角(默认)显示一个灰色导航面板图形，此图形划分成 8 个部分，用于放置其下面的交互图标中的导航按钮。双击该显示图标，显示如图 5-43 所示。

灰色导航面板显示图标的下面是一个交互结构，双击交互图标将打开如图 5-43 所示的控制面板,其中的 8 个导航按钮对应于图 5-42 中所示的 8 个导航图标。

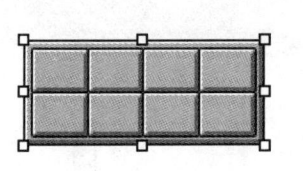

图 5-42　灰色导航面板

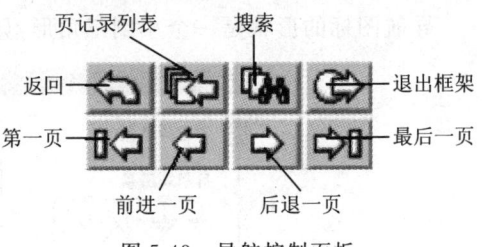

图 5-43　导航控制面板

（2）创建简单的框架结构

创建简单框架结构的具体操作步骤如下：

①拖动一个框架图标到流程线上。

②拖动一个显示图标到流程线上,并放置在框架图标的右边。

③如果需要的页数大于 1,则继续拖动图标到框架图标的右边。

④为框架图标和每一页命名,如图 5-40 所示。

⑤编辑每一页的内容。

⑥选择"调试"|"开始运行"命令运行程序。观看运行效果,图 5-44 为"世界杯吉祥物. a7p"运行效果图。

图 5-44　框架图标演示效果图

2. 导航图标

导航图标常常用在框架图标中,具有超链接的效果。可以对文本、图片等对象设置超链接。导航图标的位置非常灵活,它一般放置在框架图标中,但也可以放置在流程线上的任何地方,如放在群组等图标中。虽然该图标可置于流程线上任意处,但它只能在框架的页中进行跳转,所以我们在这里只讨论它在框架中的应用。

（1）导航图标简介

导航图标的形状是一个小倒三角形，如图 5-45 所示。

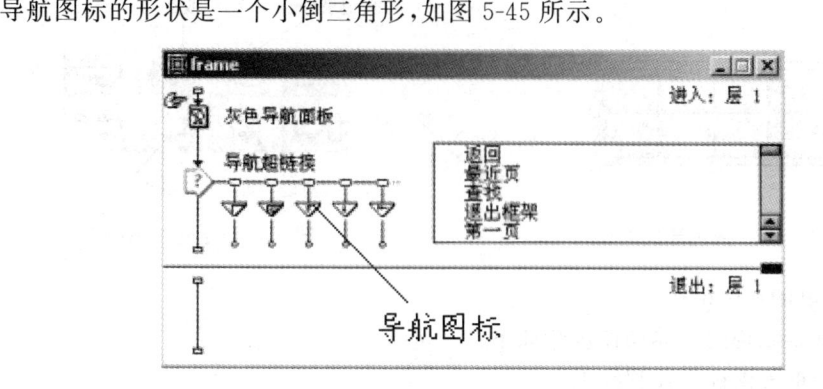

图 5-45　框架图标中的导航图标

（2）设置导航图标的属性

在图 5-45 中双击任意一个导航图标，将出现导航图标属性面板，在其中"目的地"下拉列表框中选择"附近"选项，如图 5-46 所示。

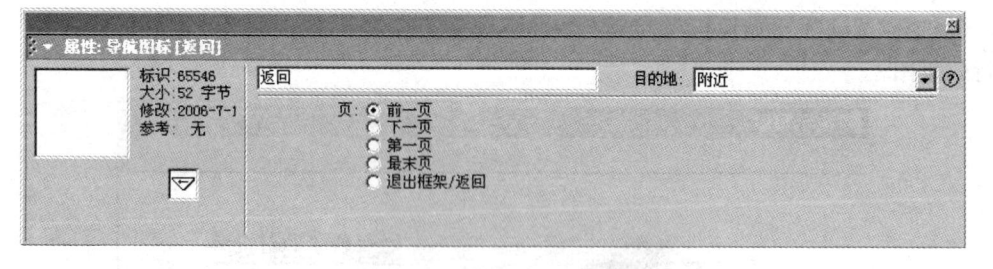

图 5-46　导航图标属性面板

在"页"选项组中有 5 个单选按钮，选项内容如下：

①前一页：选择该项，则单击导航图标所代表的按钮响应时，将直接跳转到位于框架中当前页左边的那一页，即后退一页。

②下一页：选择该项，则单击导航图标所代表的按钮响应时，将直接跳转到位于框架中当前页右边的那一页，即前进一页。

③第一页：选择该项，则单击导航图标所代表的按钮响应时，将直接跳转到位于框架中最左边的那一页，即第一页。

④最末页：选择该项，则单击导航图标所代表的按钮响应时，将直接跳转到位于框架中最右边的那一页，即最后一页。

⑤退出框架/返回：选择该项，则单击导航图标所代表的按钮响应时，将退出本框架。

（3）跳转到指定页

在设置跳转到指定页之前，必须将跳转目标设置为"任意位置"。双击框架图标，然后在弹出的框架窗口中双击任意一个导航图标，在出现的导航图标属性对话框中的"目的地"下拉列表框中选择"任意位置"，如图 5-47 所示。

在"类型"选项组中有两个单选按钮，选项内容如下：

①跳到页：若选中该单选按钮，则单击导航图标所代替的按钮时，程序将跳转到指定的某一页。

②调用并返回:若选中该单选按钮,则程序在跳转到指定页后,还可以返回到当前位置。

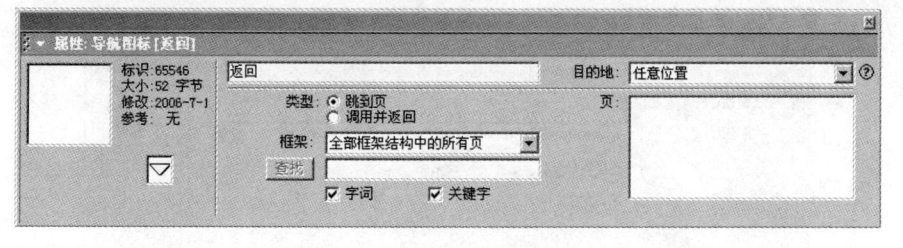

图 5-47　导航图标属性面板

(4)返回前页

双击框架图标,然后在弹出的"框架"窗口中双击任意一个导航图标,在出现的导航图标属性对话框的"目的地"下拉列表框中选择"最近"选项,如图 5-48 所示。

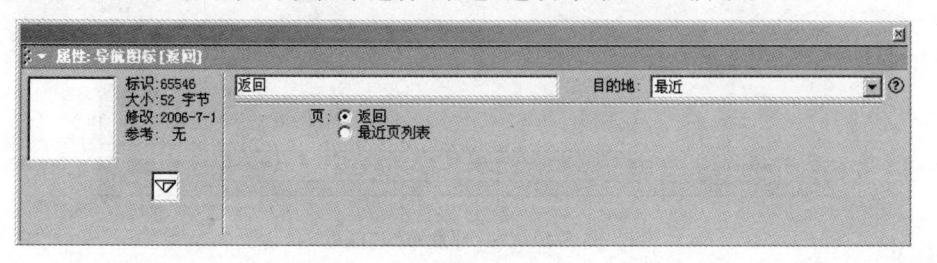

图 5-48　导航图标属性面板

在"页"选项组有 2 个单选按钮,选项内容如下:

①返回:若选中该选项,那么单击展示窗口中的导航控制面板上的"返回"按钮,就可以返回刚刚浏览过的页面,即使刚刚浏览的页面是在另外一个框架中,也能返回。

②最近页列表:若选中该选项,那么单击展示窗口中的导航控制面板上的"最近页"按钮,屏幕上就会弹出"最近页"对话框。此对话框中是一个页的列表,记录了刚才访问过的页,最近访问页的名称放置在顶端,而最先访问页的名称则被放置在最底端。

九、课件的打包与发布

在 Authorware 中编制多媒体课件的最后一步工作是文件的打包与发布。把源文件生成为应用程序的过程叫做程序的发布。打包发布后的目标程序是一个能在 Windows 环境下直接运行的程序,其中的程序源代码或者源素材不可编辑。Authorware 7.0 具有一键发布功能,可把扩展名为 a7p 的源文件,一次同时发布为 EXE(或 A6R)文件、AAM 文件(适用于网络播放)、HTM 文件。在发布的同时,Authorware 还能够自动将需要的支持文件一同打包,不需要的文件则不会加入。

1.发布程序文件

在 Authorware 7.0 中打包发布文件要通过菜单"文件"|"发布"菜单下的命令来实现。通过发布命令,可以同时将一个多媒体源程序打包生成多种格式的文件来发布。只需简单的选择就可发布单独的多媒体程序、WebPlayer 程序以及 HTML 网页文件。

在发布前,要根据需要修改相应的发布设置,使之符合课件的要求。选择菜单"文件"|"发

布"|"发布设置"命令,在打开的"一键发布"对话框中进行相应的设置,设置如图 5-49 所示。

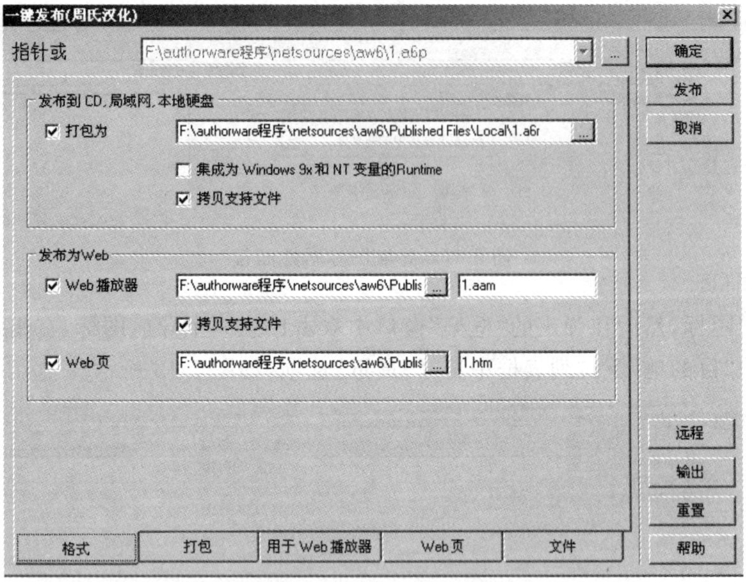

图 5-49 "一键发布"对话框

在"格式"选项卡中,取消"Web 播放器"和"Web 页"复选框,可以将程序只在本地磁盘发布,并且只发布为一个可执行的程序。

选中"集成为 Windows 9x 和 NT 变量的 Runtime"复选框,则打包后的程序可以单独运行。

单击窗口下方的"打包"标签,可打开如图 5-50 所示的打包选项卡。选中该选项卡中所有能够勾选的复选框,这样就可以将支持文件与所需的库文件都复制到相应目录下。然后单击"发布"按钮即可完成。

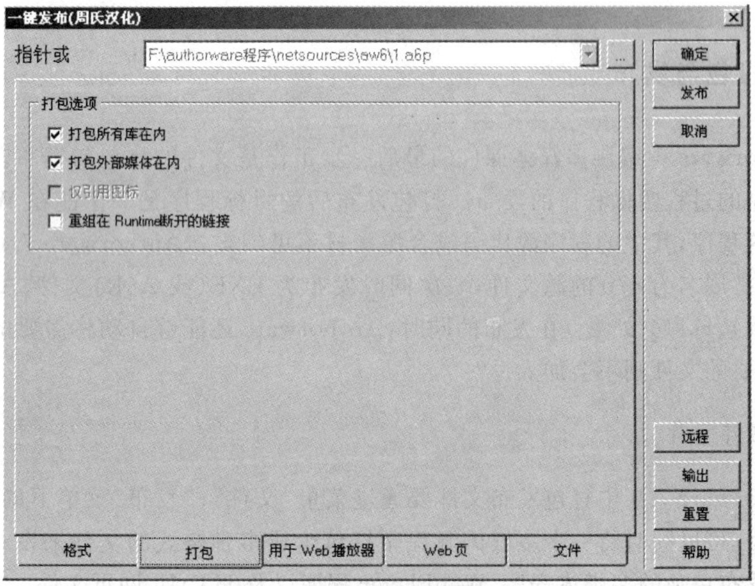

图 5-50 "一键发布"打包选项卡

2.通过网页打包工具发布

Authorware 7.0 中除了提供一键发布功能外,同时也提供了其他几个辅助打包程序,例如库文件打包工具和网页打包工具。使用网页打包工具命令,可以在完成了一个程序文件的打包过程后,将它打包并在 Internet 上发布。网页打包程序时不会将 Runtime 的库文件打包,所以要先通过发布生成 Runtime 的库文件。

第四节　Authorware 课件实例

互动性是多媒体课件的重要特征之一,Authorware 的强大功能就集中体现在交互作用的控制上。使用 Authorware 开发的多媒体项目,绝大部分都通过按钮响应、输入及鼠标动作等方法来控制程序的运行,在展示项目信息的同时,将用户的操作传递给程序,完成信息的双向传递,这种形式就是互动的表现。

一、综合实例 1:望庐山瀑布

1.设计思想

本例主要用到了 Authorware 的按钮交互、目标区交互。运行效果为:画面中显示一句古诗和三个选择项,要求在选择项中找出与其配对的一句古诗并拖到原诗句后面,如果正确则显示这首古诗的全部内容,并伴有朗读配音;如果错误则拖动的诗句将返回原处并显示出错提示。朗读古诗时控制声音的开与关。本例中填入诗句部分为目标区响应,而"播放"、"暂停"、"继续"、"停止"则为按钮响应生成的按钮。

2.准备素材

本课件要用到古诗的朗读配音,我们可以用 Windows 自带的录音机或者其他的录音软件录制古诗配音,然后以古诗题目为名保存,如"望庐山瀑布.mp3"。

3.主界面设计

①运行 Authorware,将一个计算图标拖到流程线上,命名为"初始化",在计算图标里输入"ResizeWindow(320,240)",将窗口设置成 320×240 像素大小。

②拖入一个显示图标,命名为"背景",导入适当的图片作为课件背景。

③拖入一个显示图标,命名为"答题须知",在里面输入答题的要求" 从下面的三句诗中拖动正确的一句到横线上"。

④再拖入一个显示图标,命名为"题一",在里面输入第一句古诗"飞流直下三千尺",并设置适当的字体、字号、颜色等。

⑤再拖入三个显示图标"答一"、"答二"、"答三",分别在里面输入三句古诗,适当调整三

句古诗的位置。至此，主界面设计完成，显示如图5-51所示。

图5-51 "望庐山瀑布"主界面效果

4.音乐控制

①拖入一个交互图标，在交互图标的右边拖入四个组图标，选择交互类型为"目标区"交互，分别命名为"正确"、"错误1"、"错误2"和"限时"。

②双击"正确"组图标上面的按钮，用鼠标单击窗口中正确的诗句，然后把窗口中出现的虚线框拖到横线上，设置好大小；接着在"目标区"选项卡"放下"栏中选择"在中心定位"，表示诗句拖过去后自动放置到虚线区域的中心位置；再到"响应"选项卡下设置"分支"为"退出交互"。

③打开"正确"组图标，拖入一个擦除图标，双击打开后点击错误的两句古诗，将它们擦除。再拖入一个显示图标，命名为"古诗欣赏"，打开后输入全诗的内容；再拖入一个声音图标，命名为"配音"，导入"望庐山瀑布.mp3"声音文件，并在"计时"选项卡里设置执行方式为"同时"。

④在流程线上拖入一个交互图标，然后在右边拖入四个计算图标，选择交互类型为"按钮"交互，分别命名为"播放"、"暂停"、"继续"和"停止"，并在四个计算图标中分别输入MediaPlay(IconID@"配音")、MediaPause(IconID@"配音",true)、MediaPause(IconID@"配音",FALSE)和GoTo(IconID@"题二")。

提示：执行"停止"图标即可停止播放声音文件，跳转到下一题。因此在这之前必须在程序下面放置名为"题2"的显示图标，否则无法继续。

⑤设置"停止"按钮的属性为"退出交互"。再双击交互图标，拖动窗口中的按钮到合适

的位置。这样点击相应的按钮就可以对音乐配音进行控制了。效果如图 5-52 所示。

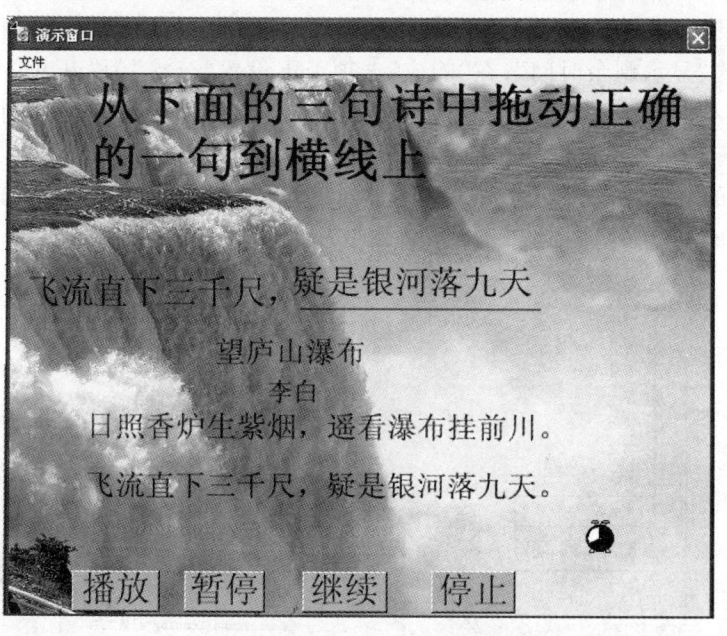

图 5-52　加入声音控制图标

5.其他交互设置

①双击"错误 1"组图标上面的按钮，点击错误的诗句，拖动虚线框使其大小布满全屏；在"目标区"选项卡"放下"栏中选择"返回"；再设置"响应"选项卡下的"分支"为"重试"；打开组图标，拖入一个显示图标并在里面输入"错误，请重试"，设置适当的字体、字号及放置位置。运行效果如图 5-53 所示。

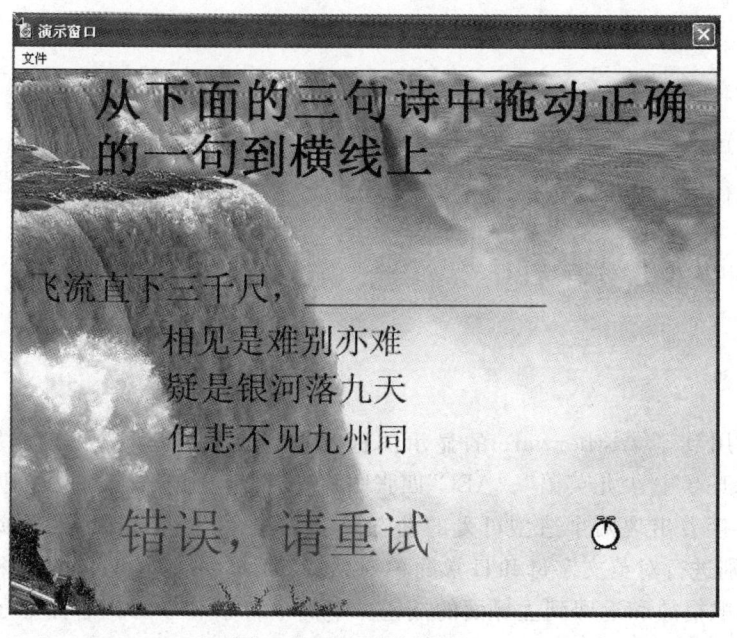

图 5-53　显示"错误"界面

②以同样的方法设置"错误2"图标。

③双击"限时"组图标上面的按钮,在弹出的对话框中设置交互类型为"时间限制",输入时限为10,勾选"显示剩余时间";在"响应"选项卡下设置"分支"为"退出交互"。打开"限时"组图标,拖入一个显示图标,并在显示图标中输入"超时!";再拖入一个等待图标,设置等待时间为2秒。

④用同样的方法制作"题二"、"题三"等。建议复制题一全部内容,然后修改一下设置即可。整个程序的流程如图5-54所示。

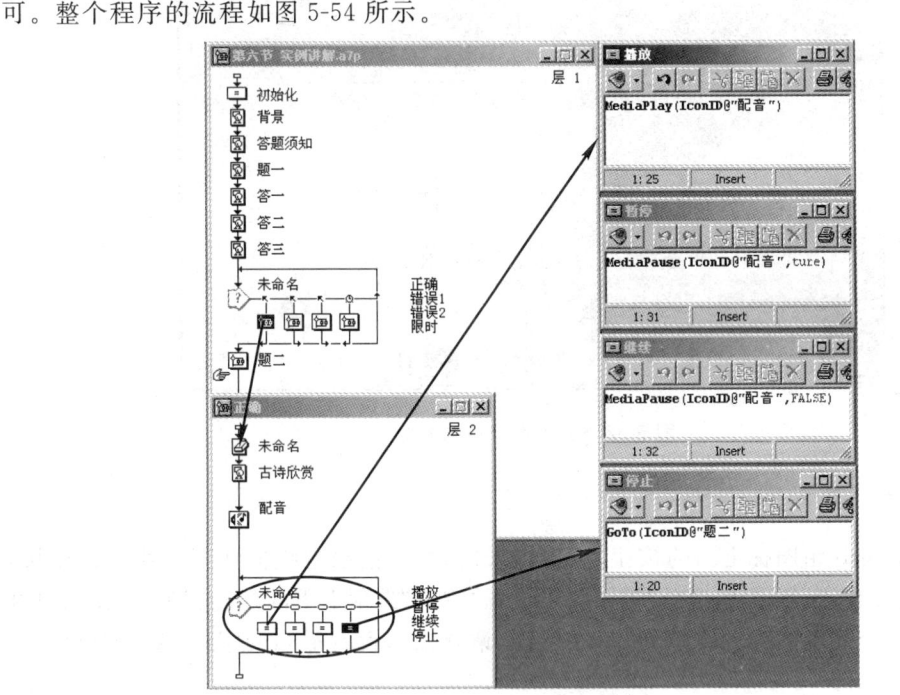

图5-54 课件流程图

6.修改调整

点击工具栏里的"控制面板"按钮,调出控制面板,点击"运行"按钮,如果不满意则点击"暂停"按钮进行修改,直到满意为止。

二、综合实例2:少儿英语ABC

1.设计思想

本例主要用到了 Authorware 的显示图标和按钮交互。运行效果为:"一只青蛙"和"Children English"、"少儿英语"、"ABC"四张图片先后以动画形式入场,出现"今天学什么"等文字内容。接着出现两个造型可爱的动态按钮,单击可以进入课件的子页面 Letters 和 Sentences,分别进行对英文字母和日常简单对话的演示学习。在课件的两个子页面中,都有控制英文儿歌播放和返回到主界面的按钮。本例中背景和学习内容用显示图标制作,而相关按钮则是主要利用按钮响应生成。

主界面效果如图5-55所示：

图 5-55 "少儿英语 ABC"课件界面

2.素材准备

本例要用到相应的音频、视频素材，如字母歌，背景图片等，可以从网上下载；另外，按钮效果是用 Photoshop 加工完成的。

3.主界面的制作

①导入事先准备好的背景音乐，打开声音图标的属性面板，设置执行方式为"同时"，播放选项为"直到为真"，如图5-56所示。

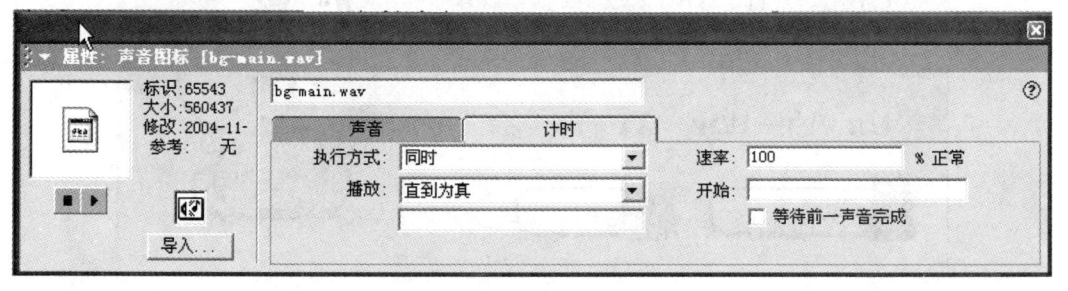

图 5-56 设置声音图标属性

②导入5张图片作为课件运行时的背景图片，并设置相应的特效，实现课件开始动画。

③利用交互图标制作按钮"letters"和"sentences"，响应分支图标使用计算图标，分别在"letters"和"sentences"分支图标中添加如下脚本：

JumpFile("letters")　　　JumpFile("sentences")

JumpFile 是 Authorware 的一个系统函数，其语法结构为 JumpFile(″filename″［，″variable1，variable2..″，［″folder″］］)，可以将程序的运行从目前影片引导到目标影片(filename 所指的对象)中。"letters"是这个课件中显示字母学习内容页面影片的文件名。这里有一点需要特别说明，因为课件中三个影片的完成文件都存放在同一目录，这里将目标文件名设置为"letters"而不是"letters. a7p"，就可以使程序在当前的文件路径中搜寻名称为"letters"的所有可用文件。

④利用已有的图片素材对按钮进行编辑，编辑方法可参考按钮响应一节。

4. 子页面影片的制作

①导入一张背景图片，并设置显示图标的过渡属性，使之生成动画效果。

②拖入一个交互图标，设置其响应类型为"按钮响应"，名称为"button"，分别拖入两个群组图标作为响应分支图标，并分别命名为"play song"和"back"。

③在群组图标"play song"中拖入声音图标并导入英文字母歌声音文件，设置其执行方式为"同时"；在群组图标"back"中拖入一计算图标，为其添加跳转到课件主界面影片的控制脚本：

JumpFile(″main″)

④利用已有图片素材自定义按钮状态。子页面 letters 的运行效果如图 5-57 所示：

图 5-57　子页面 letters 运行效果

类似地，我们可以完成 sentences 子页面的制作，只不过在 sentences 子页面中，我们导入的是常用英语句子的声音文件。sentences 子页面的运行效果如图 5-58 所示。

第五章　用Authorware制作课件

图 5-58　子页面 sentences 运行效果

5.修改调整

点击工具栏里的"控制面板"按钮,调出控制面板,点击"运行"按钮,如果不满意则点击"暂停"按钮进行修改,直到满意为止。整个程序的流程图如图 5-59 所示。

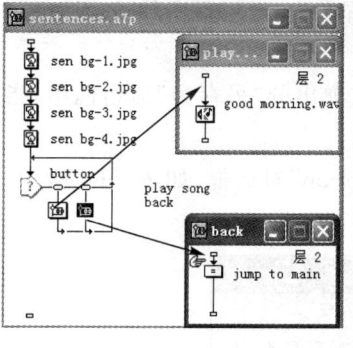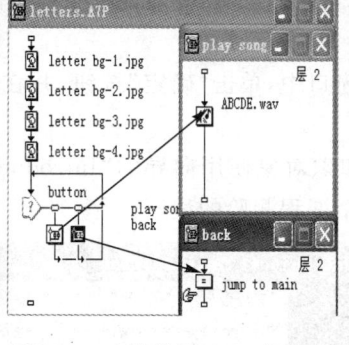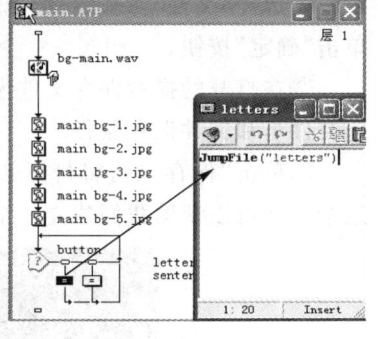

图 5-59　少儿英语 ABC 完整流程

第五节　知识对象的使用

Authorware 自 5.0 版本开始增加了知识对象 KO(Knowledge Object)。知识对象提供了快速制作测验等程序的模板。简单的知识对象由知识对象图标和关联的向导组成,使用系统自带的知识对象,设计者不必了解程序编写知识也可以设计出专业的多媒体作品。创

203

现代教育技术

建的知识对象可以反复在程序中引用,所以可以把具有相同或者相似功能的模块组成知识对象,以简化设计过程,避免重复的劳动。

一、知识对象的工作过程

从 Knowledge Objects 窗口中拖动一个知识对象图标到设计流程线上,此时将启动与之相关联的向导,指导我们如何建立知识对象中的内容或构造知识对象中包含的代码。当我们在向导中做选择时,向导在 Authorware 页的目标中做出适合的改变;当我们退出向导并运行包含知识对象的文件时,Authorware 在遇到知识对象图标时不启动向导,而是直接执行图标包含的代码。

二、利用知识对象创建程序

当第一次运行 Authorware 7.0 程序时,系统会自动出现一个知识对象对话框,如图 5-5 所示。

在对话框最下部分的复选框是用来控制是否在下次运行 Authorware 7.0 时自动启动知识对象面板。在对话框中,我们为要创建的新文件选择一个知识对象,其中有轻松工具箱、应用程序和测验 3 个知识对象供我们选择。其中,选择"应用程序"项,可以创建一个标准的课程训练的结构;选择"测验"项,可以创建一个课程测验的程序结构。

1.使用"应用程序"知识对象创建一个多媒体程序

①选择"文件"|"新建"命令,在打开的新建对话框中,选择名为"应用程序"的知识对象,单击"确定"按钮。

②在打开的提示保存文件窗口中,单击"确定"按钮,并在弹出的"另存为"对话框中,指定文件名和文件保存路径。

③单击"保存"后,将打开知识对象使用向导的"Introduction"对话框,如图 5-60 所示。这个向导可以帮助我们建立一个课程测验的程序。

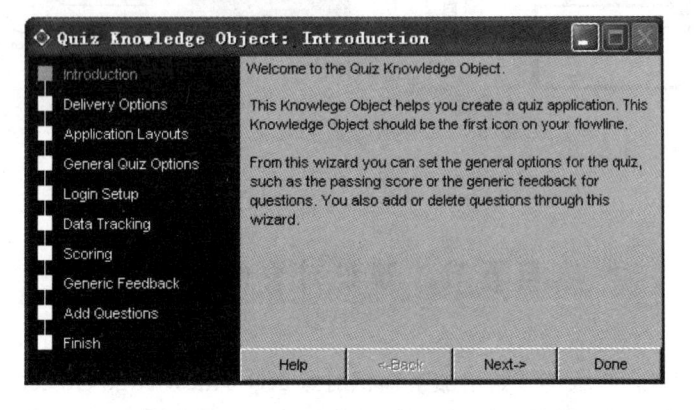

图 5-60 第一步 介绍

④单击"Next"按钮,打开"Delivery Options"对话框。在该对话框中可以指定展示窗口的大小和存储外部媒体的路径。本例我们指定展示窗口大小为640×480,即选中该单选按钮,如图5-61所示。

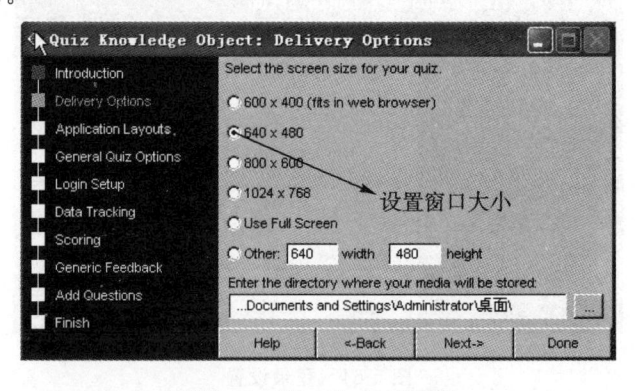

图5-61　第二步 展示选项

⑤单击"Next"按钮,在打开的"Application Layouts"(应用程序布局)设置对话框中,有5种风格的布局供我们选择,如图5-62所示。这里的布局,是指在创建好应用程序后,应用程序窗口的布局样式。

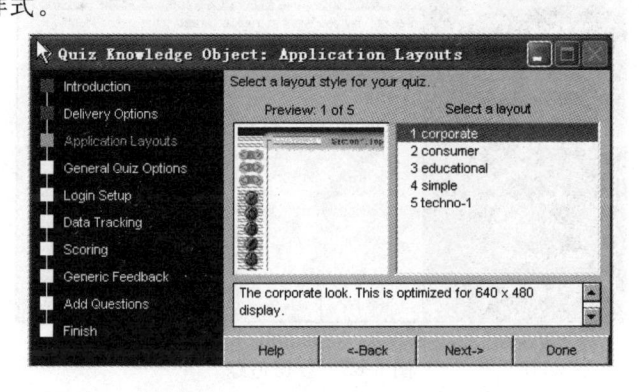

图5-62　第三步 应用布局

⑥单击"Next"按钮,在打开的"General Quiz Options"(一般测验选项)对话框中,我们可以设置测验标题、重试数等内容。如图5-63所示。

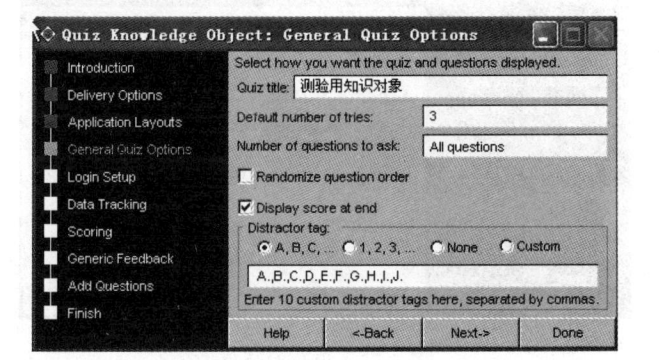

图5-63　一般测验选项

⑦单击"Next"按钮,打开的"Login Setup"(登录设置)对话框。我们可以在该对话框中设置登录信息、登录时的提示窗口样式等内容。如图 5-64 所示。

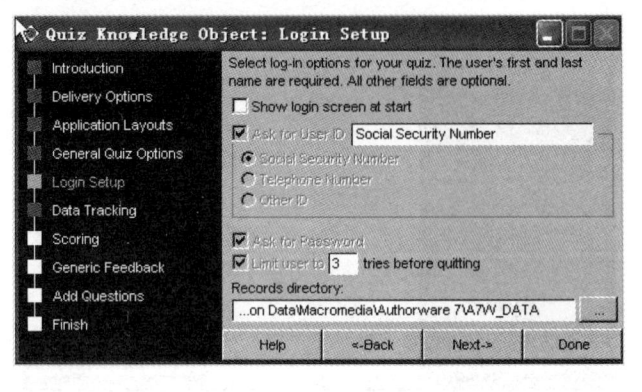

图 5-64　登录设置

⑧单击"Next"按钮,打开"DataTracking"(数据跟踪)对话框,如图 5-65 所示。在该对话框中,我们可以设置怎样跟踪和记录测试者的身份、使用过程和成绩的方式。

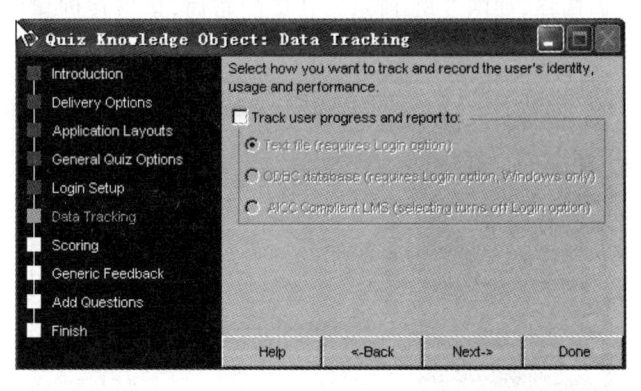

图 5-65　数据追踪

⑨单击"Next"按钮,打开"Scoring"(得分)对话框,如图 5-66 所示。在该对话框中,我们可以设置判断方式及及格分数等。

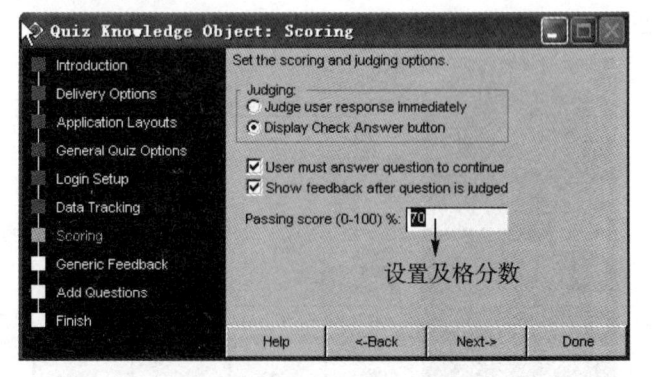

图 5-66　得分对话框

⑩单击"Next"按钮,在打开的"Generic Feedback"(一般反馈)对话框中,可以设置问题回答后的反馈语句。单击右面的"Add Feedback"可增加反馈语句,并在设置反馈文本框中

修改反馈内容。单击"Delete Feedback"可删除反馈语句。如图5-67所示。

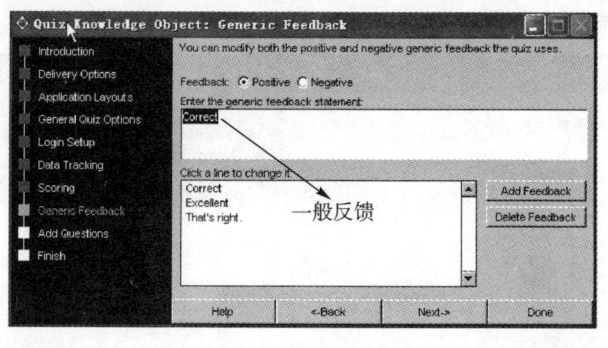

图 5-67　一般反馈

⑪单击"Next"按钮,打开如图5-68所示的"Add Question"(增加问题)对话框。在该对话框中,可以添加测试题目。在对话框右面选择题目的类型,包括单选题、多选题及问答题等。单击题目类型,可增加该类型试题,并可在上方的设置问题文本框内更改内容。并可以增加多道试题。

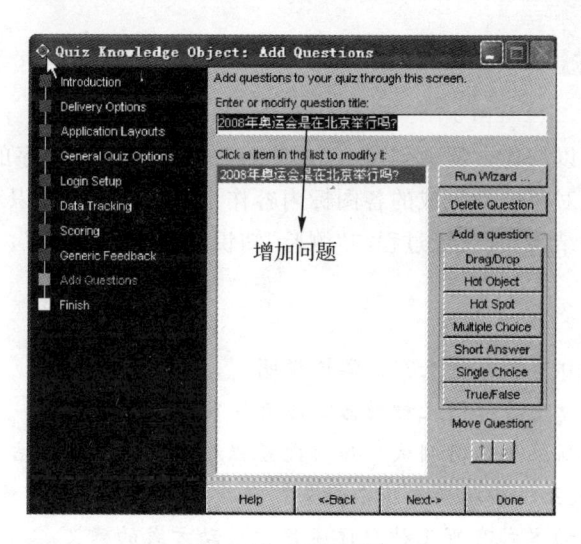

图 5-68　增加问题

⑫单击"Next"按钮,进行向导的最后一步,在该步骤中没有需要我们所设置的内容,如图5-69所示。单击"Done"按钮,即可完成向导的全部设置工作。另外,当我们在向导中进行设置的任意时间,单击右侧窗口步骤列表中蓝色矩形块,都可以返回到相应的对话框中修改设置选项。

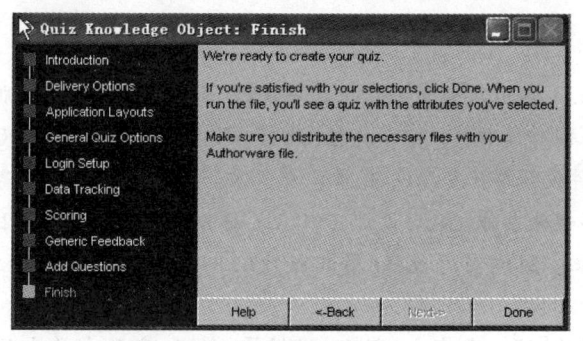

图 5-69　完成

经过上述步骤的操作，我们就通过知识对象创建了一个新的程序。这时，在Authorware 7.0的流程设计窗口中将显示如图 5-70 所示的内容。

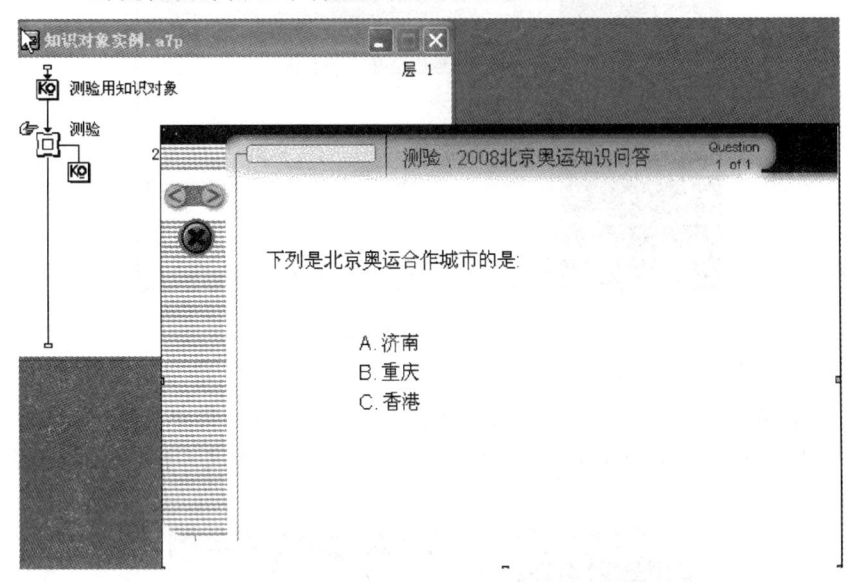

图 5-70　通过向导创建的知识对象实例

利用知识对象可以快速方便地创建一个"测验"的程序结构，程序的设计已经完成。当然我们还可以对知识对象自动生成的各图标内容作个性化修改。知识对象还可以自动创建"课程训练"等的程序结构，其设置过程与"测验"知识对象的方法类似。

【思考与练习】

1. Authorware7.0 有哪些特点？试举例说明。

2. Authorware7.0 中共提供几种图标？各有何功能？

3. Authorware7.0 程序如何调试？如何设置程序调试的开始和结束？

4. Authorware 交互结构包括哪几个部分？它在课件制作中有何意义？

5. 移动图标的移动方式有哪几种？详述各种移动方式的意义。

6. 框架图标与导航图标有何区别与联系？各有什么作用？

7. 请围绕某一门课程，自选主题设计一个主界面和子界面嵌套系统的交互界面。

8. 设计一拼图游戏。如事先将一幅图切割成几部分，顺序打乱，要求参与者拼出原图。

【参考资料】

1. Authorware 6.5 实用培训教程［M］.许书明.北京：清华大学出版社，2003.

2. 中学数学课件制作实例［M］.方其桂.北京：人民邮电出版社，2002.

3. 多媒体教学软件设计与开发［M］.王志军，张军征，毕广吉等.北京：高等教育出版社，2006.7.

4. Authorware7 多媒体制作技能与设计实例［M］.翁丹，尹小港.北京：人民邮电出版社，2005.3.

5. 多媒体 CAI 课件制作实用教程（第二版）［M］.朱仁成，朱莉，陈立生.西安：西安电子科技大学出版社，2002.10.

6. 网页设计与制作［M］，李京文，蔺宏，程剑等.合肥：安徽大学出版社，2005.8.

实验一 框架图标的使用

【实验目的与要求】

1.掌握文件的创建与属性设置。

2.掌握 Authorware 的显示图标、等待图标、擦除图标与框架图标的使用。

【实验时数】

2 学时

【设计思想】

本实例为中学语文课件唐诗欣赏。使用了显示、等待、擦除和框架等图标。使用显示图标制作背景图片和文字,等待一段时间后,利用擦除图标的过渡效果生成动画。最后利用框架图标实现四首唐诗的浏览和翻页的功能。

【制作提示】

(1)文件属性的设置:从修改菜单中选择"文件"|"属性"命令,设置大小项为"600×600",选项为"演示居中屏幕"。

(2)等待、擦除图标的设置:设置等待图标属性设置为"事件:单击鼠标",等待时间设为 5 秒;"被擦除的图标"设置为"唐诗",特效设为"垂直百叶窗"。

(3)框架图标的设置:在框架图标右面插入四个显示图标,分别命名为"诗一"、"诗二"、"诗三"、"诗四"。并在其中各输入一首唐诗,实现本例的四个页面。

【流程图】

本实例的程序流程图如图 5-71 所示。

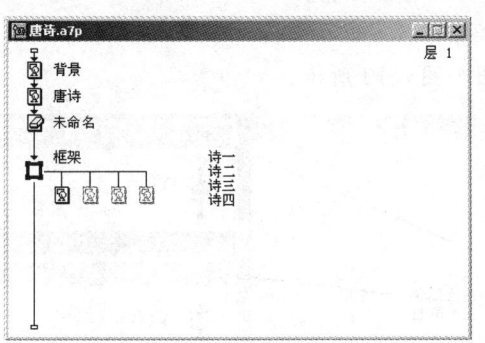

图 5-71 《唐诗》程序流程图

【运行效果】

本例的运行效果如图 5-72 所示。

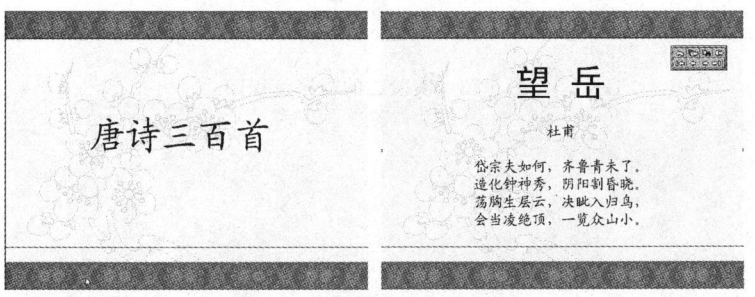

图 5-72 《唐诗》课件运行效果

现代教育技术

实验二　交互设计

【实验目的与要求】

掌握 Authorware 程序中的交互设计。

【实验时数】

2 学时

【设计思想】

本例为中学语文课件《爱莲说》，包括诗文内容、作者信息、图片欣赏等几个部分。用到的图标有：显示图标、交互图标、计算图标以及群组图标等。主要利用了交互图标的按钮响应类型，制作了诗文、作者简介、图片欣赏和退出四个按钮，并设计了相关按钮的响应图标。

【制作提示】

(1)显示图标的使用：分别在两个显示图标中导入两幅图片，作为本例运行时的背景。在另外一个显示图标中输入标题文字。

(2)交互设计：

①将四个群组图标拖放到交互图标右侧，交互类型均设置为按钮响应。

②调整按钮：双击交互方式，进入按钮交互设置状态。拖动按钮的 8 个控制点到适当的位置。

③在对话框中单击鼠标指针右边的按钮，弹出鼠标指针设置对话框，选择手型鼠标指针并设置按钮的样式。类似的，可以完成对其他按钮的设置。

④利用函数 Quit(0)实现退出功能。

【流程图】

本实例的程序流程图如图 5-73 所示。

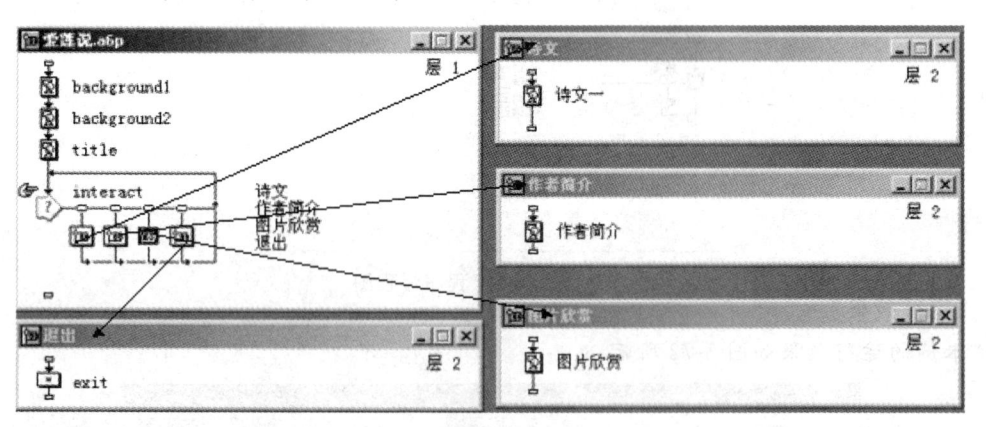

图 5-73　实验二的程序流程图

210

【运行效果】

运行效果如图 5-74 所示。

图 5-74 《爱莲说》实验运行结果

实验三　　Authorware 自制拼图游戏

【实验目的与要求】

1. 掌握 Authorware 程序中的热区域交互设计。

2. 掌握 Authorware 程序中的目标区交互设计。

【实验时数】

2 学时

【实验内容与步骤】

自制拼图游戏简介：顺序零乱的拼块分布于原始矩形方块内，游戏者通过鼠标拖曳拼块到某一目标矩形方块中，如果拖曳目的地正确，则自动对齐居中，否则退回到原始位置。游戏者在游戏过程中可选择查看原图；中途也可选择放弃并退出游戏。本实验的运行效果如图 5-80 所示。

1. 准备工作。拼图游戏制作前必须准备好拼图游戏的相关图片，包括切割好的原图拼块（可选择 Photoshop 或者 Fireworks 等图像处理工具进行切割）。

2. 新建 Authorware 程序文件，并保存为"拼图游戏.a7p"。

3. 设置文件属性。单击"修改"|"文件"|"属性"，打开文件属性面板，设置游戏演示窗口大小为 832×624，屏幕居中显示。

4. 设计背景与导入拼块。本例的程序流程如图 5-75 所示。"背景"显示图标中导入拼图游戏背景。群组图标"分图"包含了 9 个显示图标，每个显示图标导入一个原图拼块。在导入拼块时要注意把位置顺序调乱。

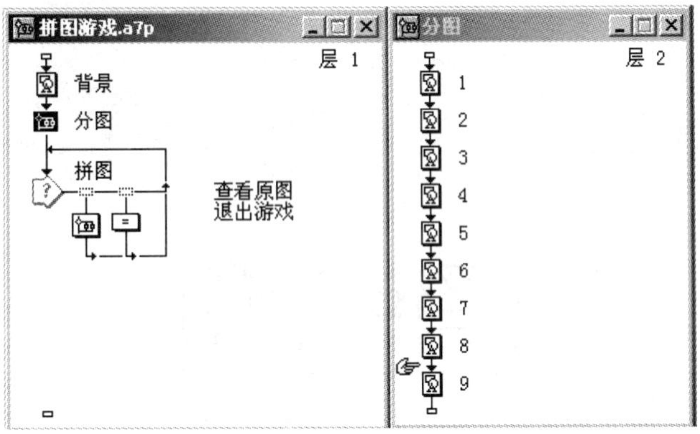

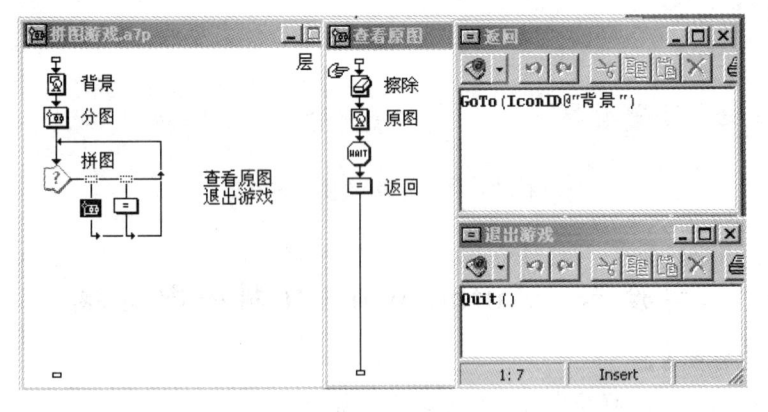

图 5-75　背景与导入拼块设计流程

5."退出游戏"以及"查看原图"操作设计。在流程上添加一交互图标"拼图",再添加一群组图标和计算图标到右侧,响应类型均为"热区"响应,分支为"重试",如图 5-76 所示。

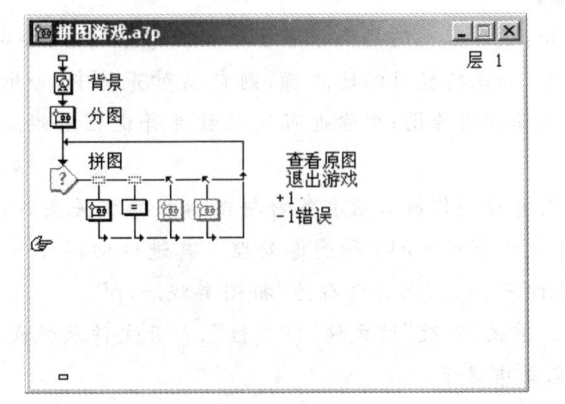

图 5-76　加入热区交互

6.设计游戏者的拖曳拼块行为判断控制。

①设计游戏者正确拖曳拼块到目的地的流程如图 5-77 所示,拖动一群组图标"＋1"到交互的右侧,选择响应类型为"目标区"。

图 5-77　拖动目标区交互

②调试执行程序,程序将自动暂停,等待用户设置响应属性,选择相应的拼图分块"＋1",使热区符号附到该图片上,按要求拖动"＋1"拼块到目标区域,同时设置属性窗口的"放下"选项为"在中心定位",即定义当物体被拖动到该区域后,将自动锁定在该区域中心;设置拖动目标区域为正确响应设置,即"响应"的"状态"属性为"正确响应",如图5-78所示。

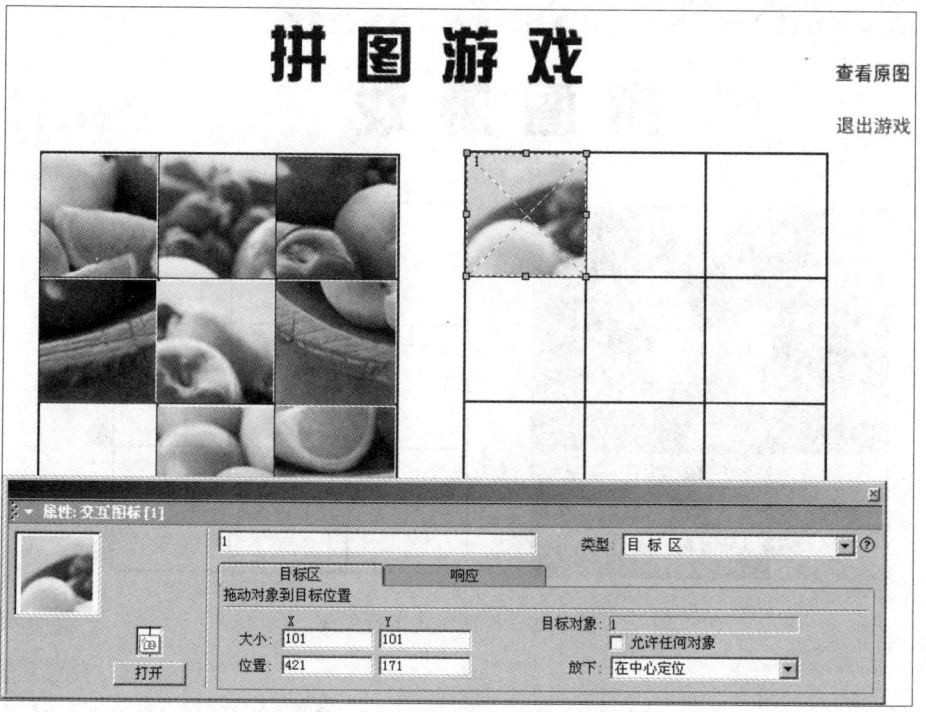

图 5-78　正确拖放热区属性设置

③添加一空内容的群组图标"－1错误"到"＋1"的右侧。设置响应类型为"目标区域",目标对象选择为"允许任何对象"(即对任何目标对象都是有效的),"放下"选择"返回"(即如果拖动目标对象到错误区域,则会自动返回原处),如图5-79的上图所示。将响应热区范围调整为整个屏幕,同时设置"响应"的"状态"属性为"错误响应",如图5-79的下图所示。

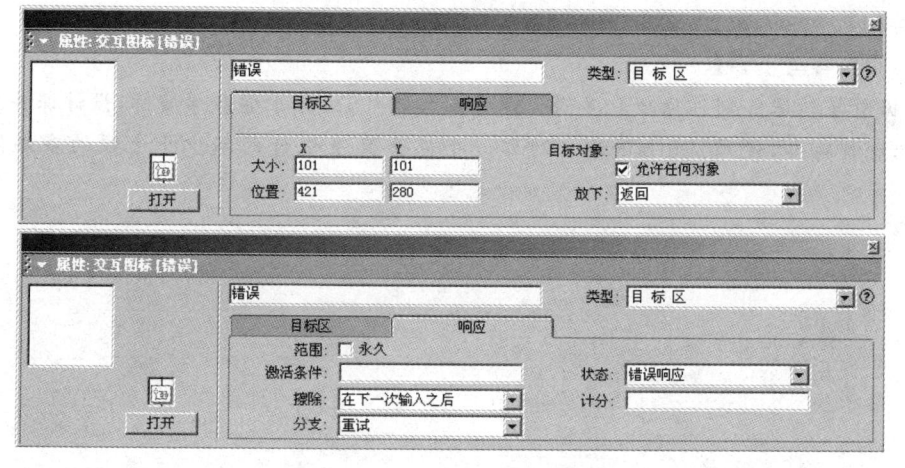

图 5-79　错误拖放热区属性设置

现代教育技术

④此时就可运行该程序,拖动拼块"1"到指定区域了。如果拖曳目的地错误,则返回原始位置。

⑤同样方法,在群组图标"＋1"和"－wrong"后插入其他拼块的拖曳操作流程,这样拼图游戏的主体流程就设计完毕。

7.存盘并打包发布。图 5-80 是拼图游戏的最终运行界面。

 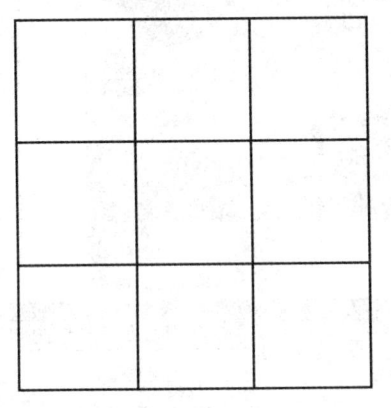

图 5-80　拼图游戏运行界面

实验四　结合专业知识,设计制作多媒体交互课件

【实验目的与要求】

1.掌握多媒体课件制作流程。

2.掌握并熟练运用 Authorware 制作多媒体课件。

【实验时数】

4 学时

【实验内容与步骤】

根据所学的课件制作原理和多媒体课件制作软件,结合中学教学实际,设计课件制作脚本,按照制作脚本,使用 Authorware 制作一个包含交互设计的不少于十幅的多媒体教学课件。

214

第六章

用 Flash 制作课件

【本章学习目标】

◆ 理解 Flash 动画原理及相关概念
◆ 熟悉 Flash 的工作界面
◆ 掌握 Flash 动画制作方法
◆ 掌握用 Flash 8 编制多媒体课件的方法和思路

【章前语】

在当前网络技术快速发展的形势下,Flash 动画采用矢量图构成动画,文件小、传输快,从而在互联网上迅速普及。利用 Flash 制作的课件可以将复杂的、抽象的概念简化为简单的符号和动画,从而有利于学生更加直观地理解学习内容,提高学习兴趣。本章我们将学习用 Flash 制作动画课件的知识。

【本章内容结构】

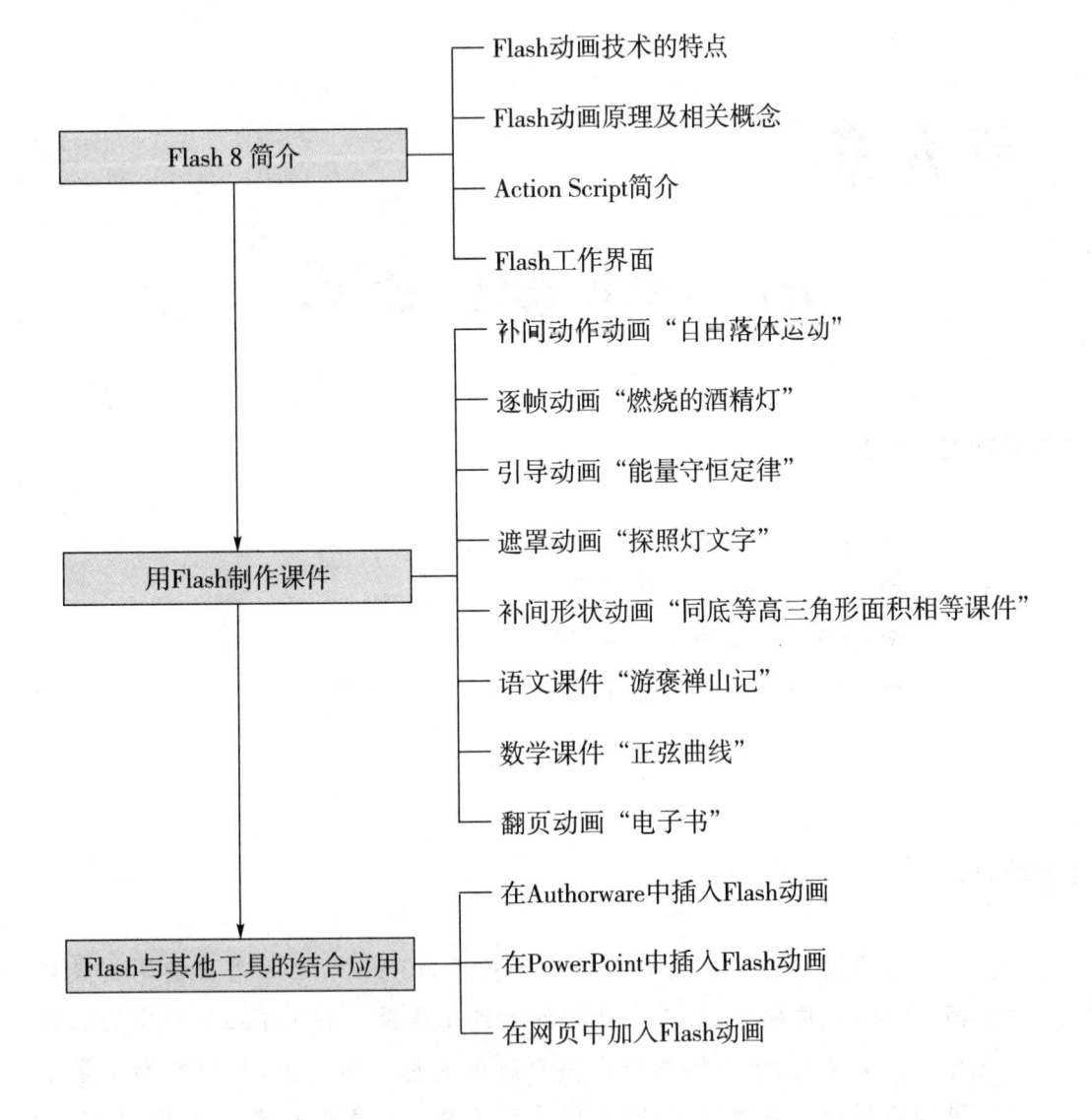

第一节　Flash 8 简介

Flash 8 是美国 Macromedia 公司推出的动画制作软件。用 Flash 制作的课件在计算机辅助教学中表现出巨大优越性，它比位图动画文件要小得多，但交互功能更强大。它可以将包括图文声像的多媒体素材集成为连续动画。Flash 动画不仅可以像电影一样线性放映，还允许观看者与动画进行交互。

一、Flash 动画技术的特点

Flash 技术同其他动画技术相比，主要有以下特点：

①图形系统是基于矢量的。只需存储少量的矢量数据就可以描述一个看起来相当复杂的对象，因此 Flash 动画占用的存储空间很小，非常适合用于互联网中。且矢量图形无论放大多少倍，图像都不会失真。

②使用插件方式工作。用户只要在浏览器端安装一次 Flash 插件，以后就可以快速启动并观看动画。目前，在 IE 和 Netscape 的较新版本中都已经内置了对 Flash 流式动画的支持，这使得用户观看 Flash 更加方便。

③采用流式的工作方式。动画无须等到下载结束后再播放，而是一边传输一边播放，大大减少了用户在浏览器端等待的时间，所以非常适合在网络上传输。

④具有强大的交互功能。Flash 通过 Action Script 可以实现交互性，让欣赏者的动作成为动画的一部分，如通过单击、拖动等动作决定动画的运行过程和结果。这一点是传统动画无法比拟的。

二、Flash 动画原理及相关概念

1.Flash 动画原理

动画是一系列静止的图片连续快速播放时，因人眼的"视觉暂留"特性（物体被移动后其形象在人眼视网膜上还会停留约 1/24 秒）而给人造成的错觉。动画的本质是"随时间迁移的空间变化"，试想，如果一系列静止的图片的内容和位置完全相同，即使连续快速播放，也无法产生动画。

同学们可以做个小实验，在装订好的十张相同大小的白纸上，画十棵形状相同、尺寸越来越大的树，然后快速翻页，你就会看到树木长大的效果。这个自制的动画就是由十张纸组成的。翻动得越快，动画越流畅。

Flash 动画由按时间顺序排列的一系列帧组成，连续地播放这些帧就形成了动画。"帧"就相当于上面提到的"白纸"，帧里存放动画的画面。

2.相关概念

在了解相关概念前，我们先看一个生活中的例子。戏剧"欢乐生活"共由 10 场戏剧组

成,每场的情节和演员不同。例如其中一场"欢乐学习",有两个演员表演,舞台上有背景。Flash 动画与戏剧相似,一个 Flash 动画里有很多个独立的动画(称为场景),每个动画里有相应的"演员"(通常为元件),在"舞台"中按时间顺序(表现为时间轴)出场表演。Flash 中的"演员"可以是文字、图形图像、声音、视频等。

(1)场景(Scence)

场景类似于现实中的一场戏剧。一个复杂的 Flash 动画可以由若干个场景组成,每一个场景都可以是一个完整的动画。可以通过位于舞台右上部的"场景"切换按钮切换场景。在播放动画时,场景与场景之间可以通过交互响应进行切换,默认按顺序播放。

(2)舞台(Stage)和层(Layer)

舞台和层共同决定了对象的空间位置。在戏剧里,舞台上有背景和不同的演员;类似地,Flash 中的"演员"也有自己的空间位置。

舞台表现了二维关系,层则表现了三维关系,上层的对象遮挡下层的对象。例如,动画中有一只小鸟和一个图片背景,分别位于"小鸟"层和"背景"层,底层为背景。小鸟在舞台上位于(150,150)的位置,表示小鸟图像的中心点位于舞台中横坐标为 150、纵坐标为 150 的点处;同时,小鸟在背景的上方("小鸟"层在"背景"层上)。效果如图 6-1 所示。

图 6-1 "背景"层和"小鸟"层

舞台是演员表演的场所,在 Flash 工作界面中,默认的舞台是白色的,旁边的灰色区域位于台外。舞台外的演员在动画播放时是看不见的。

(3)时间轴(Timeline)

时间轴是动画的时间表现。时间轴与舞台、层共同表现了"随时间迁移的空间变化"。

Flash 动画是按时间轴进行动画演示的。时间轴主要由图层、帧和播放头组成。动画持续的时间长短表现在时间轴上,其刻度为"帧",即动画是由若干帧组成。

时间轴可以由不同的图层组成,可以把不同的图层看成是堆叠在一起的多张幻灯胶片,每个层中都包含一个显示在舞台中的对象,一层层地向上叠加。在某个层上绘制和编辑对象,而不会影响其他层上的对象。上面的图层遮挡下面图层中的内容,很多图层的叠加,可以组合出各种复杂的动画效果。

(4)帧(Frame)

Flash 把动画随时间的进程,按不同的时刻分成一幅幅的画面,即"帧"。"帧"是动画的基本单元,表现为时间轴上的刻度。

如前所述,动画是"随时间迁移的空间变化",现在可以进一步理解为动画是"随帧迁移的空间变化"。

用帧数除以帧频就可以得到动画的时间长短。"帧频"指每一秒内动画播放的帧数,系统默认帧频为 12 帧/秒,这是在 Web 上播放动画的最佳帧频。帧频越大,动画越连贯。

Flash 中的"帧"分为三种:普通帧、关键帧和空白关键帧,它们在时间轴上有明确的表示。Flash 只保存关键帧的信息。若要产生动画效果,至少需要两个关键帧。在时间轴中,关键帧以实心圆作为标识(帧中有内容),而空白关键帧则以空心圆作为标识。如图 6-2 中所示,第 1 帧为有内容的关键帧,第 10 帧为无内容的空白关键帧,第 2～9 帧则为普通帧。

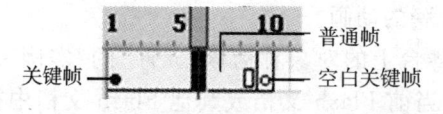

图 6-2　关键帧、普通帧和空白关键帧

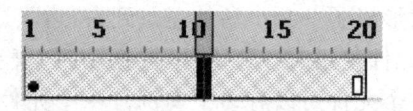

图 6-3　背景图层中的帧

如图 6-3 所示,在第 1 帧中导入了一张背景图片,则第 1 帧由空白关键帧变为关键帧;在第 20 帧处按 F5 键插入一个普通帧,则第 2 帧至第 20 帧全部为普通帧。普通帧中的内容与之前的关键帧内容相同,没有任何变化。此方法一般用于制作背景图层。

帧上有一个 a 标记,表明该帧已经用"动作"面板分配了一个帧动作脚本,如图 6-4 中的第 1 帧所示。帧上有一个红色旗帜标记,表明该帧包含了一个标签或注释,如图 6-4 中第 15 帧所示。帧上有一个金色的锚记,表明该帧是一个命名锚记,如图 6-4 中的第 30 帧所示。

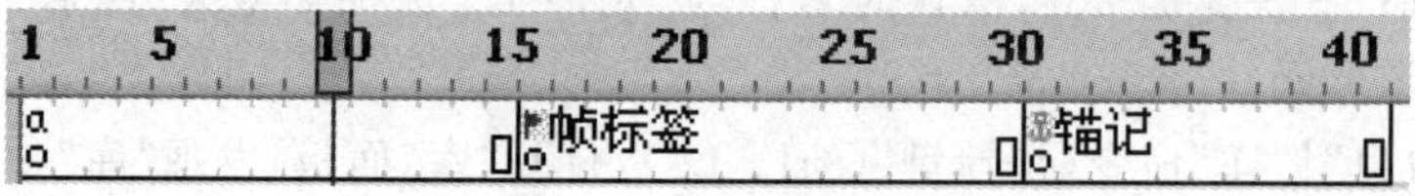

图 6-4　时间轴上的帧

(5)矢量图与位图

计算机图形可以分为两种:矢量图和位图。Flash 可以编辑几乎所有格式的矢量图文件,也可以编辑位图文件。

矢量图的基本构成元素是轨迹线。一个轨迹线可以用数学方法描述,并且至少有两个确定位置的点。由于用数学方法构图,所以图形不论放大还是缩小都会很平滑清晰。

构成位图的基本元素是像素。每一个像素放大之后都是一个小方块,一个个小方块像马赛克一样排列,构成了图像。所以位图文件放大之后,图像就会变得模糊。

(6)声音(Sound)

Flash 8 具备了更强大的声音处理能力,可以将各种类型的声音文件导入到 Flash 中。Flash 中常用的声音有 WAV 和 MP3 等声音格式。

(7)库(Library)

库类似于戏剧中的后台。"库"中包含当前编辑的动画文件中的所有元件和导入的素材,并可以对元件进行管理、编辑和调用。单击"窗口"|"库",即可打开"库"面板。

调用库中元件非常方便,只要将元件拖至编辑文档上就可以了。库中元件可以被反复调用,而且不管被调用多少次,文件的大小都不会发生变化。

（8）元件（Symbol）与实例

元件是 Flash 动画中的重要元素之一。元件有图形、按钮和影片剪辑三种类型。

图形（Graphic）：图形元件可以包括图片和文字，一般只有一帧，因此是静止的。

按钮（Button）：按钮是一种特殊的元件，当鼠标经过、按下或离开按钮时，按钮将呈现不同的状态。按钮元件体现了 Flash 的丰富交互特性。

影片剪辑（Movie Clip，简称 MC）：实际上就是一个动画，利用它可在 Flash 动画中产生画中画的特殊效果。例如要表现一只从左飞到右的小鸟，我们先制作一个影片剪辑"扑闪翅膀的小鸟"，然后将这个元件从库中拖动到时间轴上，形成一定长度的帧，在起始帧上将小鸟放在舞台左面，在结束帧上将小鸟放在舞台右面，最后在起始帧和结束帧间创建运动补间动画，就形成了一只小鸟从左飞到右，边飞边扑闪翅膀的动画。

元件使用时，从"库"中被拖动到"舞台"上，舞台上的对象称为该"元件"的"实例"。显然，一个元件可以有多个实例。一个元件可以在当前 Flash 文档或其他 Flash 文档中被重复使用。如果库中的元件被修改，则舞台上的元件实例都会自动随之修改。

如图 6-5 所示，要制作出台中有朵三色花的效果，我们只需要制作一个椭圆元件，然后从"库"中将其拖动四次到舞台上即可。在舞台中，可以缩放每个椭圆的大小、旋转它们的角度、改变它们的颜色等，而不会影响到库中元件。但如果我们修改了库中的椭圆，则舞台上的实例都将自动改变。

制作过程如下：

①打开 Flash 8，选择"椭圆"工具，在舞台上绘制一个椭圆。选中"椭圆"，单击"修改"|"转换为元件"命令（快捷键 F8），默认时名称为"元件 1"，选择类型为"图形"，单击"确定"，把椭圆转换为图形元件。

②单击"窗口"|"库"命令（快捷键"Ctrl＋L"），打开"库"面板，发现"库"中有了第一个项目：元件 1。

③如图 6-5 所示，从"库"中把"元件 1"向场景拖动 4 次，并进行编辑修改，这样，"舞台"中就有了"元件 1"的 4 个实例。实例的更改不会到影响元件。

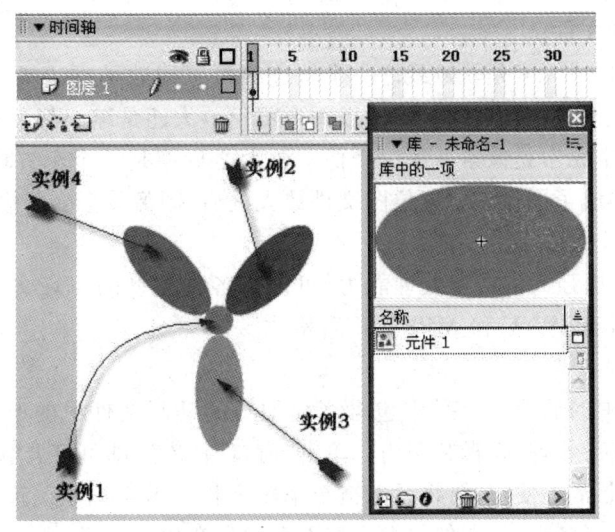

图 6-5　三色花

3. Flash 动画的类型

根据动画的原理,Flash 动画分为逐帧动画和补间动画两类;根据图层的类型,可以分成普通动画、引导动画和遮罩动画三类。

(1)逐帧动画

逐帧动画中的每一帧内容都可以单独进行编辑,使得各帧展示的内容不相同,如图 6-6 左图所示。用逐帧动画的制作方法几乎可以创作出任意效果的动画作品,但这种方法工作量大,动画文件存储空间大。典型动画是"小小人动作专辑"。

(2)补间动画

又称过渡动画,由两个处于两端的关键帧和位于中间的一个过渡帧序列组成。两个关键帧分别放置动画起始状态的图像和终止状态的图像,过渡帧序列是由 Flash 自动生成的,将产生从起始状态到终止状态之间的逐渐变化效果。编辑两个关键帧中的图像,然后设计过渡帧序列的动作类型和效果,即可产生动画。

Flash 的补间动画也可分为补间动作动画和补间形状动画两种。补间动画起始关键帧用实心圆表示,中间的补间帧有一个黑色箭头,如图 6-6 中图所示。其中,补间动作动画为浅蓝色,补间形状动画为浅绿色。如果补间是有始无终或有终无始,则以虚线标示。例如,图 6-6 右图所示的最后的关键帧无内容,即为一个不完整的补间,不能形成动画。

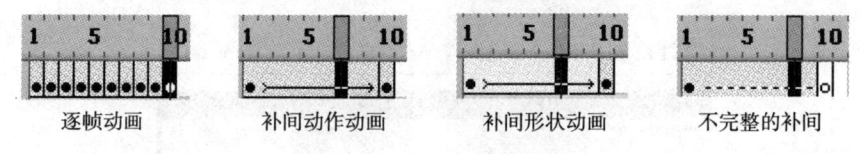

逐帧动画　　　　补间动作动画　　　　补间形状动画　　　　不完整的补间

图 6-6　Flash 动画的类型

4. Flash 文件格式

Flash 源文件的扩展名为.fla,动画制作完毕后必须将.fla 文件生成.swf 文件,才能在网络上使用。

三、Action Script 简介

Flash 的脚本语言称为动作脚本(Action Script)。和其他脚本语言一样,动作脚本有自己的语法规则,包括特定的数据类型、保留关键字、运算符、常量、变量、分支和循环结构等。动作脚本包含内置的对象和函数,并且允许创建自己的对象和函数。

动作脚本的语法和风格与 JavaScript 很相似。语句必须用";"分隔,大小写敏感,注释用"//"表示。动作脚本只能附着于按钮、影片剪辑和时间轴中的关键帧三种对象上。

为方便初学者,动作面板有代码提示功能。当键入脚本语句的时候有时会出现一个提示菜单,可以忽略它继续键入,也可以从中选择需要的项目。单击"显示代码提示"按钮可以显示代码提示,如图 6-7 所示。

图 6-7　显示代码提示

1. 给帧添加动作语句

Flash 动画默认播放方式为自动连续循环播放,如果让动画在某一帧停止,则可以通过 Action Script 语句来实现。如图 6-8 所示,选择第一帧(为关键帧),按 F9 键打开动作面板,此时动作面板的标题栏显示为"动作—帧",在其中输入如下 Action Script 语句,将使动画在该帧处停止。

stop();　　　　　　　//停止播放动画

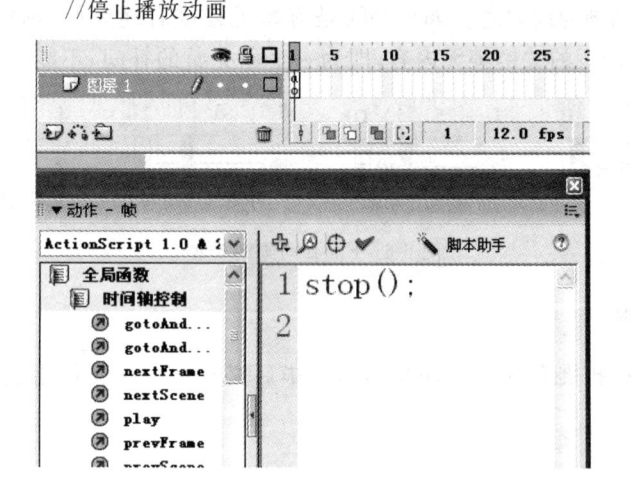

图 6-8　给帧添加"停止"命令语句

2. 给按钮添加动作语句

按钮动作必须通过鼠标事件来触发,如单击、双击、拖动鼠标时执行某段 Action Script 程序。其语法规则为:

on(mouseEvent){　　　　　　//鼠标事件类型
　　statement;　　　　　　//事件激活后要执行的 ActionScript 语句
}

如图 6-9 所示,为"播放"按钮添加动作语句,应在舞台上选取"播放"按钮元件实例,按 F9 键打开动作面板,此时动作面板的标题栏显示为"动作—按钮",输入如下 Action Script 语句:

on(release){　　　　　　//当鼠标释放时

```
    play();                           //动画播放
}
```

常用鼠标事件有 press(按下)、release(释放)、release Outside(外部释放)、roll Over(滑过)、roll Out(滑离)、dragOver(拖过)、dragOut(拖离)等。

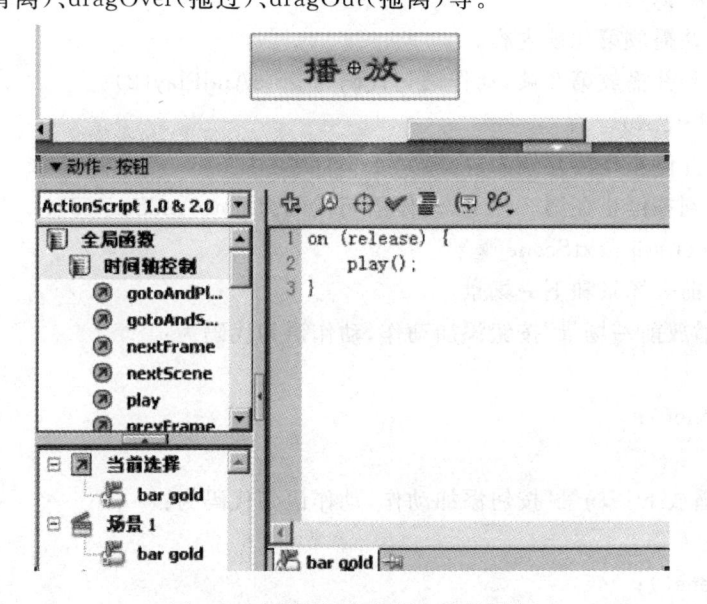

图 6-9　为"播放"按钮添加动作语句

3.给影片剪辑添加动作语句

影片剪辑动作与按钮动作类似,只是它的触发事件除了鼠标动作,还有影片剪辑的一些特定触发动作。给影片剪辑添加动作语句,首先在舞台上选取影片剪辑元件实例,按 F9 键打开动作面板,此时动作面板的标题栏显示为"动作－影片剪辑",在动作面板中输入 Action Script 语句即可。

影片剪辑的动作语法规则为:

```
onClipEvent(movieEvent){          // movieEvent 为影片剪辑事件
    statement;                    //事件激活后要执行的语句
}
```

例如:

```
onClipEvent(load){                // 当加载影片剪辑时
    this.play();                  //播放影片剪辑
}
```

影片剪辑事件有 load(加载)、unload(卸载)、enterFrame(进入帧)、mouseMove(鼠标移动)、mouseDown(鼠标向下)、mouseUp(鼠标向上)、KeyDown(向下键)、KeyUp(向上键)和 Data(数据)等。

4.常用命令语句

(1)常用的时间轴控制命令语句

①gotoAndPlay()

功能:转到并播放第几帧内容。

例如,要转到并播放第 2 帧,动作语句代码为 gotoAndPlay(2);

②gotoAndStop()

功能:转到并停止在第几帧内容。

例如,要转到并停止在第 2 帧上,动作语句代码为 gotoAndStop(2);

③prevScene()和 nextScene()

功能:播放前一场景和下一场景。

例如,为"播放前一场景"按钮添加动作,动作语句代码为:

```
on(release){
    prevScene();
}
```

再如,为"播放下一场景"按钮添加动作,动作语句代码为:

```
on(release){
    nextScene();
}
```

④prevFrame()和 nextFrame()

功能:播放前一帧和下一帧。

例如,为"下一页"按钮添加动作,使影片从当前帧跳转到下一帧并停止播放,动作语句代码为:

```
on(release){
    nextFrame();
}
```

再如,为"上一页"按钮添加动作,实现影片从当前帧跳转到上一帧并停止播放,动作语句代码为:

```
on(release){
    prevFrame();
}
```

⑤play()

功能:从某帧开始播放动画。

⑥stop()

功能:停止播放动画。

⑦stopAllSounds()

功能:停止播放动画中的声音。

(2)常用的浏览器/网络控制命令语句

①fscommand("")。一般用于控制 Flash 影片的全屏播放、右键屏蔽等功能。

②getURL("")。用于创建超级网页、电子邮件链接。

此外,loadMovie()、loadMovieNum()等命令语句也是常用的浏览器/网络控制命令语句。

四、Flash 工作界面

Macromedia Flash 因其便捷、完美的动画编辑环境,深受广大动画制作爱好者的喜爱。在制作动画之前,我们先认识一下 Flash 8 的工作环境。

Flash 的工作界面由几个主要部分组成,最上方的是"菜单栏";单击"窗口"|"工具栏"|"主工具栏"命令,可在"主菜单栏"下方打开"主工具栏";"时间轴"和"舞台"都位于工作界面的中心位置;工作界面的左边是功能强大的"工具箱",用于创建和修改矢量图形内容;多个"浮动面板"围绕在"舞台"的下面和右面,包括常用的"属性"和"动作"面板,还有"混色器"面板和"库"面板等,如图 6-10 所示。

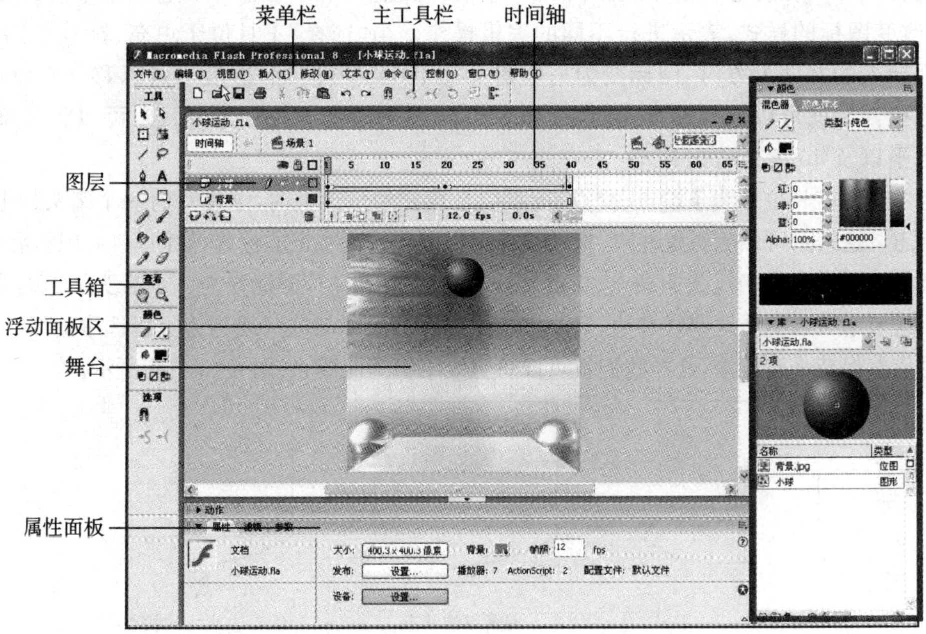

图 6-10　Flash 工作界面

Flash 工具箱默认位于工作界面的左边,共有 16 种工具,每选择一个工具时,工具箱下方的选项区就出现与此工具相关的若干选项,以细化设置。

1."选择"工具

"选择"工具主要用于选定对象。被选中的图像会蒙上网点加以区别,被选中的符号、文字或是从外部导入的文件会加上线框加以区别。如图 6-11 所示。

图 6-11　"选择"工具的使用

"选择"工具可以点选,也可以框选。如图 6-12 所示。框选是使用"选择"工具拖拽出一个框,框内的图像将被全部选中。在选定了一些对象之后,若再要扩充选定其他对象,则需按住"Shift"键再选取。

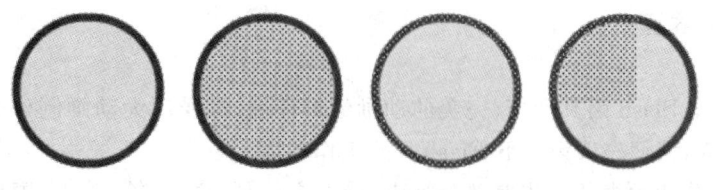

图 6-12   点选和框选

"选择"工具也是一种编辑工具。它可以操作对象的移动,也可以改变线条的端点以及线条的弯曲度。使用"选择"工具时,工具箱下部的"选项"栏中的"平滑"、"拉直"和"吸附"工具也能对对象进行操作。

"选择"工具在普通状态下的图标是一个箭头加上一个小方框。当它置于不同的对象上时,会改变图标的样式,表示进行不同的编辑操作。当"选择"工具位于填充、符号、文字或是从外部导入的文件上方时,图标变为一个箭头加上十字方向标,这表示可以移动对象,这时只要拖拽鼠标就可以选择并移动对象,如图 6-13 左图所示。按住 shift 键,可以将对象沿垂直或水平以及 45 度角方向移动。

当"选择"工具位于线条端点、交点、折点以及填充的角点上时,图标变为一个箭头加上直角符号标志。这表示可以编辑这些点,拖拽鼠标就可以编辑这些点的位置,如图 6-13 中图所示。

当"选择"工具位于线条非端点、交点、折点、填充的边上时,图标变为一个箭头加上弧线符号标志。这表示可以编辑这些线和边,只要拖拽鼠标就可以移动这些线和边上所选中的那一点,而线和边依然保持平滑连接,这样我们就可以将直线编辑为曲线,如图 6-13 右图所示。

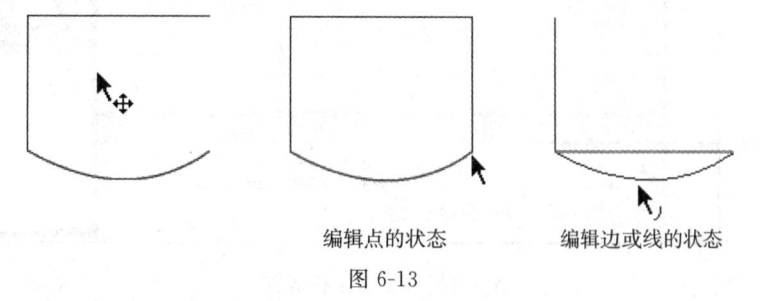

编辑点的状态   编辑边或线的状态

图 6-13

2."部分选取"工具

"部分选取"工具用来选择和编辑线条或边的路径和节点。用"部分选取"工具选中曲线的节点,节点就显示出控制柄,可以对控制柄进行编辑从而编辑曲线,如图 6-14 所示。

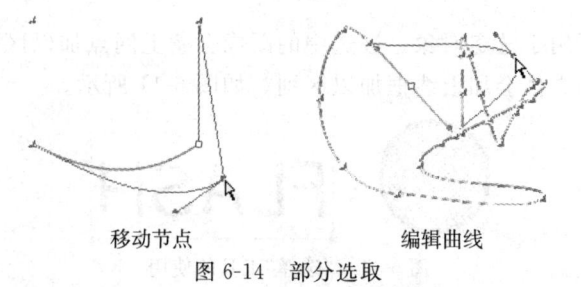

移动节点   编辑曲线

图 6-14   部分选取

"部分选取"工具可以较准确地编辑曲线,常与"钢笔"工具联用来绘制准确的曲线。

3."任意变形"工具

"任意变形"工具可以对当前选定的对象进行随意的变形操作。选定该工具时,工具箱下面的"选项"栏中出现四种选项,分别为"旋转和倾斜"、"缩放"、"扭曲"及"封套",四个选项的作用如图 6-15 所示。

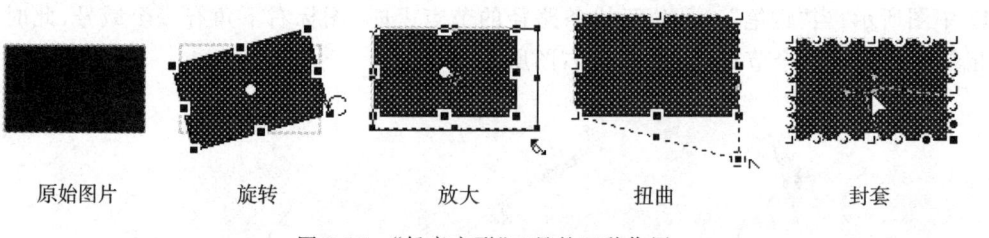

| 原始图片 | 旋转 | 放大 | 扭曲 | 封套 |

图 6-15　"任意变形"工具的四种作用

4."填充变形"工具

"填充变形"工具可以对已进行渐变色填充的对象的渐变色进行编辑,如旋转和缩放,如图 6-16 所示。

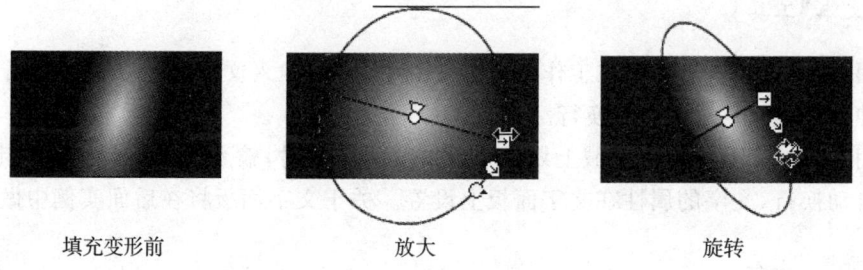

填充变形前　　　　　放大　　　　　旋转

图 6-16　"填充变形"工具的两种作用

5."线条"工具

"线条"工具用来绘制直线和斜线,按住"Shift"键可以轻松地画出垂直、水平和 45 度方向的直线。

6."套索"工具

"套索"工具是自由选取工具,用"套索"工具可以在图像上任意拖拽出自由边界的区域作为选区。在使用"套索"工具时,工具箱下面的"选项"栏中会出现三个附加的工具:"魔术棒"、"魔术棒设置"和"多边形模式"。

"魔术棒"按钮:可在导入的位图中选取颜色相近区。将导入的位图打散后,即可用此工具进行色区选取。可以设置魔术棒的阀值和容差。

"多边形模式"按钮:可以通过在图像上连续单击来确定出多边形的各个点,进而确定出多边形的选区,在最后通过双击来封闭多边形选区。

7.“钢笔”工具

“钢笔”工具可以用来绘制曲线，以及编辑路径的节点，如图 6-17 左图所示。绘制完后在工具箱中选择任意工具即可结束绘制。

用“钢笔”工具还可以在现有线条的路径上增加或删除节点。当“钢笔”工具位于线条的路径上时（不在节点上），图标右下角有一个加号，此时，单击鼠标即可增加一个节点，如图 6-17 中图所示；当“钢笔”工具位于线条路径的节点上时，图标右下角有一个减号，此时，单击鼠标即可删除一个节点，如图 6-17 右图所示。

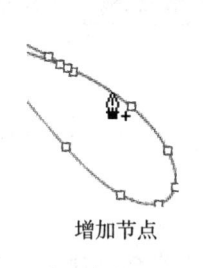

增加节点   删除节点

图 6-17   “钢笔”工具绘制曲线

8.“文本”工具

使用“文本”工具，可直接在工作区域单击一下，然后输入文字，文字始终以一行的形式向右延伸，除非按下“Enter”键换行。

若用”文本”工具在工作区域上划出一段长度的区域时，输入的文字就会以划定的区域为界限自动换行，文字的属性在文字面板上设置。关于文字面板将在后面实例中做介绍。

9.“椭圆”工具

用来绘制椭圆，以当前描边色为边框，以当前填充色为填充。按住“Shift”键，可以绘制出正圆。

10.“矩形”工具

用来绘制矩形，按住“Shift”键，可以绘制出正方形。在使用“矩形”工具时，工具箱下面的“选项”栏中有“圆角矩形设置”按钮，设置圆角矩形的半径后，可绘制出圆角矩形。

在“矩形”工具上按上超过 3 秒，会出现“多角星型”工具，通过属性面板上的“选项”设置可以绘制多边形和星形。

11.“铅笔”工具

用来绘制自由线条，按住“Shift”键，可以绘制垂直、水平方向的直线。

12.“刷子”工具

主要用来修改或添加填充色，按住“Shift”键，可以绘制垂直、水平方向的直线型的填涂。

13."墨水瓶"工具

用于改变线形的颜色,修改线段的线型和宽度。

14."油漆桶"工具

用来为线框内填充颜色,每次能为一个封闭线框填充颜色。

15."吸管"工具

用来在图像上提取颜色。单击图像上某处,将使当前填充色或描边色变为该处颜色。

16."橡皮"工具

用来擦除绘制的图形,可以擦除线条和填充。按住"Shift"键,可以做垂直和水平方向的直线型的擦除。在使用"橡皮"工具时,工具箱下面的"选项"栏中有橡皮大小、形状以及擦除方法的设置。
①标准擦除:擦除鼠标拖拽过的区域。
②擦除填色:只擦除填充的区域,不擦除线条。
③擦除线条:只擦除线条,不擦除填充。
④擦除所选填充:擦除选择的填充区域。
⑤内部擦除:是在现有的填充区域内擦除。
单击"水龙头"按钮,可以一次清除掉一片连续的相同属性的填充或连续的线条。

17."手形"工具和"放大镜"工具

"手形"工具用于对绘图页面和动画场景进行拖动,以方便观看舞台上的对象。
"放大镜"工具用于对页面或动画场景进行放大或缩小。

18."颜色"工具

"颜色"工具用于设置笔触颜色和填充色。

第二节 用 Flash 制作课件

Flash 课件的制作遵循第四章所描述的课件制作步骤。即在完成课件选题、脚本设计、素材收集工作后,在 Flash 中制作课件并测试。制作过程为,新建一个 Flash 文件(扩展名为.fla)并设置舞台尺寸等属性,然后制作所需的动画"演员"——文字、图形图像等,接下来在场景中制作帧动画,测试动画效果(如有脚本还需要调试),最后以 SWF 或 EXE 等格式输出。

一、补间动作动画"自由落体运动"

本例是为补间动作动画,演示了自由落体运动的规律。小球在背景衬托下,作自由落体运动后弹起。动画共有两层,自下而上分别为"背景"层和"小球"层。"背景"层共有 20 帧,第 1 帧中插入背景图片,其余帧为普通帧。"小球"层有三个关键帧,第 1 帧到第 10 帧小球做自由落体运动,从第 10 帧到第 20 帧做弹起运动。由于小球做补间动作动画,因此小球必须为元件。制作过程如下:

1. 新建文档

(1)新建文档

单击"开始"|"程序"|"Macromedia"|"Macromedia Flash 8"命令,启动 Flash 8。单击中间"开始页"|"创建新项目"下的"Flash 文档"项目,创建一个新空白文档。

(2)设置文档属性

单击"窗口"|"属性"命令(快捷键"Ctrl+F3"),打开"属性检查器"面板。设定"舞台"大小尺寸:宽、高均为 400px(像素)。

单击"背景颜色"右边的"取色"按钮,在弹出的"颜色样本"面板上选取颜色,选取颜色的同时鼠标指针变成"滴管"工具。找到天蓝色样本并拾取,同时在"十六进制文本框"中可以看到显示颜色值为"#00CCFF"。

说明:系统默认的尺寸单位是 px(像素),也可以在"标尺单位"的下拉菜单里面选择其他的单位,如:厘米、毫米等。可用"滴管"工具拾取颜色,也可以在"十六进制文本框"中输入颜色的十六进制值(以"#"开头)。"设为默认值"选项用于将所有设定保存成默认值,当下次再开启新的影片文档时,影片的舞台大小和背景颜色会自动调整成这次设定的值。

2. 创建图形元件

单击"插入"|"新建元件"命令(快捷键"Ctrl+F8"),打开"创建新元件"对话框,在其中输入元件的名称为"小球",类型为"图形"。进入元件编辑状态。

3. 绘制图形

选择工具箱中的"椭圆"工具,设置笔触颜色为"无",填充色为蓝色"#0000FF",按住"Shift"键同时按住鼠标左键拖动,绘制出一个 60×60px 的正圆,如图 6-18 所示。

说明:在绘制某个形状时,形状的颜色有两个部分:边缘线条称为"笔触颜色",它描绘形状的轮廓;形状内部的着色称为"填充颜色"。

4. 改变圆形为渐变填充

选中小球,单击"窗口"|"混色器",打开"混色器"面板,选择"放射状"渐变,填充从淡蓝色"#939BFD"至深蓝色"#36027D"。

单击小球,选择"填充变形"工具,在小球的中间和周围出现 4 个"填充变形控制点"。移动鼠标到控制点上,鼠标指针变成"十字"形状,按住鼠标左键向左上方拖动,将"高光区"拖放到小球的左上方。调整后的效果更接近自然界中的球体。如图 6-19 所示。

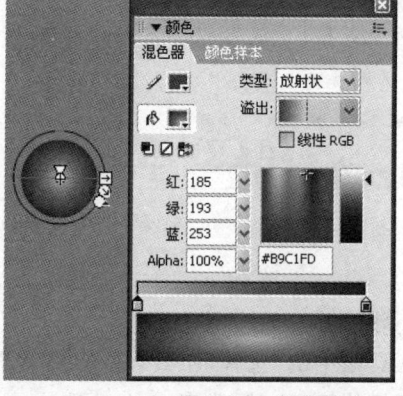

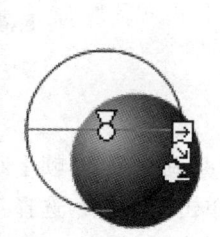

图 6-18　绘制小球

图 6-19　渐变填充小球圆

说明:"混色器"面板为形状设置填充颜色,填充色可以为无色、纯色、渐变色、位图填充。渐变填充分为"线性"和"放射状"两种方式,"线性"渐变填充是从起始点到终点沿直线逐渐变化;"放射状"渐变填充是从起始点到终点按照环形模式向四周逐渐变化。

5.制作动画

(1)打开库面板

按 F11 键,在"库"面板中看见刚才创建的"小球"图形元件,如图 6-20 所示。

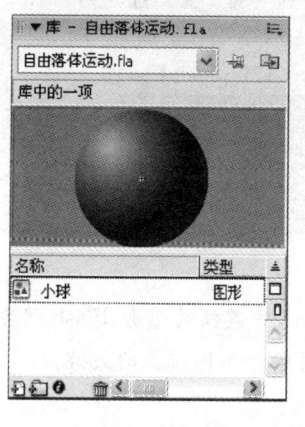

图 6-20　"库"面板

图 6-21　设置第 1 帧

(2)设置第 1 帧

单击"时间轴"的上方"场景 1",切换到"场景 1"的舞台,选中"库"面板中的"小球"元件,拖动它到"舞台"的上边中间位置。

"小球"被拖放到"舞台"上以后,就直接加到"图层 1"的第 1 帧上,同时第 1 帧变成"关键帧"。双击"图层 1"名称,将其重命名为"小球"图层。如图 6-21 所示。

(3)添加关键帧

单击"小球"图层的第 20 帧,执行"插入"|"时间轴"|"关键帧"命令,在第 20 帧处插入一个关键帧。用同样的方法在第 40 帧插入一个关键帧。如图 6-22 所示。

说明:改变图层名称是为了快速区分图层内容,因此图层名应和图层内容一致。另外除了使用"插入"菜单中的命令,还可以用快捷键实现插入帧的操作。选中某个帧以后,按下F5 键可以插入一个普通帧;按下 F6 键可以插入一个关键帧;按下 F7 键可以插入一个空白关键帧;按"Shift+F5"可以删除帧。

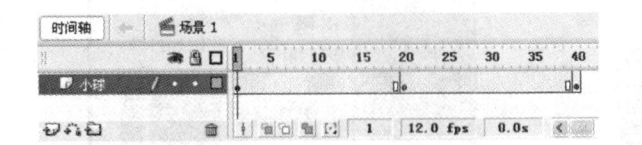

图 6-22　添加"关键帧"

(4)调整第 20 帧上小球位置

单击第 20 帧,选择工具箱中的"选择"工具,单击"舞台"中的"小球"实例,按住键盘上的"Shift"键同时按住鼠标左键拖动"小球"到舞台的正下方。

说明:按住"Shift"键的同时拖动舞台上的元件,元件将保持水平或垂直,或以 45 度的角向四个斜面方向移动。

(5)定义补间动作动画

选中第 1 帧,在"属性"面板中单击"补间"下拉菜单并选择"动画",此时在第 1 帧至第 20 帧之间出现一条浅蓝色背景的带黑色箭头的实线。这样就实现了补间动作动画。用同样的方法,再实现第 20 帧到第 40 帧之间的动画。如图 6-23 所示。

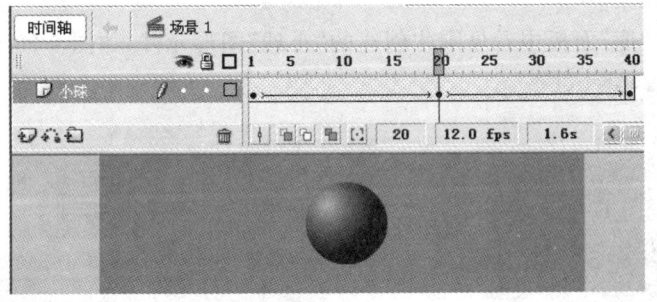

图 6-23　补间动作动画

说明:所谓补间动作动画,是指只要做好起点关键帧和终点关键帧的图形,Flash 就会自动补上中间的动画过程。要构成补间动画,同一个图层上应至少有两个不同位置的关键帧。

(6)在场景中测试动画

拖动时间轴上的红色"播放头"到第 1 帧的位置,按下键盘上的"Enter"键,动画开始播放。观察小球的补间动作动画效果,看见"小球"匀速从上到下又回到上面。

(7)使动画更符合客观规律

我们观察到小球做的是匀速运动,但现实生活中固受地球引力影响,小球应该是落下的速度越来越快,落地弹起后速度逐步减慢。下面我们来对补间动画属性进行一些设置,使小球更符合客观规律。

选中第 1 帧,在"属性"面板中"缓动"的参数文本框中输入"-100";用同样的方法选中第 20 帧,设置"缓动"的参数为"100"。

说明:在定义补间动画时,通过设置一些相关参数可以使动画效果更丰富,比如上面定义的"缓动"参数,可以使运动呈现出先慢后快和先快后慢的效果。默认状态下"缓动"参数值为"0",表示以匀速运动,更改这个参数值就可以实现加速运动或者减速运动。当值为正数时,运动为减速运动;当值为负数时,运动为加速运动。

6.给动画添加背景

(1)新建图层
单击"时间轴"左边"图层名称"底部的"插入图层"按钮,新建"图层2"。

(2)改变图层顺序并重新命名
单击选中"图层2",按住鼠标左键并拖动到"小球"图层的下面,然后双击"图层2"的图层名称处,输入"背景"。

(3)导入背景图片
选中"背景"图层的第1帧,执行"文件"|"导入"|"导入到舞台"命令(快捷键"Ctrl＋R"),在弹出的"导入"对话框中选择图片文件"背景.jpg",动画的时间轴如图6-24所示。

执行"窗口"|"设计面板"|"对齐"命令(快捷键"Ctrl＋K"),打开"对齐"面板,保持右边"相对于舞台"按钮处于按下状态,分别单击"对齐"下面的"水平中齐"和"垂直中齐"按钮。

说明:"相对于舞台"按钮处于按下状态,表示相对于舞台为中心的对齐和分布;当处于非"相对于舞台"状态时,则是两个以上对象之间的相互对齐和分布。

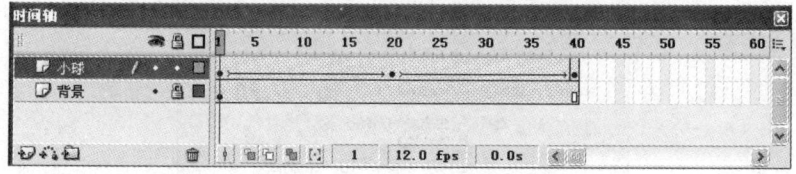

图6-24　添加"背景"图层

7.测试和保存动画

(1)测试动画
执行"控制"|"测试影片"命令(快捷键"Ctrl＋Enter"),弹出测试窗口,可以观看整个动画的播放效果。单击测试窗的关闭按钮即返回编辑状态。如图6-25所示。

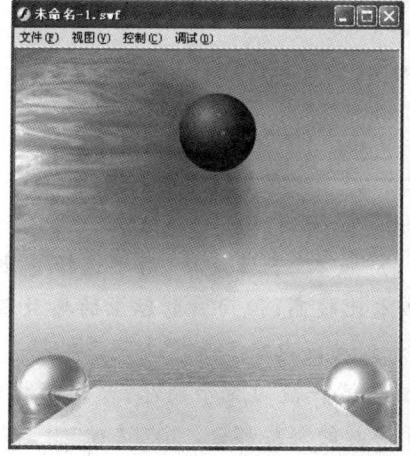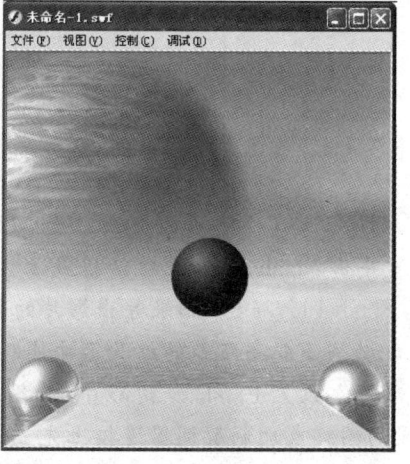

图6-25　小球自由落体运动的测试窗口

说明:前面我们在场景中按下"Enter"键观察动画效果,这是一种常用测试的方法。如果动画结构复杂,如主时间轴上有影片剪辑,则必须通过按下"Ctrl+Enter"键观看动画。

(2)保存动画

执行"文件"|"保存"命令(快捷键"Ctrl+S"),指定文件保存的路径,输入文件名"自由落体运动"。最后单击"保存"按钮保存动画。

说明:在制作动画的过程中,按"Ctrl+S"键可以快速保存文件。要养成经常保存的好习惯,以免突然断电等意外发生文件丢失。

8.导出动画

Flash 文档制作完成后,可输出为图像、声音、动画等多种格式,但最常导出的是 SWF 动画格式。导出的 SWF 动画可插入到网页、Authorware、PowerPoint 等文件中,如果单独播放则需要安装 Flash Player 播放器。

执行"文件"|"导出"|"导出影片"命令(快捷键"Ctrl+Alt+Shift+S"),弹出"导出影片"对话框,指定文件导出的路径和源文件保存在一个目录下,输入文件名"自由落体运动",保存类型选择"Flash 影片(*.swf)"。然后单击"保存"按钮,弹出"导出 Flash Player"设置对话框,如图 6-26 所示。本例保持默认参数,单击"确定"按钮,导出动画完成。

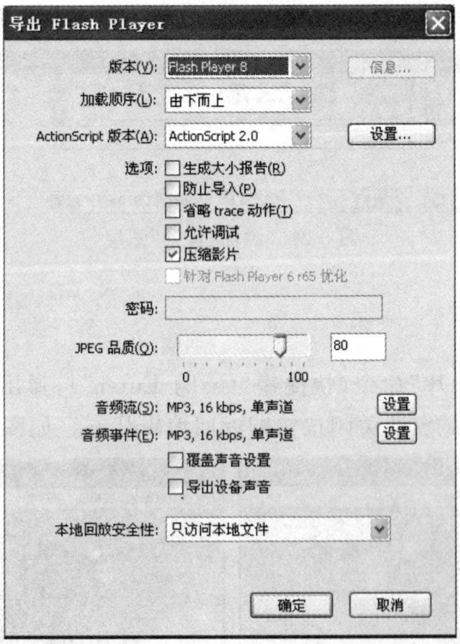

图 6-26 "导出 Flash Player"对话框

说明:"导出 Flash Player"对话框最上方的"版本"下拉菜单,用于选择导出的影片版本,默认是 Flash Player 8。如果导出影片的版本比较高,但用户电脑上的播放器版本较低的话,用户就必须下载高版本的播放器才能观看到动画内容。

"加载顺序":设置 Flash 加载影片时,各图层第一帧的显示顺序,此选项控制着 Flash 在速度较慢的网络或调制解调器连接上先显示影片的哪些部分,可以选择"由下而上"或"由上而下"的显示画面。默认设置即可,没有特殊要求不需改动。

第六章 用 Flash 制作课件

"动作脚本版本"：Flash 8 的动作脚本升级为 Action 2.0，如果动画中用到了 2.0 新增的函数，"动作脚本版本"就要设置为"Action 2.0"，否则在导出的影片中有些动作脚本将不能正常执行。

提示和总结：补间动作动画适合制作对象的运动、缩放、旋转和淡入淡出等效果，动画的对象是通常为元件。

二、补间形状动画"同底等高三角形面积相等课件"

本例为补间形状动画。动画直观地演示了同底等高三角形面积相等的规律。舞台上有一个三角形，三角形的一个顶点沿着上平行线不断移动，从而不断改变三角形的形状，但三角形的高和底不发生变化。本例共有 3 个图层，从下到上分别为"背景"层、"顶点"层和"高"层。"背景"层上放置了标题文字、平行线等内容，无动画；"顶点"图层上有两个关键帧，从第 1 帧到第 50 帧，顶点自左向右沿平行线做水平移动；"高"图层上也有两个关键帧，从第 1 帧到第 50 帧，三角形的高也做水平移动，与顶点的位置保持一致。制作过程如下：

1. 新建文档

新建动画文件，设置舞台大小为 800×400px，帧频设为 30fps。

2. 设置背景文字和图案

①选择"文本"工具，在舞台中输入文字"同底等高三角形面积相等"，选中文字，在属性面板中设置字体为"隶书"，字号为"60"，文字颜色为"红色"。

②用"选择"工具选中文字，按住 Ctrl 键的同时拖动文字，复制出另一行文字。

③选中复制出的文字，设置文字颜色为"绿色"。

④将"绿色"文字向上移动两格，向右移动两格，使红色的字位于下方稍右的位置，以增强文字的厚度，并略有立体感。

⑤选中所有文字，按"Ctrl+G"组合键将其组合起来。如图 6-27 所示。

图 6-27　标题文字　　　　　　　　　图 6-28　组合图形与文字

3. 制作图形

①按"Ctrl+'"组合键，在舞台上显示网格。

②选中工具箱中的"线条"工具，按照图 6-28 所示绘制图形，在三角形中填充上适当的颜色。选中绘制的图形，按"Ctrl+G"键将其组合起来。

③将文字和图形放在一起。选中文字，按"Ctrl+X"组合键后，再按"Ctrl+Shift+G"组合键在原处粘贴，此时文字在图形的上方。选择文字和图形，将它们组合。

④选择"线条"工具，在属性面板中设置线条颜色为红色，粗细为 3，线型为虚线，绘制两条平行线。

⑤选择"文本"工具，在平行线的下面输入文字"s＝ah÷2"。

4.制作补间形状动画

①两次单击"时间轴"上的"插入图层"按钮,新建"图层2"、"图层3"两个图层,并将三个图层依次重命名为"背景"、"顶点"和"高"。

②单击"背景"图层的第50帧,按F5键插入帧。此步骤的目的是将这此图层的1~50帧作为静态层。单击"背景"图层右侧的锁定图层小圆点,小圆点变为锁形,锁定本图层。

③选择"线条"工具,在"顶点"图层上绘制一个三角形,并用"颜料桶"工具填充上红色,在三角形的底上标上字母"a"。如图6-29所示。

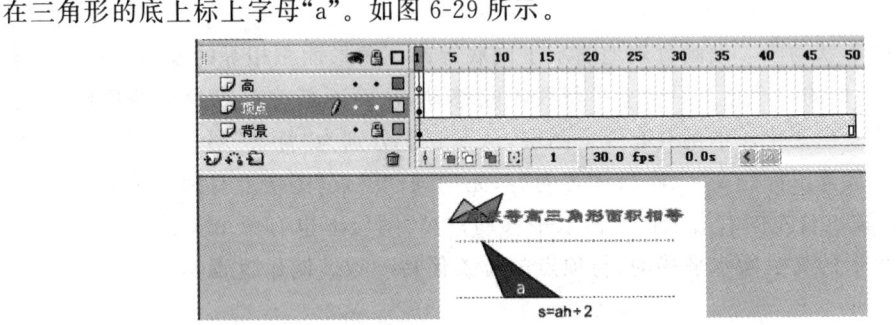

图6-29 在"顶点"层绘制三角形

④在"顶点"图层的第50帧,按F6键插入一个关键帧。选中第50帧,将鼠标移到"三角形"顶点,等鼠标下方出现"直角"符号后,按住鼠标左键向右拖动,以改变三角形的形状。

⑤选中"顶点"图层的第1帧,在属性面板中"补间"下拉列表框中,选择"形状"选项。此时"顶点"图层的时间轴变成箭头线连接,补间动画制作成功,如图6-30所示。

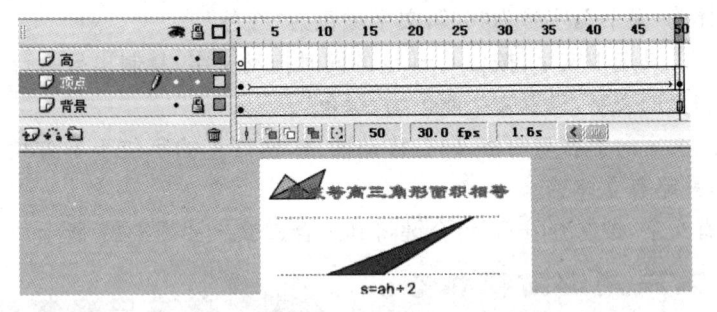

图6-30 "顶点"图层动画

⑥单击"高"图层的第1帧,在三角形的左端绘制一条蓝色的虚直线,表示三角形的高,在高的左方标上字母"h",如图6-31所示。

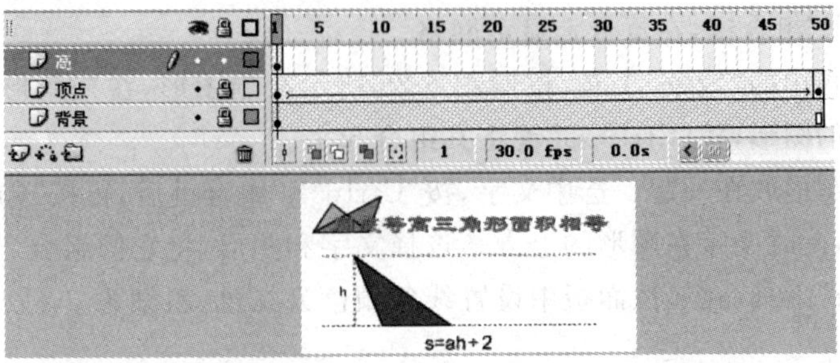

图6-31 为三角形绘制"高"

⑦在"高"图层的第 50 帧处按 F6 键插入一个关键帧。将代表三角形"高"的虚线选中,将鼠标移动到该竖线上,按住鼠标左键不放,拖移至变形三角形的右端。

⑧选择"高"图层的第 1 帧,在属性面板中"中间"下拉列表框中,选择"形状"选项。补间形状动画制作完成。

5.测试动画

按"Ctrl+Enter"键测试影片。运行效果如图 6-32 所示。

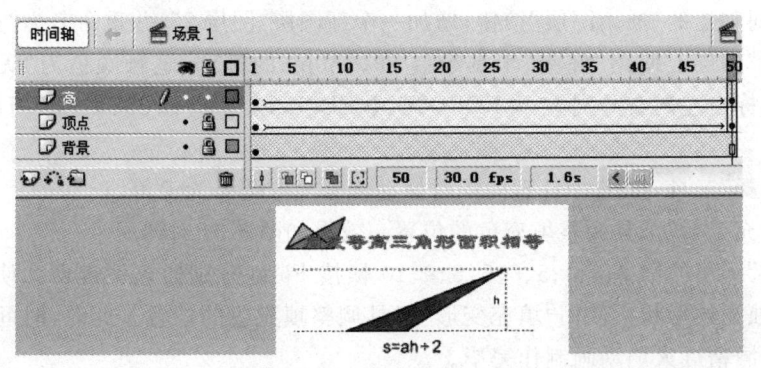

图 6-32　运行效果

提示和总结:补间形状动画主要用于对象"外形"的变化,如物理学中温度计指示线的上升、生物课中植物的生长过程、圆形变矩形、文字变图形等。补间形状动画也可以补间形状的位置、大小和颜色。补间形状动画的主体是打散后的图形,如线条、填充区域等。

三、逐帧动画"燃烧的酒精灯"

本例为逐帧动画。动画效果为酒精灯火焰跳跃,栩栩如生地展示了酒精灯的加热过程。本例共有 2 个图层。"酒精灯"图层绘制了一盏酒精灯,无动画;"火焰"图层有 10 帧,从第 1 帧到第 10 帧全部为关键帧,每一帧的火焰大小、颜色都有变化。具体制作过程如下:

1.新建文档

新建动画文件,设置舞台大小为 $800 \times 600px$,背景色设为白色"♯FFFFFF"。
按"Ctrl+'"组合键显示网格。

2.绘制酒精灯

选取工具箱中的"线条"工具,绘制酒精灯轮廓。其中,轮廓转角处为直线,用"选择"工具将直线拖动为弧线。
再选择"直线"工具,在酒精灯中央画 3 条直线,以作修饰用。
打开"混色器"面板,选择"线性"填充方式,填充颜色为白色—淡绿色—白色。使用"颜料桶"工具填充酒精灯。按"Ctrl+G"组合键将其组合起来,如图 6-33 所示。在第 10 帧处按 F5 键,并将该图层重命名为"酒精灯",锁定该层。

现代教育技术

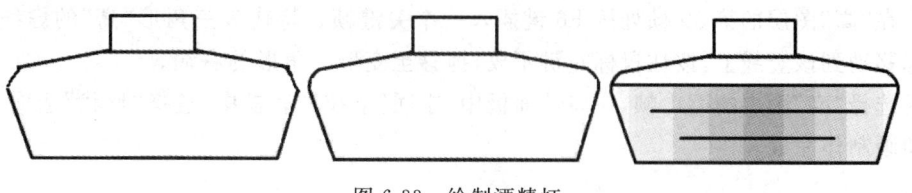

图 6-33　绘制酒精灯

3.制作火焰

单击时间轴上的"插入图层"按钮,增加一个新图层"图层 2",并重命名为"火焰"。

在"火焰"图层上使用"椭圆"工具绘制 20×60px 的椭圆,笔触颜色为"无",填充色为"放射状",色标自左向右分别为:♯FDFD8E、♯ED2E2D、♯FFB733、♯FEF9DA,如图 6-34 左图所示。

单击"选择"工具,按住 Ctrl 键的同时拖动椭圆上方圆弧为尖角。

单击"填充变形"工具调整填充色的位置。效果如图 6-34 右图所示。

在"火焰"图层的第 2、3、4、5、6、7、8、9、10 帧按 F6 键分别插入关键帧。使用"选择"工具分别调整烛光的形状。使用"填充变形"工具调整填充色的位置。此时,时间轴如图 6-35 所示。至此,酒精灯火焰动画制作完毕。

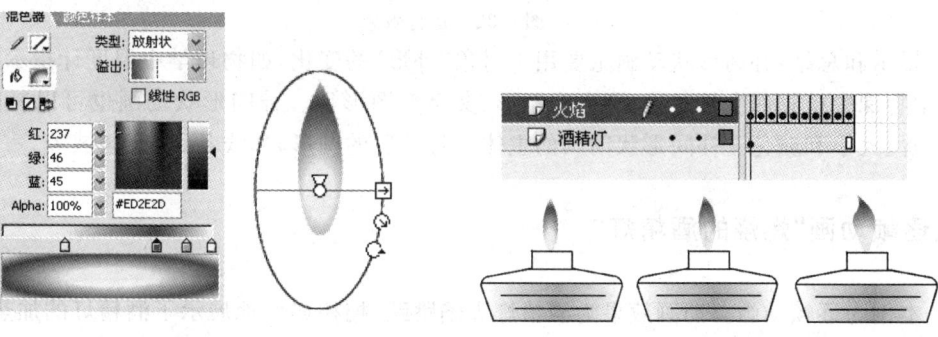

图 6-34　设置火焰颜色　　　　　　　图 6-35　燃烧的酒精灯

提示和总结:逐帧动画的每一个帧都是关键帧,通过每一帧的变化来产生动画效果,如人走路时双脚交互向前、体育动作、眼泪的流淌、头发的飘动、鸟飞翔时翅膀的扇动等过程,都能通过逐帧动画来模拟。

四、引导动画"能量守恒定律"

本例是为引导层动画。动画效果为小球 A 沿着半圆弧曲面的左上边缘滑落,砸中曲面底端的小球,小球 B 受力后向右上边缘滚动。本例共有 5 层,自下而上分别为"背景"层(静止,无动画)、"小球 A"层、"小球 A 引导"层(静止,无动画)、"小球 B"层和"小球 B 引导"层(静止,无动画)。"背景"图层无动画,持续 40 帧;"小球 A"图层有两个关键帧,从第 1 帧到第 20 帧做滑落运动;"小球 A 引导"图层有 1 个关键帧,内容为绘制的 1/4 圆弧线,持续到第 20 帧;"小球 B"层有 4 个关键帧,从第 1 帧到第 20 帧无动画,第 21 帧到第 40 帧做向右上边缘滚动运动;"小球 B 引导"层在第 21 帧处有 1 个关键帧,帧中图像为小球 B 的运动轨迹——1/4 圆弧线,该帧内容持续到第 40 帧。

238

制作过程如下：

1. 新建 Flash 文档

新建动画文件，设置舞台大小为 $500×400px$，其他设置为默认值。

2. 绘制背景图形

将当前图层"图层 1"重命名为"背景"，利用"矩形"工具和"椭圆"工具绘制背景图形，并设置填充效果。

3. 创建元件

创建元件"小球"，类型选择"图形"，打开元件编辑窗口。单击"椭圆"工具，在元件"小球"中绘制圆，并进行放射状填充。

按 F11 键打开"库"面板，将元件"小球"拖入"背景"图层中，如图 6-36 所示。在第 40 帧处按 F5 键插入帧，锁定"背景"层。

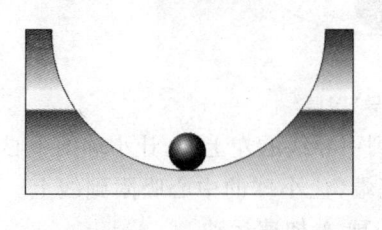

图 6-36 背景图和小球

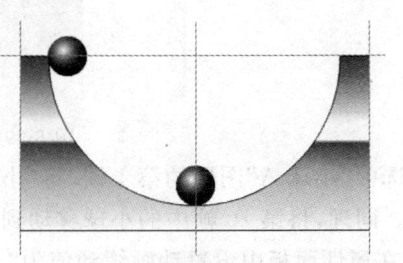

图 6-37 运用参考线

4. 使用参考线

回到"场景 1"，单击"新建"图层按钮，新建一个"图层 2"，将其重命名为"小球 A"，选择"视图"|"标尺"命令，在窗口中显示标尺，拉出 3 条竖的参考线和 1 条横的参考线，并再从库中拖动"小球"元件放入"小球 A"图层中，位置如图 6-37 所示。

在"小球 A"图层的第 20 帧处按 F6 键插入关键帧，调整小球 A 的位置到达底端，并与"背景"图层中的小球相碰。在第 1 帧处右击，在弹出的菜单中选择"创建补间动画"，如图 6-38 所示。并在第 40 帧按 F5 键插入一个普通帧。

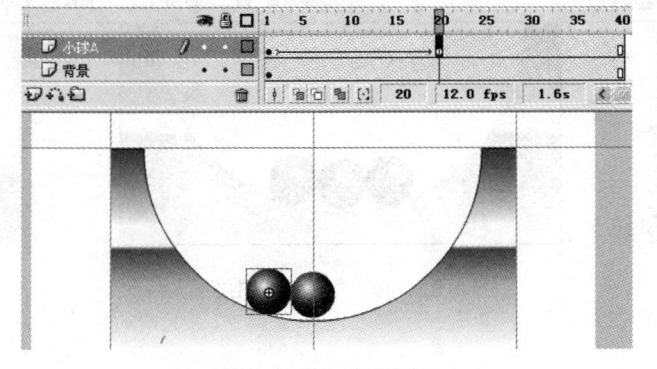

图 6-38 "小球 A"运动

5.新建引导层

确认当前图层为"小球 A",单击时间轴上的"添加运动引导层"按钮,新建一引导图层,将其重命名为"小球 A 引导"。

利用"椭圆"工具绘制圆,删除不必要的部分,成为一圆弧,并调整其位置为背景图形的上方。如图 6-39 所示。

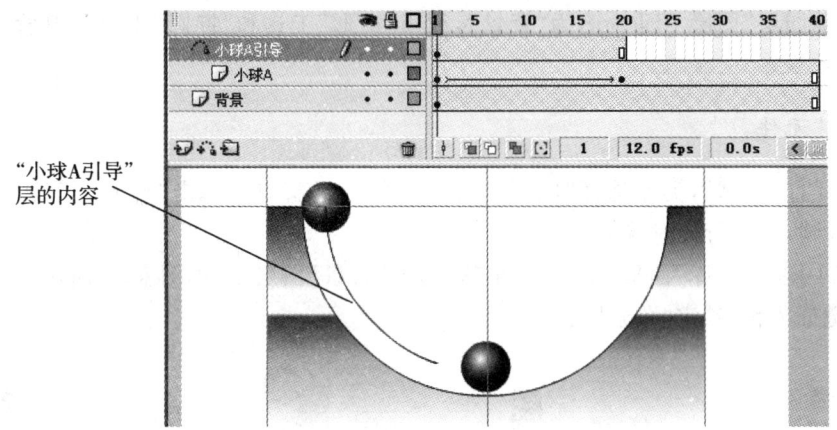

图 6-39 "小球 A 引导"图层

选中"小球 A"图层的第 1 帧,将"小球 A"移动到引导线的左上端,让小球的中心吸附到线上。同理,将第 20 帧中的小球移动到引导线的底端,让小球的中心吸附到线上。选中第 1 帧,在属性面板中设置动画缓动值为"-100",使小球 A 加速运动。

6.设置"小球 B"图层

在引导层的上面新建"图层 3",将其重命名为"小球 B",在第 1 帧处将库中的"小球"元件拖放到舞台中,将其放置在中间小球的右侧。分别在第 20、21、40 帧处按 F6 键插入关键帧。如图 6-40 所示。

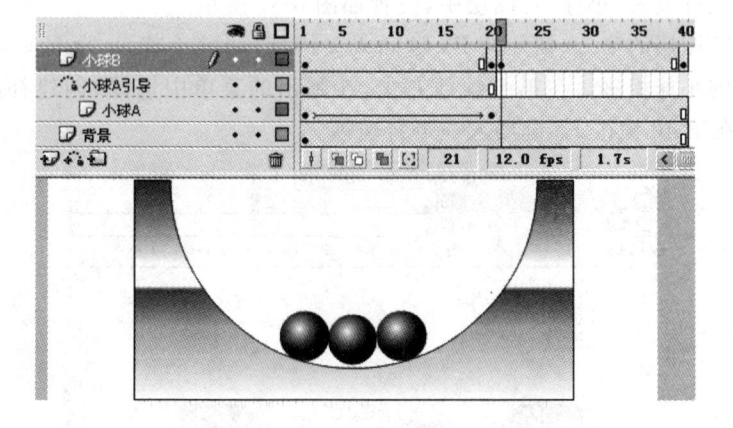

图 6-40 "小球 B"图层

240

第六章　用 Flash 制作课件

7. 为"小球 B"图层添加引导层

单击"小球 B"图层,使其成为当前图层,单击时间轴上的"添加运动引导层"按钮,新建一引导层,将其重命名为"小球 B 引导",在该引导层的第 21 帧按 F6 键处插入一个关键帧,并利用前面讲述的方法绘制右侧引导线。

单击"小球 B"的第 40 帧处,调整右侧小球的位置,让其中心吸附到引导线的边缘,位置如图 6-41 所示。单击第 21 帧处,在属性面板中补间下拉菜单中选择"动画",并将缓动值设为"100",使小球 B 减速运动。

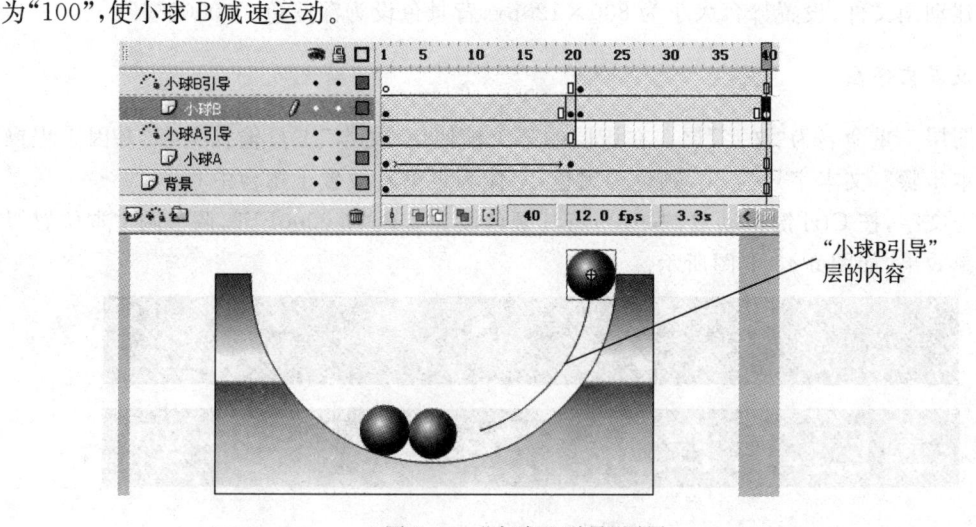

图 6-41　"小球 B 引导"图层

8. 测试动画

至此,本实例制作完成,时间轴如图 6-42 所示。按"Ctrl＋Enter"组合键观看测试效果。

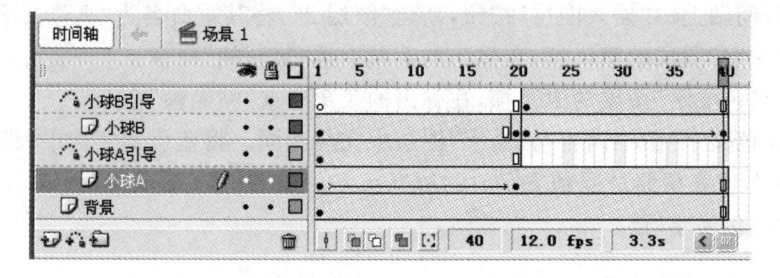

图 6-42　"能量守恒定律"动画时间轴

提示和总结:引导层动画中的内容(引导路径在动画运行时不显示此引导线)一般用来制作如圆周运动、文字沿路径运动等曲线或折线运动的动画。

五、遮罩动画"探照灯文字"

本例为遮罩动画。动画中的文字犹如现实生活中的灯照射在文字上的效果,被照射到的部分文字颜色鲜艳,没有被照射到的文字颜色较深。本例共有 3 层,分别为"文字"层、"亮色文字"层和"探照灯"层。"文字"层为背景层,放置了蓝色阴影文字;"亮色文字"层为被遮

241

罩层，放置了橘黄色阴影文字，且与"文字"层内容重叠；"探照灯"层为遮罩层，该层第 1 帧至第 20 帧为"圆"从左侧平移到右侧，第 20 帧至第 30 帧 "圆"从右侧平移到左侧，第 30 帧至第 50 帧为"圆"水平放大为椭圆，调整其宽度与文字宽度相等。以上均为补间动作动画，第 50 帧至第 70 帧无动画。

制作过程如下：

1. 新建文档

新建动画文件，设置舞台大小为 800×120px，背景色设为深蓝色"♯000066"。

2. 设置文字层

将图层 1 重命名为"文字"层。在该层的第 1 帧使用"文本"工具输入文字"基因工程操作的基本步骤"（文本字号为 60，颜色为黑色，字体为隶书），放置于舞台中心。

单击文字，按 Ctrl 键拖动复制一份，将其颜色设为蓝色"♯0000FF"，调节两文本位置以产生阴影效果，如图 6-43 上图所示。

图 6-43　阴影文字

在"文字"图层的第 70 帧处，按 F5 键插入帧。锁定"文字"层。

3. 复制"文字"图层的帧到"亮色文字"图层

①单击时间轴上的"插入图层"按钮，新建"图层 2"，将其重命名为"亮色文字"。
②右击"文字"图层的第 1 帧，在弹出的菜单中选"复制帧"命令。
③右击"亮色文字"图层的第 1 帧，在弹出的菜单中选"粘贴帧"命令。

此时，"亮色文字"图中内容与"文字"图层中完全相同。将蓝色文字选中，将其改为橘黄色"♯FF9900"，代表探照灯照到文字时的鲜亮颜色。如图 6-43 下图所示。
④锁定"亮色文字"层。

4. 创建"探照灯"层遮罩动画

①单击时间轴上的"插入图层"按钮，新建"图层 3"，将其重命名为"探照灯"。
②新建元件"圆"，类型选择为"图形"，打开元件编辑窗口，用"椭圆"工具绘制一个 65×65px 的正圆。
③单击"场景 1"回到主场景中，在"探照灯"图层第 1 帧中，将库中的"圆"移到文字左侧。
④按住 Ctrl 键的同时单击第 20、30 和 50 帧，分别按 F6 键插入关键帧。将第 20 帧中的圆平移到文字右侧，将第 50 帧中的圆的宽度设置为"800"，在第 70 帧处按 F5 键插入一个

普通帧。如图 6-44 所示。

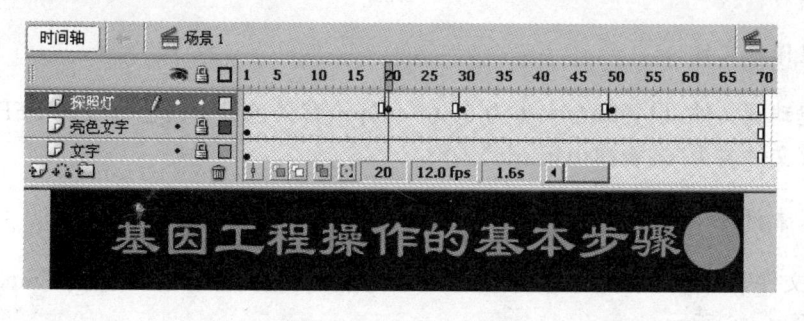

图 6-44　"探照灯"图层

⑤分别右击第 1 帧、第 20 帧、第 30 帧,在弹出的菜单中选择"创建补间动画"。

⑥右击"探照灯"图层的名称处,在弹出的菜单中选择"遮罩层",此时"探照灯"图层成为遮罩层,"亮色文字"图层成为被遮罩层,并被锁定。探照灯制作完成。

5.测试动画

按"Enter"键测试影片,运行效果如图 6-45 所示。

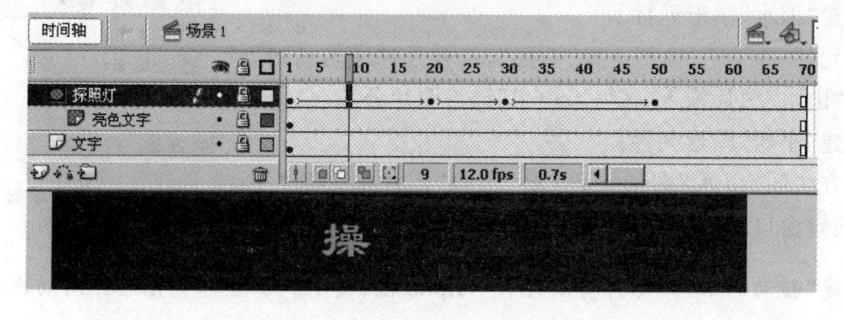

图 6-45　遮罩动画

　　提示和总结:遮罩动画需要两个图层才能实现。上层设置为遮照层,下层设置为被遮照层。上层内容不显示,仅显示下层中被遮挡的图像。可以在遮罩层、被遮罩层中分别或同时使用形状补间动画、动作补间动画、引导线动画等动画手段,使遮罩动画变成可以施展无限想象力的创作空间。遮罩动画的应用有电影文字(遮罩层为文字,被遮罩层为移动的图案)、放大镜(遮罩层为移动的放大镜,被遮罩层为放大的图片,背景层为原始图片)、波光涟漪(遮罩层为多个横条移动,被遮罩层为图案)、百叶窗(遮罩层为百叶窗形状的横条折叠展开,被遮罩层为风景图案)等动画效果。

六、语文课件"游褒禅山记"

　　本例使用 Flash 8 制作高中语文课件"游褒禅山记"。课件中的小船渐渐进入画面,音乐开启,标题文字做补间形状动画,课件画面的右侧为按钮,通过 Action Script 实现了主页面和内容页面的跳转,并实现了音乐的实时开关控制。本课件共有 2 层,分别为"背景音乐"层和"课件内容"层。"背景音乐"层中放置的是课件背景音乐,"课件内容"层共有 6 帧,分别放置了课件的封面、预习指导、作家介绍、文章结构、重点难点和课堂小结等内容。

制作过程如下：

1.新建保存文件

①新建动画文件，设置舞台大小为550×400px，背景色设为白色"♯FFFFFF"。
②保存文件名为"游褒禅山记.fla"。

2.导入素材

单击"文件"|"导入到库"命令，将"山水"、"小船"两幅图片和"高山流水"mp3音乐导入到库中，如图6-46所示。

3.创建图形元件

①创建"制作组"图形元件。

新建元件"制作组"，类型选择"图形"，打开元件编辑窗口，在工具箱中选择"文本"工具，输入文本"滁州学院信息与教育技术中心"，字体为"隶属"，字号为48。

②创建"山水"图形元件。

新建元件"背景"，类型选择"图形"，打开元件编辑窗口，将库中的"山水"图片拖入，按"Ctrl＋B"键将图片分离。

③创建"小船"图形元件。

创建方法同"山水"图形元件（将"小船"图片拖入到"小船"元件编辑窗口）。

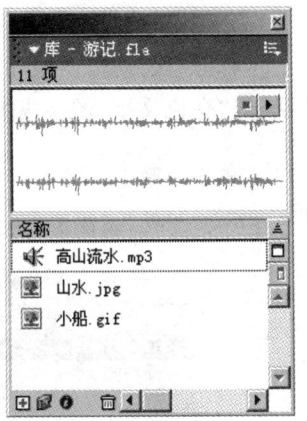

图6-46 导入素材到库

4.创建"移动的小船"影片剪辑元件（Alpha值、大小和位置都变化的补间动画）

①新建元件"移动的小船"，类型选择"影片剪辑"，打开元件编辑窗口。
②将"小船"图形元件拖入，在属性面板中调节其大小、坐标和透明度（Alpha值）。如图6-47所示。

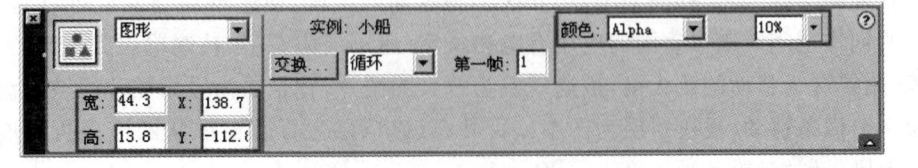

图6-47 "小船"图形属性面板

③在第20帧和第50帧处分别按F6键插入关键帧，并调节其大小、坐标和透明度。如图6-48所示。

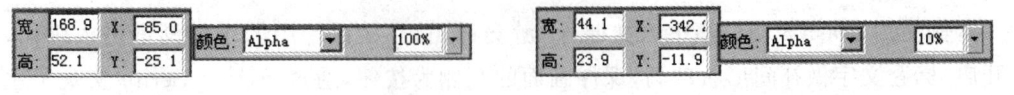

图6-48 "小船"图形在第20帧和第50帧处的大小、坐标和透明度

④拖动鼠标,选中图层1的第1至50帧并右击,在弹出的菜单中点击"创建补间动画"命令。此时,"移动的小船"影片剪辑元件就创建完成,动画效果为一只小船从右上部出现并移动到左下部消失。如图6-49所示。

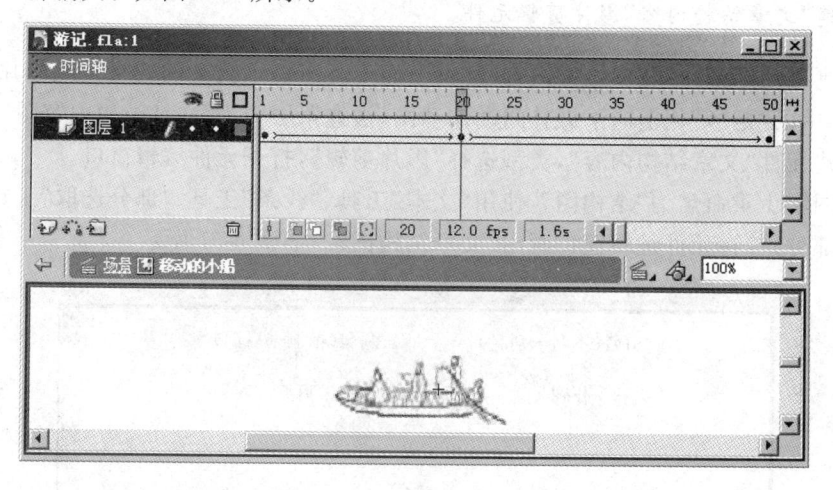

图6-49 "移动的小船"影片剪辑元件示意

5.创建"游褒禅山记"影片剪辑元件(形状补间的应用)

①新建元件"游褒禅山记",类型选择"影片剪辑",打开元件编辑窗口。

②选择"文本"工具,设置文字颜色为红色,字体为隶书,字号为36,在编辑窗口输入"游褒禅山记"。

③单击"选择"工具,选中文字,然后按两次"Ctrl+B",将文字分离。

④在第15帧按F6键插入关键帧,在第25帧按F7键插入空白关键帧。

⑤选中第25帧,选择"文本"工具,设置文字颜色为红色,字体为华文行楷,字号为36,在编辑窗口输入"王安石"。仿照第3步骤,把文字分离。

⑥在第40帧按F6键插入关键帧,在第50帧按F7键插入空白关键帧。

⑦右击第1帧,在弹出的菜单中点击"复制帧"命令。

⑧右击第50帧,在弹出的菜单中点击"粘贴帧"命令。

⑨分别选中第15、第40帧,在属性面板中设置补间类型为"形状"。如图6-50所示。

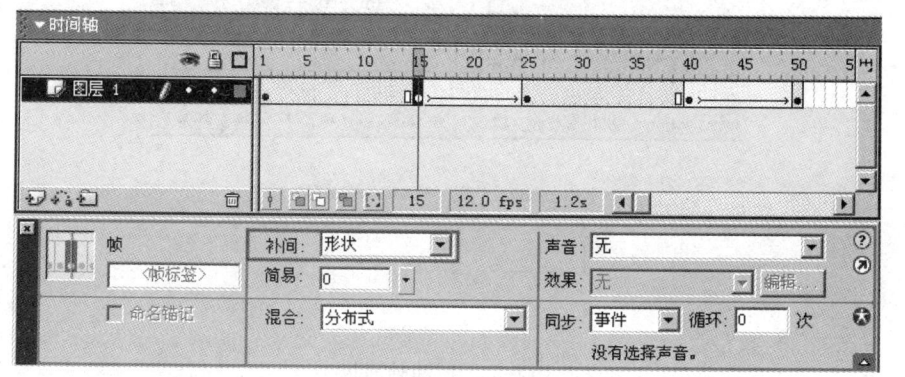

图6-50 "游褒禅山记"影片剪辑元件示意

245

至此，"游褒禅山记"影片剪辑元件创建完成，动画效果为文字"游褒禅山记"和"王安石"文字进行相互的形状过渡。

6.创建"文章结构内容"影片剪辑元件

使用遮罩动画创建"文章结构内容图"由上而下逐渐显示出来的效果。此影片剪辑共2层，遮罩层中的"矩形"从上向下做补间动作动画，被遮罩层中为"文章结构内容图"，无动画。

①新建元件"文章结构内容"，类型选择"影片剪辑"，打开元件编辑窗口。

②将图层1重命名为"结构图"，使用"文本"工具、"线条"工具、"部分选取"工具（绘制箭头的三角部分）等在元件编辑窗口画出"文章结构图"。如图6-51所示。

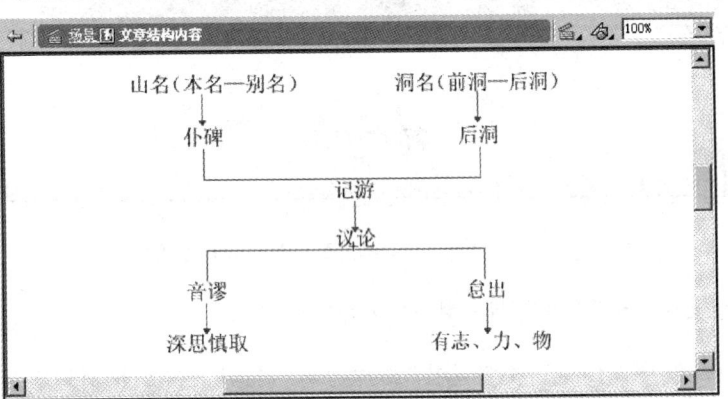

图 6-51　文章结构图

③单击"插入"|"图层"命令，建立图层2，将其重命名为"遮罩"。

④在"遮罩"图层中绘制一个无边框矩形，颜色为黑色，大小刚好能覆盖文章结构图。

⑤把矩形移动到文章结构图的上部。

⑥在图层1的第30帧按F5键插入普通帧，在图层2的第30帧按F6键插入关键帧。

⑦选中图层2的第30帧，按向下方向键移动黑色的矩形直至覆盖文章结构图。

⑧右击图层2的第1帧，在弹出的菜单中点击"创建补间动画"命令。

⑨右击图层2的标题，在弹出的菜单中点击"遮罩层"命令。如图6-52所示。

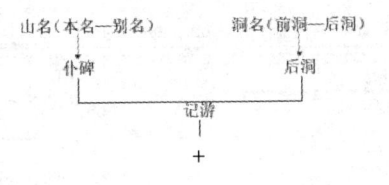

图 6-52　时间轴面板

⑩右击图层 2 的第 30 帧,在弹出的菜单中点击动作,在动作面板的输入窗口中输入"stop();"(注:输入时不包括双引号,以下皆同)。如图 6-53 所示。

至此,"文章结构内容"影片剪辑元件创建完成,效果为文章结构图由上至下逐渐显示。

图 6-53   动作面板的输入窗口

7.创建"高山流水"影片剪辑元件

①新建元件"高山流水",类型选择"影片剪辑",打开元件编辑窗口。

②按"Ctrl＋L"组合键打开库,把"高山流水.mp3"文件拖入到编辑窗口。

③在第 385 帧按 F6 键插入关键帧。根据音乐的长度,确定在哪一帧插入关键帧,一般在音乐结束处或无声处。如图 6-54 所示。

至此,"高山流水"影片剪辑元件的创建就完成了(效果为高山流水的音乐播放)。

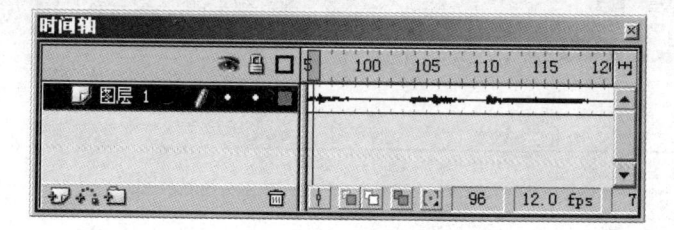

图 6-54   时间轴面板

8.创建按钮元件

按钮是一种特殊的元件,当鼠标经过、单击、按下或离开按钮时,按钮将呈现不同的状态,按钮元件体现了 Flash 的丰富交互特性。

①新建元件"预习指导",并选择类型为"按钮",进入按钮元件编辑模式,在其时间轴上默认显示"弹起"、"指针经过"、"按下"和"点击"四种状态。

②在"弹起"状态下输入文字"预习指导",字体为华文楷体,字号为 30。

③单击"指针经过"状态,按 F6 键添加关键帧,将字体改为"华文彩云"。

④在"按下"状态按 F6 键添加关键帧,将字体改为"宋体"。

⑤在"点击"状态按 F6 键添加关键帧,在文字上绘制一矩形,大小正好盖住文字。"点击"状态一般为鼠标感应按钮的区域。如图 6-55 所示。

247

现代教育技术

　　按照以上步骤再创建"作家介绍"、"文章结构"、"重点难点"、"课堂小结"、"音乐开关"和"返回"等按钮。库面板如图6-56所示。

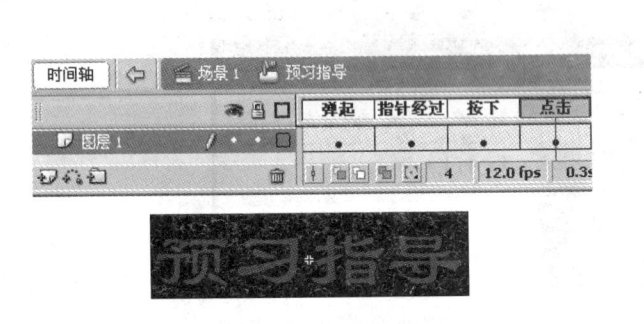

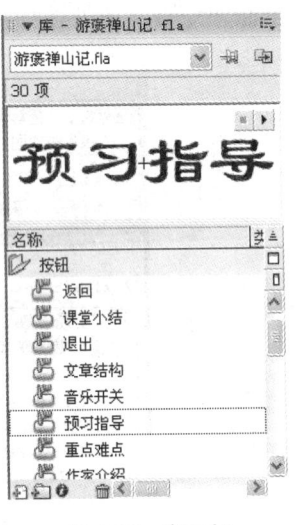

图6-55　按钮编辑状态

图6-56　库面板

9.构建Flash课件

　　①切换到场景1,把库中的"游褒禅山记"影片元件、"移动的小船"影片元件、"背景"图形元件、"制作组"图形元件以及"预习指导"、"作家介绍"、"文章结构"、"重点难点"、"课堂小结"、"音乐开关"和"退出"7个按钮元件拖到舞台上的图层1中,排列如图6-57所示。

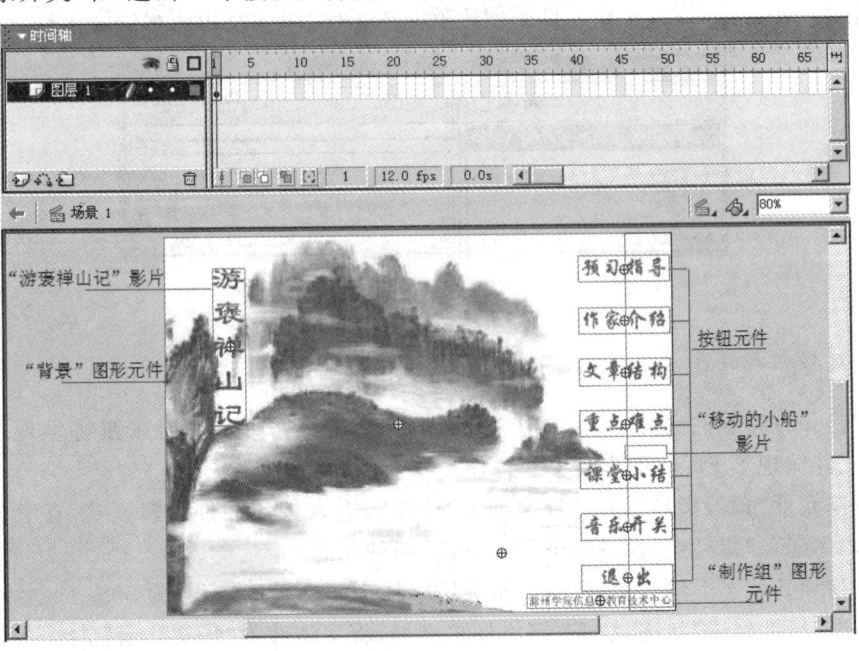

图6-57　元件位置图

248

②在第2帧按F7键插入空白关键帧。使用"矩形"工具绘制尤框矩形，颜色为蓝色渐变，大小与舞台相等，并使用"线条"工具、"文本"工具制作出课件中预习指导的内容。最后把"返回"按钮拖入到舞台右下角。如图6-58所示。

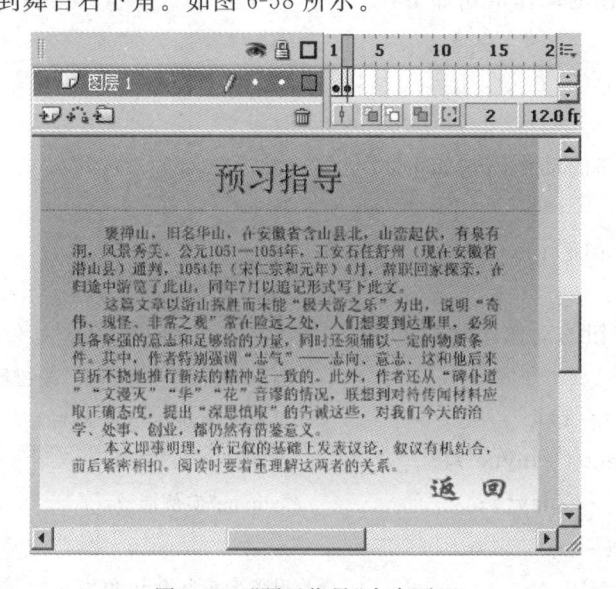

图6-58 "预习指导"内容页面

③仿照第2步，分别在第3、4、5、6帧中插入空白关键帧，并在对应每一帧添加"作家介绍"、"文章结构"、"重点难点"、"课堂小结"的课件内容。其中，第4帧中应拖入"文章结构内容"影片和"返回"按钮。

④将图层1重命名为"课件内容"。建立图层2，重命名为"背景音乐"。选中图层2的第1帧，把"高山流水"影片拖入到舞台的任意位置，在其属性面板上输入实例名称为"yinyue"。

⑤单击图层1的第1帧，按F9键打开动作面板，此时的动作面板标题栏为"动作－帧"，在编辑区输入脚本语句：

stop(); //停止播放动画命令

⑥给按钮添加动作语句。

单击图层1的第1帧中的"预习指导"按钮，按F9键打开动作面板，此时的动作面板标题栏为"动作－按钮"，在编辑区输入脚本语句：

```
on (release){
    gotoAndStop(2);
}
```

类似地，为其他按钮设置动作命令语句。

"作家介绍"按钮的动作语句如下：

```
on (release){
    gotoAndStop(3);
}
```

"文章结构"按钮的动作语句如下：

```
on (release){
```

```
        gotoAndStop(4);
    }
```

"重点难点"按钮的动作语句如下:

```
on (release){
    gotoAndStop(5);
}
```

"课堂小结"按钮的动作语句如下:

```
on (release){
    gotoAndStop(6);
}
```

"音乐开关"按钮的动作语句如下:

```
on (release){                    //当鼠标按下"音乐开关"按钮释放时
    if (bofang==1){              //设置变量 bofang 值为 1
        tellTarget ("yinyue"){   //设置"yinyue"实例
                play();          //"yinyue"实例播放
                }
        bofang=0;                //设置变量 bofang 值为 0
        }
    else{
        tellTarget ("yinyue"){   //设置"yinyue"实例
            stop();              //"yinyue"实例停止
            }
        bofang=1;                //设置变量 bofang 值为 1
        }
}
```

"退出"按钮的动作语句:

```
on (release){
    fscommand("quit");
}
```

分别右击图层1的第2、3、4、5、6帧中的"返回"按钮,在弹出的菜单中点击动作,在动作面板的输入窗口输入:

```
on (release){
    gotoAndPlay(1);
}
```

10.导出 Flash 影片

课件的编辑界面如图 6-59 所示。执行"文件"|"导出"|"导出影片"命令(快捷键"Ctrl＋Alt＋Shift＋S"),将此 Flash 课件导出为 swf 格式。

提示和总结:按钮结合 Action Script 动作脚本语句,能极大地丰富课件的交互性;影片

第六章 用 Flash 制作课件

剪辑的使用节约了课件的存储空间。它们都是大型课件中不可缺少的重要组成部分。

图 6-59　游褒禅山记课件

七、数学课件"正弦曲线"

　　本例应用 Flash 的动作脚本实现了高中数学中的正弦曲线函数，能根据输入的参数显示出相应的正弦曲线。具体功能：在输入框中输入数字，按"播放"按钮后显示相应正弦曲线；按"暂停"按钮暂停显示；当显示超出窗口区域后，按"刷新"按钮重新显示曲线；按"退出"按钮退出 Flash 播放。

　　制作步骤如下：

　　1.新建保存文件

　　新建动画文件，设置舞台大小为 550×450px，背景色设为绿色"♯00CCFF"。
保存文件为"正弦曲线.fla"。

　　2.绘制界面

　　使用"线条"工具、"文本"工具绘制出所需界面，如图 6-60 所示。其中三个白色文本框的文本类型为"输入文本"，在对应的变量输入框中填写"T"、"A"、"Φ0"的值。

　　3.创建"圆点"影片剪辑元件

　　①新建"圆点"，类型选择"影片剪辑"，单击"确定"，打开元件编辑窗口。
　　②使用"椭圆"工具画一无边框圆形，大小设为 5×5px，颜色设为红色放射状填充。

　　4.构建 Flash 课件

　　①切换到场景 1，将图层 1 重命名为"背景"，把库中的"圆点"影片拖入到舞台上坐标系的原点处，并将实例名设为"dot"，命名是为了用动作脚本控制。单击"背景"图层的第 3 帧，按 F5 键插入普通帧。

251

②新建图层2，将其重命名为"脚本"。在第1、2、3帧分别按F7键插入空白关键帧。

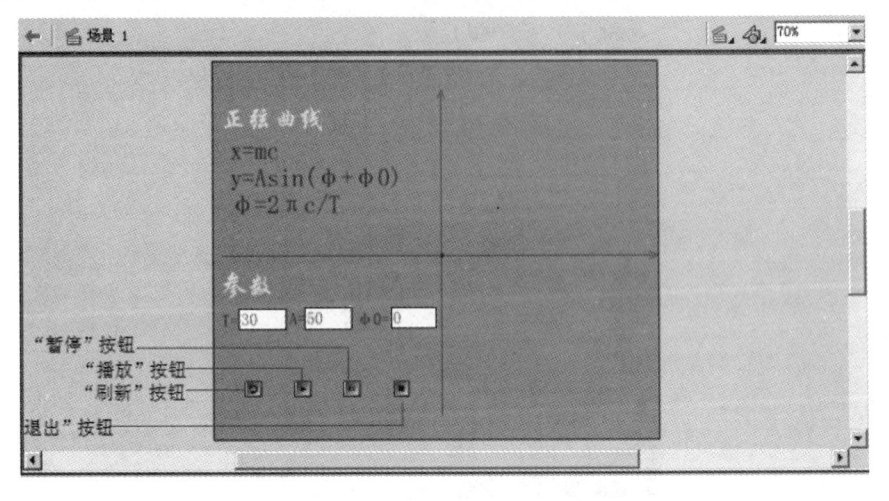

图 6-60 "正弦曲线"界面图

③右击"脚本"图层的第1帧，在弹出的菜单中点击"动作"命令，在动作面板的输入窗口中输入动作语句。如图6-61所示。

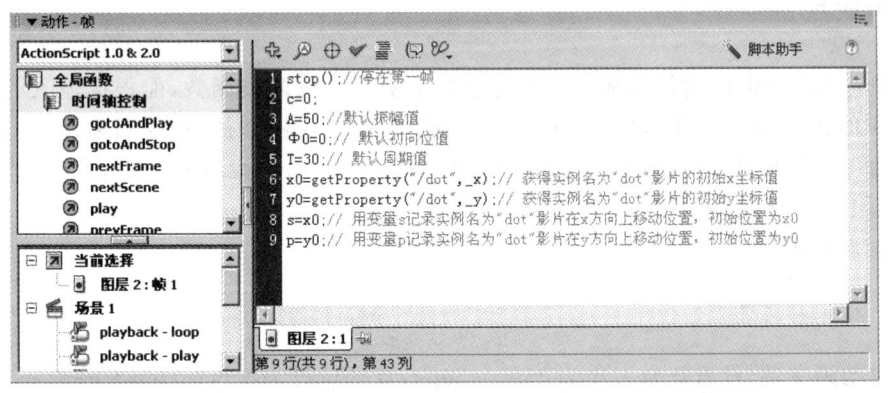

图 6-61 第 1 帧的动作

④右击"脚本"图层的第2帧，在弹出的菜单中点击"动作"命令，在动作面板的输入窗口输入动作语句。如图6-62所示。

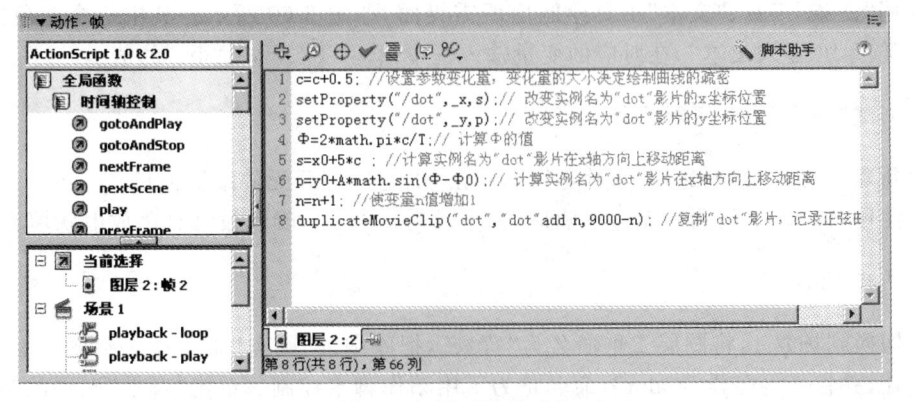

图 6-62 第 2 帧的动作

⑤类似地，为"脚本"图层的第 3 帧设置动作。如图 6-63 所示。

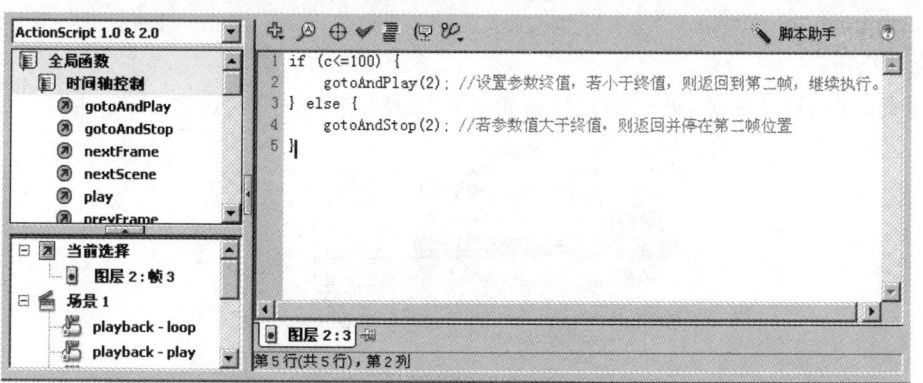

图 6-63　第 3 帧的动作

⑥新建图层 3，并重命名为"按钮"。把库中的"刷新"、"播放"、"暂停"和"退出"按钮元件拖入舞台。

⑦选择"按钮"图层第 1 帧，右击其中的"刷新"按钮，在弹出的菜单中点击"动作"命令，在动作面板的输入窗口输入如下语句：

```
on (release){
    if(s>530 or p>420){          //保证当曲线绘到设定区域外后才能重新设置
        while (n>0){
            removeMovieClip("dot" add n);
            n=n-1;
        }                        //移去所绘制曲线
        c=0;                     // 恢复变量值
        s=x0;                    // 恢复变量 s 值
        p=y0;                    // 恢复变量 p 值
    }
setProperty("dot",_x, x0);
setProperty("dot",_y, y0);       //使实例名为"dot"影片回到原来位置
}
```

⑧选择"按钮"图层第 1 帧，右击其中的"播放"按钮，在弹出的菜单中点击"动作"命令，在动作面板的输入窗口输入语句：

```
on (release){
    play();
}
```

⑨类似地，为"按钮"图层第 1 帧中的"暂停"按钮设置动作：

```
on (release){
    stop();
}
```

⑩类似地，为"按钮"图层第 1 帧中的"退出"按钮设置动作：

现代教育技术

```
on（release）{
fscommand（"quit"）；
}
```

至此，动画设计完成，此时的时间轴如图 6-64 所示。

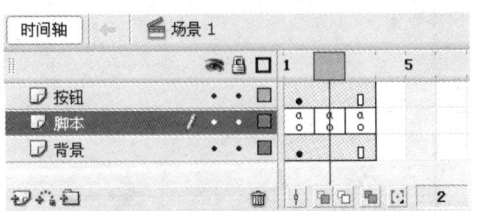

图 6-64 "正弦曲线"课件时间轴

5.导出 Flash 影片

按"Ctrl＋Enter"组合键运行课件，效果如图 6-65 所示。

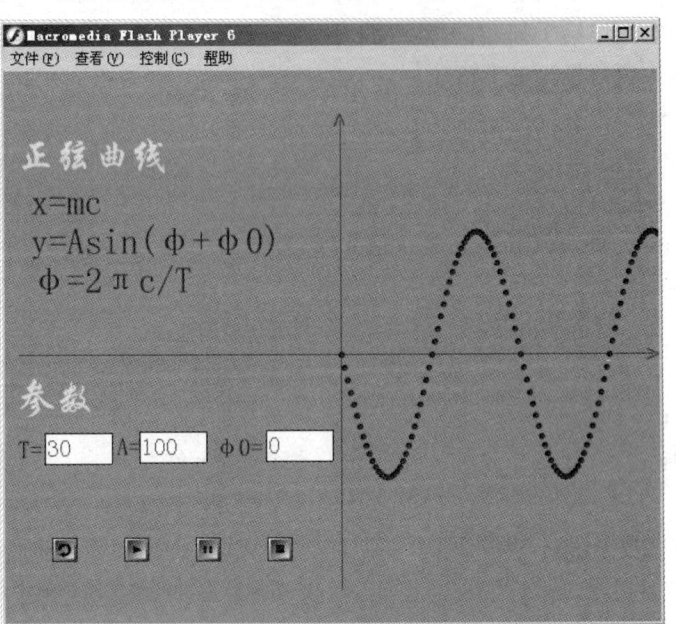

图 6-65 "正弦曲线"课件运行效果

提示和总结：Flash 中的 Action Script 是 Flash 学习中的难点。利用 Flash 编程可以实现各种奇妙、复杂的动画效果。例如，在动画中显示日期时间，实现鼠标跟随动画特效，制作单摆运动、胡可定律等课件均需使用 Flash 编程。

八、翻页动画"电子书"

本例为 Action Script 应用的一个经典实例。单击电子书中的按钮，可以实现上下页的翻页效果。本例共 4 层，"电子书"图层为背景层，无动画；"唐诗"图层共有 10 个关键帧，每一帧中都放置了不同的唐诗文本；"脚本"图层的功能是使课件在第 1 帧停止播放，"按钮"图层在第1帧中放置了"上页"、"下页"、"首页"、"尾页"、"全屏"、"还原"和"与我联系"7个按钮,每个按钮上均设置了相应的动作脚本语句。

制作过程如下:

1.新建文档

新建动画文件,设置舞台大小为300×296px。

2.制作"电子书"图层

①单击"图层1"文字,将其重命名为"电子书"图层。
②输入标题文字"电子书",字体为隶书,字号为80,字间距20。设为水平居中。
③单击"文件"|"导入"|"导入到舞台",在弹出的对话框中选择图片,导入到舞台中,放在"电子书"文字左侧。如图6-66所示。

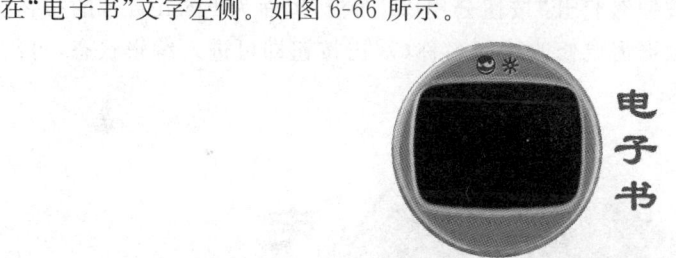

图6-66 "电子书"层的图片和文字

④在"电子书"图层的第10帧,按F5键创建普通帧。
⑤单击"电子书"图层右侧的"锁定图层"圆点,锁定本图层。

3.制作"唐诗"图层

①单击时间轴上的"插入图层"按钮,新建一个图层2,将其重命名为"唐诗"。
②按下Shift键的同时单击"文字"图层的第1帧至第10帧,按F7键创建10个空白关键帧。依次单击"唐诗"图层的每一帧,单击"文本"工具,设置文字字体为"幼圆",字号为16,在舞台中输入内容。如图6-67所示。

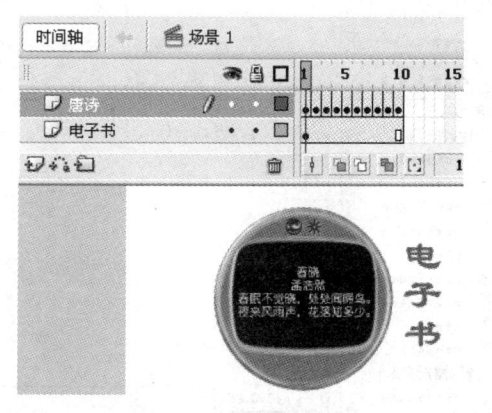

图6-67 "唐诗"层文字

现代教育技术

4.设置第 1 帧停止播放

①单击时间轴上的"插入图层"按钮,新建一个图层 3,将其重命名为"脚本"图层。

②单击该图层的第 1 帧,按 F9 键打开动作面板,在编辑区中输入动作语句:

stop();

③按"Ctrl＋Enter"键测试影片,动画停留在第 1 帧,此时时间轴如图 6-68 所示。

图 6-68 时间轴面板

5.制作"按钮"图层

①单击"窗口"|"公用库"|"按钮",打开"按钮公用库"面板,里面为 Flash 自带的按钮。选择合适的按钮拖放到舞台上,根据需要修改按钮名称(双击按钮即可进入编辑状态,可编辑按钮上的文字),如图 6-69 所示。

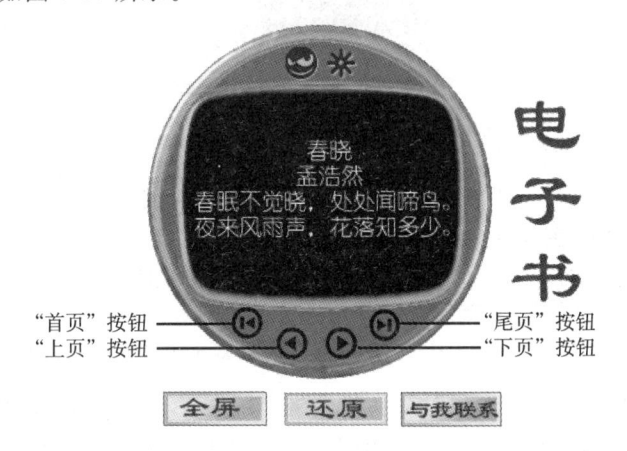

图 6-69 添加按钮

②单击"上页"按钮,打开动作面板,此时面板的标题栏为"动作－按钮",即表示给按钮对象添加动作语句。如图 6-70 所示。

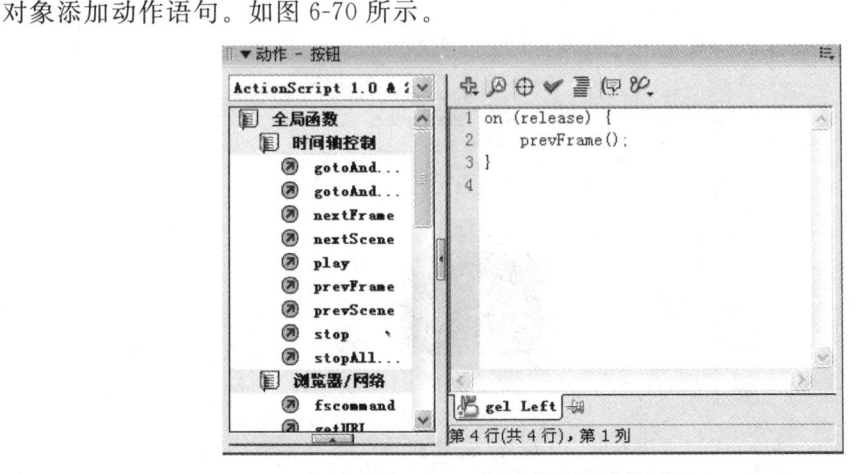

图 6-70 "上页"按钮动作面板

256

③同理，为舞台中的其他按钮添加动作脚本语句。按钮的动作语句如表6-1所示。

表6-1　按钮的动作设置

"下页"按钮： 　on（release）｛ 　　nextFrame()； 　｝	"首页"按钮： 　n（release）｛ 　　gotoAndStop(1)； 　｝
"尾页"按钮： 　on（release）｛ 　gotoAndStop(10)； 　｝	"全屏"按钮： 　on（release）｛ 　　fscommand("fullscreen"，"true")； 　｝
"还原"按钮： 　on（release）｛ 　　fscommand("fullscreen"，"false")； 　｝	"与我联系"按钮： 　on（release）｛ 　　getURL("mailto:dzs@163.com")； 　｝

6.导出 Flash 影片

导出影片为 exe 文件。本课件的外观效果如图6-71所示。按"Ctrl＋Enter"测试。

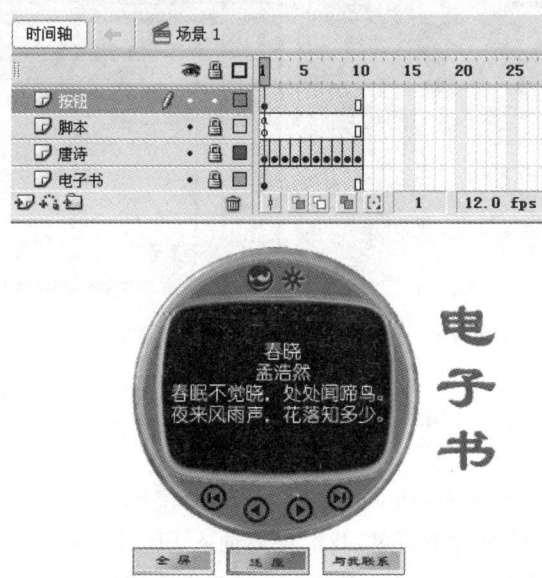

图 6-71　电子书

提示和总结：停止、播放、上一帧、下一帧、全屏等控制语句是在 Flash 课件制作中常用的动作脚本，应熟练掌握。根据本例举一反三，可以制作类似的动画，如电子相册的翻页动画。

第三节　Flash 与其他工具的结合应用

在我们制作课件的过程中,Flash 不是孤立的,可以与很多其他软件结合使用,实现功能的扩展。本节介绍了 Flash 与 Authorware、PowerPoint 等软件的结合应用。

一、在 Authorware 中插入 Flash 动画

Authorware 和 Flash 为同一个公司的两种产品,彼此提供了访问接口。在使用 Authorware 制作多媒体课件时,添加 SWF 动画可以增强作品的吸引力。步骤如下:

选择"插入"|"媒体"|"Flash Movie"命令,然后单击"浏览"按钮选择 Flash 动画文件,最后单击"确定"按钮完成。导入的 Flash 动画将直接并到流程线上,以 Flash 媒体的图标标识。

当程序运行到 Flash 媒体图标时,会自动运行 Flash 动画,如图 6-72 所示为插入"红楼梦.swf"动画的演示窗口。

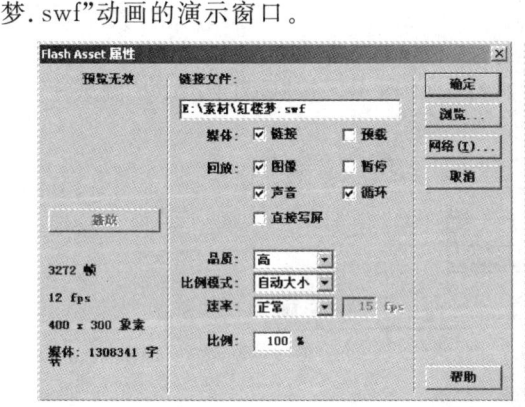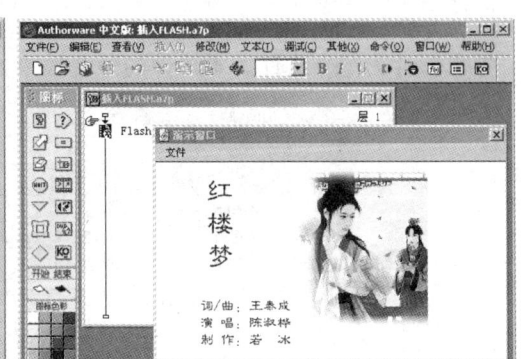

图 6-72　在 Authorware 中插入 Flash 动画

二、在 PowerPoint 中插入 Flash 动画

在教师的日常课堂教学中,PowerPoint 电子文稿因其易学易用而得到广泛应用。PowerPoint 自身的动画效果过于简单,我们可以插入 Flash 动画以取得较好的动态效果。

在 PowerPoint 中插入 Flash 动画需要 Flash 控件来实现,制作步骤如下:

①打开一个 PowerPoint 文件,并插入一张新幻灯片。

②选择菜单"视图"|"工具栏"|"控件工具箱",打开控件工具箱。

③单击其他控件按钮,选择"Shockwave Flash Object"控件。

④这时鼠标变为＋字形,在幻灯片上拖动鼠标,确定 Flash 对象大小。

⑤单击控件工具箱中的属性按钮,打开属性对话框,在"movie"项中输入 Flash 动画文件路径及文件名。如图 6-73 所示。

第六章 用 Flash 制作课件

6.播放 PowerPoint，就可以看到 Flash 动画插入到幻灯片中的效果了。如图 6-74 所示。

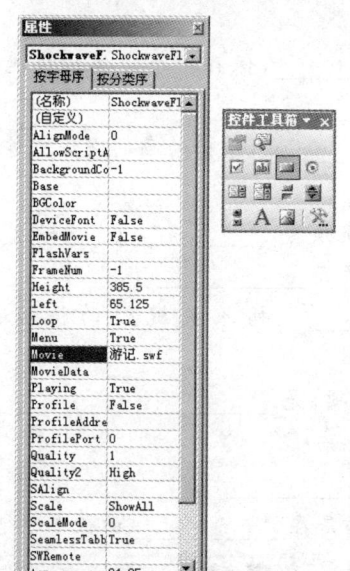

图 6-73　修改动画属性

图 6-74　播放效果

三、在网页中加入 Flash 动画

1.在 Dreamweaver 中加入 Flash 动画

Dreamweaver 和 Flash 都是 Macromedia 公司的产品，Dreamweaver 可以很好地支持 Flash 动画。在 Dreamweaver 中打开网页文件后，选择菜单"插入"|"媒体"|"Flash"，在对话框中选择相应的 swf 文件即可在网页中加入 Flash 动画。

2.在 FrontPage 中加入 Flash 动画

打开网页文件，在 Frontpage 中选择菜单"插入"|"高级"|"插件"，在插件属性对话框中，单击"浏览"，选择 swf 文件，并确定文件的高度和宽度，然后点击"确定"按钮即可。

3.直接在网页中加入代码

假设在 E 盘下有一个"dh.swf"文件。打开网页文件，将下面的代码插入到＜body＞和＜/body＞之间，也可以实现在网页中播放动画的效果。

＜object width="128" height="128"＞
＜param name="movie" value="dh.swf"＞
＜embed src="e:\dh.swf" width="128" height="128"＞
＜/embed＞
＜/object＞

在网页中播放 Flash 动画时，需要安装 Flash 插件，不过 IE4.0 以上版本都内嵌了播放器。

259

现代教育技术

【思考与练习】

一、填空题

1. 在 Flash 8 中，新建一个文件的快捷键是_____，保存一个文件的快捷键是_____，对一个文件进行另存为操作的快捷键是_____。

2. 利用 Flash 8 制作动画，源文件的后缀名是_____，输出动画的默认文件扩展名为_____。

3. Flash 动画的帧频单位为_____，默认的帧频为_____。Flash 8 中默认的文件尺寸大小为_____，默认的舞台背景颜色是_____，

4. 在 Flash 8 中插入帧的快捷键是_____，插入关键帧的快捷键是_____，删除帧的快捷键是_____。

5. 帧属性面板的补间下拉列表框中有三个动画选项，是_____、_____和_____。

6. 元件的类型有_____、_____和_____。

7. 在 Flash 8 中用户可以自己调配渐变色，这个操作是在_____面板中进行的。

8. 在 Flash 8 中，不同图标的图层表示不同的属性。在图 6-75 中，图层 1 为普通图层，图层 2 为_____图层，图层 3 和图层 4 分别为_____图层和_____图层。

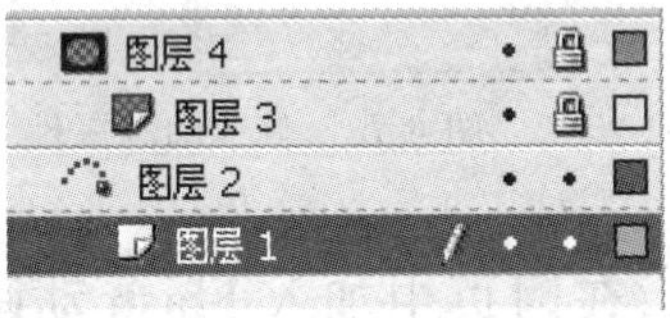

图 6-75　图层面板

9. _____是 Flash 的编程语言，它的注释用_____来表示。

10. 控制动画停止播放的动作脚本语句是_____，控制动画播放的动作脚本语句是_____，跳转到第 10 帧并播放的动作脚本语句是_____，跳转到第 10 帧并停止播放的动作脚本语句是_____。

11. 在 Action Script 代码中，注释符号是_____"on（release）"表示_____，播放动画的语句为_____，全屏显示的语句为_____，停止播放的语句为_____，静音的语句为_____，播放下一个场景的语句为_____。

二、简答题

1. 如何理解 Flash 中的场景、舞台、时间轴和帧等概念？

2. 简述在 Flash 中使用元件进行动画设计的主要优点。

3. 如何制作元件？元件与实例有何关系？

4. 如何创建形状渐变动画？

5. 如何创建运动渐变动画？

6. 如何对齐运动渐变引导层中的引导线？

7. 如何在编辑环境下创建遮照效果？

8. 在 Flash 8 中制作的动画默认条件下都是循环播放的，添加怎样的 Action Script 语句可以使动画只播放一次？

9. 按钮可以接受的鼠标事件包括哪些？

10. 如何给按钮设置超级链接？

260

【参考资料】

1. 计算机辅助教学技术. 吴有林. 北京：清华大学出版社，2006.2.

2. Flash MX Professional 2004 多媒体课件制作教程. 蔡朝晖. 北京：中国铁道出版社，2005.11.

3. 中文版 Flash 8 创意与设计百例. 纪晓亮. 北京：清华大学出版社，2006.7.

4. 巧学巧用 Flash8 制作动画. 前沿电脑图书社. 北京：人民邮电出版社，2006.12.

5. 网页设计与制作. 李京文等. 合肥：安徽大学出版社，2005.8.

实验一 制作一个简单的 Flash 动画

【实验目的与要求】

1. 掌握 Flash 程序中的补间动作动画制作。

2. 掌握 Flash 程序中的补间形状动画制作。

【实验时数】

2 学时

【设计思想】

动画有 1 个图层，共 20 帧。第 1 帧至第 10 帧为补间动作动画，"荷花"图片顺时针旋转并逐渐放大；第 11 帧至第 20 帧为补间形状动画，"荷花"图片变形为"爱莲说"文字。

【制作提示】

1. 制作"荷花"图形元件。

2. 第 1 帧至第 10 帧的动画为顺时针旋转补间动作动画，荷花顺时针旋转 1 次并逐渐变大。

3. 选中第 11 帧中的"荷花"实例，按"Ctrl＋B"键分离荷花图片，用于创建补间形状动画。

4. 在第 20 帧，按 F7 键创建空白关键帧，并输入"爱莲说"文字（大小、颜色自定），按两次"Ctrl＋B"键分离文字，用于创建补间形状动画。

（1）时间轴界面：

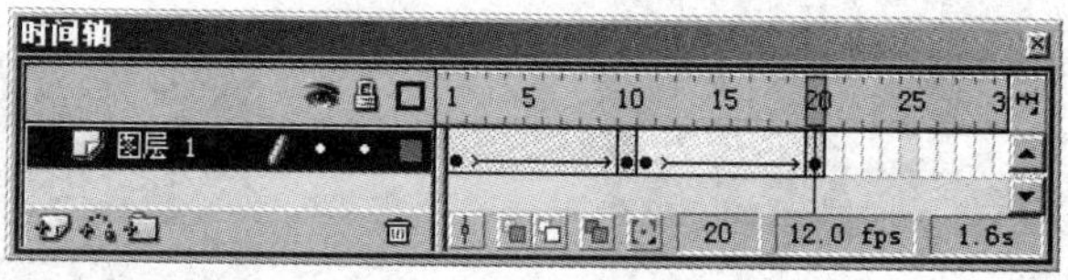

图 6-76 时间轴界面

（2）成品图：

成品图

图 6-77 实验一中的第 1 帧、第 10 帧和第 20 帧中的内容

261

现代教育技术

实验二　制作 Flash 动画——"水上报告厅"

【实验目的与要求】

1.掌握 Flash 中的遮罩动画的应用。

2.进一步掌握 Flash 动画制作的方法、技巧。

【实验时数】

2 学时

【设计思想】

本动画实现楼宇的水波倒影效果。共有 3 个图层,"背景"层中放置了图片和图片的倒影,"倒影"层为图片的倒影,且与"背景"层中的倒影位置有错位,这两层均无动画;"遮罩动画"层中的线条为图形元件,有两个补间动作动画,以产生水波纹效果。"遮罩动画"层为遮罩层,"倒影"层为被遮罩层。

【制作提示】

1."背景"层:把"报告厅"图形复制一份,选中复制的"报告厅"图形,选择"修改"|"变形"|"垂直翻转"命令,将其垂直翻转,并调整位置。在第 10 帧处按 F5 键插入帧,如图 6-78 所示。

2."倒影"图层:导入"报告厅"图形,垂直翻转图形,按方向键向下移动 2 个像素,与图层 1 中的倒影产生错位。在第 10 帧处按 F5 键插入帧,如图 6-79 所示。

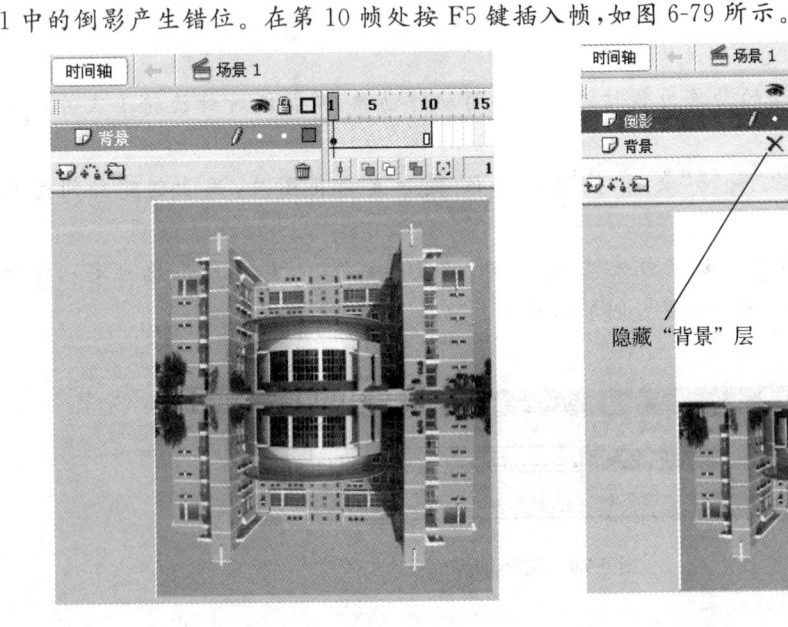

图 6-78　"背景"图层

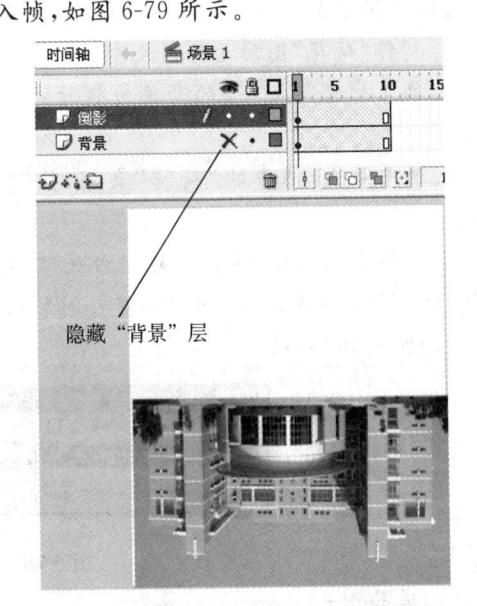

图 6-79　"倒影"图层

3."遮罩动画"图层:

(1)使用"线条"工具绘制线条图形元件。在"遮罩动画"图层中,将库中的"线条 8"元件拖放至舞台中,如图 6-80 所示。

262

第六章 用 Flash 制作课件

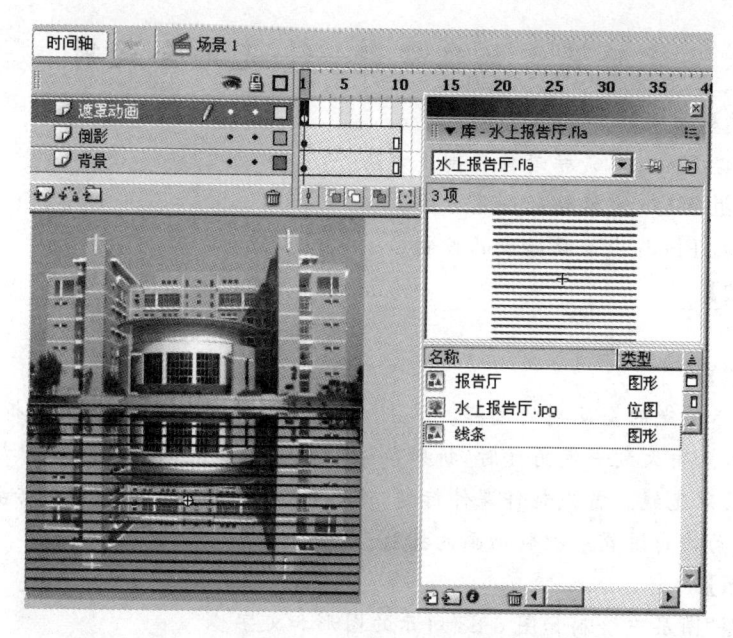

图 6-80　将"线条"元件拖放至"遮罩动画"图层

（2）在"遮罩动画"图层的第 5 帧和第 10 帧，分别插入关键帧。将第 5 帧中的"线条"图形元件实例向下移动 5 个像素。在第 1 帧至第 10 帧上创建补间动画，如图 6-81 所示。将"遮罩动画"图层的属性设置为"遮罩层"。实例效果如图 6-82 所示。

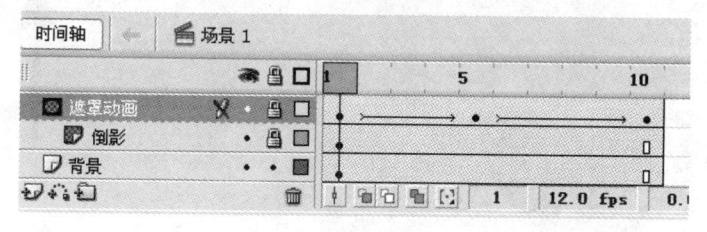

图 6-81　时间轴界面

图 6-82　实例二运行效果

263

现代教育技术

实验三　物理课件——光的全反射

【实验目的与要求】

1. 熟练掌握 Flash 中旋转动画的制作方法。

2. 熟练掌握 Flash 中按钮的设置方法。

3. 熟练掌握 Flash 中动画播放的控制。

【实验时数】

4 学时

【设计思想】

本动画演示了光的全反射的过程。单击"增大"按钮,入射角逐渐增大,折射光线越来越偏离法线,当入射角大到一定角度时,折射角等于 90 度;如果入射角继续增大,则折射光线消失,只剩下反射光线。首先制作课件标题,然后再绘制相关图形,制作旋转动画,最后通过按钮动作及帧动作的设置来控制动画的播放。

【制作提示】

1. 在"标题"图层中绘制如图 6-83 所示的图形和文字。

图 6-83　课件背景　　　　　　　　　　　　　图 6-84　"光线"元件

2. 制作"光线"元件,用于制作入射角、反射角和折射角动画,如图 6-84 所示。

3. 制作旋转动画:在舞台中选择"光线"元件实例,选择工具箱中的"任意变形"工具,此时"光线"实例周围出现 8 个黑色控制点,并在中间处有一个中心点,如图 6-85 左图所示。将"中心点"的位置调整至实例的下端,如图 6-85 右图所示。在第 30 帧和第 40 帧处按 F6 键创建关键帧,调整旋转角度,创建补间动作动画,如图 6-86 所示。

图 6-85　调整"光线"的中心点　　　　　　图 6-86　调整"光线"旋转角度

264

4.动画播放的控制。

(1)在第 1 帧和最后 1 帧上添加动作语句:stop();

(2)"增大"按钮的动作语句:

```
on (release){
    nextFrame();
}
```

(3)"减小"按钮的动作语句:

```
on (release){
    prevFrame();
}
```

(4)"复原"按钮的动作语句:

```
on (release){
    gotoAndStop(1);
}
```

(5)"播放"按钮的动作语句:

```
on (release){
    gotoAndPlay(1);
}
```

时间轴界面如图 6-87 所示。

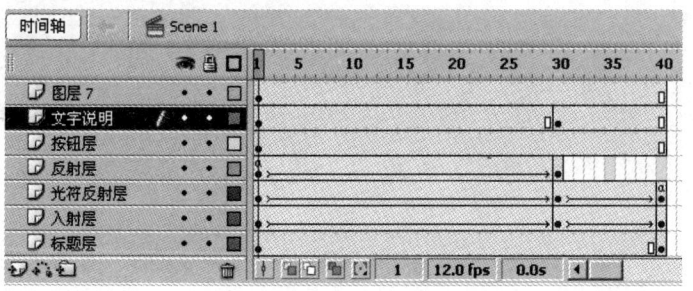

图 6-87　时间轴界面

实验效果如图 6-88 所示。

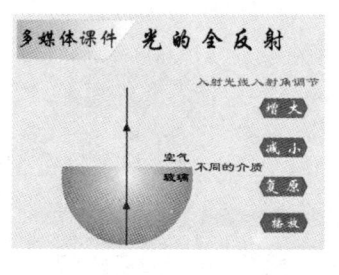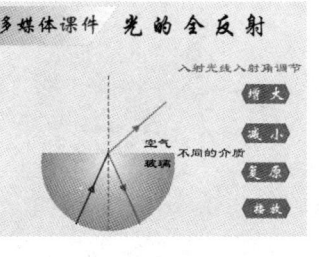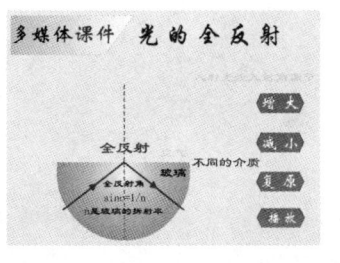

图 6-88　实验三运行效果

实验四　结合专业知识，设计制作 Flash 教学课件

【实验目的与要求】

掌握并熟练运用 Flash 程序制作教学课件。

【实验时数】

6 学时

【制作提示】

根据所学的课件制作原理和多媒体课件制作软件，设计课件制作脚本，并按照制作脚本，使用 Flash 制作所需动画素材。

第七章

网络教学

【本章学习目标】

◆ 掌握网络教学的概念和特点
◆ 掌握利用网络开展教学的方法
◆ 了解网络系统的组成结构
◆ 了解网络课程的基本结构，掌握网络课程教学设计的方法
◆ 了解网络课程的评价原则和标准
◆ 了解 XML 在网络教学中的应用

【章前语】

　　随着网络技术的发展普及和人们教育需求的不断增加，网络教学应运而生。作为一种全新的教学方式，网络教学突破了传统教学的时空限制，具有数字化、多媒体、信息量大、交互性强、覆盖面广等特点，能够为更多的人提供接受教育的机会。

【本章内容结构】

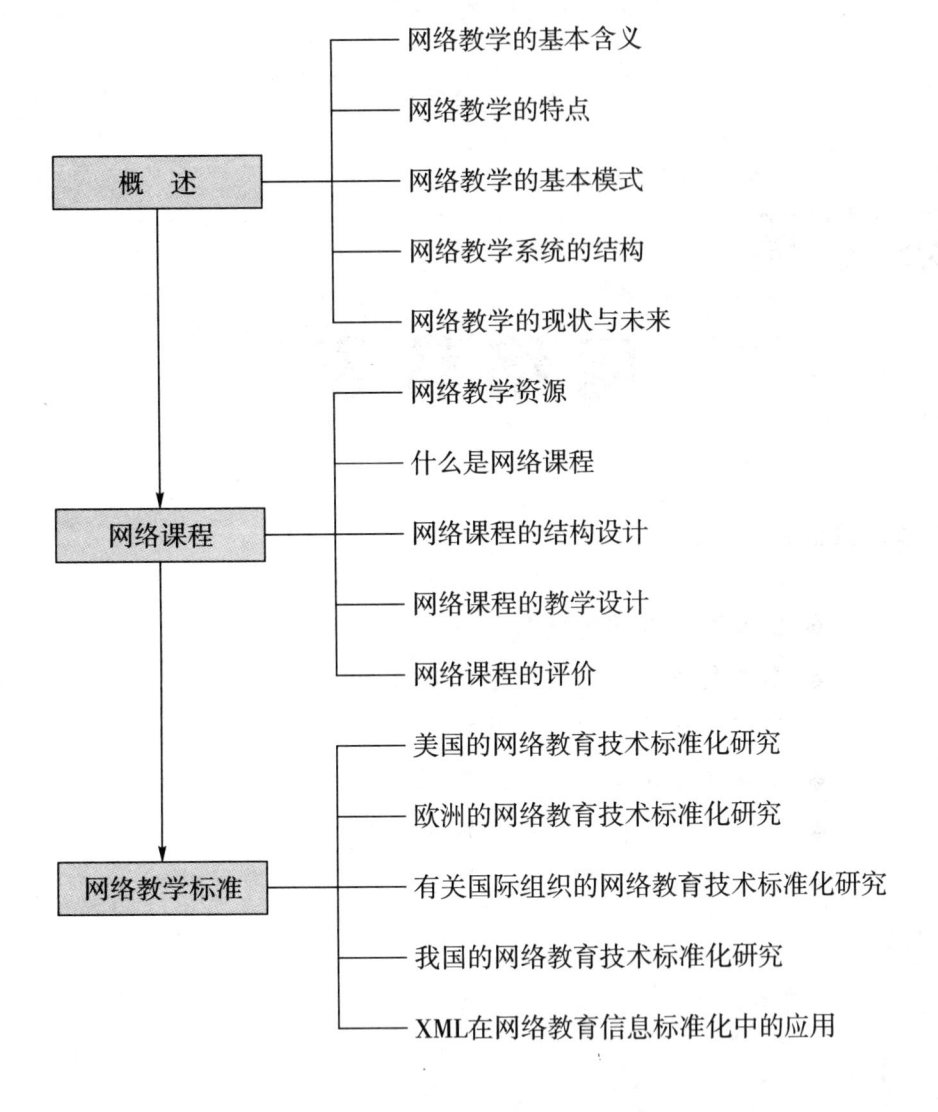

第一节 概 述

网络教学是当今教育发展的新的增长点,是现代教育技术的主流发展方向,同时也是网络应用的一个重要方面。

一、网络教学的基本含义

对于网络教学,国外也有许多不同的提法,最常见的是 E-Learning、Online Education 或者 Virtual Education,也有 Network-Based Education、Web-Based Instruction 及 Cyber Education 等词语。国内通常称之为网络教学、数字化学习或者现代远程教育等。综合国内外对网络教学的各种定义,我们可以从两个方面对网络教学进行描述:

广义上,网络教学是指在教学过程中运用了网络技术的教学活动;狭义上,网络教学是指将网络技术作为构成新型学习环境的有机因素,充分体现学习者的主体地位,以探究式学习作为主要学习方式的教学活动。

不论广义还是狭义,网络教学通常都是建立在网络基础上的,所以我们可以将之简单地归并为建立于网络基础上的教学。网络教学突破了传统教学的时空限制,能够为学习者提供一个主动的、交互式的学习环境,实现学习者的个性化学习。

网络教学的实际应用是多层次、多角度的,它可以是一个完整的教学系统,涉及到教与学的各个环节;也可以是一些具体的教学活动,如在线辅导、在线测试等。

就网络教学这一概念而言,有时与网络教育并没有严格的区别,但教学与教育是有较大区别的。网络教学应该是一个微观层面上的概念,网络教育是一个宏观层面上的概念。在本教材中,我们将网络教学作为一种人才培养方法来讨论,而网络教育是一种人才培养模式,它涉及人才培养的目标、模式及方法。

二、网络教学的特点

网络教学的根本特点,是改变了教与学双方的关系与地位,突破了传统的以教师为中心的教学模式的限制,实现了学习者的主动式、探究式学习。一般说来,它具有以下特点:

1. 自主性

与传统教学中以教师或几本参考书为仅有的信息源相比,网络教学为学生提供了丰富多彩的学习信息资源。在网络环境下,学生可以自由地选择信息源,这一点是自主学习的前提和关键。

在网络中,学生可以按照他们各自的实际情况来设计和安排学习,使之成为学习的主体;学生通过对信息的接受、表达和传播而获得一种成就感,从而进一步激发学习的兴趣和自主性。

2.交互性

在传统教学中,教师与学生、学生与学生在教学过程中相互之间的交互性极为有限,教师与学生之间的信息传播更多的是一种从教师向学生的单向传播,同学之间就学习问题进行的交流也是极少的。

网络教学的设计可以使教师与学生之间在教学中以一种交互的方式传播信息。教师可以根据学生反馈的情况来调整教学;学生不仅可以和自己的任课教师进行相互交流,还可以向提供网络服务的专家提出问题,请求指导,并且发表自己的看法;学生之间的交流也可以通过电子邮件和 BBS 等网络技术实现,学生不仅能够从自己的思考过程中获取知识,还能够从别人的观点中获取知识,从而达到建构和转换自己知识的目的。此外,学生还可以根据网络提供的反馈信息,在学习过程中不断调整学习内容和进度,自由进退,自主构架。

3.个性化

传统教学在很大程度上束缚了学生的创造力,学生的个性得不到充分发挥,学生的学习需要不可能完全获得满足。

网络教学却可以进行异步的交流与学习,学生可以根据教师的安排和自己的实际情况安排学习,可以利用网络在任何时间进行讨论及获得在线帮助,从而实现真正的个别化教学。此外,网络中有大量的个性化教育资源,如专题网站、教育专家个人网页等,这些网上资源为学生个性化学习提供了前所未有的选择空间。

4.共享性

网络教学的实质是通过网络教育信息资源的传输和共享来实现教学。在现实的教学活动中,优质的教学资源如教师、图书资料以及实验设备等总是有限的,大多数学习者没有机会享受到优质教学资源所提供的方便与高质量。通过网络教学,学习者就有机会共享各种优质教学资源。

5.开放性

传统教学只能在教室中进行,学习者必须在指定的时间内到指定的教室中才有机会实现其学习的愿望。网络教学提供了一个开放的自由空间,不受时空限制。只要能够访问网络,任何人可以在任何时间、任何地点实现其学习的愿望。

6.数字化与多媒体化

在网络教学环境下,教学内容以数字化的形式呈现在学习者的面前,且教学内容的载体不是传统的单一的文字形式,而是通过文字、语音、图形图像等多种形式的媒体来表示的。

三、网络教学的基本模式

网络教学与传统的教学相比,无论是教学环境还是教学手段都有很大的不同,因此教学模式也有相应的变化。网络教学的基本模式可以从不同的角度,按照不同的方法进行分类。

从网络教学实施形式的角度出发,网络教学的基本模式可以分为如下几类:

1.讲授式网络教学模式

传统的经典教学模式是讲授型教学模式。通过网络进行的传统教学模式可分为同步式讲授和异步式讲授两种。同步式讲授模式除了教师和学生不在同一地点以外,其余和传统教学模式完全相同;异步式讲授模式的实现比较简单,教师将准备好的教学要求、教学内容、课后作业等素材编制成 HTML 主页文件,存放在 Web 服务器上,学生通过浏览器浏览这些主页即可。

2.个别式网络教学模式

个别式网络教学模式可以通过因特网的 CAI 软件及教师与单个学生之间的密切通信来实现。应用 CAI 软件有 3 种方式:一,在公共 FTP 文件服务器中提供 CAI 软件资料库,学习者下载网上的 CAI 软件并运行该程序进行个别化学习。二,在 WWW 浏览器中运行 CAI 软件。各种 CAI 软件被内嵌到网页中,学习者可以通过浏览器直接运行 CAI 软件,这样可以大大地增强教学材料的交互性和实时性。三,基于 Internet 网实施个别化教学方式。个别辅导模式中教师对学生的个别化指导既可以通过电子邮件异步实现,也可以通过 Internet 在线交谈方式同步实施。

3.讨论式网络教学模式

讨论式网络教学模式可以分为异步讨论和同步讨论两种。异步讨论模式一般是通过 BBS 建立并提供与该教学内容密切相关的学科主题或专题讨论组,在教师的监控下,学生根据自己的学习情况选择有关的讨论组,与其他学习者讨论交流。同步讨论则是通过网络在线聊天系统,就学生关心的问题或教师提出的问题进行实时性、聊天式的讨论。

4.探索式网络教学模式

探索式学习包括:提出问题、分析问题、搜集有关信息、对所获得的信息进行综合分析、抽象上升分析结果到理论、对结论进行反思等六个阶段。探索式网络教学模式,在网络技术的支持下,使学生在独立学习、探索和获取知识的同时,提高独立解决问题的能力和技巧。

一种名为 WebQuest(网络主题探究学习)的探索学习模式在国外中小学教学中得到广泛的应用。WebQuest 是一种利用 Internet 资源的授课计划或者是课程单元,它通过向学习者提出一些需要探索的任务和参考资源,引导学习者运用所学的知识解决一定难度的复杂问题,从而促进学习者以较高水平思考及解决问题。

WebQuest 的核心是提出一个开放性问题,鼓励学生回顾原先掌握的知识,激发他们进一步探索的动机。WebQuest 的任务与步骤部分提供了一个"脚手架",引导学生经历专家的思维过程,让学生能够继续钻研相对单一的任务。WebQuest 提供可便捷存取的、有质量的信息,如 web 站点、电子刊物、虚拟旅行、电子公告板、电子邮件等在线资源,以及读物、电子光盘、杂志、实地考察、贵宾演讲等离线资源,以便学习者能较快收集信息并分配更多时间用于解释和分析信息。WebQuest 的焦点是要让学生应用他们的知识,建设性地解决真实问题,如创编好莱坞式的歌舞表演、通过电子邮件提交实地考察或动手做活动的报告、制作自己的网页等。WebQuest 需要教师能有效评价学生活动。

5.协作式网络教学模式

协作式网络教学模式有两种形式:一是以协作、互助学习小组身份登录网络,参与协作学习;二是以个体身份登录网络,参与协作式学习。前者一般由 4 到 5 人组成一个协作学习小组,在组内进行互赖性的学习;后者则是以个人身份通过竞争、协同、伙伴和角色扮演等方式,在网络中彼此进行协作交流。

四、网络教学系统的结构

基于网络的教学系统是一个由硬件、软件、教学内容、教学管理机构组成的一体化有机的系统。

1.硬件结构

支撑网络教学系统的物质基础就是一个实际的计算机网络。一般要具有如下模块:接入模块、交换模块、服务器模块、网络管理与计费模块、课件制作与开发模块、双向交互式同步教学模块,如图 7-1 所示。

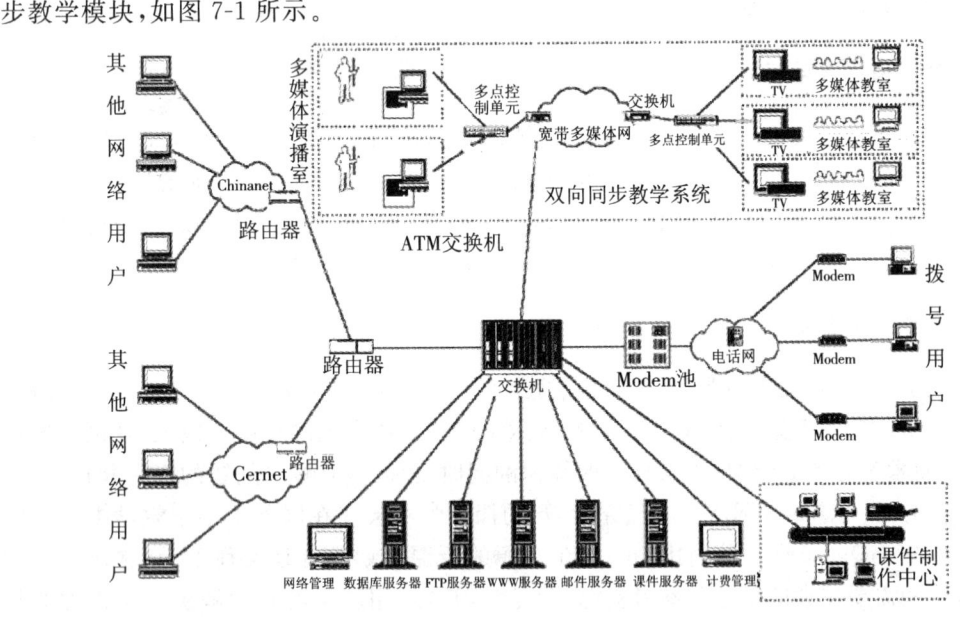

图 7-1　网络基本物理结构示意图

接入模块的主要功能是让学生和教师能够以多种方式访问网络资源,从而达到教学的目的,其主要设备是路由器和访问服务器;路由器的主要作用是通过网络专线将整个网络接入 Internet,访问服务器的主要作用是使学生可以访问网上的教育资源,从而达到学习的目的;交换模块是整个网络连接与传输的核心,主要的设备有主干交换机、分支集线器和连接各模块的网络电缆,由它们组成整个骨干网络;服务器模块主要负责信息的收集、储存、发布,它们是对外提供教学与信息服务的主要实体;网络管理与计费模块主要对整个网络进行监控、故障诊断和记录网络使用者的资费信息;课件制作与开发模块主要是开发、维护网上的教学内容与教育资源,以实现教育信息的不断更新与丰富;双向交互式同步教学模块是一个基于高速数据网络双向可视会话系统,它可以将演播教室中教师的讲解情况实时传送到远程多媒体教室,教师在讲解中,还可以看到远程教室中学生的表情与神态,并能接收到学生的询问,类似于本地课堂教学。

2.软件结构

一个完整的基于网络的教学系统需要专门的教学支撑平台,即网络教学平台。一般包括备课、学习、辅导答疑等功能模块,在实际开发时可根据情况有针对性地加以取舍。

(1)备课功能模块

为了保证教学内容的开放性,网络教学系统必须具有在线备课功能模块。备课功能模块具有两个功能:

①基于课程内教学资源库的在线备课:能够在线修改网络课程的教学内容、相关资源(文、图、声、像)、教学目标、教学重点和学习方法。

②在线提交教材、教案:能够方便地提交教师在本地制作的电子教材、教案。

(2)学习功能模块

要想体现"以学为主"的教学思想,学习功能模块是必不可少的。学习功能模块通常具有如下功能:

①实现对教学内容的动态适应,对于不同起点的学生,提供难易程度不同(教学目标一致)的教学内容。

②提供教学内容的导航。

③提供协作式的问题解决。

④实现自适应学习策略选择。

(3)授课功能模块

这里所说的授课功能模块是指帮助教师实现基于 Internet 的同步授课活动,或实现无教师参与的异步授课活动的功能模块。其功能如下:

①提供电子教案、视频教材等教学资源,为教师课堂授课提供支持。

②利用专用的网络教学直播系统或视频会议系统(微软的 NetMeeting 也可以),为教师网上实时授课提供支持。

③提供流媒体教材,为学生调用该教材进行学习提供支持。

(4)辅导答疑功能模块

在网络课程的教学中,师生缺乏面对面的交流,因而网络教学系统必须提供答疑功能,为学生及时解除学习中的困惑,同时为教师提供关于学生学习效果的反馈信息。其功能如下:

①实现基于 Web 的自动答疑。

②提供"疑问——解答"库检索、管理功能。

③提供滞后式答疑功能。即对计算机无法自动回答的问题,将问题反馈给相应教师,由教师回答后再返回给提问者,并更新答疑资料库。

(5)作业发布、批阅功能模块

网络课程的作业模块应当包含如下功能:

①提供基于 Web 的发布作业功能。

②提供基于 Web 的学生在线完成、提交作业功能。

③提供基于 Web 的教师在线批改、点评作业功能。

(6)讨论学习功能模块

讨论学习功能模块是学生之间互相讨论、交流的一个重要手段,是实现协作学习模式的重要途径,应包含如下功能:

①发起讨论主题。

②参与主题讨论。

③讨论内容管理。

(7)题库管理功能模块

题库是作业、考试、自测模块所使用的资源,包含如下功能:

①提供各种题型,满足作业、自测与考试需求。

②提供教师管理试题(检索、增加、修改和删除)的功能。

(8)考试、自测功能模块

考试与自测是学生自我评估和教学分析的主要数据来源,包含如下功能:

①提供教师在线组卷功能。包括制定组卷策略、随机组卷与人工组卷。

②提供学生随机组卷功能。

③提供设置考试策略的功能。

④提供在线考试功能。

⑤提供教师在线阅卷功能。

⑥提供针对学生学习效果、组卷、试题和教学成果的评价功能。

(9)虚拟实验环境

虚拟实验环境是为学生提供近似真实的实验环境的重要手段,同时也是危险性大、造价高的大型实验的有效替代手段。此功能模块包含如下功能:

①提供实验简介与要求。

②提供基于 Web 的三维立体环境。

③提供可视化的实验对象与操作机制。

④提供实验用户之间的协作机制。

(10)教学分析功能模块

教学分析是网络课程中必须具备的一个教学功能,它有助于学生了解自己的学习效果,改进学习方法,同时有助于教师对教学方法和教学设计进行必要的调整,提高教学质量。此功能模块包括以下功能:

①自测效果分析。

②作业情况分析。

③答疑情况分析。

④考试情况分析。

⑤讨论情况分析。

(11)教学管理功能模块

教学管理是网络课程中保证教学有序、有效进行的必要手段。此功能模块包括如下

功能:
①学生注册、认证管理。

②学生成绩管理。

③教学资源管理,包括资源分类,增加、删除、修改和检索等。

以上各模块都需要以特定的用户账号登录,用户一般分为超级用户(系统管理员)、教师用户、学生用户和访客(Guest)用户四种。不同的用户权限不同,能够浏览和管理的模块也不同。

3.信息组织结构

网络教学实施过程中的信息组织结构与传统的信息组织机构基本保持一致,但有些物质化形态的结构演变成了网上的虚拟结构。

(1)招生与注册管理——网络化的办公室

类似于传统的教学中,学校将学生招进来并进行相应的管理。在网络教学系统中,学校通过网络发布招生信息,学生通过网络提出入学申请,学校对其资格进行检查认证,最后学生通过网络报到注册。

(2)同步教室

学生的根本任务是学习,通过网络教学系统的学习虽然与传统的学习有很大的差别,但基本的学习行为还是相同的,学生可以通过同步教室进行日常学习,同步直播教室就是同步教室的一种。

(3)在线讨论及休闲娱乐

在网络化的学习环境中,学生同样需要获取帮助、与其他同学互相交流,也需要一定的休闲娱乐。通常实现这一功能的是类似于BBS的在线讨论区或者虚拟咖啡馆之类。

(4)网上图书馆

网上图书馆的一个时尚称呼是数字化图书馆,其中存放着各类电子杂志和电子报纸以及其他相关的学习资源。

4.职能部门的组织结构

同其他教学系统一样,基于Internet网络的教学系统同样需要一个机构来维持它的运行,进行日常管理、教学和研究工作。这个机构通常应该包括的职能及相应的结构如图7-2所示。

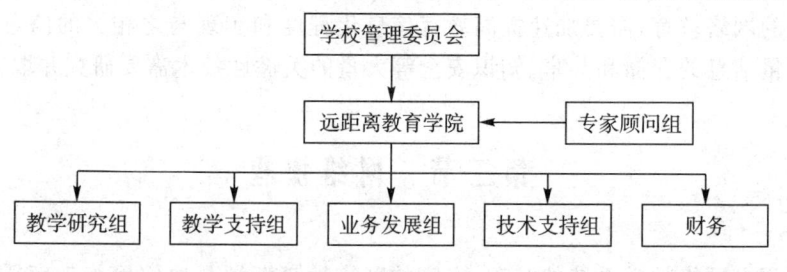

图7-2 继续教育中心的机构设置

教学研究组研究基于网络的各种教学模式的特点,开发适合于网络教学的文字教材,研究网络教学发展动向,研究国家教育政策的发展变化趋势。教学支持组负责主持学生学习,对学生反馈信息做出应答,如疑问解答、作业评阅等等。业务发展组负责发展上网学习的学

现代教育技术

生,进行广告策划、网络广告业务营销,以及进行相关辅导材料、软件、VCD 的营销。技术支持组负责将文字教材制作成网络电子教材,开发与维护教学业务系统,提供教学业务运作中的技术支持,收集学生的反馈信息,发布教师的应答信息,管理与维护服务器,维护与开发网络教学系统。财务负责所有项目的财务审核与结算。

五、网络教学的现状与未来

网络教学是随着 Internet 的快速发展而成长起来的,尽管其开展的时间还不是很长,还有许多需要完善的地方,但其强大的生命力是不言而喻的。美国是世界上最早实现高等教育大众化的国家,目前有超过 60% 的企业通过网络教育进行员工的培训和继续教育,通过网络教学获得高等教育学位的学生大约占全国高等学校在校生人数的 8%。与发达国家相比,我国目前的网络教学还存在着一定的差距。我国在各试点学校初步摸索出一套网上办学的模式,同时开发出一批网上课程和教学资源,初步形成了校内基于校园网的多媒体教学与校外远程教学同时进行并相互融合的开放办学格局。

网络教育无疑是未来教育发展的一个重要方向,特别是在我国,由于人口众多,教育资源相对短缺,网络教育更具有巨大的发展空间。我国的网络教育的发展战略是:"充分利用各种网络基础设施,开展教育信息化关键技术研究,构建覆盖全国的各级各类教育服务平台;建设丰富的教育资源,开发典型的、东西互动的教育应用示范系统;构建开放式、网络化全民学习、终身学习的教育体系,实现教育跨越式发展,满足全面小康社会的需要。"具体的目标与任务可以分解为以下几个方面:

第一,到 2010 年,全国超过 5 亿人可以通过宽带光纤、无线通信、数字电视等多种途径高速接入互联网;建设高质量的教育资源库,大力开发优秀教育教学软件;构建各级各类教育服务平台,为各行各业的教育、培训提供优质服务;建设以学校、企业培训中心、社区图书馆为依托的学习服务中心网点,运用远程教育为全民提供适合当地需要的教育培训;提高网络教育的社会经济效益。

第二,到 2020 年,利用信息技术构建网络教育及终身学习体系,支持国民人均受教育年限提高到或者接近于 12 年,继续教育和职业技能培训年规模超过 2.5 亿人次,全国有 5 亿人接受教育及培训。支持我国由教育中等发达国家迈入教育较发达国家行列。

第三,开展关键技术研究和组织重大工程项目。实现为数以亿计的用户提供各种层次的质优价廉的网络教育,需要加速提高教育信息化程度和实现与之相关的信息关键技术的突破。如海量信息的存储和共享、知识安全等大量的关键性技术需要研究并取得突破。

第二节　网络课程

网络课程是网络教学系统的基础,丰富的网络教育资源是决定网络教育质量的一个关键要素。随着网络教育的发展,各种网络资源日渐丰富,网络课程的数量也在迅速增长。值得一提的是在申请国家精品课程时,要求参选课程必须配有网络课程,这更加凸显了网络课程的重要性。

276

一、网络教学资源

教学资源建设是教育信息化的基础,是需要长期建设与维护的系统工程。由于教育资源的复杂性和多样性,使得人们对它的理解各不相同,会出现大量不同层次、不同属性的教育资源,因而不易于管理和利用。为了更有效地建设好各级各类教育资源库,促进各资源库系统之间的数据共享,提高教育资源检索的效率与准确度,保证资源建设的质量,制定教育资源建设规范是十分必要的。

1. 网络教育资源种类

根据我国教育信息化技术标准中《教育资源建设技术规范》的定义,网络教学资源包括网络课程、媒体素材库、试题库、案例库、课件库、常见问题等九类。媒体素材库在整个资源中是最基础的,课件库中的课件、案例库中的案例、常见问题解答、网络课程,甚至试题库都可能要使用媒体素材库中的媒体数据。而网络课程又由多个知识点的课件或不同教学环节的课件、自测或考试题库等综合而成。

2. 网络教育资源建设

网络教育资源建设包括以下四个层次:
①素材类教育资源建设,主要有媒体素材、试题、试卷、文献资料、课件、案例、常见问题解答和资源目录索引等八种类型。
②网络课程建设。
③资源建设的评价。
④教育资源管理系统的开发。

在这四个层次中,网络课程和素材类教育资源建设是基础,是需要规范的重点和核心;第三个层次是对资源的评价与筛选,需要对评价的标准规范化;第四个层次是工具层次的建设,教育资源管理系统的研制开发。网络课程和素材类资源的具体内容千变万化,对应的管理系统必须适应这种形式的变化,充分利用它们的特色。

所有上述资源库都分别建有其索引信息,以便快速地查询、浏览和存取。基于远程教育资源库的教学工具、学习系统、授课系统、教育资源编辑和制作系统都可能要与媒体素材库、试题库、试卷库、课件库、案例库、常见问题解答库、资源目录索引库和网络课程发生关联,考试系统要与试题库系统发生关联,评价系统则涉及教育资源的各个部分。

现代远程教育资源管理系统包括资源库的管理(媒体素材库的管理、试题库管理、试卷库管理、案例库的管理、文献资料库管理、课件库管理、常见问题解答库管理、资源目录索引库管理和网络课程的管理)及系统管理(安全管理、性能管理、计费管理、故障管理等)。

教育资源库系统功能结构如图 7-3 所示。

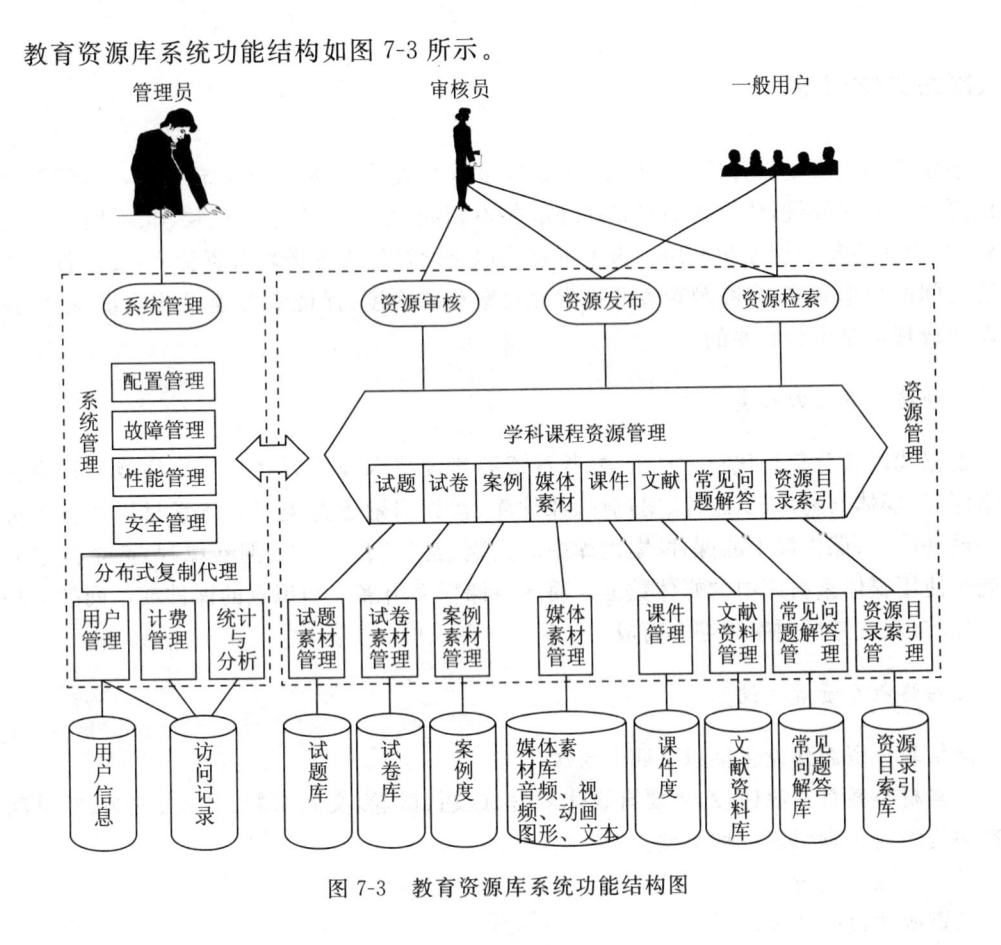

图 7-3　教育资源库系统功能结构图

二、什么是网络课程

　　网络课程就是通过网络表现的某门学科的教学内容及实施的教学活动的总和,它包括两个组成部分:按一定的教学目标、教学策略组织起来的教学内容和网络教学支撑环境,网络教学支撑环境特指支持网络教学的软件工具、教学资源以及在网络教学平台上实施的教学活动。关于网络教学环境的内容在本章的第一节已有介绍,本节不再重复这方面的内容。

　　网络课程首先是课程,其次我们强调它必须具有网络的特点。"所谓课程是指在学校的教师指导下出现的学习者学习活动的总体,其中包含了教育目标、教学内容、教学活动乃至评价方法在内的广泛的概念。"网络课程还要考虑到教育信息的传播方式发生了改变,并由此而产生的教育理念、教育模式、教学方法等的极大改变。

三、网络课程的结构设计

　　网络课程是网络教育资源建设的重点,也是各种资源有机组合的体现者。一门完整的网络课程一般包括以下组成部分:

1. 教师信息

介绍教师的基本信息,如姓名、联系方式、教学简历、科研领域和成果以及照片等。

2. 课程简介

为学习者提供一些关于课程以及每个教学单元的提示信息。它包括:课程信息(包括课程名称、课程学时、所用教材、参考书籍和资料、教学目标和要求、学习重难点、考核方式等)、教学大纲、教学计划和进度、课程发展历史。

3. 电子讲稿和相关资料

电子讲稿可以是 HTML、DOC、PPT、EXE 等格式的课件或文档,是学生学习的基本材料和主要内容。在具体设计的时候,电子教材应按章节或按"讲"组织,如一章对应于一个电子文档,或一"讲"对应一个电子文档。电子讲稿不应是文本的简单电子化,而应是经过教学设计的、多媒体、交互的、超链接合理丰富的信息组织体。

教师设计的教学课件呈现的内容毕竟有限,丰富的相关资源和参考学习资料将有利于学生进行探索和发现,满足学生的不同个性化需求。相关资料中可包括某一知识点的背景与深入探讨、他人的课件等。

4. 教学录像

教师的一至两次的教学实况。一般为 RM 或 ASF 等流媒体的格式。播放时,一边是教学录像,一边是教师的电子讲稿。教学录像可以让将要选修该课程的学生了解任课教师的教学风格。

5. 作业与实验

每章或每讲结束后的作业,可以是静态的作业列表形式,也可以是在线式的作业系统。后者一般包括作业上传、教师批阅等功能。实验应与每章或每讲内容对应,应有详细的实验任务目标等。有些实验还可以在线完成,即提供虚拟实验环境,这需要通过较为复杂的编程技术实现。

6. 试题与测试

试题可以是历年考试试题或相关的分类复习题、综合复习题等,一般以静态网页形式表现。

测试通常有两种形式,一种是有试题库支持的自我测试。学生可进行随机抽题、在线自我测试,完毕后可获得评分和评价信息等,教师可以出题,设置题目难度和分值等;另一种是网上集中测试,教师通过教学平台"发试卷"后,在线学生才能看到试题,教师宣布考试开始后(可通过网页发布信息),倒计时开始,学生开始答题,时间结束后自动交卷。

7. 教学公告

供教师发布课程最新信息,如课程安排、内容更新提示等。

8.教学讨论区

师生对学习问题的讨论场所。教师应及时回答学生提出的问题,一般还应定期在线与学生交流。

9.其他可选模块

其他可选模块如学习日历可以用来安排学习时间和进度,网页记事本可以用来记录学习心得等。

四、网络课程的教学设计

网络课程本身就是一个教学系统,对该教学系统进行教学设计的优劣将直接决定着网络课程的教学功能的实现情况。网络课程设计中的教学系统设计主要包括以下几个方面:学习者特征分析、教学内容的选择与设计、教学目标的确定、教学策略的制定、评价的实施等,与之相对应的网络教学活动如表 7-1 所示。

表 7-1　网络课程的教学设计过程

设计活动 设计要素	网络课程设计活动
学习者	A.测量学习风格　　　　　　　　B.建立学生档案
教学内容	A.超文本编排知识内容结构　　　　B.设计不同内容的媒体表现形式 C.建立庞大的动态数据库和案例库
教学目标	A.设计学科网络教学的总体目标　　B.设计单元学习目标 C.展示知识点的层级目标
学习环境	A.设计自主学习环境;编排超文本教学内容;设计丰富的案例和学习资源;搭建学习者作品展示区;建立自测题库 B.设计协作学习环境搭建学习社区;提供协作工具(ICQ、E-MAIL、BBS);设计讨论议题
教学策略	A.设计教学内容的媒体表现形式　　B.设计导航策略 C.提供适宜的学习方法和学习组织形式　　D.创设教学情境
评价	A.形成性评价　　　　　　　　　B.总结性评价

对网络教学各要素的系统分析和设计是网络课程实现其教学功能的重要保障。本书第三章详细介绍了教学系统设计的相关内容,这里不再赘述。但我们应该注意网络课程设计中的教学系统设计有以下特点:首先它是一个"学教并重"的教学系统设计,既注重教师的教,更注重学生的学,把教师和学生两方面的主动性、积极性都调动起来,也就是说既重视体现学生的认知主体作用,又不忽视教师的指导作用。其次,它是一个动态、开放的系统设计过程,对网络课程的设计不是一次就能完成的,对它的优化和完善也不是一次就可以实现的。

第七章 网络教学

五、网络课程的评价

网络学习有别于传统的课堂学习模式,因而传统的课程评价标准不能直接用于其中。目前,国外已经对网上学习的评价十分关注,对网络课程、网上学习工具和环境的建构进行了深入的研究。我国的网络课程评价研究也于上世纪末开展。

1.国外网络课程评价标准简介

世界上的一些发达国家很早就将网络应用于教学和学习中,但因各个国家、地区之间的地域差异和利益方面等原因,目前尚无广泛认可的网上学习评价方案。以下介绍三个比较有价值的评价标准:

(1)《E-Learning Certification Standards》(在线学习的认证标准)

《E-Learning Certification Standards》是由以 Lynette Gillis 博士为主创者的著名教学设计与适用专业委员会建立的认证标准,该标准从可用性、技术性和教学性等三个方面对在线学习进行了评价。可用性共包括 8 个子项,主要针对用户在网上学习时操作的方便性,如导航、界面、帮助、提示信息和素材内容在视觉和听觉方面的质量;技术性包括 6 个子项,这部分内容提出了网络课件安装和运行时的技术指标。教学性在这一标准中所占比重最大,它从教学设计的角度,对目标、内容、策略、媒体、评价、等各个方面提出了 18 个子项。

(2)《A Framework for Pedagogical Evaluation of Virtual Learning Environments》(虚拟学习环境的教育评价框架)

英国 Wales-Bangor 大学的 Sandy Britain 和 Oleg Liber 从评价策略的角度介绍了两种不同的模型。一种是 Laurillard 提出的会话模型(The Conversational Framework),主要把教师和学生、学生之间及学生与环境通过媒体进行交互的活动情况作为评价对象,从所提供的各种学习工具的交互性上考察一个虚拟环境的优劣;另一种是控制论模型,主要依据Stafford Beer's 的管理控制论中的可视化系统模型而改造成教育领域中应用的模型。

(3)《Quality On The Line》(在线学习质量)

这是由美国高等教育政策研究所和 Black Board 公司联合发布的基于互联网的远程学习评价标准。这一标准包括:体系结构、课程开发、教学/学习、课程结构、学生支持系统、教师支持系统、评价与评估系统 7 个方面,又将这 7 个方面细化为 24 个必要的核心子指标项和 21 个非必要的可选子指标项,同时提供了采用这一标准对六所学院的网络课程进行评价的案例研究。

此外,一些文献虽然没有提出全面的评价标准,但提供了某一门具体的网络课程评价的案例研究,其中不乏有价值的策略,有很好的借鉴作用。纵观当前国外网络课程的评价,除了要符合一般传统课程的基本要求,如清晰的教学目标、完整的知识体系、有效的作业和练习、合理的评价方式以外,我们可以发现一些与网络相关的特点:

①突出了交互的重要性。无论是教师与学生还是学生之间,交互是整个网络课程中必不可少的环节,不仅能使学习者通过和别人(教师、同学)的交流促进对知识的理解和运用,更可在交流中实现情感和人格的完善,即使成年学习者也不例外。

②重视学习环境的创设。随着对各种学习观念的深入研究,人们更加认识到,网络课程

不是将教材的内容原封不动地搬到网上,而是要发挥网络的特点,为学生创设一个虚拟的学习环境。

③教学管理与支持的评价内容占有很大比重。教学管理贯穿于学习者开始参与网络课程到最后考试测评的完整过程中,涉及到学籍管理、成绩与学分管理、财务管理、课程计划管理、答疑管理等,它是保证各方面协调工作的调控者。

由于网络学习对教师和学生都有电脑技能的要求,他们不可避免地会产生操作上的困难,及时的在线帮助是必要的。当然,学习与教学的支持系统不只是在线帮助这么简单,它会从学习、事务、技术等方面都提供必要的支持。所以,上述的一些评价标准,都特别列出学生和教师所需要的各种支持。

2. 国内网络课程评价现状

中国的网络教育同国外一些发达国家相比,可以说是刚刚起步。随着人们观念的更新,在网上学习不仅仅是一种时尚的举动,更是逐步充实自我、实现自身各方面素质提高的必要途径。目前,网上大学如雨后春笋般涌现,除了教育部确定的 40 多所高校为现代远程教育试点院校以外,基础教育领域和一些企业单位也开办了面向不同层次学生的网上学习与培训。

我国"教育部教育信息化技术标准委员会"制定的网络课程评价规范,在参考国外资料的基础上,融入具有我国的教育特色和先进的教育教学评价理论。该评价规范由课程内容、教学设计、界面设计和技术四个纬度组成。其中约束性有"必需"和"建议"两个指标,M 表示必需,O 表示建议。

(1)维度 1:课程内容

课程内容应符合课程目标的要求,科学严谨,课程结构的组织和编排合理,并具有开放性和可拓展性。

(2)维度 2:教学设计

课程的教学设计良好,教学功能完整,在学习目标、教学过程与策略以及学习测评等方面均设计合理,能促成有效的学习。

(3)维度 3:界面设计

指界面风格统一,协调美观,易于使用和操作,具有完备的功能。

(4)维度 4:技术

所采用的硬件、软件技术能支持网络课程的可靠安装、运行和卸载,适合网络传输。

要了解上述网络课程评价规范的具体内容,可以访问全国信息技术标准化技术委员会教育技术分技术委员会的网站,网址为 http://www.celtsc.edu.cn。

3. 网络课程评价的基本原则

纵观国内外网络课程评价情况,我们认为制定合理的评价标准应遵循以下原则:

(1)全面原则

对网络课程进行评价时要根据系统论的观点,从整体出发,即考察课程各个部分的关联情况和综合性能,不能因为某一方面特别突出而以偏概全。对于不同的课程模块可能对学习者影响的程度不同,可设置合理的权重,以强调该模块的重要性。完整的评价标准应从三类用户（既学生、教师、管理员）的角度出发，对以下 6 个方面考察：

①网络传输系统：包括传输效率、学习材料的传输质量、响应与反馈的延迟。

②教学系统：包括一门课程完整的教学内容、激发学习动机的机制、支持不同学习策略的教学活动。

③交互系统：包括教师和学生、学生之间各种形式的同步、异步交互。

④教师/学生支持系统：包括在线疑难解答、丰富的学习资源、系统使用指南、技术支持等。

⑤评价系统：包括对学生在这门课程中的考试与作业的评价、对学习过程参与度的评价、对教师的评价、对课程系统的评价。

⑥管理系统：包括学籍管理、成绩与学分管理、财务管理、课程计划管理、答疑管理等。

（2）客观原则

对事物进行量（或质）的记述，我们称为"事实判断"。事实判断是对事物的现状、属性与规律的客观描述，它的基本要求是它的客观性，即真实地反映事物的本来面目。"事实判断"是评价活动的基础，因此评价最基本的原则就是客观，要协调评价者之间的价值观念，最终形成对该事物客观一致的评价。

（3）重视学习原则

学习的发生是学习者积极主动建构主观图式的过程，学习者是学习的主体。因而，在对网络课程进行评价时，惟一的出发点是一切以促进学习者有效的学习为目标。所有的学习活动和资源都要与教学密切相关，激发学生主动参与学习，而无关的资源和干扰性活动将是评价标准中需要否定的内容。此外在制定评价标准时，没有必要过于追求高品质的学习材料而降低网络传输速度，而应以适合教学和学习为前提。

第三节　网络教学的标准

网络教学的基本特点是学习资源的共享性和系统的互操作性，这对于教育系统的实用性和经济性具有决定性意义。网络教学标准是保证共享及互操作的基本措施。因此国际上有不少企业机构和学术团体致力于网络教育技术标准的研究与开发，并且已经产生了一大批标准化成果。我国也于 2000 年开始投入人力开展这方面的研究工作。下面就对国际、国内有关网络教育技术标准化研究工作的概况作一介绍。

一、美国的网络教育技术标准化研究

美国的网络教育技术标准化研究工作起步最早，并且有几个标准进入了实用阶段。下面介绍几个比较有影响的标准开发组织及其成果。

1. AICC－AGR

美国航空工业计算机辅助训练委员会（AICC：Aviation Industry CBT Committee）早在1993 年就提出了 CMI（计算机管理教学）互操作指导规范，使得不同开发商提供的局域网课件可以共享数据。1998 年又将此规范升级成为适用于基于 Web 教学的 CMI 标准。至今,AICC 已经推出了一系列统称为 AGR(AICC Guidelines and Recommendations)的技术规范,主要包括:CBT 教学平台指南(AGR-002);DOS 版数字音频指南(AGR-003);局域网版 CMI 互操作指南(AGR-006);Web 版 CMI 互操作指南(AGR-0010);学生用户导航控制指南(AGR-009)。

2. ADL-SCORM

美国国防部于 1997 年启动了一个称为"高级分布式学习"(ADL:Advanced Distributed Learning)的研究项目,该研究的主要研究成果是提出了一个"可共享课程对象参照模型"(SCORM:Shareable Course Object Reference Model),其目的是为了解决如何使课程能够从一个平台移植到另一个平台,如何创建可供不同课程共享的可重用构件,以及如何快速准确地寻找课程素材。SCORM 提出了用一种标准方法来定义和存取关于学习对象的信息,只要遵循这种标准,不同的教学系统之间就像有了一种共同的语言,彼此就可以互相沟通。

3. IMS

1996 年美国大学校际交流委员会设立了一个称为 IMS(教学管理系统)的研究项目,后来发展成为非赢利性的 IMS 全球学习联合公司,专门从事教学系统技术标准制订和推广工作,现在已在英国、澳大利亚、新加坡设有分公司。IMS 全球学习联合公司提出的学习技术系统规范,已经成为一个较有影响的行业标准。

二、欧洲的网络教育技术标准化研究

欧洲在开发与网络教育的相关标准方面也有较长的历史,早在 20 世纪 80 年代中后期,原欧共体就在一个名为 DALTA 的大型工程中提出研究网络化教育的联网技术标准和多语种教育平台标准的研究内容。目前还在积极开展相关标准研究的组织主要有:

欧洲远程教学创作与销售网联盟(ARIADNE:Alliance of Remote Instructional Authoring and Distribution Network for Europe)

促进欧洲社会教育与培训中使用多媒体工程(PROMETEUS:Promoting Multimedia Access to Education & Training in European Society)

欧洲标准委员会/信息社会标准化系统(ECS/ISSS:European Committee of Standardization/ Information Society Standardization System)

GESTALT(Getting Educational Systems Talking Across Leading-Edge Technologies)

欧洲谅解备忘录(MoU:European Memorandum of Understanding)

TOOMOL(Toolkit for the Management of Learning)

三、有关国际组织的网络教育技术标准化研究

网络教育技术标准的迫切需求引起了有关国际组织的重视,目前影响较大的主要有 DCMI、IEEE LTCS、ISO JTC1/SC36 以及 W3C。

1. OCLC－DCMI

1995 年 3 月美国在线计算机图书馆中心（OCLC：Online Computer Library Center, Inc.）与国家超级计算应用中心（NCSA：National Center for Supercomputing Applications）在俄亥俄州的都柏林召开了一次国际研讨会，探讨如何建立一套描述网络上电子文件特征、提高信息检索效率的方法，当时的参加单位成为都柏林核心成员，随即开始启动电子图书馆对象元数据标准的研究项目，称为都柏林核心元数据研究行动（DCMI：Dublin Core Metadata Initiative）。

2. IEEE－LTCS

国际电气和电子工程师协会（IEEE）成立了一个学习技术标准委员会，简称 IEEE－LTCS（Learning Technology Standard Committee），组织力量开展有关标准的研究工作。已经有十几个工作小组和研究组正开展各项标准的制订工作，最终将形成 IEEE 1484 标准体系。

3. ISO－JTC1/SC36

国际标准化组织 ISO 于 1999 年成立了一个 JTC1/SC36 委员会，专门从事学习、教育、培训技术标准的征集、修订和批准工作。目前提出了 5 类标准需求（词汇术语、系统构架、学习内容、管理系统、协作学习），已有美国、英国、德国、日本、乌克兰等国提交了标准议案。

4. W3C

万维网联盟（W3C：World Wide Web Consortium）致力于开发在 Internet 上支持资源共享和系统互操作的多种标准。这些标准虽然不是专门针对网络教育应用的，但在制订网络教育技术标准时被广泛引用，作为其支撑性标准，最主要的有：扩展标记语言 XML 规范、资源描述框架 RDF 规范、同步多媒体整合语言 SMIL 规范、互联网内容选择平台 PICS 规范。

5. ASTD

该标准由 ASTD（美国培训开发协会）提出分为三部分（可用性、技术、教学设计）共 32 条。可用性部分包括导航、定向、反馈提示、作品链接、标记链接、帮助信息、易读性、文本制作质量等；技术部分包括技术要求、媒体安装、媒体撤除、可靠性、响应性、媒体导出等；教学设计部分包括告知目的、要求应用、获得注意和保持兴趣、维持动机、引导相关知识、举例和演示、呈示内容、提供应用练习、促进近迁移学习、促进远迁移学习、提供综合练习机会、提供反馈、近迁移反馈、远迁移反馈、提供教学帮助、评估学习、使用媒体、避免认知超负等。

四、我国的网络教育技术标准化研究

2001 年，教育部组织有关专家成立了一个现代远程教育标准化委员会（2002 年初更名为教育部教育信息化技术标准委员会），专门从事网络教育技术标准的制订和推广工作。

我国的现代远程教育标准开发工作以国际国内网络教育的大发展与大竞争为背景，以促进和保护本国现代远程教育的发展为出发点，以实现资源共享、支持系统互操作、保障远程教育服务质量为目标，通过跟踪国际标准研究工作和引进相关国际标准，根据我国教育实际情况修订与创建各项标准，最终形成有本国特色的现代远程教育标准体系。通过此项目还能够形成一支信息化教育标准研究队伍，使我们今后有能力参与此领域的国际合作与竞争。

由现代远程教育标准化委员会制定的"我国现代远程教育标准研究框架"，是在综合吸收国际上诸多标准研究成果，特别是参照了 IEEE 1484 的框架的基础上提出的。如图 7-4 所示。

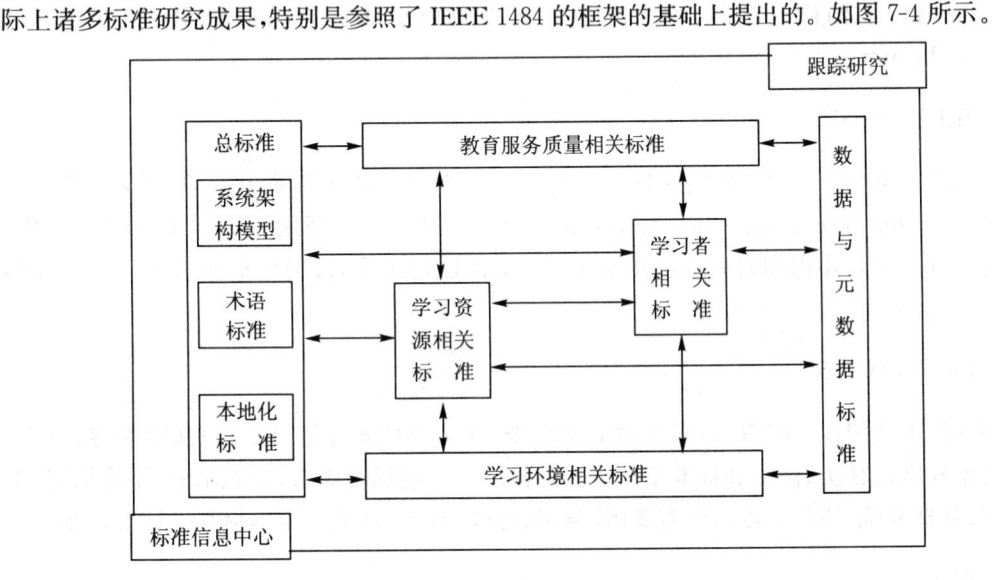

图 7-4　我国现代远程教育标准研究框架

表 7-2 给出了各类标准研究框架中的具体子标准和可参照的国际同类标准研究成果。标准的形式化描述称之为规范，作为标准草案的规范经论证后可作为参照标准，参照标准经过国家权威标准认证机构批准后方可成为正式标准。

表 7-2　我国现代远程教育标准子标准

标准分类	子标准	可参照的标准研究成果
总标准	系统架构与参考模型	IEEE 1484.1
	术语	IEEE 1484.3
	标准本地化	IEEE 1484.9
	学习对象元数据	IEEE 1484.12
	语义及交换绑定	IEEE 1484.14
	数据互换协议	IEEE 1484.15
	HTTP 绑定	IEEE 1484.16
教学资源相关标准	课件语言互换	IEEE 1484.10
	课程编列	IEEE 1484.6
	内容包装	IEEE 1484.17
	练习测试互操作	IMS QT
	内容分级	ICRA
	学习者模型	IEEE 1484.2
	任务模型	IEEE 1484.4

第七章 网络教学

续表

标准分类	子标准	可参照的标准研究成果
学习者相关标准	学生身份标识	IEEE 1484.13
	学力定义	IEEE 1484.20
	终身学习质量描述	IEEE 1484.19
	协作学习	ISO ALIC
	平台与媒体标准引用规范	IEEE 1484.18
	工具/代理通信	IEEE 1484.7
教学环境相关标准	教学管理	IEEE 1484.11
	用户界面	IEEE 1484.5
	企业接口	IEEE 1484.8
教育服务质量相关标准	教学资源评价	ASTD
	教学环境评价	—
	教育服务质量管理	ISO 9000
	虚拟实验	—
跟踪研究课题	自适应学习	
	标准上层本体	IEEE 上层本体
标准化开发支撑系统	标委会工作网站	http://www.ambow.com.cn:8080(临时)

五、XML 在网络教育信息标准化中的应用

XML 在各个领域中得到了广泛运用,为解决网络教育领域的许多问题提供了解决方案。

1. 什么是 XML

XML 是"可扩展标识语言"(Extensible Markup Language)的缩写,是针对包含结构化、半结构化信息的文档而设计的一种标记语言。XML 是元语言中的一种,所谓"元语言",就是能够帮助不同个人和组织定制自己的标记语言的语言,定制后的标记语言可以在特定的应用领域中实现信息数据的交换。

XML 是 HTML 的延伸。与 HTML 不同的是,XML 语言能把数据与数据表示(例如界面)分开。这种特性能够让 XML 适合在网络上不同计算环境(无论是不同的操作系统环境,还是不同的设备显示方式)中采用一致的信息表示方式。

XML 的本质特点是表达知识的语义。主要有以下几个特点:

(1)可扩展性

XML 允许用户自行定义标记和属性,以便更好地从语言上修饰数据。在具体应用中,各个行业都可以根据自身的特点创建自己的行业词汇表。

(2)灵活性

XML 提供了一种结构化的数据表示方法,使用户界面分离于结构化数据。XML 有强

大的数据描述能力,使复杂数据的表达变得方便。XML 还有自我扩展能力,可以把对数据的约束减到最少。

3) 自描述性

XML 有良好的语义,因为 XML 标签是对其所包含在 XML 数据的一个解释。应用程序在解析 XML 数据时,可以根据外层所套的 XML 标签知道数据的逻辑含义,进而可以过滤 XML 数据、查找满足特定条件的 XML 数据等后继数据处理工作。

此外,XML 具有应用的健壮性和平台无关性。XML 文档的有效性检查能有效排除垃圾数据的干扰,增强系统的健壮性。XML 与具体的软硬件平台无关,这使得用 XML 表达的数据具有最大的通用性。

2.XML 在网络教育中的应用背景

在网络教育的初级阶段,由于缺乏统一的标准与技术手段,在不同的网络教育系统之间可能会有不同的数据格式,各个系统之间的数据交换无法实现。例如,在传统的网络系统中,一般均采用大型的关系数据系统存储教育资源。尽管数据都是以二进制形式表示的,但不同的数据库系统都有自己的专有格式,这给教育资源的表示带来了困难,同时也给不同系统之间的互相访问带来了困难,进而使教育资源的共享难以实现。

缺乏统一的网络教育资源标准,还给教育资源发现带来了困难。虽然网络技术,特别是 Internet 技术,给资源的搜索与共享提供了方便。但学生搜索到的结果往往是大量的不相关内容,还需要手工的过滤查找需要的内容。因此如何通过 WEB 提供一种机制,让学生能够快速地、智能地查找到需要的资源,是网络教育中需要解决的一个重要问题。

要解决以上问题,正如本章前面提到的,必须建立网络教育的统一标准。在网络教育信息标准的制定过程中,XML 以其清晰的结构、良好的语义以及平台无关性而备受推崇。

3.XML 在网络教育信息标准化中的应用

要实现网络教育的资源共享,标准化是基本的前提与条件。XML 的特点为网络教育信息标准化提供了极大的方便。

(1)资源描述的标准化

由于资源描述的标准化是一项全新的工作,这需要一段时间的摸索和改进,同时也需要总结各个教学研究机构的实践和经验。所以在标准未定出时,各个教学研究机构都已经拥有或者正在运用自己的力量开发适合自己的标准。重要的是当最终资源描叙的标准出现后,只需要少量的工作和代价就可以运用于各种不同种类的教育资源。

XML 提供了切合实际的、描述清楚的、易于读写的格式,提供了标准化的结构,利用它们可以定义需要的标记,或者使用其他组织定义的最适合需要的标记组。由于 XML 定义的只是一套标记,所以标准的改变不会涉及到资源的具体结构,使用它来完成资源的描述可以做到很灵活的转变和更改。

(2)资源信息提取、发布、查询的标准化

目前分布式的教育资源在各自的信息结构、存储组织、发布方式、检索方法、查询约束条件等各方面存在很大的差异。使用 XML 提供一套标准的资源描叙方法的同时,也解决了信息提取、发布、查询的标准化问题。教育资源的客户端根据标准提出包含自己需要提取、查询的资源信息的 XML 标示,教育资源服务端可以根据这些标示生成包含相应信息的 XML 文档响应客户端的请求,由于这个文档使用了 XML 结构化的具有具体意义的标示,所以客户端可以很容易从文档中识别和获取需要的信息。发布资源信息时教育资源服务端可以根据标准来生成包含了资源信息 XML 文档,任何授权的客户都可以编制自己的应用程序来获取其中的信息。这样就可以使既定的标准能够很方便地应用到资源信息的提取、发布和查询中。

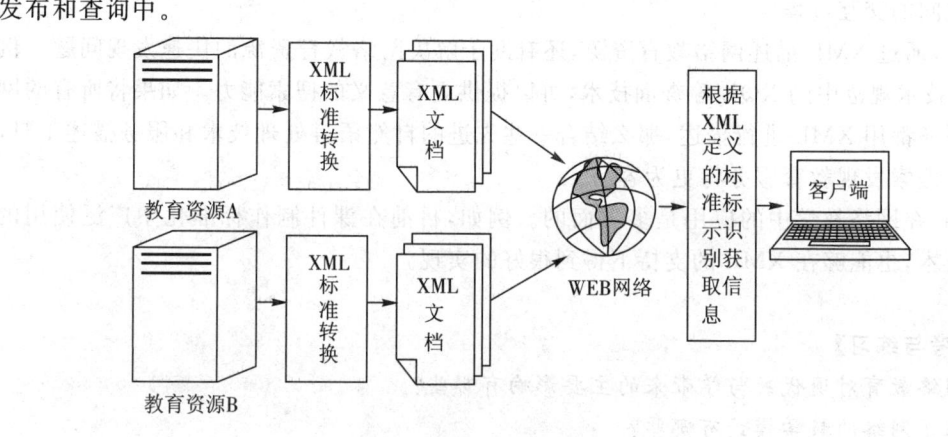

图 7-5　XML 实现资源信息标准化

（3）资源应用标准化

根据 XML 定义的标准可以不用考虑资源库的类型和数据结构的复杂情况,设计出通用的资源应用程序,因为应用程序将只针对使用 XML 标准生成的包含了资源数据的 XML 文档进行操作。而且 XML 提供了切合实际的并清楚地描述了的、易于读写的格式,应用程序将这种格式用于它的数据,就能够将大量的处理细节让几个标准工具和库函数去解决。程序将很容易将附加的句法和语义加到 XML 提供的基本结构上。这样大大提高了开发出的应用程序的可重用性和适应能力。

（4）用 XML 实现信息文件格式、数据结构的标准化

由于 XML 可用来描述信息及对之进行组织,所以我们可以将它当作一种数据描述语言,用它来描述数据成分、记录和其他描述结构,甚至复杂的数据结构。我们可以用 XML 方便地创建出共享的自定义数据结构,生成有关服务、产品、商业交易以及网络教育的结构化信息,这些信息是可以在网上进行交换的。简单说,就是用 XML 能描述一个过程,原封不动地移动数据,重新对信息进行打包,让这些信息更适合特定的信息接收者。

如此一来,我们只要按照一定的规范用 XML 描述各种网络教育信息,包括学习资源、学习对象等信息,就可以实现网络教育信息数据结构的标准化。

①XML 编码绑定技术。所谓绑定,就是用一种具体的形式来表示概念上的数据模型,如 XML 绑定等等。只有这样,才能在实现时具体地表示对象的元数据实例,才能对元数据的实例进行各种操作。

②采用 XML 作为数据交换格式,实现网络教育信息交换标准化。由于 XML 是一个开放的基于文本的格式,在网上传输起来非常便捷。而且由于基于 XML 的数据是自我描述的,数据不需要有内部描述就能被交换,适合当网络客户必须在不同的数据库之间传递信息时的应用。这个优势使网上不同平台、不同系统、不同设备之间的数据交换得以方便实现。

利用 XML 的这个特性,再利用定义好的、通用的编码绑定,就能够采用 XML 作为数据交换格式,实现网络教育信息交换的标准化。

③XML 非常方便进行数据的本地化、个性化计算和处理。XML 格式的网络教育信息数据从服务器上发送出去时,数据的显示以及数据的再次处理可以交给客户端自己来个性化实现。这样不但减轻了服务器的负担,也使数据表示多样化和个性化,还简化了服务器与客户端之间的交互过程。

另外,通过 XML 描述网络教育资源,还有助于解决网络教育资源的快速发现问题。例如 XML 技术规范中的 XQL 等查询技术,可以提供更有意义的搜索能力。如果将所有的网络教育服务都用 XML 进行描述,那么结合一些先进的自然语言处理技术和服务描述工具,在网络上搜索发现教育服务将更为容易。

XML 在网络教学中的应用是多方面的。例如,目前在课件制作标准化中广泛使用的中间件技术,也能够在 XML 的支持下得到很好的实现。

【思考与练习】

1. 网络教育对现代教与学带来的主要影响有哪些?

2. 基于网络的教学模式有哪些?

3. 一门完整的网络课程应包括哪些组成部分?

4. 如何评价网络课程的优劣?

5. 什么是 XML? XML 在网络教学中有哪些应用?

【参考资料】

1. 网络课程的设计与实践[M].唐清安,韩平,程永敬.北京:人民邮电出版社,2003.

2. 基于 Internet 的教学模式[J].余胜泉,何克抗.中国电化教育,1998(4):85—88.

3. 祝智庭.中国教育技术标准化在行动[R].在"中国北京国际科技产业博览会中国教育峰会网络技术教育论坛"上的报告,2003.

4. 网络教育技术标准研究[J].祝智庭.电化教育研究,2001(8):72—79.

5. 网络课程评价标准 CETS—22.1(WD1.0)[DB/OL].http://www.celtsc.edu.cn/.

6. 基于 Internet 的多媒体教学系统结构.胡英松.信息技术[J].2005(6).

7. 网络教育应用教程[M].祝智庭.北京:北京师范大学.

8. 教育部教育信息化技术标准委员会:http://www.celtsc.edu.cn.

9. 基于 Internet 的教学系统[J].余胜泉,何克抗.中国远程教育.1999(6):19.

10. XML 在网络教育信息标准化中的应用.刘根萍.

第八章

微格教学

【本章学习目标】

◆ 了解微格教学的基本概念,认识微格教学的优越性
◆ 掌握微格教学的实施过程
◆ 掌握设计编写微型课教案的方法
◆ 掌握教学技能的训练和评价方法
◆ 了解微格教学系统的组成

【章前语】

微格教学(Microteaching)是师范生和在职教师掌握课堂教学技能的一种培训方法,也是教育技术学领域中的一个重要分支。它将复杂的教学过程作了科学细分,并应用现代视听技术,对细分了的教学技能逐项进行训练,帮助师范生或在职教师掌握有关的教学技能,提高课堂教学能力。

微格教学自20世纪80年代初传入我国以来,经过20多年的探索、研究与实践,不断地完善,已渐趋成熟。

【本章内容结构】

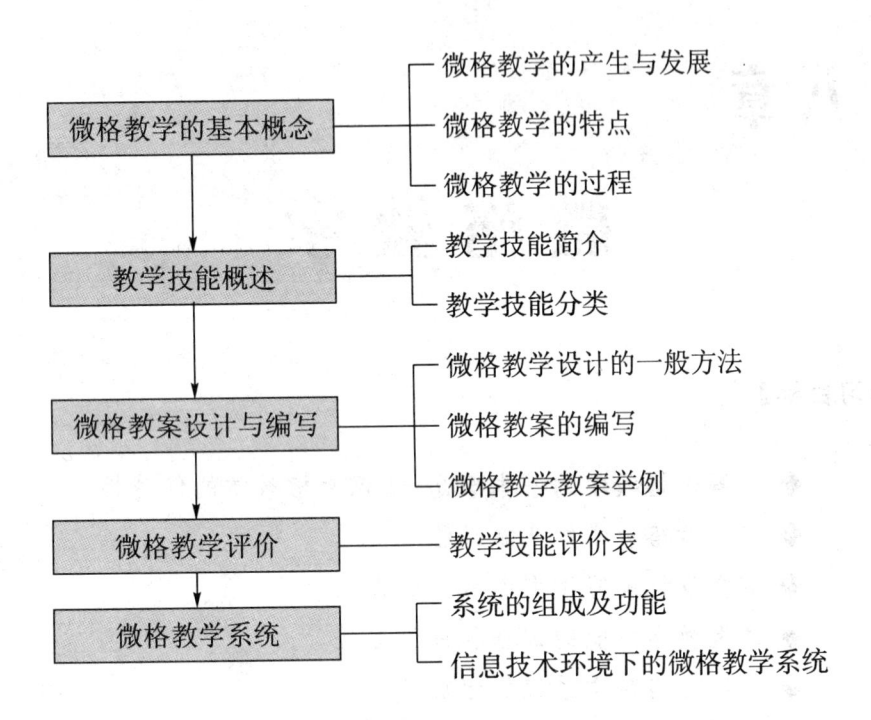

第一节　微格教学概述

微格教学又称微型教学。它是一种把复杂的教学过程分解为一个个使师范生容易掌握的教学技能,利用现代教育技术,对师范生教学能力进行训练的一种方法。它能将教学过程完整地、如实地记录下来,然后再观看,并对照标准进行分析和评价。其培训效果已被世界各国广泛承认。

一、微格教学的产生与发展

微格教学的英文为 Microteaching,又叫做录像反馈教学,在我国被译为"微型教学"、"微观教学"、"小型教学"等。1963 年,微格教学诞生于美国斯坦福大学,20 世纪 70 年代初,微格教学传到欧洲、日本、澳大利亚、新加坡等发达国家,20 世纪 80 年代开始在亚洲和非洲普遍推广。20 世纪 80 年代中期引进我国,受到师范类学校欢迎并被广泛应用。微格教学创始人之一,美国教育学家阿伦(W. Allen)认为微格教学"是一个缩小了的、可控制的教学环境,它使准备成为或已经是教师的人有可能集中掌握某一特定的教学技能和教学内容"。

我国学者将微格教学的概念定义为:"微格教学是一个有控制的实践系统,它使师范生或在职教师有可能集中解决某一特定的教学行为,或在有控制的条件下进行学习。它是建筑在教学理论、视听理论和技术基础上,系统培训教师教学技能的方法。"

微格教学是提供一个练习、实践环境,是一种教学技能培训方法,使复杂的课堂教学过程得以分解和简化,并能使练习者获得大量的反馈意见。分解和简化主要体现在以下几个方面:

①授课时间短,这样可减轻师范生或在职教师的压力和负担,也便于指导教师集中精力观察评估教学。

②教学内容单一,只教一个概念或一个具体内容,便于师范生掌握,能在较短时间内完成教学任务。

③训练目标单一,只注意一种技能,使被训练者容易掌握、指导者容易评估。

④学生人数少(4~5 人),便于师范生或在职教师控制,减少了怕失败的心理压力。

二、微格教学的特点

微格教学自出现以来,以较显著的培训效果受到各国师范教育界的重视。微格教学有以下特点:

1. 理论联系实际

教育学、心理学与教学论为微格教学及实践活动提供了理论指导。微格教学中的示范、备课、写教案、角色扮演、反馈和讨论等一系列活动,使教育教学理论得到具体的贯彻和体现。理论与实践的紧密结合提高了师范生对教学法课程的学习兴趣。

2.目的明确

由于一次教学练习(角色扮演)所用时间短、学生人数少,只集中训练一两个教学技能,训练目的可以制定得更加明确具体。这有利于判断被训练者是否达到了培训目的及找出他们训练中的不足。同时,易于控制的练习教学环境为实现训练目的提供了有利的条件。

3.重点突出

被培训者在较短的时间内练习一两个教学技能(如导入技能、提问技能),突出了重点。他们可以把精力集中放在重点上。通过反馈,他们还可以对各自的表现作细致观察,进行深刻地、有建设性地讨论和研究。

4.反馈及时

当一节微型课结束后,被培训者可以通过录音或录像及时进行自我分析和互相分析,找出教学中存在的优点和不足。在与指导教师和其他同学的讨论中,被培训者还可以获得更广泛的改进意见。如果需要可以把有争议的片断用暂停、重放等方法把"问题"找出来。

5.自己"教育"自己

由于使用了现代教学媒体记录被培训者的声音和形象,被培训者可以作为"第三者"来观察自己的教学活动,这样最容易改正自己的不足。

6.利于创新

在讨论中被培训者可以根据大家的意见完善并改进自己的方案,或对同一技能的使用提出新方案。被培训者通过对教案及其实践的讨论和改进,逐步加深对某一技能的理解与掌握,丰富了教学技能的应用方法。

7.心理压力小

在微格教学培训中,师范生或在职教师不会有太大的心理压力。因为如果试教失败,不会对扮演学生的人产生不良影响,他们不必为影响学校的正常教学而担心。这种训练为师范生将来的教育学习打下了基础,增加了他们的自信心,减轻了他们在学习中的心理压力。

三、微格教学的过程

微格教学的过程如图 8-1 所示。

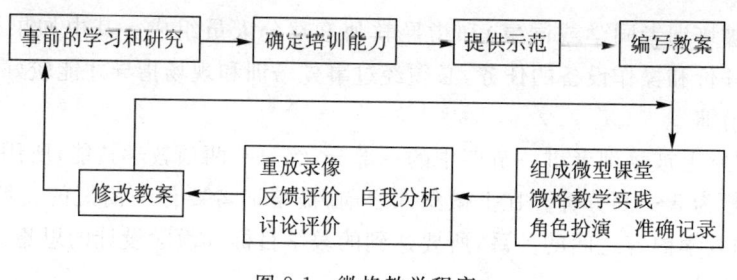

图 8-1　微格教学程序

1.事前的学习和研究

微格教学是在现代教育理论指导下对教师教学技能培训的实践活动。因此,在训练前让师范生或在职教师进行教学理论的学习和研究是非常重要的。学习的主要内容有:教学技能分类、教学目标分类、教材分析、现代教学媒体的应用、课堂教学设计、课堂教学观察方法和教学评价等。在这些理论的指导下,指导教师根据学生的实际情况和教学目标要求制定培训计划。

2.确定培训技能和提供示范

进行微格教学培训的方法是,首先把构成教师课堂教学行为的要素分解为不同的教学技能,然后逐个进行训练。为了便于掌握,每次只训练一两个技能,通过多次训练达到总的目标要求。

在进行训练之前,为了使被培训者对所培训的技能进行感知,把培训的目标和要求具体化,通常利用文字材料、录像或实际角色扮演的方法对所要训练的技能进行示范,给他们树立鲜明的样板。示范的内容一般是课堂教学内容的一部分,也可以是一节课的全过程。示范如果采用录像的方法,要对示范的步骤进行说明。说明的方式要视具体条件而定,理想的方法是在录像带上作文字说明,便于学习者对某种教学技能进行感知、理解和分析。也可在放录像时由指导教师随着示范的进程作现场指导说明,但这种说明要求及时准确、简单明了、恰到好处,不影响被培训者的观看学习。示范可以是正面,也可以是负面的,或两种混合使用,但不同的示范在培训中所应用的方法是不同的。

3.编写教案

当被培训的教学技能确定和理论学习以后,被培训者就要选择适当的教学内容,根据教学目标进行教学设计,编写出详细的教案,运用所确定的教学技能进行教学。微格教学的教案具有不同于一般教案的特点,它不但要详细规定教师的教学行为,还要规定学生的学习行为,如对教师提问的反应、教学进度的时间的准确分配等。

4.微格教学的实践过程

微格教学实践过程包括组成微型课堂、进行角色扮演、准确记录、反馈和评价等。

(1)组成微型课堂

微型课堂由扮演教师角色(师范生或在职教师)、扮演学生角色(被培训者的同学、同事或真实的学生担当)、评价人员(被培训者同学、同事或指导教师等)、摄录像设备操作人员

（专业人员或被培训者同学或同事）和指导教师五部分人员组成。其中如果被培训者的同学、同事担当评价和操作设备的任务，必须经过事先培训和现场指导才能较好的完成。

（2）角色扮演

在微型课堂上被培训者讲一节课中的一部分，练习一两项教学技能，所用时间视技能的要求而定，一般为5～10分钟。在上微型课之前，被培训者要作一简短的说明，以便明确所训练的技能和教学内容之间的关系，所要达到的教学目标和教学设计的思想。

（3）准确记录

在进行角色扮演时，可用录音、录像等方法对教师的教学行为和学生的学习行为进行实况记录，以便能及时准确地进行反馈。记录的方法是否必须使用摄录像设备要看培训所具备的条件而定，录音对语言说明的技能也很适用。没有以上设备条件也可用照相、文字记录的方法，但不如录像反馈真实、准确、生动。

（4）反馈和评价

能否对被培训者的角色扮演过程给予准确、及时的反馈和恰如其分的评价，是被培训者通过微格教学能否得到提高的关键。反馈和评价主要由重放录像、自我分析和讨论评价几部分组成。

①重放录像。为了使被培训者及时地获得反馈信息，当角色扮演完成后要重放录像，培训者耳闻目睹自己的教学行为，容易找出优缺点。由于这种方法所产生的刺激强烈，培训者观看后，印象深刻，改正缺点快。

指导教师、评价人员、学生角色在讨论分析的过程中有重点地重放录像，对于形成较为统一的意见帮助被培训者改进，提供了有利的条件。

②自我分析。被培训者观看自己的角色扮演录像后，要进行自我分析。检查实践过程是否达到了自己所设定的目标，是否掌握了所培训的教学技能以及是否存在其他教学行为等问题，以明确改进方向。

③讨论评价。作为学生角色、评价人员和指导教师都要从各自的立场来评价实践过程，总结出优点和所存在的问题，指出努力的方向。对微型课堂进行评价的方法主要有两种：一种是根据每种教学技能培训目标的要求制作评价量表，明确评价的内容和标准，对教师角色的教学行为进行评价。这种评价方法是，首先集体讨论，然后每个评价人员根据自己的判断填写评价量表，最后将每位评价者的评价结果逐项输入计算机，计算机通过预先编制好的程序计算，以量的方式结合直方图或曲线直观地、具体地输出评价结果。从结果中不但能看出被培训者掌握某项技能的总体水平，还可以看出每一评价项目所达到的水平，是一种定性与定量相结合的评价方法。另一种是在角色扮演时用计算机记录师生双方的教学行为，进行课堂教学相互作用分析。这种方法是把教师的教学行为和学生的学习行为都进行范畴化，在角色扮演时把这些行为范畴按出现的顺序和延续的时间以数据的方式输入计算机，在程序软件的支持下就可以量、图形和文字说明的方式输出结果，用以分析教师的教学行为对学生学习行为的影响，以指导教学过程。

（5）修改教案

被培训者根据自我分析和集体讨论中所指出的问题修改教案，准备进行再循环（再重复角色扮演）。如果采取单循环，则可进入下一教学技能的学习或进入教学实习阶段。

第二节 教学技能概述

教学技能是教师在教学过程中,运用与教学有关的知识和经验,促进学生学习的教学行为方式。

在微格教学中首先是对教学技能进行分解和分类,然后再对各项技能进行分别训练,通过训练,提高受训者的课堂教学能力。关于教学技能的分类,因国情、文化背景、分类思想和分类目的不同,各国划分教学技能的种类也不一样,甚至在同一个国家,不同大学其分类也不完全相同。我国北京教育学院微格教学课题组经过多年的研究,将教学技能分为:语言技能、导入技能、讲解技能、板书技能、提问技能、变化技能、演示技能、强化技能、结束技能和媒体运用技能等,这种分类已得到国内广泛认可。该课题组还出版了一套微格教学教程系列丛书,较详细地介绍了微格教学理论、教学技能运用等方面的知识。

每一种教学技能都可从概念、功能、应用形式、构成要素和应用要点几个方面进行理解。如表8-1所示。同一教学技能应用于不同学科时,其构成要素、类型和应用要点可能会有所差异,在课堂教学中,必须根据具体情况灵活运用。

表 8-1 教学技能简介

技能种类	概念描述	功能或目的	构成要素	类型	应用要点
语言技能	教师在课堂上运用经加工整理后的口语,向学生传递教学信息、提供学习指导的行为方式。	(1) 向学生准确、清晰地传递知识信息。 (2) 实现师生间的情感交流。 (3) 具有提高学生的语言审美感和表达能力。	(1) 吐字清晰正确 (2) 音量大小适中 (3) 语气强弱有情 (4) 语速快慢适度 (5) 节奏自然流畅 (6) 语汇丰富健康	(1) 讲述阐释语 (2) 激情激趣语 (3) 启发诱导语 (4) 过渡转换语 (5) 归纳小结语 (6) 评价勉励语 (7) 调控应变语	(1)注意克服心理障碍,尽快进入教师角色。观看示范多学习,勤练习,找差距。 (2)语言简洁条理清晰。 教学中要经常变化并经常和学生交流。
导入技能	是教师在进入新课时,运用建立问题情境的方式,引起学生注意,激发学习兴趣,明确学习目标,形成学习动机的一类教学行为。	(1)引起学生的注意,使他们进入学习的准备状态。 (2)设置问题情境,引起学生的认知需要,激发学习兴趣。 (3)明确学习目的、任务,使学生产生学习的期待。 (4)承上启下,建立新旧知识的联系。 (5)激发情感,创设意境。 (6)了解学生的原有知识。 (7)通过对学生反应的强化,促使学生产生进一步参与教学活动。	(1)引起注意 (2)激发动机 (3)组织指引 (4)建立联系	(1)直接导入 (2)经验导入 (3)旧知识导入 (4)直观导入 (5)事例导入 (6)设疑导入 (7)实验导入	(1)导入要围绕教学内容,目的要明确。 (2)导入与学生的特征相适应。 (3)导入要有关联性、启发性,以旧引新,温故而知新。 (4)导入要简短精练,具有趣味性与艺术性。

现代教育技术

续表

技能种类	概念描述	功能或目的	构成要素	类型	应用要点
讲解技能	教师运用语言向学生传授知识和方法、启发思维，表达思想感情的一类教学行为。	(1)使学生在很有限的时间内学到较多的知识，帮助他们丰富或重建认知结构。 (2)帮助学生明确问题解决的思维过程和探讨问题的方法，发展他们的认识能力。 (3)引起学生的学习兴趣，激励学习动机，激发学生丰富的想像力和创造力，开发学生的智力。 (4)结合教学内容的思想情感，激发学生对真善美的追求。	(1)讲解过程的安排。 (2)讲解语言清晰简洁。 (3)使用例证恰当。 (4)前后连接严谨、流畅。 (5)注重强调关键内容。 (6)获得反馈，及时调整。	(1)说明式(又称解释式或翻译式)：通过讲解将知识联系起来 (2)描述式：对人、事、物的发展、发生、变化进行 (3)以概念、规律为中心内容的讲解 (4)以解答问题为中心的讲解	(1)讲解目标要明确、具体，突出重点难点。 (2)讲解内容组织要有条理。 (3)避免讲解的随意性。 (4)讲解要针对学生的实际特点。 (5)注意师生之间的相互作用。
板书技能	板书技能是教师写在黑板或投影片书写的文字或其他符号，帮助学生理解教学内容、提高教学效率的一类教学行为。	(1)揭示教学内容中的知识结构和认识过程，有助于学生理解教材、明确重点和关键，突破难点。 (2)增强直观性、集中学生注意，启发学生思考。 (3)向学生提供示范。 (4)便于学生记录和记忆，利于学生巩固知识。	(1)书写、绘图直观形象。 (2)板书与讲解、演示相配合。 (3)强调要点和突破难点。 (4)结构布局要合理。	(1)提纲式 (2)表格式 (3)图示式 (4)综合式 (5)计算式和方程式	(1)紧扣教材和教学目标。 (2)注意内容的科学性。 (3)注意教学内容的系统性和知识的概括性相结合。 (4)书写绘图工整、美观、简洁性。
提问技能	提问技能是教师提出问题以及对学生的回答做出反应的一类教学行为方式。	(1)把学生引入"问题情境"激发学生。 (2)揭示矛盾和解决矛盾，培养学生问题的表达能力。 (3)帮助学生理解掌握知识。 (4)促进学生能力的发展。 (5)诊断学生学习上困难，给予恰当的指导。 (6)改善和加强师生的双边活动。	(1)引入问题：引起注意。 (2)陈述问题：清晰、准确。 (3)停顿：让学生思考准备。 (4)分布：全体参与。 (5)探查指引：及时帮助。 (6)反应评价：热情、公正，鼓励为主。	(1)回忆性提问 (2)理解性提问 (3)运用能力提问 (4)分析性提问 (5)综合性提问 (6)评价性提问	(1)根据学生的年龄、知识特征课前设计好问题。 (2)表述问题简明易懂。 (3)对可能回答的内容有对策。 (4)掌握好提问的时机。 (5)对学生的回答给予及时、正面的评价。

298

续表

技能种类	概念描述	功能或目的	构成要素	类型	应用要点
变化技能	教师运用变化信息的传递方式及教学活动的形式,改变对学生刺激方式的一类教学行为。	(1)刺激并保持学生对教学活动的注意力。 (2)减轻学生的疲劳,利于学生对知识的领会和理解。 (3)为不同水平的学生提供参与教学活动的机会。 (4)形成生动、愉快、和谐的课堂气氛。	(1)做好铺垫:保持教学的连续性和一致性。 (2)变换方式:采用多种方式传递信息。 (3)师生交流:提高效果。	(1)语言的变化 (2)目光的变化 (3)面部表情的变化 (4)手势和头部动作的变化 (5)身体位置移动变化 (6)教学媒体的变化 (7)师生相互作用方式的变化	(1)变化要有明确的目的。 (2)变化要有针对性。 (3)课前计划和灵活运用相结合。 (4)变化要适度、注意分寸。 (5)变化要流畅、连续
演示技能	教师在课堂教学中进行示范操作,运用实验、实物、模型及现代教学媒体传递信息的一类教学行为。	(1)提供直观的感性材料,帮助学生理解和掌握知识。 (2)有利于培养学生的观察能力、思维能力、想象能力以及科学态度和科学方法。 (3)提供正确的示范操作,有利于训练学生的实验操作技能。 (4)激发学生的学习兴趣,提高学习积极性。	(1)演示的引入:目的要明确。 (2)指引观察:看什么。 (3)操作控制:操作规范、熟练、快慢适当。 (4)说明、归纳:启发思维、加深理解。	(1)实验演示 (2)实物、模型演示 (3)图片、图表的演示 (4)应用现代教学媒体进行演示	(1)目的明确,针对性强。 (2)操作规范、有示范作用。 (3)过程直观,效果明显、可靠。 (4)演示与讲解紧密结合。 (5)确保安全。
强化技能	是教师在教学中采用的一系列促进、增强学生反应,保持学习力量的行为方式。	(1)促使学生在教学过程中将注意力集中到教学活动上。 (2)承认学生的努力和学习的成绩进步,促进学生将正确的反应行为巩固下来。 (3)在教学中促进学生主动参与教学活动。 (4)帮助学生在课堂上采取适当的行为方式,克服不良习惯。	(1)提供机会,意图明确。 (2)判断准确,适时反馈。 (3)表明态度,辨明是非。 (4)慎用、少用负面强化。	(1)语言强化 (2)动作强化 (3)标志强化 (4)活动强化	(1)强化要有明确目的。 (2)进行强化时态度要真诚。 (3)强化的方式要有区别和变化。 (4)把握好强化的时机。 (5)外部强化与内部强化相结合。
媒体运用技能	指教师依据教学目标,将现代教学媒体正确、合理地用于课堂教学的一类教学行为。	(1)揭示事物内部,抽象可以直观。 (2)课堂信息量增大。 (3)调动多种感官共同参与。 (4)呈现的内容可不受时空限制。 (5)扩大教学范围,提高教学效率。	(1)熟知媒体的特性。 (2)依据媒体的使用原则,选择、组合教学媒体。 (3)媒体教学方法得当,效果事半功倍。 (4)正确操作设备媒体,保证完成教学任务。	(1)设疑、演示、讲解 (2)讲解、演示、概括 (3)演示、练习、总结 (4)边讲解、边播放	(1)针对教学目标,合理使用教学媒体。 (2)选择教学媒体,要遵循现代教学媒体应用原则。 (3)熟悉教学媒体的性能和操作。 (4)再好的媒体也代替不了人。

续表

技能种类	概念描述	功能或目的	构成要素	类型	应用要点
结束技能	教师在结束教学任务时（一个新概念、一节新课或一章内容），对所学的知识和技能进行归纳总结、巩固和提高的教学行为。	(1)总结学习内容，帮助学生把握教学重点，形成系统的认识，巩固新学的知识，加强记忆。 (2)引导学生总结自己的思维过程和解决问题的方法，促进学生思维能力的发展。 (3)根据教学目标检查学习效果，了解学生掌握知识和技能的情况，有针对性地进行下一步的教学。 (4)将实现的教学目标作进一步的延伸和扩展，充实和丰富学生的认识结构。 (5)提出新问题，激发学生继续学习的兴趣和积极性。	(1)提前预示为学生提供心理准备。 (2)概括要点、明确结论。 (3)回顾内容、思路与方法。 (4)留有余味，激发思索。 (5)组织练习，巩固提高。	(1)系统归纳 (2)分析比较 (3)练习巩固 (4)扩展延伸	(1)及时性：及时归纳小结新学的知识。 (2)概括性：准确、精练地总结学习内容。 (3)结构化：精心加工，帮助学生建立起知识网络。 (4)紧凑性：首尾呼应，概括重点，布置作业，准点下课。

第三节 微格教案的设计与编写

一、微格教学设计的一般方法

微格教学设计与课堂教学设计在所遵从的理论、方法和程序方面完全一致，不同之处只有两点：第一，微格教学设计是对一个教学片段的设计，以一两个教学技能为主；第二，微格教学设计的目的是为了训练。由于是一个教学片段，所以微格教学设计就要突出这个片段，不必涉及教学的全过程（当然要考虑到这个片段在全过程中的作用），以利于这个片段的教学技能的训练。

下面以初二年级历史"美国的独立战争和南北战争"一节的导入技能为例，展示微格教学设计的程序和格式。

例：历史微格教学设计案例。

年　　级： 初二	学　　校＿＿＿＿＿＿＿
日　　期：	主讲人＿＿＿＿＿＿＿

训练重点：导入技能教案。
课　　题：美国独立战争和南北战争（片断）
学生特点：对新鲜事物好奇。美国国旗是学生比较熟悉的，但对反映在旗帜上的历史不熟悉。
教学目标：引起学生好奇，激发学习动机，把全体学生都吸引到学习任务上来。使学生懂得美国的历史既是反抗英国殖民者的历史，也是它对外扩张侵略的历史。
学习任务：观察美国国旗，分析旗帜上"星"、"条"的含意。
教学策略：以实物为依据来分析问题。
教学媒体：实物（美国国旗）、黑板。
教学过程：
1.组织教学（引起注意）。
2.展示美国国旗，提出问题（激起动机）。
3.分析讨论（组织指引）。
4.形成结论（建立联系）。
5.明确学习目的。

在进行微格教学设计时，应明确以下几个问题：

1.学生学什么

你想让学生在本节课中学到什么知识，是事实、概念、技能、思想、观念，还是兼而有之。这些要通过对教学内容和学习任务的分析而得到明确的答案。

2.目标是什么

通过教学后，学生能做什么（终了行为）。所制定的目标要明确、具体，学生确实能做到，并且是可观察和可测量的。同时，还要区分教育目标和教学目标、内隐的目标和外显的目标。

3.教学程序是什么

根据对教学任务和课题的分析及所教班级学生的特点，明确教学的步骤和顺序，以及教学技能的基本程序。

为了达到教学目标和更好地促进学生有效地参与到教学中来，选择什么样的教学方法和教学手段。

4.如何评价

对教师的教学效果和对学生的学习结果评价的方法。

二、微格教案的编写

微格教学设计给出的是微型课的框架，为了便于训练和付诸实施，还要把它落实为具体的教案。教案的内容应包括以下几点：

1.教学内容的教学目标

要求表述要具体、确切,不贪大求全,便于评价。

2.教学技能的训练目标

在教学过程中教师的某些行为可以归入某类教学技能,在其对应处注明。对重点训练技能应注明其构成要素。这样便于检查教师教学技能的训练成果,是训练教师对教学技能的识别、理解和应用能力的一项内容。

3.教师的教学行为

按教学进程,写出讲授、提问、实验、举例等教师活动内容。

4.学生学习行为

教师能估计到的学生在回忆、观察、回答问题时的预想行为。对学生行为的预先估计,是教师在教学中能及时采取应变措施的前提。

5.教学媒体

将需要的教学媒体按顺序注明,以便准备和使用。板书也要按顺序注明。

6.时间分配

教学中预计教师行为和学生行为持续的时间。

三、教案举例

微格教学教案与普通教案在格式、内容等方面有许多不同。表8-2是初二历史课"美国的独立战争和南北战争"导入技能的微格教学教案,表8-3所示为高一化学课"水溶解氨后体积变化的演示"演示技能的微格教学教案。

表8-2　微格教案一

学校：_____		科目:初二历史	课题:美国独立战争和南北战争	
主讲人姓名_____		训练的技能:导入技能	_____年_____月_____日	
教学目标	从美国国旗导入美国的历史,使学生懂得美国的历史既是反抗英国殖民者的历史,也是它对外扩张侵略的历史。			
时间分配	教师行为 (讲解、提问等内容)	应用的教学技能的要素	学生学习行为 (预想的回答等)	教学媒体 (板书等)
00′	同学们好,现在上课。		预备状态、集中精力	
	你们认识这面旗帜吗? (出示美国国旗图样)	引起注意	回忆 答:认识,美国国旗星条旗。	美国国旗

续表

0.5′	对!这是一面美国国旗,又叫星条旗,谁知道这些星星和条纹代表什么意思?	激发认知 促进参与	思考 答:一个星星代表一个州,13个条纹代表最初的13个殖民地。	
1′	大家都知道今天的美国是个超级大国,在世界上占有重要地位。可是200多年前,北美还是英国的殖民地,经过两次艰苦曲折的战争,才走上独立富强的道路。这红白相间的13条条纹就代表了最初联合起来反抗英国殖民统治的13个殖民地。起初国旗上只有13颗星星,后来怎么增加到50颗了呢?	形成学生期待 引起学生好奇,设下悬念	联想	
2.5′	下面我们就来了解一下表现在美国国旗图案上的这段美国历史。	明确学习任务		
3′	(板书)第四章美国独立战争和南北战争			第四章美国独立战争和美国内战

表8-3 微格教案二

学校:＿＿＿＿＿＿＿＿　　　科目:高一化学　　　课题:水溶解氨后体积变化的演示＿＿＿＿

主讲人姓名＿＿＿＿＿　　　训练的技能:演示技能　　　＿＿＿＿年＿＿＿＿月＿＿＿＿日

教学目标	使学生获得水溶解氨后,体积发生变化的感性认识;计算气体溶于水后溶液的物质量浓度及溶液的体积。			
时间分配	教师教学行为 (讲授、提问等内容)	体现教学技能的要素	学生学习行为(预想的回答等)	教学媒体 (教具、板书等)
00′	请同学们看计算题: "1L水溶解700L(标准状况)氨气后,所得氨水($\rho = 0.89g/cm^3$)的物质的量浓度是多少?"			板书题目
02′	我们知道,溶液的物质的量浓度等于溶质的物质的量除以溶液的体积(升数)。那么,题中氨水的体积应该是多少?大家先观察一个实验,再回答。	通过问题引入演示	思索	
03′	这是一个球胆,大约储有五六百ml氨气,试管内盛有2ml水;这是投影仪,可以把实验现象放大在幕布上。	出示和介绍媒体	集中注意观察	投影仪、球胆(内有氨气)、投影用试管(盛蒸馏水)、烧杯(盛冷却水)。

续表

04′	(演示:打开投影仪,将试管放好) 　　请同学们看:通入氨气前,水的凹液面与标线相切。 　　注意观察,通入氨气后液面的变化情况。	操作控制 指引观察 指引观察	观察	投影显示:
06′	我开始向试管中的水里通入氨气(用手压球胆)。 …… 现在大约通进了200ml氨气,大家注意看溶液的体积如何变化。……	操作控制 指引观察	观察	投影显示:
08′	球胆中的氨气几乎全部通入水中,我们把试管放在盛冷水的烧杯中,将溶液冷却至室温后,再观察试管中液面的位置。 通过实验我们看到,氨水的体积是多少? 是水的体积 2ml 吗? 是氨气的体积几百 ml 吗?	操作控制 指引观察 (引导学生确认看到的现象)	观察 回答:都不是,比 2ml 多一些。	投影显示:
12′	对,氨水的体积不是 2ml、也不是几百 ml,而是略大于2ml。由此我们可以联想到,计算题中氨水的体积既不是 1L,也不是700L,更不是701L,而是比水的体积1L大一些。 那么,应该怎样计算氨水的体积呢? 请同学们想一想。 很好,根据水和氨气的体积,可以算出溶液的质量;题目中还给了氨水的密度,就可以用氨水的质量除以密度得到氨水的体积,进一步求得溶液的物质的量浓度。	说明 启思 小结	思考 回答:可以用溶液的质量除以溶液的密度。 记笔记	

第四节　微格教学评价

　　微格教学是以培养和提高师范生或教师在职的教学技能为中心的教学活动。在整个活动中,教学技能评价起着非常重要的作用,并始终贯穿在训练过程之中。

　　为便于训练后开展小组评价和自我评价,表8-4给出了部分教学技能评价标准。

表 8-4 教学技能评价

	序号	评价项目	权重	好 (95)	较好 (80)	一般 (65)	差 (50)	备注
语言技能	1	讲普通话,发音正确。	0.20					
	2	语言清晰,速度和节奏恰当。	0.15					
	3	语句通顺、简练、语调起伏好。	0.15					
	4	语言表达的教学内容(包括专业用语)准确、规范、科学、有条理。	0.15					
	5	语言情感性好,有感染力,能激励学生。	0.15					
	6	表达生动、形象、有启发性。	0.10					
	7	使用体态语,表情、动作恰当。	0.10					
导入技能	1	导入能自然引入课题,衔接恰当。	0.15					
	2	与新知识联系紧密,目的明确。	0.15					
	3	导入有启发性,能引起学生兴趣。	0.20					
	4	讲话情感充沛,语言清晰。	0.10					
	5	导入的时间掌握恰当、紧凑。	0.10					
	6	确实将学生引入了学习的情境。	0.20					
	7	能面向全体学生。	0.10					
讲解技能	1	讲解结构符合教学内容和学生认识的特点。	0.20					
	2	语言清晰流畅、正确。	0.15					
	3	条理清楚、层次分明、意义连贯完整,体现科学的认识方法。	0.15					
	4	知识结论的得出有充分、具体、恰当的证据或例证,并分析透彻。	0.20					
	5	重点突出、强调准确有效。	0.15					
	6	注意反馈和调整,师生间有交流。	0.15					
板书技能	1	板书设计与教学内容紧密联系,采用的文字式、表格式、图示式与内容相吻合。	0.20					
	2	板书有条理,层次清楚、简洁。	0.20					
	3	文字书写规范、工整。	0.20					
	4	板书、板画有足够的大小,直观,加强了语言,富有表现力。	0.15					
	5	板书、板画、图示、表格与讲解结合恰当,速度适宜。	0.15					
	6	应用了增强信息量的板书和强调符号,使重点关键醒目,加强了记忆。	0.10					

现代教育技术

表 8-4　教学技能评价(续)

	序号	评 价 项 目	权重	好 (95)	较好 (80)	一般 (65)	差 (50)	备 注
提问技能	1	问题内容明确,重点突出。	0.20					
	2	语言流畅,表达得清晰、简单、准确。	0.10					
	3	把握提问时机,思路清晰,层层展开,有逻辑,促进学生思维。	0.20					
	4	时间恰当,问后有停顿,给学生思考时间。	0.15					
	5	问题分布面广,照顾各类学生。	0.15					
	6	对学生的答案能做出确认,分析评价准确,使多数人明确。	0.10					
	7	对学生鼓励、批评适时恰当。	0.10					
变化技能	1	语音、语调、语速变化恰当有意义。	0.15					
	2	能自然恰当地运用面部表情、动作、手势、身体移动变化,引起学生注意。	0.20					
	3	使用目光的接触与移动变化,给所有学生期望和关注。	0.15					
	4	变化活动方式,促进学生参与。	0.20					
	5	利用媒体的变化,增强信息刺激量。	0.15					
	6	师生相互交流,课堂气氛轻松愉快。	0.15					
强化技能	1	采用强化的目的明确。	0.10					
	2	强化促进了学生的反应活动。	0.20					
	3	强化促进了学生的参与活动。	0.15					
	4	运用强化时热情、情感真挚。	0.10					
	5	采用多样强化类型、是否自然灵活。	0.15					
	6	应用强化时机自然而恰当和顺畅。	0.20					
	7	强化纠正了学生不良行为或对教学进程有积极影响,效果好。	0.10					
媒体运用技能	1	媒体运用与教学内容的紧密相连。	0.15					
	2	媒体的选择科学、合理。	0.15					
	3	呈现的信息直观、清晰、效果好。	0.20					
	4	使用时机把握准确,有利学生学习。	0.20					
	5	指明观察的内容和问题,引导学生积极参与。	0.10					
	6	熟悉媒体性能,操作规范、无误。	0.20					
结束技能	1	结束内容与本节教学目标联系密切。	0.20					
	2	内容概括、有系统,表达清楚、突出重点。	0.20					
	3	有利于深化和巩固知识。	0.20					
	4	安排了学生参与活动,进一步激发了学生的兴趣。	0.20					
	5	时间恰当、紧凑。	0.10					
	6	布置作业明确,有必要的说明。	0.10					

第八章 微格教学

第五节 微格教学系统

微格教学系统是开展教学技能训练必不可少的实践环境,除应具备的基础设施外,其规模和功能都可适当增加,各学校可根据实际需求和经济等因素,建设适合本校实际的微格教学系统。

一、系统组成及功能

微格教学系统一般由控制室、观摩研讨室、准备室和多间模拟训练教室(微型教室)等部分组成。视听型系统由摄像机、录像机、视音频切换器、调音台、监视器、云台控制器和话筒等多种视听设备构成,能实现教学实况录像、播放、转播、监控和示范教学等功能。多媒体型系统是在视听技术基础上引进多媒体技术和通信控制技术,通过计算机实现对录像、播放、转播和监控的管理,并实现对各模拟教室摄像机云台的控制。

在微格教学系统中,微型教室是训练场所,反馈评价教室用于观看训练实况,进行评价和自我评价,总控室则对微型教室和反馈评价教室进行监控。

图 8-2、图 8-3 和图 8-4 所示的分别是首都师范大学微格教学系统中的微型教室、反馈评价室和总控制室。

图 8-2 微型教室

图 8-3 反馈评价室

图 8-4 微格教学系统总控制室

1. 微型教室及反馈评价教室功能

①提供全套的多媒体教学设备。
②提供两路摄像机视频、一路投影视频和一路音频。
③可控制本教室前后两路摄像机运动及变焦。
④可对两路摄像机视频和一路投影视频进行切换录像,录像包括硬盘录像和磁带录像。
⑤可点播视频服务器的数字视频。
⑥权限许可时,可观看其他微格教室的教学。
⑦可与总控室进行双向可视对话。

2. 总控室功能

①通过电视墙同时监视六个微格教室和评价室的两路摄像机视频,可选择监听一个教室的声音。
②可控制六个微格和评价教室的两路摄像机运动和变焦。
③可远程控制各微格教室的录像。
④可与各微格教室进行双向可视通话。
⑤可以对数字视频进行非线性编辑。

二、信息技术环境下的微格教学系统

随着教育信息化的发展,计算机、网络技术在教育领域得到了广泛应用。其中,基于网络的现代微格教学系统可以有效提高师范生和在职教师的信息技术与课程整合能力,培养师范类学生的信息技术教学技能。

现代微格教学系统具有以下特点:

1. 具有全面的信息化教学环境配置

现代的微格教室均配置多媒体计算机、电子书写、视频展示台、多媒体投影机、背投等设备,为学生提供真实的信息化教学环境。在微格教学训练过程中,指导教师根据现代教学理论与方法引导学生利用信息化教学手段贯穿教学过程,并通过教学设计使学生深入探讨信息技术与学科课程整合的方法与策略。

2. 信息化的微格教学过程管理与评价管理平台

微格教学是一个不断修正教学设计与教学方法的实践过程,需要改变传统的实践与评价方式,使用信息化的手段与方法,将学生教学实践过程用文件夹方式管理起来,实现教学、学习与评价的有机结合。评价过程着重学生自评、互评和小组评价,教师还可以借助"教学过程管理与评价管理平台"监控学生的训练过程,开展研讨与互评活动。

3. 指导教师能够基于网络实现现场实时观察指导与分时个别指导

微格教学通常是多组同时进行,教师可通过网络观察每组学生教学过程,针对教学过程出现的问题进行指导,并对优秀的教学方法或出现的常见问题,组织全体学生进行观看和交流。同时,学生施教过程被记录存档,利用网络指导教师可以随时浏览并将评价意见批注在学生的文档中,供学生参考。

4. 学生自我演练、自我修正的管理模式

现代微格教学系统具有开放性,允许学生反复演练。指导教师与学生之间、学生与学生之间形成多向沟通和评价。每次微格教学过程中,师生均可以实时或分时将评价批注在视频中,学生可以通过网络进行浏览,自己对比、自我评价,不断修正教案,提高教学水平。

（1）训练环境情境化

学生可以在真实的信息化教学环境中进行微格教学训练,既训练了学生的信息技术基本技能,也为学生进行信息技术与课程整合的教学实践提供了很好的支持环境。

（2）存储传输数字化

在微格教室里,教师及管理人员通过控制系统可控制多媒体计算机、实物展示台和声音信号,有选择地把信号送背投或投影机。摄像头的视频信号和中央控制系统输出的音频信号被输入到视音频编码盒处理,视音频编码盒把音视频合成为 ASF 格式的流媒体文件,存储在视频流服务器中。在控制和观察室中,教师及管理人员可以通过监控计算机直接进行点播查看实时录制的流媒体文件。同时,视频流服务器还可以实现视频广播,把流媒体信号广播到所有的微格教室,让不同教室的学生实现互动。

（3）监控和评价的网络化

系统中还配备了教学评价管理系统实现远程监控与评价,使教师可以突破时空的限制随时随地监控学生的学习过程,学生也可以在离开微格教室后通过校园网浏览视频实录,深入地讨论微格教学的技能。管理系统的功能如图 8-5 所示。

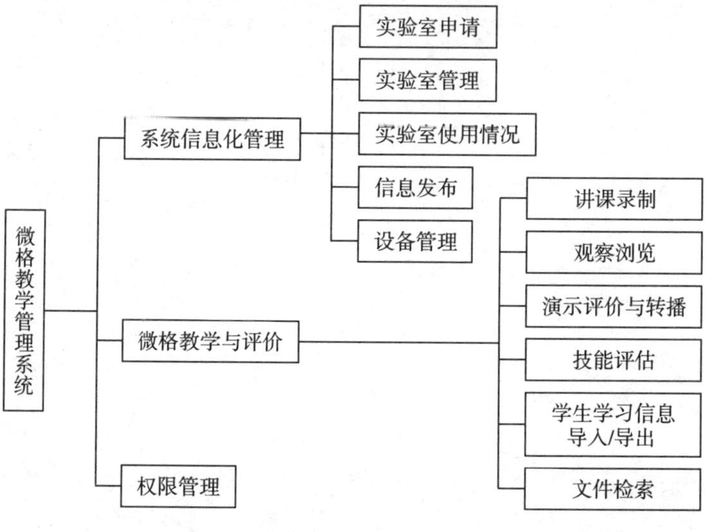

图 8-5　微格教学管理系统功能图

（4）管理过程信息化

新型的微格教学环境需要采用信息化系统进行集中管理。管理系统可以实现排课、预

约、使用率统计、考勤统计等功能。除了正常的上课安排外，微格教室对所有的学生都进行开放。学生可以通过管理系统申请在课外时间使用微格教室，管理员统一调度安排学生的申请，并准备好有关设备供学生借用。结合门禁系统，管理员可以了解学生的出勤及设备使用情况等，还可以生成统计报表。

随着教学理论和信息技术的发展，微格教学系统与微格教学模式的革新是各师范院校共同面临的问题。微格教学在我国的发展历史较短，理论与实践均需要更深入探索，这就要求微格教学研究者们紧随教育理论的发展与教育技术的发展步伐，密切联系教育实践，将教育理论与微格教学实践紧密结合，探索出更好的微格教学模式，以培养出更多掌握信息化教学技能的高素质师范毕业生。

【思考与练习】

1. 请你根据微格教学设计程序，设计一堂微格教学课。

2. 结合教法课的学习内容，编写一篇微格教案。

3. 分小组到微格教室进行练习，并进行自我评价和小组评价。

【参考资料】

1. 微格教学基本教程[M]. 孟宪恺. 北京：北京师范大学出版社，1996.

2. 微格教学理论与实践研究[M]. 孙立仁. 北京：科学出版社，1997.

3. 中学化学微格教学教程 [M]. 朱嘉泰. 北京：科学出版社，1999.

4. 现代微格教学系统构建与实施模式研究[J]. 叶惠文；邹应贵；杜炫杰. 电化教育研究，2006(7)：70—72.